见证·77/78

张安胜　主编

上海交通大学出版社
SHANGHAI JIAO TONG UNIVERSITY PRESS

内容提要

　　本书共收录 68 位 1977、78 级交大校友的口述回忆,再现校友入读交大、学成报国、拼搏事业的人生画卷,展现了这一代交大校友的家国情怀。当年生活的很多细节均为首次披露。这些口述文章既是展现 1977、78 级交大学子人生历程的鲜活资料,也是那个时代交大精神内核的有力彰显,凸显了上海交通大学与国家崛起、民族复兴同呼吸、共命运的使命意识和责任担当。

图书在版编目(CIP)数据

见证: 77/78 / 张安胜主编. —上海:上海交通
大学出版社,2020
ISBN 978 - 7 - 313 - 23841 - 2

Ⅰ.①见… Ⅱ.①张… Ⅲ.①上海交通大学—校友—
生平事迹 Ⅳ.①K820.7

中国版本图书馆 CIP 数据核字(2020)第 186003 号

见证·77/78

JIAN ZHENG · 77/78

主　　编	张安胜		
出版发行	上海交通大学出版社	地　　址	上海市番禺路 951 号
邮政编码	200030	电　　话	021 - 64071208
印　　制	上海盛通时代印刷有限公司	经　　销	全国新华书店
开　　本	787 mm×1092 mm　1/16	印　　张	29.75
字　　数	408 千字		
版　　次	2020 年 12 月第 1 版	印　　次	2020 年 12 月第 1 次印刷
书　　号	ISBN 978 - 7 - 313 - 23841 - 2		
定　　价	125.00 元		

编 委 会

1977 年，注定是不平凡的一年。邓小平同志主持召开科学和教育工作座谈会，以政治家的高瞻远瞩，果断决策恢复高考。尘封 11 年的高考大门再度开启，这犹如一声春雷，唤醒了一代青年，赋予了他们通过公平竞争接受高等教育的梦想，奏响了改革开放的序曲。

为尽快填补我国科学技术队伍的人才断层，上海交大在招生之初就下定决心要尽可能招收有更好学习基础的青年进入学校深造。秉持"有成分论，不唯成分论，重在政治表现"的原则，学校大胆冲破"唯成分论"思维的羁绊，打破常规，选拔杰出人才，录取出身"反革命"家庭的中学老师糜解为恢复高考后第一届应用数学系研究生，这在当时是一件石破天惊的大事，引起了极大的社会反响，让因"家庭成分不好"而升学有困难的青年由此看到了学习成才、报效祖国的希望。

1977、78 级的同学来自五湖四海、各行各业，他们当中年龄最大的 32 岁，最小的只有 15 岁，在那个物质匮乏、依赖配给的年代，他们如饥似渴、焚膏继晷地学习新知识，喊响了"团结起来，振兴中华"的时代宣言。他们每周学习 90 余小时，依然觉得时间不够用，食堂窗口前排队的那么一点儿时间也要掏出随身携带的外语单词本；他们执着于每一个问题，下课铃一响便一拥而上向老师提问，绝不放过一个疑问……他们珍惜来之不易的读书机会，在学习上都较着劲儿，"把失去的青春夺回来"的信念深深扎根在那一代人的心里。

蛰伏了整整 11 年，老师们也恨不得将毕生所思所想所学全都传授给学生。校长上讲台为研究生授课，学校的系级干部也有三分之二的时间参加学校教学科研第一线的工作。甚至许多双鬓斑白的老教师不顾年事已高，主动回到学校，提建议、谈设想，表示要上教学科研第一线，把有生之年献给教育事业。没有课本，老师就自编讲义、油印教材；教室里没有空调和暖气，夏天闷热难当，冬天犹如冰窟，但是老师们却丝毫没有怨言，讲授、板书、答疑、实验，无不兢兢业业、一丝不苟。

学生们只争朝夕、刻苦攻读，老师们满腔热情、勤勉授课。改革开放初期的交大师生靠着自己的努力，再度深刻地诠释了"门槛高、基础厚、要求严"的"老交大传统"。

四十载栉风沐雨历尽沧桑，四十载春华秋实尽付轩辕。1977、78级学子靠着勤奋与努力摆脱了历史的泥淖，将梦想埋种在饮水思源碑下。他们求实学、务实事，把热血青春奉献给祖国的繁荣富强。他们不但改变了自己的命运，也成为中国四十年改革开放的见证者、参与者和弄潮儿。而他们的感人事迹、人格风范和家国情怀，已潜移默化地融聚成交大文化传统的一部分，是传承交大精神、文化和激励后辈青年学子的宝贵资源。什么是大学的记忆？就是由一个个鲜活生动的故事串联起来的思想风采；什么是大学的传统？就是通过一代一代的莘莘学子奋发努力积攒起来的精神底蕴。曾经他们以母校为荣，如今母校以他们为荣，百廿年文化积淀的交通大学，正和她的学子们向着这个伟大国家的美好未来不断奋进。

本书精心采撷了68位1977、78级校友的口述回忆。在他们当中，既有独当一面负责重大项目的工程师，也有扎根西部助力脱贫攻坚的基层工作者，既有引领中国经济向前发展的行业领袖，也有肩负中国未来教育使命的杏坛学者。他们以朴实而又真挚的语言，为我们讲述了那段热情似火、慷慨弦歌的岁月，再现了那段刻骨铭心的壮丽青春和波澜壮阔的时代图卷。我们看到，百廿年来，交大精神在学子的血液中澎湃流淌，交大学子将交大精神的内涵深刻演绎并再度升华，为改革开放、繁荣富强的篇章书写下深情的告白。

我们相信此书的出版将以一种人文记忆的特别方式增进全校师生、校友以及社会各界对1977、78级校友及其时代的认识，引领我们以老一代校友为榜样，继承交大饮水思源、爱国荣校的传统，接过改革创新、科技强国的火炬，为振兴中华、造福人类贡献智慧和力量。

杨振斌

2020 年 9 月

这本书把我的思绪一下子拉回四十多年前。当年的我,正下放在四川宜宾的一个小山村做知青,那个村庄邻近云南,距离宜宾市区 100 里路,距离省城成都 700 里路。4 000 里外的大上海,对我来说,实在是一个遥远的名词。高中毕业,我背着铺盖卷来到那个两省交界的小山村,日出而作、日落而息。尽管我坚信知识的价值、学习的意义,带着书本下农村,但是不敢奢望有一天能有考大学的机会。1977 年 10 月中旬,恢复高考的消息让整个中国为之激动,也传到了我所在的那个小村庄。就这样,我白天干农活,晚上忙复习,相比那些读完初中就到农村的年轻人,我高中毕业才下农村,学习底子稍好一些。但是也不敢松懈,因为"文革"前接受教育的"老三届"当年受的教育系统、正规,有很多底子不错的人。知道了恢复高考的消息,我的家人和老师都叮嘱我好好复习,争取能够进入大学校园,这给了我很大的鼓励。在那年的 12 月,我与 570 万报考者一起走进了那年的考场,成为恢复高考后的第一批考生。

恢复高考改变和推动了中国的教育改革和发展,成为改革开放的先声。1977、78 级的大学生是当年千万考生中的幸运儿,站在了国家和时代的拐点上,被寄予了很高的期望。我和这本书中接受访谈的同辈,以及同级的交大校友们,就是在那样的契机下来到交大,开始了象牙塔里只争朝夕的日子。我们同级的同学,来自天南海北,年龄跨度大,学员身份也多样,有的同学来自农村的地里田间,有的同学来自工厂的生产车间,也有同学应届毕业……能够过五关、斩六将来到交大,他们都是对命运不服输的拼搏者,也都是得到命运女神垂青的幸运者。因此,大家都有不服输、攻坚学习的劲头。"工程学问,非佐以数理,不能深造",交大的数理基础课的课时多,难度高,是有传统的。那时虽然我们能考入交大,但是由于历史的原因、时代的原因,大家的水平还是有待提高。而老师们总是说交大学子"起点高、基础厚",你们必须得追赶,于是为了提高我们的基础科目学业水平,布置了很多的习题集,有很多的考试,同学们也争分夺秒地学习,自习室的座位长期是要靠抢的,学习氛围非常浓厚。对年级里的佼佼者,大家非常地佩服;对教我们的名师,更是崇拜……在这样的氛围里,四年下来,我们每个人的学习能力和学养水平都有了很大的提升。

到了毕业分配的时候,我们的人生选择就是服从学校分配,国家的哪个领域需要人才就去哪里,因此,同学们有的留在了国家直属的部门、留在了大城市,有的同学留下来继续深造,也有同学参加世行交换项目出国留学,也有同学去了边远地区。四十年过去了,无论在哪里的同学,都在自己的岗位上干出了成绩,为国家做出了贡献,成为各条战线上的佼佼者,成为交大的荣耀。可以说,我们经历了时代的考验,经受了生活的磨练,见证了国家的巨变,亲历了改革开放后国家的飞速发展。我们是个人生活的建设者,也是国家的建设者。无论成就多么闪耀,我们都有共同的标签,那就是,我们都是见证了时代拐点的 1977、78 级幸运儿,我们都是交大人。忘不了老教授严谨精妙的教学,忘不了考试前宿舍走廊里的挑灯夜战,忘不了图书馆座位的拥挤,忘不了新华书店门口排队的长龙……无论在日常的工作中,还是在专业领域的路上,或者是职业领域的跨界转换,1977、78 级为命运拼搏的勤奋精神,交大人坚实的专业基础、实事求是的作风,都是当年生活留在我们身上的深深印记。

如今我回望青春岁月,回望这一路走来的历程,感谢邓小平制定恢复高考的国策,感谢改革开放改变了千千万万个年轻人的命运;很荣幸我是交大人,很荣幸与这本书中的同龄人成为见证时代、开拓领域的同行者。我们今天书写下回忆,记录这一段特殊年代背景下成长起来的一代人的记忆。

期待一代又一代的交大人书写属于他们的青春故事和时代篇章。

林忠钦

2020 年 9 月

虽然时隔这么多年,但回想起当年参加高考的一幕幕场景,依然就像昨天刚发生的事那样清晰。1977 年的秋天,我在大连电机厂工作,是厂里基建工程队的党支部书记,也是最年轻的工人编制的中层干部,看上去发展前途不错。但在听到即将恢复高考的消息后,我没有半点犹豫,马上投入高考准备中。在短短两个月的时间里,我一边工作,一边昼夜苦学,幸运的是,我被心仪的上海交大录取,从此翻开了人生新的一页。

从 1978 年初入校到 1985 年初研究生毕业,我的七年学生生涯都是在交大度过的。毕业后留校工作了十年,再转到地方工作十九年后,我又回到了母校工作六年有余。兜兜转转四十多年,我感觉早已与交大血脉交融,与交大人心手相牵。我熟悉这里的一草和一木,我关心这里的现状及未来,我热爱这里的精神与人情。

我是 1977 级的学生,但上学期间自愿报名献血时被查出乙型肝炎,不得不休学了几个月,从而变成了与 1978 级一同毕业,毕业前我又考取了本校的研究生,这使得我有 63071、63081 和 8206 三个班级的同窗。我所了解的 1977、78 级同学都非常勤奋。我们的青春时期在"文革"中度过,许多同学的知识基础相对薄弱。就我来说,中学只读了三年左右,进入大学时,远未达到合格的中学毕业生水平。不仅是我,1977 级的多数学生都是如此,那是时代留给我们的烙印。但是我们都属于那个时代中最愿意学习和最有潜力学习的青年。我们也都抓住这个来之不易的学习机遇,用加倍的努力来回馈命运的青睐,用苦读来弥补学业的薄弱,用深夜的灯光照亮人生的前程,用辛勤的汗水来浇灌青春的梦想之树。在当时的交大校园中,时时处处都能感受到"一寸光阴一寸金"的真谛。当时的学习和生活都比较艰苦,但是我们自己创造条件学习,利用一切机会学习。那时的学习方式方法今天也许不适用了,所学的知识不少已经过时了，但是那种孜孜不倦、努力上进的求学精神永不过时，它是交大的宝贵财富，值得一代代交大学子传承并发扬光大。今天，我们提出的"学在交大"的理念在年轻的学子中已经深入人心，成为交大人不断前进的动力之一，它与我们过去的向学精神是一脉相承、声气相应的。

我们1977、78级学生入学之际正值中国社会慢慢开始发生巨大变化。在学校中，经常能听到新的思想、新的观念，能感受社会发生积极变化的种种喜悦。那时有几件大事发生。一是，1978年5月《光明日报》发表了《实践是检验真理的唯一标准》一文，引发了关于真理标准问题的全国大讨论，推动了全国的思想解放运动。二是，1978年3月在全国科学大会上，时任中共中央副主席、国务院副总理邓小平同志阐述了"科学技术是生产力"的著名论断，"科学的春天"来了。三是，1978年1月徐迟的一篇报告文学《哥德巴赫猜想》在《人民文学》上发表，这篇文章让数学家陈景润家喻户晓，让哥德巴赫猜想这个冷僻的学术问题成为科学的化身，形成一种鼓励大家勇攀科学高峰的社会思潮。当然，最为重要的还是1978年岁末，具有划时代意义的党的十一届三中全会召开，标志着我们的党和中华民族的伟大觉醒，开启了改革开放的新时期。受成长环境和社会氛围的影响，我们1977、78级的同学都有强烈的为国为民的情怀，能自觉地将科技进步、国家发展视为己任，将个人命运与国家命运紧密相连，为国家的现代化贡献自己的力量。毕业后，同学们则根据祖国需要，服从国家分配，走上了各自的工作岗位，燃烧自己的青春激情，在各条战线上作出了自己的贡献。

如果说"交大人"是我们永远的身份，"77、78级"就是我们胸前永恒的徽章，这是历史予以我们的荣耀，是交大予以我们的荣耀。这本书是我们这个群体对一个时代的回望，也是对这份荣耀的感恩，期待更多的人了解这段故事，并从中汲取生命的能量，收获梦想和希望。

姜斯宪

2020年9月

目录

001 唐功志 男儿须读五车书

006 刘宇陆 在擅长的领域做到最好

012 胡可一 江南好,风景旧曾谙

019 连琏 勤勉诚信,保持初心

024 沈志平 困难即机遇

030 祝伟敏 流体力学与外交的关系

036 邓辉 我一直信奉"腹有诗书气自华"

044 张世民 陪伴母校三十年

052 华建文 追逐风云轶事

058 时殷平 工作是最好的修行

065 林明 点亮天空之眼

072 须雷 劳谦虚己,不负厚望

078 陈强努 位卑未敢忘忧国

084 沈宁宁 交大教会了我如何生活

090 张超 交大给我最好的准备

095 陈桦 超越自己,追求卓越

100 王云 扎根边陲,青春无悔

107 徐青 以身许国终不悔

117 张闵庆 领航盾构,不负使命

123 李学平 岁月不老,情谊长存

134 毕奇 生有涯,知无涯

143 邵开文 母校栽培,受益终身

149 冯大淦 博学审问,慎思笃行

159 李晶生 原则之于人生,如舵之于船

166 袁继烈 人生函数,在此连续并可导

176 焦李成 不问冷热,只问付出

185 薛小林 学海无涯,创业无界

192 张国钧 同砚情谊,地久天长

200 黄元庚 饮水思源,不忘来路

205	王益民	益智强身，民生在勤
213	滕乐天	弹指一挥间，"触电"四十载
218	林 建	我的青春纪念册
226	吴涵渠	我理解的中国梦
234	袁 怡	我的梦想校园，我的挑战人生
241	韩 军	笃行不倦报师恩
250	丁文江	是金子总会发光
255	龙晋明	春风化雨，润物无声
261	张厥标	交大情结，伴随一生
270	沈钦硕	赤子之心永在
276	王玉琮	学习没有捷径
282	姚 忻	从交大木工到交大教授
289	李 箭	敬爱吾师，追慕吾校
294	周 浪	心系家国勤耕耘
299	李 铮	数学名师的成就之路
303	程 明	陈景润的故事激励了我
309	胡继善	十五岁少年和他的数学梦
316	李廷伟	通时达变，不囿于物
321	徐忠德	慎思明辨，格物致知
326	杨立友	知识照亮未来
333	唐德明	四十载创业中国"芯"
341	王军安	我最看重知识和诚信
349	张引芳	幸运只留给有准备的人
357	马国华	农业永远是朝阳产业
363	陆文玉	快意人生，乘兴而行
368	姜格宁	世界名刀的妙手雄心
374	毛建平	从"赤脚医生"到医学专家
382	郏 捷	打造医学前沿的"工匠"
388	周 梁	我的心在中国
396	朱 铭	潜心影像卅六载，坚守平凡亦非凡

401 | 黄淇敏　机会垂青于有准备的人

408 | 易　静　我不曾辜负青春

415 | 冯希平　唯有薪火相传,方成燎原之势

422 | 李定国　以梦为马,莫负韶华

428 | 钱关祥　我和二医的一生情缘

434 | 高　文　有幸与改革同行

439 | 谭江平　翩翩柳叶,寄我专情

446 | 陈其民　深耕儿外,匠心为医

452 | 朱光华　"三心"情怀,守护儿童健康

458 | 后记

唐功杰

唐功杰，1956 年生，祖籍山东烟台。1977 年考入上海交通大学船舶设计与制造专业，1982 年 2 月毕业。同年 3 月国家统分至武昌造船厂（现武昌船舶重工集团），先后担任武船副总工程师、总工程师、武船集团副总经理、常务副总经理、总经理。2016 年退休。获评聘研究员级高级工程师、国务院政府特殊津贴、国家工信部科技进步奖二等奖、中国船舶重工集团科技进步奖一等奖等奖项；主导主持 100 立方米/时挖砂船，其船型被录入中国船舶设计图型集。

大中华核心文明之一是崇尚教育。曾几何时，何以读书却成芸芸众生之心迷。万马齐喑之际能否听从内心的声音，万众迷茫之际能否坚持自己的追求，成为个人日后人生走向的分水岭。唐功杰和他同时期考入大学的群体之所以能够在变革之际抓住机遇，正是由于他们对人生信念的坚守、坚持不懈的追求，坚持对未来的向往，直到春的来临——人生须奋斗。

男儿须读五车书

口述：唐功杰
采访：魏　燕
时间：2018 年 7 月 20 日
地点：武汉雅斯特酒店会议室
记录：李自强
整理：魏　燕

功在平时，重在积累

我出生在大连，小时候喜欢读书。但上学时，正赶上"文化大革命"，也就无缘实现正常进大学读书的梦想。记忆中看过一部朝鲜电影，叫作《炼钢工人》，里面的工程师在实验室拿着计算尺，那时很向往这样的工作。高中毕业后，我就随知青上山下乡到了湖北的一个山村。两年之后，我又在 701 所工作了两年。

1977 年恢复高考后，我有幸考上了交大。那时我 22 岁，正是现在大学生毕业的年龄。因为我父亲早年在大连造船厂工作，后来我又去了 701 所，这使得我从小生活的环境都与船舶相关，或是受之影响，所以我选择了交大船舶设计与制造专业。

我喜欢读书。没高考之前，很多人已经把书本抛下了，我因为从小养成的学习习惯和上中学时所在班级有良好的学习氛围，得以一直心系读书。别人觉得读书无用的时候，我们这群人还是努力学习，或找一些竞赛题目做，并以此为乐。所以如果没有前期一直学习的基础，在"文革"后第一次恢复高考的短时间里突击复习，是无法有幸与交大结缘的。

师友风范，赤子情怀

在交大时，大家都很认真刻苦地读书。我们77级和78级两届，每个人都非常勤奋、用功。每天几乎就是三点一线：寝室、食堂、教室，大家非常珍惜学习机会。我们戴着交大的校徽，当年走在路上回头率是很高的，"啊！交大的。"我们听到后心里满是自豪感。

当年的任课老师令我印象深刻。比如教"结构力学"的陈伯真老师，教"流体力学"的盛振邦老师，教"船舶设计原理"的林杰人老师，教"理论力学"的系主任吴善勤老师。

陈伯真老师的板书很漂亮，字写得漂亮、苍劲。他粉笔画结构力学的示意图不用尺子，随手画也横平竖直、有板有眼，大家学得轻松，兴致盎然。

盛振邦老师的逻辑性很强，讲台上的他风度翩翩，深入浅出的讲解给我留下了深刻的印象。

我很喜欢林杰人老师的"船舶设计原理"，或许是林老师讲台风范牵引我对船舶设计产生浓厚兴趣，那本教材的所有内容，当时可谓"烂熟于胸"。后来，我们毕业设计做了一个大连到烟台的双体客轮的方案设计，做得相对来说比较深入，型线图都画了，拿出来一整套方案设计图纸。这次毕业设计为我们日后参加工作奠定了扎实的基础。

我现在还记得吴善勤老师的高大身影，戴着深色眼镜，在讲台上演绎力学的奥秘。

范仲贤是我们毕业设计的指导老师，他给予了我很多帮助，让我实实在在地经历了船舶设计的整个过程。我和谢金海同学做同一课题，每人拿出自己的设计方案,设计图纸都很厚,还有各种计算书,最后参加了毕业答辩。这个经历让我以后工作中无论接到什么项目,心里都很踏实,因为我已经完整地经历过普通船舶的设计过程。

致敬奋斗,不悔余生

武昌造船厂新老厂区的大门内侧都矗立着书刻"奋斗"二字的巨石,传承老一代武船人开拓进取精神,也是我个人成长过程中的座右铭。1982年春天,我们面临毕业分配。我被分配到了武昌造船厂(现武昌船舶重工集团),在武船一干就是34年。

我刚到武船就进了深潜研究室,研制潜深600米的深潜救生艇。1982年,这个产品还在厂里试航试验,从1971年开始,研制了十多年。该产品交付之后,后续产品没有再启动,使得武船在这个领域功亏一篑。

因为我对船舶设计感兴趣,毕业设计做的是水面船舶设计(武船主要产品是常规潜艇,水面舰艇为辅)。在深潜研制室工作了一年多,我要求转向水面舰艇设计。当时我主要负责10型基地扫雷舰等项目,后来又有814电子侦察船、922打捞救生船等大型水面舰船。我还组织做过压力容器的设计资质取证,为工厂取得了压力容器的设计资质和一、二、三类压力容器建造资质。当时我虽然还只是工厂中层干部,但已经在压力容器设计、制造方面行使工厂总工程师的权力角色。渐渐地,武船在压力容器设计制造领域,有了一定的市场,承担一些大型化工容器项目的制造任务。

记得我做设计室股长的时候,当时湖北孝感安陆一带需要一百多吨的挖砂船,他们通过科协找到了我。虽然只是一百多吨但没有母型,"初生牛犊不怕虎",我就组织我们股里面的年轻人,把这型船设计承接下来。当时最大的问题是挖斗的悬链线该怎么设计。记得我们是用别针代表链斗,按照比例,用图钉钉在墙上,这条线就代表悬链线的形状。交船之后,成功投用,没有反馈过大的问题。这次经历给我留下了深刻的记忆。

武船的大型非船项目基本上是我担任工厂总工程师后起步的。在桥梁方面,武船做的规模比较大。在非船产品中,武船应该是所有总装船厂中规模最大的,其中桥梁又占了很大的比重。港珠澳大桥,我们也做了其中一个标段,18万吨,这是史上绝无仅有的。我国第一座跨海大桥,也是我组织做投标并主辩的。三峡的双线五闸首的六个大型人字闸门、以及后来的升船机都是武船制造的。

多年的工作经历,让我感怀颇多,感谢在交大打下的基础、养成的认知习惯和结识的良师益友。在我前行的道路中,是他们给了我丰富的知识底蕴、坚持不懈的勇气、宝贵的帮助与支持。

致敬奋斗,不悔今生。感恩母校,感恩时代!

刘宇陆

刘宇陆，1959 年生，江苏如皋人。1977 年考入上海交通大学工程力学系，1981 年本科毕业，1984 年硕士研究生毕业。1992 年获上海工业大学力学专业博士学位。历任上海工业大学应用数学和力学研究所副所长、建工学院党委副书记，上海大学理学院副院长、研究生部主任、党委办公室主任、校长办公室主任、校长助理，上海应用技术学院副校长、校长。现任上海应用技术大学党委书记、教授、博导。1996 年入选全国百千万工程百人计划，1997 年起享受国务院特殊津贴，1998 年入选国家有突出贡献中青年专家。曾荣获上海市科技进步三等奖、教育部科技进步三等奖等，荣获"上海市新长征突击手"、"教育部优秀骨干教师"等光荣称号。

作为一名"交二代"，刘宇陆的每一次选择都很有交大的特色：第一次，他从初录取时的新兴热门专业转入工程力学这样的经典学科，打下了坚实的专业基础；第二次，在 20 世纪 90 年代国内掀起"下海潮""出国潮"之际，他所在的研究所人才流失严重，他选择了坚守，潜心学问，终成将才。他的选择体现了交大人的务实求真、敦笃励志的精神。

在擅长的领域做到最好

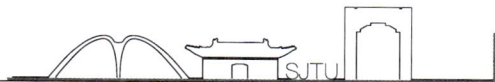

口述：刘宇陆

时间：2018 年 5 月 23 日

地点：上海应用技术大学党委办公室会议室

采访：史舒婧

记录：周　畅

整理：史舒婧

交大二代，首选交大

我们是"文革"后的第一届大学生，那时能够上大学，本身就是一件非常幸运的事，而能够来到交大更是难得。我当时报考交大，也有家庭的原因，我的伯父是 20 世纪 50 年代交大的学生，我的父亲也在交大工作了一辈子。因此，我在上海交通大学徐汇校区度过了美好的童年时光，我对交大有非常深的情结。在填志愿时，我的首选就是上海交通大学。

事实上我刚进入上海交通大学的时候，是在电气自动化专业，也就是当时老交大人所说的 320 专业。当时交大正在筹建数学、物理、力学三个理科系。由于我年纪较小，成绩也很不错，再加上老一辈的人都有一个根深蒂固的想法，就是"学好数理化，走遍天下都不怕"，因而我就进了工程力学系，从一个看起来比较新兴的专业转到了经典学科。

大学期间,我们寝室的学习氛围非常好,大家经常结伴去教室自习,每天晚上回到寝室还会互相出题目做,如今六个人发展得都很好。

幸遇良师,春风化雨

很多交大的优秀教师在"文革"十年中没有机会走上讲台,所以当我们77、78级学生进来以后,老师们似乎又焕发了活力,教育的春天、科学的春天又一次来临。所以当年所有的教师都倾尽自己所学,想培养好我们这批学生,为中国"四个现代化"做贡献。我记忆中印象非常深刻的老师主要有五位。

第一位是当年教我们"数学分析"的沐定夷老师。记得当年我进入力学系后,我们要和数学系的学生们一起学"数学分析"。沐老师的课讲得特别好,思路清晰,板书也很整齐,像讲故事一样给我们上"数学分析"。他的课只要你上课认真听,课后做作业就不会有什么问题。因为我本身就很喜欢数学,所以我也成为我们那届唯一一位"数学分析"三次期末考试都是100分的学生。

第二位是陈启源老师。他教授的是力学最困难的课程之一——"理论力学"。他讲的课,理论性很强,但速度却一点也不慢,讲的概念都十分明了。通常情况下,两节课90分钟,他只讲60分钟左右就能把所有概念讲完,剩下的时间就给学生们讲习题。他讲课的声音洪亮,抑扬顿挫,一气呵成,并且内容通俗易懂,学生很容易把握要领,从没有人打瞌睡。

第三位是我当年的研究生辅导员李绪桂老师。因为我当时年纪比较小,老师就对我很关心。我们即将毕业的那年,李老师找到我说:"你平时表现很不错,怎么也不考虑打个入党报告呢?"作为师长,她常常对我们进行党的思想教育,耐心引导我们向党组织靠拢,也是在那一年,我在毕业之前正式加入中国共产党。

第四位是我的导师江可宗教授。我们非常幸运,当年系里为一些优秀的本科生专门配备了导师，我的导师就是江可宗教授。他每两个礼拜就会把我叫到他家，告诉我科研是怎么回事，应该怎么做。他虽然没有出过国，英语却非常好，我的学术启蒙就来自江可宗老师。他要求我们在本科阶段就开始阅读英文文献，这对没有英语基础的我来说，是一件很困难的事情。当时英文的杂志还很少，他经常把自己的英文杂志借给我们看，我的英语是在他的帮助下才逐渐有所长进。他还是一个十分爱国的人，后来他的妻子儿女都去国外了，他选择一个人留在了上海。他说他要为祖国培养教育学生，为国家做贡献。他常常告诫我们："国家正是飞速发展的时候，你们以后可以出国，但也要时刻想到为国家做贡献。"江可宗老师的这种爱国精神对我们影响非常大。

　　第五位印象深刻的老师是何友声教授，他是我们当时的系主任，他的一言一行对学生的影响是终身的。我记得 1980 年前后，我们班级同学组织春游，他一个系主任、大教授，就跟着我们这群毛孩子一起去了苏州。那个时候，交通不像现在这样发达，常常都要靠走路，他就和我们一起走了过来。何老师每到一个地方就会给我们讲那里的历史典故，在这个过程中，他就把他的一些思考和看法自然而然地传授给了学生，对我们进行了潜移默化的爱国、励志、成才教育。

宝贵四年，影响终身

　　一个高中生，或者说是一个刚成年但思想上还没成年的人，经过四年本科的教育以后，成为一个健全的人进入社会。在这个过程当中，他有知识的积累、思想的进步、品质的提升、人格的塑造，因此这四年是非常关键的四年。

　　在我科学研究的过程中，江可宗老师对我的影响是启蒙性的，比如怎么做科研、怎么阅读英文文献，还有要尽己所能地爱国奉献；他对我的学术要求是严谨和高标准的——学术上是要做到顶尖的。当我来到上海大学跟随钱伟长教授和蔡树棠教授攻读博士学位后,他对我的要求之影响依然使我获益。这样一路走来,科研生活对我整个性格塑造起了非常大的作用。我的硕士论文做的是空泡噪声(cavitation noise)——空泡破碎以后形成噪声,我研究它的机理和控制。这个实验是相当困难的,我首先想到的就是我的老师是怎么教我的,所有的困难一定都是要靠自己克服的,只有坚持才能获得最终的成功。

大学时间太宝贵了,虽然只有四年时间,但是从一个高中生成长为一个比较健全的人后进入社会,这四年当中,不仅仅是要有一技之长,更要丰富自己、增长知识、锤炼品格、敢于尝试,为自己终生发展打下扎实的基础。希望交大学子们珍惜现在丰富的学习资源,充分利用学校的各种机会塑造自己。不要一味地模仿别人,可以不做完美的人,但一定要做独特的人,在自己擅长的领域做到最好。

左手管理,右手学术

我研究生毕业后就一直留在上海大学工作,我从科研教师走上管理岗位,本身有一定的偶然性。20世纪90年代突然掀起了"下海潮"和"出国潮",优秀的人才不愿意留在高校,不愿意从事科研,对祖国的教育和科研事业冲击很大。在这样的时代大背景下,我所在的上海大学应用数学和力学研究所人才流失现象也很严重,我这样比较老实的人留了下来,反而得到机会承担起了这个所的管理工作,我担任了副所长,主持日常工作。就这样我逐步走上了行政管理的道路。

当时的我才30岁出头,在担任副所长期间,我碰到了很多问题,常常要处理各式各样的矛盾。有些事情表面上看,好像是合理的,实则存在很多问题。所有这些事情,我都觉得是人生成长路上的一种经历。正确处理这些问题是一种历练,也是一种财富。经过这个过程,我进一步提升了处理复杂问题的能力。

同时，作为研究所的一名科研人员，我认为最核心的还是学术。就比如说，一所学校的校长，如果没有学术成就和地位，他要领导学校这样一个知识分子扎堆的单位是很困难的。你没有底气和科研教师们交流，没有办法引导和教育你的学生。所以，我在做管理工作的同时，从未放松过对学术的追求。

我所研究的湍流问题是一个世界性的难题，但难题总得有人不断去探索，不断去积累。这对整个工程界、对国家的意义都是十分重大的。我们国家也一直在支持湍流的研究，2017 年，国家基金委发布了一个重大研发计划，拨款两个亿支持湍流研究。正是因为这么多年来，我一直坚持在这个领域探索，并取得了一定的突破，才逐步树立了我在这个行业中的影响力。尽管我已经是这个领域的专家，但仍有些问题在我手里不能得到解决。在担任国家自然科学基金委的评委时，我积极地支持年轻人做这方面的研究，期待他们取得更大的进展。

胡可一

胡可一，1962年生于上海，江苏无锡人。1978年考入上海交通大学船舶及海洋工程系，1982年本科毕业。现任全国政协委员、民建中央委员、民建上海市委副主委，曾任江南造船（集团）有限责任公司总工程师、现任科技委主任。主持并作为主要成员参与国家重点科研开发和实施项目十多项，多次获得国家、原船舶总公司、中船集团公司科技进步奖。2001年获第七届中国青年科技奖，2003年入选国防科工委"511人才工程"技术带头人，2004年入选首批"新世纪百千万人才国家级人选"，2005年起享受国务院政府特殊津贴，2008年获首届中国造船工程学会"船舶设计大师"称号。

小时候，胡可一常常到上海外滩看船，趴在防汛墙上看黄浦江上来往的船只驶向远方，充满了神往。18岁那年，就读于交大船舶专业的胡可一参观江南造船厂，感受到了江南造船厂悠久的历史、先进的技术，他暗暗想，要是能来这里工作就好了。两年后，他实现了自己的愿望。从此，他的人生，与江南造船厂紧紧联系在一起。

江南好,风景旧曾谙

口述：胡可一

采访：薛云云

时间：2018 年 5 月 31 日

地点：江南造船厂

记录：谢菲菲

整理：谢菲菲

看船的孩子

高考的时候,觉得交大很有名,我的第一志愿就填了交大。后来报到的时候,我坐火车来上海,在上海老北站下车后,我看到有交大迎接新生的横幅。我说我是考进交大的,接站的人觉得很惊讶,说你年龄这么小,是怎么考进交大的。我们那一届年纪轻的应届生比例其实挺高的,但还是有很多往届的毕业生,年纪最大的已经 32 岁了,有的同学有插队落户经验,16 岁的我属于比较小的那一批,还有比我更小的。

之所以选择船舶专业,是因为我从小就很喜欢交通工具,像汽车、飞机、船舶等。我高考填志愿的时候想过学航空,但上海没有航空学院。刚好交大有船舶专业,船舶我也很喜欢。我小时候经常到外滩看船。我趴在防汛墙上,正好能看到外面的船。父母只有我一个小孩,他们不希望我离开上海，那时候交大又是名校，所以综合考虑，我最后选择了交大船舶专业。

进校后，我发现学校除了新上院、工程馆这几栋楼看上去比较新外，其他建筑都比较旧，墙上还有很多"文革"的标语。那年是恢复高考后的第二年，当时各省市的考试内容、试卷难度都不一样，各地的教学内容、教学的深浅也不一样，所以学生知识水平相差很大。我们应届生的基础相对来说弱一些，特别是外语，刚开始的很多时候都听不懂上课讲的内容，但我们整体的学习积极性很高。往届生的学习劲头比我们还足，这激励着我们应届生更加努力地学习，很多学生在宿舍熄灯后，还自己打着手电筒看书学习。

学习之余，尽管当时条件有限，我们能进行的课外活动不多，但大家还是会参加溜冰、打乒乓球、篮球或者跑步之类的运动。我比较喜欢的是到徐家汇逛书店，到报刊亭买当期的《航空知识》和《舰船知识》杂志，因为徐家汇离学校比较近。虽然那时候不大买得起书，也舍不得买，但还是经常跑去翻书看。

学习的劲头很足

当时，交大有很多年长的资深老师，他们非常认真地备课、讲课。我印象比较深的是"理论力学"这门课。由于中学教学不是很正规的，教得比较浅，我们的基础不扎实，理论性的东西比较弱。我们对理论力学理解起来很慢，老师在上课的时候就用很多形象的比喻以及大量板书帮助我们理解。当时我们的数理化基础普遍不是很好，就拿我自己来说，我记得上到极限时，"怎么分母变成无穷大，整体就变成零？"对此我很是疑惑。"高等数学"是大课，很多人一起上，但老师讲课风趣，非常吸引人，我们都听得很认真。还有位教"材料力学"的老师，每次一节课上完，六块大黑板都被写得满满的。

到了交大，我们直接上大学英语，当时觉得很难。我们都是拿着小纸头抄单词来背，但单词不像现在还要注意有同义词和变形，我们掌握的词义都是很单调、片面的,而且我们基本上是哑巴英语,不会讲。后来学了科技英语,老师教了很多专业词汇,我觉得很实用。让我印象很深的一个单词是propeller(螺旋桨),screw 是它的同义词,一般人只知道 screw 是螺丝的意思,但 screw 在造船行业中也有螺旋桨的意思。毕业后我到了船厂工作,涉及出口船的设计建造工作,所以要看很多外文规范和资料。下班以后,我就自费去外面上英语班,但我在交大打下的基础还是很不错的。

进了交大以后,我才感觉到知识海洋是非常广阔的,所以大家学习的劲头都很足。当然,在学习过程中也有不少趣事。例如上政治课的时候,同学们会提出一些问题,会就不同的观点和老师展开争论,我们的课堂气氛是很活跃的,互动很多,师生关系很融洽。

每条线都要有依据

1980 年的时候,我还在读大二,学校组织我们到江南造船厂参观。我记得江南造船厂的介绍非常吸引人,加上我觉得在交大学的知识非常适合船厂工作实际,所以我那时就想以后要到这个船厂工作。1982 年毕业的时候,导师叫我去考研究生,但是我觉得自己的理论学科基础不大扎实,信心不足,没去。在校学习期间,高等数学、物理等理论课都让我觉得挺吃力的。相比之下,学到应用学科,我比较善于观察,画画、制图那些我都学得很好。加上我当时想读完本科后早点工作,为国家做贡献,所以就决定去船厂工作。分配工作时,正好被分到了江南造船厂,所以非常高兴,我与江南造船厂的缘分就这样开始了。

进了船厂以后,我发现交大学生的学习能力,特别是自学能力,总体来讲,比别人要强,这跟我们在学校打下的基础紧密相关。交大对学生学习能力的培养,对我们是很有帮助的。交大学生到了船厂后,上手快,进步大,很快就担当起厂里的重要工作任务。即使很多东西是在学校里没学过的,但是只要掌握了学习方法,再结合学过的知识,大都能产生不错的效果。

我记得我的老师说过:"你的全部设计一定要做到每画一条线都有依据。"于是我到了船厂后,作图更加规范。交大的学习经历和老师的教导对我帮助很大,让我受益终生。

最年轻的总工程师

江南造船厂很重视对新员工的培养。我们新员工入职后先要在车间里劳动一年,实实在在地跟工人一起干活。因为我们前面几年都没有新人进来,所以厂里很缺人。我们进厂后,在车间一线劳动一年半后,就被分到了江南造船厂设计工艺所。设计工艺所里有很多项目平行进行,有些小项目缺少专业主办人员,领导问我,你能不能做?我那时到设计所才两三个月,按以往的情况,起码要工作了五六年的熟练设计师才能做。我说试试看。我做了以后,发现设计图纸都是国外的,很多时候还要跟外国人打交道。所以我就向外国船东和验船师学英语。现在我的英语讲和写都比较流利了。

我工作几个月后就做了主办,后来又做了项目主管。之所以做项目主管,一是为了缓解人力资源的不足,二是能给自身加压,促使我前进。工作第三年,也就是1985年,我负责做一个6.5万吨散货船的项目。这艘船性能优异,建造也很成功,是当时国内最大的散货船。接着,我去日本研修了两年,主要学习计算机。所以我除了船舶专业方面的知识,对计算机也是比较熟悉的,后来我在厂里也分管信息化方面的工作。到了1998年,我又负责液化汽船的设计工作,被调到了船型研发部门做主管。厂里的老前辈退休后,我就被提拔为总工程师。当时我36岁,是船舶行业里面最年轻的总工程师。厂里的领导班子非常信任我,他们说,你只要放心干就好,其他的我们都会支持你。

我最多的时候同时任过七个职务。后来,我虽然有总工程师的头衔,主要管技术方面,但我还是两头抓,一方面是研发新产品,另一方面就是市场营销。船厂的生产模式跟其他工业不同,是需要客户先预订,我们再研发生产,所以营销就很重要。我是具有技术背景的市场营销,设想如果营销人员跟外国船东沟通时,外国船东问到技术问题,你不了解情况,回去再问技术人员,效率就很低,所以营销还需要技术背景。营销的重要性还体现在对船厂产品设计更新换代的帮助上。做营销时,可以接触很多最新的理念和产品,准确把握市场后,把最新的信息反馈给研发部门,他们才有目标。这也是为什么在新船市场上,我们江南自主研发的船型很多。

2002 年,我在设计部兼任部长,当时,船厂希望有一个针对技术人员特点的考核模式和激励政策。就像学校里评职称要发论文一样,但是船厂不能以此为考核标准,因为船厂里很多人干活能力强,但让他写文章就写不出来了。还有很多老工程师技术水平很高,但在英语、计算机等方面有所欠缺。所以我们用了一个关于复合能力的评价指标,还参考了末位淘汰制,设计了一套激励措施和管理措施,用了两三年,效果很好。后来虽然受体制制约,没能持续下去,但是这些管理理念还继续影响着人员考核工作。

我担任了总工程师以后,深度参与到两种新船型的开发中。虽然两个项目几乎没有国家科研项目经费的支持,主要是用我们厂里的科研费来做,但是发挥了最大的效益,做到了工程化。新船虽然没有签合同,但因十分具有创新意义,已经获得了市场的认可。大家之所以有很大的动力和干劲,就是因为充满了自豪感。

参政议政要做调查研究

2008 年的时候,我已经担任过三届政协委员。我参加新委员培训的时候,一位老前辈告诉我们,提案不要夸夸其谈,要立足自己熟悉的东西,有依据并触及事物的本质,提供解决问题的方法。所以我的提案基本上都是按照这样的原则去做。

有一次讲到我们中国船舶第二船籍国问题。挂旗要收税,为了减少税收成本,很多国内公司就把船舶注册在国外,导致中国船东的好多船都挂着外国旗。怎么吸引船舶回归呢？于是我就提议在税收方面做些改变，这个提案最后得到了国务院领导的批示。

同时，我还很关注产能过剩的话题。关于产能过剩，一般都说造船产量多少万吨。实际上，大家忽略了一个重要问题：一个厂的产能是怎么算出来的，怎么去评估产能？所以我就这个问题做提案。此外，我还就豪华游轮发展的问题提了提案，还重点关注了推进崇明生态岛建设的问题。

2016年全国两会期间，习近平主席到我们小组参加讨论，我代表小组发言，提到船厂怎么进行供给侧改革。我认为我们的短板是科技创新方面的短板，而不是一般生产能力上的短板。现在是高端船型的能力不够，低端船型能力又过剩。

总的来说，我的提案主要围绕自己熟悉的事情，同时我会收集很多资料，写调查研究。我的提案虽然数量不多，但是我注重调研和提案质量，做到建真言、献实策。后来我还获得了全国政协参政议政"先进个人"的称号。

连琏

连琏，1962 年生，福建惠安人。1978 年考入上海交通大学船舶及海洋工程系，1982 年本科毕业。上海交通大学教授，国际电工电子工程师协会（IEEE）海洋工程学会（OES）管理委员会委员兼中国分会主席、教育部科技委员会地学与资源学部学部委员、国家重点研发计划海洋环境安全重点专项总体专家组成员。曾任中国民主同盟中央委员、上海市委委员，上海市第十二届和十三届人大代表、第十二届上海市政协委员。主要研究领域为潜水器技术，撰写和发表论文、研究报告 120 余篇，获 2017 年度上海市科技进步一等奖、新中国成立 60 年以来上海百位优秀女教师、2002 年度上海市"三八红旗手"，多次获校优秀教学奖。

初入校园经历的考试"下马威"，在西大楼读过的《钢铁是怎样炼成的》《战争与和平》《简·爱》，在工程馆站着看过的球赛，用鸭嘴笔画过的潜艇设计图……连琏为我们勾勒出的 1970 年代末、1980 年代初交大学子的日常生活，充满了青春的朝气，大有万象一新的气概。

勤勉诚信，保持初心

口述：连　琏

时间：2018 年 5 月 14 日

地点：上海交通大学科技园海科园区

采访：魏　燕

记录：黄煜傑

整理：黄煜傑

入学之初的"下马威"

我是恢复高考后的第二届学生，1978 年考上的交大。而我的哥哥，则是在 1977 年参加了考试，已经在交大求学了。那时候，我才十六岁，也不知道去哪里上大学，上什么专业。后来考虑到"北清华，南交大"，所以就报考了交大，而交大的造船专业最好，还是全校考分最高的专业，于是就填报了这个专业，由此和交大结下了不解之缘。

在交大，我印象特别深的就是进了大学后的第一次高等数学考试。因为考试的内容大多数是我们以前没有学习过的，所以整个年级及格的人数也比较少。我以前一直都是 90 分以上的成绩，那次我记得好像是考了七十几分，于是心里特别难受，从来没考过这样低的分数。可以说，这场考试正是我们从高中到大学学习的一个转折。

　　刚进校的时候，大家的英语水平参差不齐，而且甚至很多同学以前学习的是俄语，没有学过英语。那时候几乎没有外语教材，也很少有外语资料，基本都是讲义和手写的讲稿。然而在这样的环境下，我们丝毫不减对学习的兴趣，每天争分夺秒地学习，汲取知识的养分。

"科学女青年"的日常

　　课余，我特别喜欢读小说。那时，我常去西大楼（图书馆）。西大楼里面有很多书，阅览室有不少小说、期刊。在读大学的时候，我基本把一些以前从来没接触过的书，比如《钢铁是怎样炼成的》《战争与和平》《简·爱》等，都读了一遍。阅览室还有很多像《当代》《收获》《十月》等很厚的文学期刊，我也很喜欢读。

　　那些书在当时都是很励志的，它们对我的成长是有一定影响的，里面有很多现在所说的"正能量"。我学习到了很多知识，并且学会以一个成熟的心态和角度去观察学习、生活，去观察校园。

　　在读书的同时，我还很喜欢体育运动。除了自己锻炼外，我们还爱观看电视直播的足球、排球、乒乓球比赛。因为当时电视还不普及，看电视都是在新上院、工程馆，桌子椅子摞起来，大家站在自己搭起来的一个阶梯上，在那看电视。现在回想起来，氛围十分好，令人怀念。

鸭嘴笔下的设计图

　　因为在一些讲座和资料上，了解了一些水下装备的知识，所以我当时对潜水器、潜艇特别感兴趣，本科毕业设计分班就报了潜艇专业。我的本科毕业设计的指导老师是高志希老师和沈国鉴老师，后来高志希老师还是我的硕士研究生导师。大学四年中，有很多老师都让我十分难忘。印象特别深的是当时教我们高等数学的顾振达老师。他上课上得特别棒，从来不拖堂，讲课逻辑性十分强。还有我们专业课的老师，像当时教我们"船舶阻力"课程的邵世明老师，"船舶推进"课程的姜次平老师，还有盛振邦老师，都给我留下了很深的印象。

我们的毕业设计是要求设计一艘潜艇。那时，画图都是用压条、压铁，然后拿鸭嘴笔画的。我们班的胡可一同学就画得特别好，画面十分干净。型线图现在是用电脑画，把这些型值输进去就自动生成了，我们那时候是在毫米方格纸上面，把型值一点点地点上去。压条怎么用呢？它是能够弯曲的，把压条压在点好的点上，然后用压铁突出来像钩子一样的部位压在压条上面，再拿蘸了墨水的鸭嘴笔勾勒。鸭嘴笔十分容易漏墨，一旦角度掌握不好，墨就会漏出来，影响整个画面。那时也没有修改液，我们就用刀片将上面的墨汁一点点地刮掉，然后再把它补画上。

我觉得大学四年对我来说，最主要的是打基础，我们通过自己学习，不断成长，从在老师的指导下完成工作到独立完成任务，收获颇多。这其中，我们从老师们身上学到了很多知识和方法等。交大的老师上课非常敬业，使我觉得老师是一份十分神圣的职业，这促使我在以后的日子里成为一名人民教师，授业解惑，以育人为乐。

33 年来的一些感悟

从 1985 年工作至今，在这 33 年中，我有些许的感悟想与大家分享。

一是希望大家坚持诚与信。这是我多年工作的座右铭，我觉得很自豪的是，多年来我从来没有违背过这两个字。尽管在工作过程中也经历了很多的挫折，有很多不尽如人意的地方，但是最终我还是坚守了这两个字。当然，这其中也因为有家人和身边朋友的支持，我才能坚持下来。

二是希望大家沉下心来，摒弃浮躁。现在的社会，我们每天接触到的信息有很多，很多时候容易迷失本心。我想对年轻学子们说的是，好好把握自己，然后踏踏实实做人，认认真真做学问，总有一天你会得到回报的。

三是要努力去追求自己的理想。一个人的成和败，并不是以你赚多少钱、做多大官来衡量的。希望大家能够坚持本心，去实现自己的理想与信念，追求更大的人生价值。

沈志平

沈志平，1959 年生，上海人。1978 年考入上海交通大学船舶及海洋工程系，1982 年本科毕业。历任中国船舶及海洋工程设计研究院（708 研究所）海洋工程部主任工程师、资深专家等职务。于 2019 年 11 月退休，现被 708 研究所返聘。曾担任上海市第十、第十一届政协委员。主要从事海洋油气开发装备、大型和特种工程船舶的研发设计，曾担任我国第一座深水半潜式钻井平台"海洋石油 981"总设计师。所完成的多个工程项目获得国家、省市以及行业学会各种科技进步奖。

回首献身船舶事业的 40 年光阴，沈志平认为项目无大小，如果都以认真负责的态度对待，开拓创新，则任何项目都是好项目；而在项目设计中遭遇的困难，更是获取工程经验和后期专业成长的重要机遇。

困难即机遇

口述：沈志平

采访：薛云云

时间：2018 年 5 月 25 日

地点：鲁班路 600 号江南造船大厦六楼会议室

记录：王振鹏

整理：王振鹏

三条路之外的路

我出生于一个工人家庭。在我读书的年代，中学毕业以后主要是三条出路：上山下乡插队落户，进工矿企业，还有就是进农场或者技校。当时，我哥哥是上山下乡，我姐姐是进工矿。如果没有恢复高考，那么我中学毕业以后应该就会进农场或进技校。所以我当时对自己的人生并没有什么规划，更不会想到以后的专业发展。

1977 年，恢复高考。我参加的是 1978 年夏天的高考，在此前的半年中，我们中学建起提高班，突击补学数学、物理、化学课程等等。高考前几个月，上海市举办了一届数学竞赛，我依次参加了学校、杨浦区的初赛，最终进入上海市的决赛，虽然没有获得名次，但获得了比较好的成绩。之后，交大邀请我们这批数学竞赛成绩较好的同学去参观校园，我因此认识了交大。后来高考时自然就报了交大,我第一志愿就是报了交大最知名的、考分要求也是很高的船舶及海洋工程系。

能进入交大船舶及海洋工程系,我十分高兴。因为做船舶专业都是在沿海,毕业后不会去偏远地区,离家近。而且我比较喜欢建筑,船舶本身就是一种建筑,虽然在艺术上不像做建筑那么能发挥。我们小时候的生活比较枯燥,玩耍只能是在家里折纸——折船舶、折飞机,就算是从小对船舶的一点最初的兴趣了。总的来说,我对学习造船还是有兴趣的。

美学素养给予的灵气

交大的学习和生活对我的影响是很大的。首先,交大引导了我的职业生涯,让我走上了船舶设计制造这个行业。其次,交大给了我高等的基础教育和专业的知识学习。我们那时候刚恢复高考,进入大学后就十分珍惜这个机会,一门心思读书,如饥似渴。所以在交大的四年,我打下了非常扎实的基础。

交大老师给我们留下了深深的印象,至今印象很深的是何友声老师。何友声老师当时给我们上"水表面动力学"课程。这门课程比较难,何老师讲课非常严密。他经常让我们开卷考试,出的题目很具难度,但可让同学进行讨论,这能够很好地培养同学们研究和解决难题的能力。我曾记得我做了一个题目,何老师批改说我做得很好,给予了我很大的肯定。还有邵世明老师,他带着我做高速艇方面的毕业论文课题,指导我们如何做研究课题和论文,对我影响也比较大。

在交大学习期间,我在学业上感到有难度,这跟学的专业没有关系,只是我当时思维、反应比较慢,上课前半个小时能够跟得上,半小时后常常就跟不上了。但是我上完课后会自己复习,把书仔细看一遍,反复弄懂以后再开始做作业。这逐渐便成为我的一种自学习惯,我觉得是有好处的。有的时候仅仅听老师讲,不一定能把课本上的知识吃透,而自己的细细复习,会有时间去消化。当然,有时间最好再往后自学一点,等到听下一堂课时就会比较容易理解。通过这样的方法,我比较扎实地学习了各门功课。

我在学习专业知识的同时,还有许多其他兴趣爱好。我在学校时,搞过黑板报宣传,平时也会画画、练字。还喜欢把同学们收到的信件的信封要来,我喜欢集邮票,也喜欢集信封上的各种花样,会把好看的信封花样剪下来,做成剪纸。还有摄影,虽然当时条件很差,但只要能借到相机出去拍照,就是很开心的事。我喜欢音乐也是从交大开始的。记得大三的时候,学校请了一位音乐学院的教授来讲音乐普及讲座,我们在一间大教室里济济一堂,欣赏音乐作品《在中亚细亚草原上》,从那时起我便萌生了对音乐的兴趣。这些兴趣爱好对我后来搞船舶设计是很有帮助的,特别是艺术兴趣方面的培养,对我从事船舶专业总体设计很有好处。对艺术有追求,会促使我在设计方面追求完美,没有一些艺术和美学素养的话,设计出来的东西也缺少灵气。

校训告诉我的事

交大"饮水思源"的校训给了我人生的启发和感悟。这是一种人生教诲。我们的成长,包括走上工作岗位,都离不开社会,离不开国家的培养,也离不开我们的一些前辈和老师的指点和帮助。"饮水思源"使我们懂得回报、懂得感恩,同时懂得传承。比如说我们有了经验以后,就要去引导后面的新人,去指导他们的成长,给他们一些力所能及的帮助。

我毕业后进入708所,在舾装专业干了五年。后来,我被总体科的老师看中,调到了总体专业。当时有位刘厚恕主任,无论在项目上还是专业上都给我创造机会,培养我。所以,我后来当了科长、主任工程师、副主任,我的成长要感谢他的帮助。记得在我上任主任工程师时,刘主任告诉我:"作为主任工程师,你要关注我们部门的技术发展;技术上你不能只自己做好,你一定要培养我们的新生力量。"这是老主任对我的教诲,所以我所主持的项目,都注意在项目中培养年轻人。

单位里面曾要我做硕士指导老师,我说我做硕士生指导老师不行,因为我自己只是本科毕业,硕士的课程我都没学过,所以我推掉了。但是我还是会带着新同志一起做项目,只是没有"师生"这样的说法。虽然现在我相对来说,资历上老一些,专业上强一些,但我也是在老前辈的引导下走过来的,所以在项目中,我一直很注意为年轻人创造机会。

任何项目都是好项目

毕业后,我在单位主要负责搞设计,通过项目去锻炼,积累经验。我从事船舶行业将近40年,我的整个职业生涯归结起来,主要做了三个方面的事情:第一是海洋平台,"981"(海洋石油981深水半潜式钻井平台)是社会效益很大的一个项目,参与这个项目是十分有荣誉感和自豪感的一件事。第二是大型耙吸挖泥船,2006年以前,我国没有自主设计,都是要去买国外的。第三是为长江航道局设计的特种挖泥船,长江航道需要的船跟海上的挖泥船不太一样,针对内河水域的特点和独特的作业方式,我们开发了各种各样的具有独特特点的疏浚船。因此可以说,我做过的所有项目,都不是照抄照搬前人的东西,都有或大或小的开拓创新。

还有军船项目。我们部门曾经要我去做一个3 200马力的拖船项目总设计师。虽然这是一个小船项目,但由于是军品项目,所以很重要,我也很有压力。我服从部门的安排,放弃了当时手头上一个已做完前期论证的"货改耙"项目,专心投入主持拖船项目。拖船项目做完以后,我的工作也得到了很大认可。所以我觉得任何项目都是好项目,任何项目做好了就是好项目。只要以认真负责的态度对待,尽力完成,就是对自己的锻炼和积累。

工作中我积累了不少的经验,收获了不少的感悟。

第一,我觉得我们搞工程设计的,就是要和困难打交道,碰到问题不要措手不及,只要积极地去想办法,就肯定可以解决。举个例子,我从舾装专业到总体专业后，第一次承担的项目是一艘双体船，中间加一个潜水器，这种船型是我从没有做过的。这种船型在阻力方面的计算就是我未曾碰到的问题。我首先去找资料，回忆学校里学的知识，找到计算双体船和潜水器阻力的方法。但另外一个较大的问题，主要还是我们工程经验的缺乏。这项目是由一位老同志做的最初概念方案，后续设计由我接手做。随着设计的进展，发现船舶排水量大大超过预期，在临近方案审查会，船舶方案出现颠覆性问题时，我没有惊慌失措，而是冷静分析问题，在方案汇报会上沉着冷静，理清思路，提出了设计解决方案。由此也获得了船东的肯定，我们科技处的一位老同志也称赞我"具有大将风度"。

　　第二，我觉得一旦把困难攻克，它就会成为你的经验，困难是获取工程经验和专业成长的一个重要机遇。2006 年的时候，我担任总设计师，主持设计了我们国家第一个大型耙吸挖泥船项目。在试航过程中，我们发现原本的耙管设计图纸上出现了差错，耙管中间有个"十"字接头，可以让耙管向两个方向动，但当时设计出现了差错，使得耙管只能在一个方向动，所以在试验时，耙管放不下去。由于是海上试航，如果把船开回去整改，会损失很大费用。我作为总设计师，当场就翻开图纸仔细研究，发现了一个思路独特但实施又很简单的解决方法，于是在船上连夜改完后，第二天就继续进行试航了。

祝伟敏

祝伟敏，1959年10月生，上海人。1978年9月考入上海交通大学工程力学系，1982年7月本科毕业。船舶流体力学硕士、博士，历任中国船舶工业总公司第708研究所助理工程师、工程师、研究室主任、所长助理兼科技处长、副所长，上海科学院副院长，外交部参赞，中国驻美国旧金山副总领事，中国驻泰国清迈总领事（正司级）。现任上海市人民政府外事办公室副主任（正局长级）。

入学考试时英语只考了7分的他由系主任何友声老师一对一辅导。何老师给他两本英文原版专业教材，放眼望去，全是看不懂的单词……想不到，如今已经是资深外交官的祝伟敏还有如许的经历。

流体力学与外交的关系

口述：祝伟敏

时间：2018 年 5 月 17 日

地点：上海市虹漕南路 200 号上海市委党校会议室

采访：魏　燕

记录：周　畅

整理：周　畅

交大是很好的学校

读中学的时候，因为我的哥哥去了农村，于是我可以继续留在上海，那时就想着能够进一家有冷饮喝的工厂，也没想过以后能够上大学。

1977 年恢复高考后，我拿到了高考真题卷，但几乎什么也看不懂。因为我们前期在初中学习的基本都是工农业基础知识，例如开拖拉机、装日光灯等等。随着全社会对"四个现代化"的宣传越来越深入人心，我准备参加1978 年的高考。当时，我们学校教的东西与考试内容相差甚远，我就去新华书店排队买了一套《数理化自学丛书》。那套《数理化自学丛书》中，除了化学看不懂，我自学了所有物理和数学部分并做完了所有的习题。春节过后，我已经走在其他同学的前面。当时杨浦区为了选拔 50 个优秀学生，准备突击培训，争取高考拿高分，进行了一次全区的选拔考试，正好就考数学和物理两门课,结果我考了第四名,被选入区里的突击班。

我当时一心想考复旦数学系,但在填报志愿前的一两周,我和另一位同学收到了上海交大的一封信,实际上就是招生广告,希望我们考上海交大。当时老师和同学都很羡慕我们,都说交大是非常好的学校,我们俩就决定把交大作为第一志愿。在选择专业上,还有一个小插曲。我祖父和父亲都与造船有关,祖父曾是上海船厂所属技校的校长,我父亲是上海船厂轮机车间的主任,所以他们都很希望我去学习造船。但我喜欢数学,对造船不是很感兴趣。后来听说工程力学系涉及数学和造船两个方面,所以就考了工程力学系。那一年的本科录取分数,交大是排在复旦之前的。大学的前两年,我们和应用数学系一直是合班上课的,所有的数学课都是一起上的,但在几乎所有的考试或测验中,我们班的平均成绩都超过他们,所以说,我们的数学基础还是很扎实的。

"何老师来找你啦"

毕业多年,现在回想起来,令我印象最深的还是交大的老师与同学,以及浓厚的学习氛围。

交大的老师都很优秀。1952年院系调整后,交大很多的专业与名师都分给了其他学校,大家可能觉得中坚力量应该是不足的。但实际上,我们工程力学系都是由一些有名的教授给我们本科生上课的。学校非常重视工程背景,老师在讲的时候,对工程背景强调得非常多,这对我们毕业以后也是很有帮助的。老师们很敬业,对我们的要求十分严格。记得我们班毕业的时候,有六个同学没有拿到学位,有一个同学肄业,这样的情况在其他的高校里面是很少的。

交大的同学也十分优秀。在校期间,我们学习都非常努力,基本上就是宿舍、食堂、教室和来回的道路组成的三点一线。除了在学习方面,在体育运动上我们也丝毫不落后,我们班的同学打破了校运动会4×100米的学校纪录,并维持了很长时间;在桥牌方面,我们同学打进了上海高校的甲级队。所以,我们热爱学习,但绝不是书呆子,同样十分重视锻炼。虽然同学们都显得很"瘦",但是引体向上、打乒乓球、踢足球等运动都十分在行,同时在运动会上也都有不俗的表现。

我印象最深的老师是何友声老师,他是我们的系主任,班里的同学他都叫得出名字。何先生跟我还有一段特别的渊源。当时系里一对一辅导,就是何先生辅导我的,他给我两本英文版专业书,一本是冯・卡门的《空气动力学》,另一本是林家翘的《应用数学》,让我至今记忆犹新。

我那时英文很差,高考英文总分 100 分,我只考了 7 分(不计入总分)。要读原著,困难之大只有我自己知道。何先生经常利用中午休息时间,让我去他的办公室。在这半个小时或一个小时的时间里,他让我谈学习《应用数学》和《空气动力学》的情况,有时也问我一些问题,来看看我是否看懂了。何先生治学很严谨,对我们要求也严格,以至于我经常看见他就想躲,他还会到我们宿舍来找我,然后同学们说"何老师来找你啦"。尽管当时困难很大,但这对我的学习帮助也很大,尤其是英语水平的提高。

我们当时的学习氛围还是很好的,就感觉"四个现代化"在等着我们。傍晚五点半以后去图书馆,可能就没有位置了。我们当时学《数学分析》,除了正常的习题,我们班大多数同学都把《吉米多维奇习题集》全做完了。而且,有些同学不仅做完,还有很多题都是一题多解的。

当时条件也不是很好,宿舍和教室在夏天连个电风扇也没有,冬天取暖就更不用提了。我们每天吃好饭,就去教室学习了,然后晚上十点钟回来就熄灯休息。有些同学更是努力,把走廊灯的电线拉到宿舍里面,继续看书。

"从工程师到外交官"

交大对我学习能力的提高是有很大帮助的。我在中学就开始自学,所以在大学的时候,基本上都是预习以后再去听课,当然,老师也是这么要求的。我认为预习搞懂学习内容是很重要的，但是在上课时搞懂更重要。这是在培养我们的学习习惯，对以后工作很重要。

交大还注重培养我们解决问题的能力。当时有门"生物力学"的课，学期结束，要求每人写一篇论文。我当时很烦恼的是：为什么我会生冻疮，而其他同学不会。于是我专门去图书馆查冻疮形成的原因，就写了一篇文章，还把题目写得很高大上，叫《冻疮形成的动力学分析》。通过研究，我知道了长冻疮的原因，第二年开始再也没有犯过。所以，我认为能够通过一些研究来解决实际的问题，是十分有意义的。

毕业时，我们是统一分配工作的。国家指向哪里，我们就奔向哪里。我毕业时被分在708所，第一份工作是搞船舶结构设计，但我是学流体力学的，感觉完全不搭，所以过了两年，我就去考了所里的研究生，研究船舶操纵性。

人生的发展轨迹很是奇妙。后来，在一次偶然的机遇中，我配合上海海运学院的老师完成了一个课题，做得很成功，为单位挣了5万多元，还得了奖。正因如此，后来我得到一次去北京参加一个由水利部组织的叫"中国北京国际高坝水力学会议"的机会，并且宣读了论文。我们分会场的主席是来自荷兰德尔福特水力所的Henk Bloower，他对我的工作很感兴趣，当时他们正在筹建世界最大的航海模拟器中心，他当即邀请我去他们那里学习工作。我在荷兰德尔福特水力所直接参加了不少工程项目的研究。两年后，我回到708所当了研究室主任。

中国外交部的工作人员大多数是语言专业出身的，为改变这种单调的学术背景，中组部从2000年开始，每五年在全国范围内公开招聘10个左右的高级外交官。我是2004年参加考试的。通过好几轮的考试，我最后进入只有30人的面试。后来有人告诉我，我的面试成绩是第一名。在面试环节中，有一段让我记忆犹新。考官问我，你是学流体力学的，这跟外交有什么关系？我回答说：你问得很好，二者看上去一点关系都没有。但是您知道人类文明的基础是什么吗？我认为是逻辑。衡量一个社会的文明程度的标准应该是这个社会讲逻辑的程度。人类历史上逻辑最严密的学科不是哲学，更不是外交学,应该是数学,而数学应用得最好的地方就是流体力学,所以我的基础很好,缺少的是经验和知识。如果给我机会,我相信我能成为一名优秀的外交官。后来,我陆续担任了中国驻美国旧金山副总领事、中国驻泰国清迈总领事。回到国内后,担任上海市人民政府外事办公室副主任,后来又担任了上海政协对外友好委员会副主任。

我个人的成长都离不开在交大学到的知识与方法,我由衷感激学校给我的激励和信念,感谢老师和同学的帮助和鼓励,使我能为振兴中华贡献自己一点微薄的力量。

邓辉

邓辉，1957年生于上海。因父母去江西支援"三线建设"，初中即随同迁往江西省乐平县，高中毕业后作为知青到当地农村插队落户。1977年考入上海交通大学动力机械工程系，1981年本科毕业。现任玉柴船舶动力股份有限公司总经理。曾任中国船舶工业贸易公司处长，中国国际海洋石油工程公司助理总经理，中国长城工业上海公司副总经理，中国精密机械上海浦东公司总经理，卡特彼勒船舶动力系统中国区总经理，中国熔盛重工集团控股有限公司执行董事、常务副总裁兼合肥熔安动力机械有限公司董事长，青岛齐耀瓦锡兰菱重麟山柴油机股份有限公司CEO，温特图尔发动机有限公司台湾销售总监。中国船舶工业行业协会常务理事，安徽省政协委员。曾获"我们的奋斗——2009安徽年度经济人物""合肥市优秀外来投资企业家"等称号。

40年前，邓辉是一名乡镇代课老师，听闻恢复高考的消息，他辞职回家复习。经过千军万马的角逐，他幸运地被并没有填报志愿的上海交大录取。回忆起当年的考试，邓辉认为自己能够高分考上，得益于文理兼擅、知识面广。他一直坚持着广泛阅读、提高文化修养、美学素养，并谆谆告诫青年学子：读书不一定有文化，但是不读书肯定没有文化。

我一直信奉"腹有诗书气自华"

口述：邓　辉

采访：陈一锴、李　奇、潘　浩

时间：2018 年 7 月 14 日

地点：上海交通大学机械与动力工程学院 F236 会议室

记录：陈一锴

整理：张可欣

山外有山，苦战过关

我们是 77 级，也是国家恢复高考后的第一届大学生。当年我已经在乡镇中学当了一名代课老师，但听到要恢复高考的消息，很兴奋，于是我把工作辞了，回家复习了两个月。报志愿的时候，我并不敢报上海交通大学。当时，我们这代人都想上大学，为了保证升学，要考虑很多因素，交大是一流名校，又地处上海，考的人必然多。我当时报了中国科学技术大学和北京钢铁学院，前者虽为名校，但是地处安徽，后者虽然地处北京，但是不算一流名校，结果不知道怎么就被交大录取了。到学校以后才知道，交大有优先录取的权利。我当年在江西考分还算比较高的，因此可以说，我来到交大是一个偶然事件。

当年我们不敢报交大的原因还有一个：很多专业都是机密或者是绝密

专业,所有的专业都是代号,我们也不知道自己究竟报的是什么专业。录取的通知书上也没有写明,就只说了我们是 21071 班,也就是在这样一种机缘巧合下,我们来到了这个班。

我们班的平均年龄在学校是最小的,不到 21 岁。当时最小的同学是提前高考生,才 16 岁。被录取了以后,我们才知道就读的是船舶涡轮机专业。我们班江西的同学很多,因为江西有一个三线厂,这个厂是专门生产船用燃气轮机的,在学校分配专业时可能考虑到这个因素。不过我们班同学中没有人报这个专业,因为我们事先都不知情,读这个专业都是带有偶然性的。

就从我个人经历来说,交大给我带来了很多东西。我原来在江西乐平县,地方小,容易出头。在中学时代,我学习成绩突出,在整个学校里面都是数一数二的。当年我考上交大,走在家乡路上,认识的人都和我打招呼,不认识的人也会指指点点:"啊,这个人就是考上交通大学的邓辉!"我的荣誉感还是蛮强烈的。

但当我进入交大以后,就发现很多同学比我还优秀,感觉一下子就有落差了。除了我以外,同学中也有人受到那种挫折感的影响。不过想到有这么多优秀的同学,从他们身上也能学到很多东西,印证了"一山还有一山高"这个道理,心态也就平和下来了。当时叶剑英的诗《攻关》对我们这一代人的影响也很大:"攻城不怕坚,攻书莫畏难。科学有险阻,苦战能过关。"因此我是下了非常大的决心要一心读书,将来能够攀登科技高峰,但没想到后来当了干部,做了企业管理者。

顺其自然,觅得爱侣

在交大期间,还有一件让我印象深刻、获益终身的事情。一年级下半学期,辅导员找到我,推荐我去当校学生会干部。我说,这可能不行,我们 77 级的学生特别珍惜读书的机会,还是要好好读书,才不辜负邓小平给我们提供的这个学习机会。但老师坚持说服我去担任学生会干部,她说:"大学里,学习是一个方面,但担任学生干部对于你未来的发展也是一段非常重要的经历。在这个过程中,你可以学到很多组织管理方面的知识、培养自己的能力。我看过你的档案,从小学起你就是学生干部,所以我们选择了你。"我当时被说服了,就进入了校学生会担任宣传部部长。

我后来觉得当学生干部对个人未来的发展还是非常有好处的,特别是到了工作单位。举一个例子,1986年我在船舶工业总公司上班时,正值庆祝中国共产党成立65周年。那天,有很多人要上台讲话,其中也包括我。我当时被选作积极要求进步的青年代表。上台讲话是脱稿讲的,那时我们机关党委宣传部的部长都有点担心我是否能完成,我说试试看吧。演讲完下来,部长紧紧握着我的手说:"邓辉啊,讲得真好!"这就是我在校学生会经常组织大型活动锻炼出来的能力。这件事之后,我一下子就在船舶工业总公司整个机关中脱颖而出了。在学生时代,能够兼任一些社会工作,对我们的锻炼是很大的。我们将来即使是做工程技术工作,也离不开与人打交道的能力。

在交大时,我也遇到了我一辈子的伴侣,这也源自担任学生干部的经历。我和夫人虽然来自不同的系,却是在学生会认识的。有的时候我和别人开玩笑,说我们的关系从同学、朋友发展到恋人、结婚,是一条处处可导的曲线,没有哪个点是突变的。因为大家相处久了,也对对方比较欣赏,就一点点顺其自然地发展。从1979年大二相识到现在,我们一起走过差不多40年了。

我夫人朱小燕当时是在十系(工程力学系),她在交大读到博士,博士读的是动力机械工程系。毕业以后她到了北航,做航空发动机故障诊断研究的博士后,后来到北京理工大学机械系当教授。我从北京调到上海工作后,她也回到上海,回到了交大。

有人帮她联系了动力机械工程、工程力学等相关的专业,但因为热爱英语,她决定到外语系去教英语。这个过程很困难,她是理工科教授,要转文科的教授,要经过一个特殊的面试。当时学校组织了一个16人的面试小组,经过面试评审,认为她是一个复合型人才,可以胜任英语教授的岗位,同意作为人才引进。不过她也没有辜负这一结果,在外语学院担任英语教授期间,还被评为"最受学生欢迎"的教师。她的经历也告诉我们,大学读什么不一定未来就要做什么,重要的是兴趣。只要热爱,一定能够做好,所谓兴趣才是最好的导师。

挑战越多,成长越快

从 1982 年至今,我在船舶行业工作共有 36 年。毕业三十多年来,我基本上都是在这个行业工作。刚毕业时,我国在这个领域与国外是有很大差距的,年轻的时候,人总是有一点理想和情怀,虽然当时工作是国家统一分配的,被动选了这个行业,但是从此就爱上了她。

我在船舶总公司的时候,领导曾经找我谈过话,想把我调到技术引进处工作,但是我自己坚决要求去了船用设备出口处。当时国家特别缺外汇,鼓励机电设备的出口,但是出口肯定比进口难。当时年轻,喜欢挑战,所以就去了出口处。因为挑战越多,学到的东西越多,成长越快。这一段工作经历奠定了我今后发展的基础,虽然离开过一小段时间,我依然通过一些船舶行业的聚会与整个行业的朋友保持着联系。这也是我在这个行业干了这么久的原因之一。

相对来说,我最自豪的一段经历还是在合肥熔安动力机械有限公司。21 世纪初,在国家发改委的领导下,国防科工委参与制定了《船舶工业中长期发展规划》,要发展造船工业。朱镕基总理提出,我们不仅要成为一个造船大国,还要成为一个造船强国。"大"与"强"的区别就在于前者只是数量上的,后者是质量上和技术上的,包括船用设备国产化率。当时我国造船行业国产化率很低,不到 40%,绝大多数东西都是从国外买来的,我们只是一个装配厂,跟日本、韩国比,差距非常大。2008 年,我在"熔安动力"提出了一个"熔安梦",具体内容就是要把中国的动力安装到世界的船舶上去,让世界船舶都有一颗中国"心"。这也是因为我们进入上海交大后，老师上的第一课就告诉我们，我们所学的专业就是船舶的"心脏"。此后，全公司发奋努力，创造了很多第一：从建厂开始到生产出第一台柴油机是 16 个月（之前都要两年以上），从投产开始到达到 100 万匹马力仅仅花了两年时间（之前韩国的现代重工是最快的，他们花了 7 年），这些都是破了世界纪录的。

2000 年，我在职考到中欧国际工商学院。当时的中欧就在交大闵行校区内办学。之所以有这个考虑，是因为我自 20 世纪 90 年代中期进入公司的管理层，开始从事公司层面的管理工作，这和过去自己干、领导一个部门干，有很大的不同，我深切感受到必须再学习。第一想到的就是去中欧学习，因为中欧是当时国内最好的商学院。在中欧学习以后，我有两个方面的感受：第一，从国内外一流教授那里系统地学习了管理理论知识；第二，从同学那里学到了许多实践经验。考到中欧的也都是一些优秀的企业管理者，我们也经常到他们的企业去学习、听他们介绍。我们讨论课题、讨论案例的时候，同学们也能讲出自己的案例，所以这方面的学习也是非常好的。应该说，我在中欧读书的两年里收获非常大，还结识了一批优秀的同学。

虽然我在 2013 年初离开了"熔安动力"，但是至今仍然奋战在船用柴油机行业，继续完成我的梦想：为世界船舶提供中国"心"！2016 年春，我加入玉柴船舶动力股份有限公司，两年多来，和全体员工一起付出了艰苦卓绝的努力，尽管船舶市场仍然处于低谷，但我们今年的产量将大大超过往年，是我加入公司前最高年份的三倍。

读万卷书，行万里路

爱读书是我从小养成的习惯，我一直信奉"腹有诗书气自华"。我说的读书，不是仅限于课堂上要学习的书，而是包括各种课外书。当年能够成为"文革"后的第一届大学生，也与我读书面广有关。恢复高考第一年，我的两个最要好的同学，学习成绩在学校也是名列前茅的，但是一个偏理科、一个偏文科,他们都落选了。而我考的虽然是理工科,可是我对文史书籍也涉猎甚广,所以幸运落在了我的头上。

所谓开卷有益,在后来的工作中也显现出来。我毕业后从事工业外贸工作,这是一项与人打交道的工作,那就离不开文史地理知识。不仅包括中国的传统文化知识,还有西方文史地理知识。谈生意,实际上是交朋友。交到了朋友,生意也就好谈了。无论在日韩还是欧美文化方面,我都读过不少相关书籍,交流起来共同语言就多,很容易交上朋友。当然也要对我们中华文化有深刻认识,尤其遇到日韩两国的人,他们对中国文化还是十分了解的,对中国古代文化尤其崇拜。如果他们问起中国的唐诗宋词、孔子老子,我们一问三不知,是会被对方看不起的。他看不起你,怎么能够做好生意呢?举一个简单的例子,20世纪90年代初,我去德国出差,在汉堡的大学书店里面,古典音乐CD才卖一两个马克一张,我就买了许多。到了机场海关,一过X光,发现有一大片一样的东西,海关官员怀疑我走私,要我打开箱子检查。我一边准备开箱,一边告诉他我买了许多巴赫、贝多芬、亨德尔的音乐CD,这些都是德国人引以为豪的作曲家。他马上露出笑容说,你也喜欢他们啊?我说很多中国人都喜欢他们。他马上说了声非常好,挥手让我过去,也不用检查了。

尤其后来当了管理者,读书更显得重要。其实管理一个企业,制度是一个方面,但是文化更加重要。读书不一定有文化,但是不读书肯定没有文化。自己没有文化,又如何用文化去管理人、管理企业呢?

中国还有一句古话,就是"读万卷书,行万里路",读书、行路相辅相成。三十多年来,尤其是后20年,我利用每年的长假和年休假,和夫人携手,走遍了中国的所有省市,也周游了世界五大洲的近50个国家。旅行不仅为我们增长了知识,而且开阔了我们的眼界和胸怀,更是给我们带来了无穷的快乐!

除了读书,我还有两个爱好:摄影与古典音乐。这些都可以提高自己的艺术涵养,或者说美学修养。一个人有了较高的美学修养,他的气质必高、品味必高。前面我就提到了"腹有诗书气自华"。这个和金钱没有关系,完全是精神层面的。人在欣赏美、追求美的过程中,会得到身心的愉悦和心灵的纯洁。木心先生说过一句话:没有审美力是绝症,知识也救不了! 蔡元培先生也认为,美育的目的在于陶冶人的情操,认识美丑,培养高尚的兴趣和积极进取的人生态度,养成高尚纯洁的人格。因此我也希望现在在校的大学生们,要注意提高自己的美学修养,未来才会是一个有气质的人,才会过上有品位的生活。

张世民

张世民,1949 年生,浙江鄞县人。1977 年考入上海交通大学动力机械工程系,1981 年本科毕业。后留校工作,任上海交通大学工业管理系总支副书记、讲师,1984—1992 年任上海交通大学体育系总支书记、副教授,1992—1994 年任上海交通大学达通总公司总经理、总支书记,1994—1996 年历任上海交通大学后勤管理委员会常务副主任、主任、教授,参与设计闵行校区建设规划,1996—1999 年任上海交通大学校长助理,1999—2008 年任上海交通大学副校长、党委常委。

为了解决生产中遇到的问题,张世民报考了交大,哪知机缘巧合,毕业时作为老党员的他,留在了交大。从此,与交大的花木晨钟相伴30 年。迎来了许多学子进校,也欢送过许多学子毕业离校,而他,一直是那个陪伴母校的人。入学 40 周年之际,他回望过去,期盼母校的明天更美好。

口述：张世民

采访：吴志军、林　杰、尹　力

时间：2018 年 5 月 16 日

地点：上海交通大学徐汇校区盛宅·校友之家

记录：林　杰、尹　力

整理：尹　力

举重若轻，为工作需要考交大

　　我在 1968 年底参军入伍，当时正在技校上高一，是老三届的学生。1973 年转业后，我被分配到上海电力修造总厂工作，在总师室从事设计技术工作。

　　1977 年，国家恢复高考。当时厂里的总工程师是 20 世纪 40 年代毕业的交大校友，他建议我报考交大。他告诉我，通过上大学，可以学到更多基础理论知识，与工程问题结合起来，可以更高效地解决实际问题，而上海交大是公认的实力派工科大学。因此我填报志愿时只填了上海交大一所学校。当时高考报名是单位统一组织的，还需要通过政审，作为党员的我顺利通过了。记得高考报名时，我刚从外地出差回来，那时离高考就剩两周了，我找到以前上中专时做过的习题册，加紧复习。那时候高考考试科目有数学、物理、化学、政治和语文,物理、化学两门课是在一张试卷上的,各占50分。我记得当时除了化学以外,其他科目都考得不错。这是因为我原来基础就比较扎实,读中专技校时,总能考到第一名的成绩。后来在部队当装甲兵时,也从事了许多技术类工作,制图和数学一直在用,所以还是有一定基础的。

考完后,我听到有人说数学很难,做不出来,我却觉得比较容易。数学卷子上包括加分题的每一道题我都完成了,记得当时还有一道题是有关初步微积分的。"文革"过后,许多人文化基础知识都淡忘了,有的初中也没好好念,基础不是很好,所以对我来说,竞争并不是很激烈。厂里很多人也参加了高考,我是唯一考上的。当时,我考大学的目的是为了掌握理论知识,更好地结合实际工作,解决生产中遇到的问题,是出于工作需要。这一点和现在年轻人考大学的情况不太一样。

在填报志愿时,我选了交大的涡轮动力专业和核动力专业两个志愿。我当时工作的方向是耦合气动,这两个专业都和动力有关。涡轮动力专业和我的工作相关度更大一些,而核动力专业也是国家积极探索的领域,最后我被前者录取。在这四年里,我作为单位的培养对象,拿着工资念书,毕业时,经过学校和单位协商,我被留在学校工作。当时学生毕业时,工作是包分配的。现在情况不一样了,在本科学习阶段,大学更多的是提供基础教育,如果要学到更多专业性强的知识,往往需要读到硕士、博士后再就业,工作的选择范围也更大些。

情同手足,难忘当年弦歌

交大的学习生活平静而充实,给我留下了难忘的印象。我每天和同学们一起上课、写作业,回宿舍后(当时住第一宿舍),很多同学去打球、跑步,而我有时还要骑车回家照顾老母亲。对我而言,当时的课程并不是很难,是很容易学懂的。但是如果想学得更精深,考试要拿到90分甚至满分的话,就需要下很大功夫了。我当时的学习目的是想解决更多实际问题,所以没有特别下苦功钻研。课余时间里，我往往会去图书馆，翻阅大量的图书资料，极大地开阔了视野，拓展了思路。很多同学也都喜欢到图书馆读书，虽然大家读的书不一样，但常常在一起交流读书心得、讨论问题，提高了解决问题的能力。

不过在学习外语方面，当时的条件远没有现在的好。那时还没有"到跨国企业工作"之类的概念，大多数人还感受不到外语的作用。学校外面也没有外语辅导班，大家基本上只是为了应付考试而学习，因此口语、听力等应用技能往往是当时学生的弱项，不像现在，外语变成了交流的工具。所以，现在的交大同学们要珍惜这么好的学习条件，提高外语水平不仅有利于今后的工作，而且也是顺应时代变化的必然趋势。

我所在的班集体是一个和谐的团队，给我留下了许多美好的回忆。同班同学朝夕相处，互帮互助，彼此非常坦诚。大学时代是我结识许多真心朋友的"黄金时代"。孩童时，和同伴嬉戏玩耍，天真烂漫，但毕竟年龄还小，长大后难以留下深刻的印象。而在大学时期，大家意气相投，一起吃饭、打球、上课，是那种谁有了一本小说，马上在全班传阅的情谊。有一回，隔壁班的同学和我们班的同学有了冲突，我们立刻都跑去帮忙，兄弟们之间的感情真是没得说。要是发现班里谁有困难了，大家一起出主意、想办法，把同学的事当成自己的事一样。在这样和谐欢快的氛围中，我们逐渐培养出很强的集体观念和团队意识，虽然当时同学之间年龄相差较大，我们班年龄大的同学要比年纪小的大十几岁，但大家在一起就像相亲相爱的兄弟姐妹一样。毕业后，班里的同学们都各有所成，有成为瑞典皇家工程科学院院士的，有成为空气发动机工程师的，有成为管理学院院长的……虽然他们都在各自的领域辛勤工作，成绩斐然，但都很务实低调。我算是他们的老大哥，大家每年还时常见面。遇到困难迷茫，大家就聚在一起出出主意、帮帮忙，也不需要讲什么客套的话。最近要搞相识40年同学聚会，我还是学校筹委会主任。这几十年友情就源于大学时期一起学习生活的点点滴滴。虽然当时同学们大多是和本系同学来往，各系之间的交流不太多，但大家学生时代的生活都是丰富多彩、令人难以忘怀的。

这种融洽的集体意识也和我们的班主任和辅导员（以前叫政治指导员）对同学们的关心分不开。我们的班主任是位老教授，他和辅导员都把同学们当成自己的孩子或亲兄弟看待，有时甚至会与我们整晚谈心，帮我们化解学习生活中的困难和苦恼。他们不图利益，这种尽职尽责又非常尽心的工作态度给我留下深深的印象，同学们都十分感激这些老师。

此外，学生中的党团组织也起到了核心作用。作为一名党员，除了学习以外，我还负责党团组织建设的相关工作，关心大家的思想学习，帮助大家解决各种困难。党团组织有很强的号召力，虽然当时没多少宣传口号，但大家发自内心地觉得党团组织是代表党、代表国家的，是值得信赖的，都积极向组织靠拢，以一种淳朴的感情参加党团组织的各种活动，因此形成了一种团结向上、朝气蓬勃的氛围。

结合实践，实现自我塑造

40年前，交大课程的设置紧密围绕工程应用方面，是一大特色。当时，社会上就流传着"北清华，南交大"的说法，其实交大并没有刻意宣传，这样的名声都是通过老百姓们口口相传，积攒下来的。交大特别重视对学生动手能力的培养，老师讲课都注意结合实践。这样一来，学生的学习兴趣浓厚，动手能力都很强，毕业后很快就能胜任工作，后来很多人都担任了各类研究部门和大型国企的核心技术骨干。现在的本科教育课程大多是一、二年级学基础课，三、四年级学专业课，专业课也只是刚刚入门，还要到硕士阶段继续深入研究专业知识。等研究生毕业之后，形势可能又有很大的变化了，新的知识不断出来，信息时代接下来是智能化时代，这就需要开展继续教育事业，需要我们终身学习，所以说学无止境。

如果评估现在的学生，我主要看几个方面：第一看有没有很好掌握外语，语言和我们那时不同，现在是交流的工具，世界需要相互间的交流；第二看数学基础,此外智能化、计算机方面的知识也是必备的;最后一项是数学建模,这些都是学习中最重要的部分。现在的教学对老师也是个挑战,老师要结合实践讲知识,多讲一些体验,多讲一些过程和理解,学生才有兴趣。如果只讲一些学生们在网上都能查到的东西,是无法激起学生的兴趣的。交大的特色就是注重实践,将教学和社会需要紧密联系起来,比如交大医学院就十分注重发展临床教学,紧紧着眼于满足社会需求,服务社会,这使它在各同类院校中凸显出来,社会反响非常好。时代需求在发展,学校目标也要相应调整,无论如何变化,学校的发展都要有自己的特点,并不断坚持。

大学对于一个青年人来说,是个脱胎换骨的时期。我从入学前的"蓝领"到之后的"白领",是经历过大学生活的锻炼,实现了自我塑造的过程。在进入大学之前,同学们有的来自农村,有的来自城市,背景有很大的不同,各方面受到家庭的影响比较大。迈入大学校门之后,视野更加辽阔,言谈举止、文化素养、看待问题的角度等都会有翻天覆地的变化。从孩子到青年,通过大学的学习生活,我们的世界观开始形成。理科生可能思维新奇,常常出现蒙太奇式的思维跳跃;而工科生则强调逻辑,富于严密推理,善于将设想通过实践变成现实。当代的年轻人应当知道,读大学可不仅仅是要拿到一纸文凭,更重要的是提升自身的综合素养。知识的丰富不等于文化的富足,学历的收获不等于素养的培育,这些都是需要我们有意去积累的,这样才能不断完善和提高自己。

毕业留校,服务交大30年

大四的时候,学校通知我留校担任政治辅导员,并参与应届毕业生的分配工作,作为一名入校前就入党的老党员,我服从组织的安排,之后就一直留在交大,工作了30年。工科毕业的背景使我依然不忘所学的技术知识,积极开展学术研究,发表了多篇论文,并取得了正高职称(二级教授)。

我先后在管理学院、体育系、后勤保障部门、校办企业等担任领导职务,主要从事管理工作。许多人认为,管理工作主要涉及规则制度和人的思想,实际效果的好坏与管理者的情商高低密切相关。然而,我认为管理学更是一种严谨的科学,甚至可以纳入工学范畴,因为工科用到的许多逻辑思维和论证方法都可以直接运用到管理工作当中,而且效果很好。在工作中,我喜欢把管理与我所学的知识结合起来,管理课中会学到很多数学知识,可以形成一个模型的概念,在模型中,我们把现在遇到的情况放进去,从而形成一个"管理模式"。

我曾在管理学院工作了 12 年,后又被调到体育教研室任总支书记。在负责体育系工作的时候,我们进行了体制上的一系列改革。由体育教研室改制成体育系,事实上,如果公共教育不是系,就不会引起大家的重视。我的理念是不要只为了学分开展体育课程,要因人而异地设置锻炼类型和强度,有针对性地提高学生的身体素质。为此,我还参与了学校体育教材的编写,在教学中加以应用,取得了不错的效果。

在后勤部门工作期间,我参与了学校校办产业的改革工作。当时,学校面临的主要问题是物质条件比较落后,不能很好地满足师生的生活需求,需要通过管理来提高。现在情况好多了,学生的吃、住、用等问题都得到了很好的解决。我认为后勤管理工作除了基础设施建设之外,更要思考如何提高学生素养,将大学文化和社会文化相结合。这些年来,遇到问题,我总是把它作为一项课题来研究,从管理角度来落实。它们的表现形式、内容也许不同,但管理的内涵与实质是一样的:就是把人的资源、教学资源以及物质资源充分调动起来,进行最合理的配置。管理的核心,就是把各种资源充分利用并进行有机匹配,更高效地服务全校师生。时代需求在变,我们的工作形式和内容也要相应地改变,这样才能达到理想的工作效果。虽然表现的形式各不相同,但总的目标都是一样的,那就是建设更加宜人的校园。

关注母校,期待明天更美好

退休后,我终于拥有了可以自由支配的时间,对生活又有了新的认识。

人生从一开始不断学习和积累，开始工作，再到现在的退休阶段，我在不同的阶段有着不同的感受和思考。周围有很多退休的同志在画画，写书法，还有的去跳广场舞、开同学会，甚至搞农家乐，我觉得只要自己喜欢，都是很好的活动。只是这些活动因人而异，要根据自己的情况，做更适合自己的事情。

退休后，我有更多时间回顾过去。这些年来，自己的工作虽说谈不上有什么大的成就，没有什么特别突出的事迹，但我对每一件事都尽心尽力了，也都得到了大家的认可。印象比较深刻的，是我曾参与了闵行新校区的规划工作，从设计、建造、征地都是我主持的，在设计闵行校园时，我买了很多书籍，研究交大的建筑该是什么样子的，最终我们选用了富有中国特色的朱红色作为建筑风格的主基调；在空间上，无论是实验室还是教师的办公室都尽量做到空间宽畅，并且在校园空间布局上尽量扩大绿化面积，让人感到校园空间开阔，风景优美。有一半以上的校园是绿地，这在当时的大学校园中是不多见的。我们的最终目标就是建设出校园该有的样子，让走进校门的人第一时间就感受到校园文化的氛围，而不是像进了科技园或是商业街一样。校园企业管理方面，由于取得了较好的成绩，我获得了当时学校系统的"上海市优秀企业家"的称号，还上了报纸。然而，跟取得的那些荣誉相比，我更看重的是内心的成就感，它使我喜悦于每一个小的、阶段性的目标的完成。人生路上不断追寻自己的理想、实现自己的价值的过程，就是我成就感的来源。

我现在虽然退休了，但仍时时刻刻关注着交大，关心着她的发展。这是我的母校，我在这里学习、工作，陪伴三十余载，亲眼看着母校飞速成长发展。时代在进步，相信她在新时代背景下始终能成为佼佼者。衷心地希望交大学子们从这里毕业后，不论何时想起她，都像想到自己的家一样，把大学生活作为一段难忘而美好的回忆；代表交大走向社会时，都能因为在交大学到的技能和培养的能力得到社会的普遍认可和欢迎。交大是国家"双一流"建设大学，国家对其寄予了厚望，交大人一定会为了母校更加美好的明天奋力拼搏。这便是我陪伴母校三十年的一点心愿了。

华建文

华建文，1957 年生，江苏无锡人。1977 年考入上海交通大学动力机械工程系，1981 年本科毕业。1986 年获上海科技大学测试与仪器专业硕士学位，1997 年获中科院上海光机所光学专业博士学位。1998 年在日本东京农工大学 VBL 实验室当访问教授（Visiting Professor），开展合作研究。1999—2001 年在香港科技大学电子工程系从事生物光学研究工作。2001 年至今，在中国科学院上海技术物理研究所从事高光谱分辨率红外遥感研究工作，研究员，博士生导师。现任"风云三号"卫星和"风云四号"卫星红外傅立叶光谱仪首席科学家、国家基金委重大基金课题太阳磁场测量光谱仪课题负责人、科技部十三五重点研发项目大气超辐射光谱仪项目负责人。

从 2002 年起，华建文便投入国家的气象事业，研制新一代气象卫星有效载荷。追逐"风云"整整花了十五年，不管"风云"之路有多艰难，他从未犹豫和动摇过，一直执着于对科学技术的追求，百折不挠，无怨无悔，为"风云"气象卫星的研制作出了重要贡献。他说，他回国就是要做一点实实在在的事情，不然对不起国家的栽培。

口述：华建文、毛建华夫妇

采访：许慧文、李相越

时间：2018 年 5 月 12 日

地点：中国科学院上海技术物理研究所

记录：李相越

整理：李相越

年少当家，志在千里之外

我从小学习成绩比较好，对学习也比较感兴趣。这也许和我父母亲有些关系。相对当地人而言，他们都是那个年代乡里小有名气的有知识人士。可是，在我十岁的时候，家里遇上了不幸：母亲生病，出了医疗事故，随后住院十几年。哥哥和姐姐长期在医院服侍母亲，父亲在外地工作。当时我上小学二年级，还有一个三岁的妹妹。我既要上学，又要照料妹妹，同时还要养猪养鸡来补贴生计。白天需要自己做饭，每天上午最后一节课，我总是请假回家做饭。做完饭以后，为了赶着上下午的课，总是吃了一半就走了。哪怕是大冬天，也只能在下午课程结束以后再回家吃另一半冷饭。

"文革"年代，课本、教材比较简单。而我有个同学的哥哥，家里面有一些"老三届"的书，我拿到以后，发现书里有很多没学过的知识，感觉挺有趣的,或许是我天性比较喜欢具有科学原理的东西。后来国家恢复高考制度,我也就去参加了高考。至于复习,这个对我来讲倒并不是麻烦事情,因为我原本就比较喜欢学习,功底也一直在那里。所以我基本上不大需要复习,只是把原来的书拿出来看一看,仅此而已。

后来高考报志愿的时候,我就记得小时候曾经看见过的灌溉机器。需要灌溉的时候就有一艘船开过来,在船身和沟渠之间架一根很粗的管子,当船上的大发动机由两个壮汉协力手摇发动后,水从管子中汹涌而出,小朋友们齐声欢呼"出水啦"。情景非常壮观,我觉得很奥妙,幼小的心灵也就种下了对机械的热爱。所以我就报了发动机的专业。而另一个专业我则报考了半导体收音机。我好奇收音机工作的原理,声音到底是如何出来的,这对于一个家里连电灯都没有的孩子来说,有着巨大的吸引力。

我当时对大学也没有什么概念。高中的时候,因为一次学军的经历,傍山而行,来到惠山脚下,有人指着灯火通明的几处房子说那是无锡轻工业学院,是一所大学。我想原来还有大学,它是不是搞研究的?将来我最好也去大学做点事情。虽然填写报考志愿时,我并没有填上海交通大学,但是当录取通知书上写着这个学校时,我也就接受了。当时我们村的党支部书记告诉我这是所名牌大学,显露出夸奖的神情,但我心里对大学仍然没有概念。我不懂这些,一个乡下的孩子只知道你叫我干啥,我就去把事情干好,学习是自己的兴趣所在。

回顾我的科研历程,是数学打下了良好的基础。我一直非常喜爱数学,小时候要是遇到有题目做不通,睡觉做梦也会把它做出来,醒来以后想想,发现是正确的。

青春学子,万吨巨轮在脚下

进学校以后,我印象最深刻的是在实习中,参观万吨轮的柴油发动机。那个年代,只要听说是万吨轮,就感觉是很了不得的东西。当时我走在那个试验台架上问："这是什么呀?"老师说："你现在脚下的就是万吨轮发动机。"当时那个庞然大物相当于有两层小楼高,而它居然就是台发动机,这让我非常震撼。后来我写信给我父亲,说我看到一台特别大的发动机,然后他也去跟别人炫耀。我就觉得,做船舶发动机是蛮了不起的事情。

我的秉性是学一样东西就一定要把它学懂、学会,比如我的专业——船舶内燃机。除此之外,我还会不断扩充自己的知识面,选修了很多其他课程,如弹性力学、电子技术等等。我数学特别好,例如我感觉无聊的时候就做做《吉米多维奇习题集》作为消遣。我觉得那些题虽有难度,但还能做出来,比较来劲。而到了周日,我一般是学习外语。因为我是农村出来的孩子,那时乡下对外语的教学是很不重视的,很闭塞。相对城市的同学,我外语差。我喜欢去泡图书馆,去浏览相对论、计算机等方面的图书。

我的同学对我非常关心。在大学的时候,我作为一个乡下孩子来到大上海,什么也不了解,什么也不懂。譬如说拍照,大学的照片都是他们帮我拍的,留到现在对我来说是很珍贵的。我们寝室里吴国明、徐少华等都很照顾我,我们很多同学之间依然保持着联系,关系十分好。相对来说,上海的同学比我的思路要开阔,也更懂交际。而我就只会坐在那学习,一直徜徉在书本之间。但他们会带我去看电影,带我到公园去玩,一起拍照,与之相对的,他们说我成绩比较好,他们会找我讨论学习上的问题。还有就是我这人经常不知道上课在什么地方上,都是他们来通知我——今天是什么课程,在什么地方上课。有一次印象蛮深的,他们说淮海路上有一家面包店,它的面包是热面包,刚刚烤出来的,很好吃。他们去买回来后给大家分享,也给我吃,十分难忘。

那个时候,大家求知欲望都非常强烈,因为好不容易有了上大学的机会。每天晚上十点,教室里的灯一关,大家就到走廊上去学习。

归去来兮,求知求实求真

由于经济原因,我本科毕业以后便去江苏科技大学(前身镇江船舶学院)工作了,但也一直打算工作一段时间以后再去考研究生,那叫带薪上学。后来,我考进了上海科技大学精密机械专业,攻读研究生。之所以报考这个专业,是因为有同学说这所大学虽然名气不大,但是学科专业很先进,心里便想着一定要去这所学校学一学。在那里学习的时候,我导师对我挺满意,去各种地方开会,他总会通知我去参加或一起去。但是我更爱沉浸在实验室做研究。硕士毕业以后,我又面临找工作的问题。在硕士期间,我还是学到了很多东西,特别是从扩充知识量以及加深知识层次来看,认识到单单学这些知识还是不够的。在评完副教授以后,我又到中科院上海光机所读了光学专业博士。至于为什么选光学,是因为在工作中发现很多测量仪器都是基于光学原理的,我觉得这个很新奇。如果自己去研究的话,尽管有一点懂,但是不能深刻理解。而且光学方面理论和数学知识都比较多,就对光学很感兴趣。

博士以后我就出国去了,去日本东京农工大学做访问教授,一是带学生,二是进行一些学术交流和合作研究。我在日本待的时间不长,后来便去了香港科技大学电子工程系,在那里待了三年以后便又离开了。离开香港的时候,我已经四十四岁了,该学的东西也学了不少。在回来之前,我就在考虑到底是留在那边,还是到别的国家去。经过反复考虑后,决定回大陆。心想不能到年老时,一桩事情都没有做成,永远都在学,这样对不起国家,也对不起自己。经过几年离家在外的奋斗,基本生活已经有了保障,我回来可以做一点实实在在的我喜欢干的事情。恰逢当时中国科学院要招人,我就回来面试了。进入中国科学院上海技术物理研究所以后,从事空间遥感技术的研究工作,主要任务是要给技物所开辟红外傅立叶变换光谱探测技术这一方向。其实国内很早之前就有人做此研究了。当老一辈的人知道我做光谱仪后,便把我带到他们的实验室里,给我讲他们的经历和教训。后来我去翻书才知道,在20世纪70年代就有140多家单位进行了FTIR(红外傅立叶变换光谱仪)研究,但是这些研究后来都没有达到研制出红外傅立叶变换光谱仪的程度。所以他们真心希望我们能把仪器研制出来。

数载科研，啃下硬骨头

开始时，很多人对我是否能搞成"风云四号"卫星干涉式大气垂直探测仪持否定态度。但科研中的种种困境没有挫伤我的信心，我从未犹豫和怀疑过我的工作，而且这一做就是 15 年。从原理上看，我的推导和数学建模等绝对没有问题，剩下的问题就是精度问题和可行性问题。

最开始的阶段非常艰难，零件设计好后，去请求工厂进行加工，工厂一看要高精度单件生产，便都拒绝了。偶尔找到一些愿意做这个零件的工厂，也都做得很粗糙，根本达不到微米精度要求。即使后来请了师傅，师傅面对如此高精度的要求也傻眼了。别人不肯做怎么办？我就亲自动手一点点修磨着完成。零件做好后便是装配，工厂请了最好的师傅进行装配，结果差六角分，精度离要求差几百倍，装完后根本没信号。我需要一个测量系统，边装边测。国际上没有现成的这种仪器，于是我自己做了这样一个系统，能够实现实时观测动态微角度。好多东西都要自己去弄，我就是这样一步一步地走了下去。好在我不怕动手，我喜欢动手。

小时候，在初中阶段我就喜欢做发电机装置，当时成功之后灯泡就在我的手里发光，很亮很亮，最后甚至因为太亮，炸掉了，但说明成功了，我当时非常高兴。我不在乎人家说我行不行，我认准了，就会努力去做。

而且我觉得好多事情还难不倒我，因为我认为方方面面都可以去综合优化处理，这样问题可能迎刃而解了。我现在做所有的东西都要先进行仿真，把公差等相关数据都算出来，算好以后，就拿去实施，只要理论上通了，就有做出来的可能性。许多学生就说："华老师，我们跟你做东西，你说行，就肯定行了。你都算好的，就一定没错。要是不行，就是我们没做好。"当然，这个过程也会存在一些问题，是一个摸索的过程，我们也要做好心理准备，毕竟也不是样样东西都可以算的。但是做一件事情的方向把准了，越做就会越接近，终有一日，达到目标。

时殷平

时殷平，1948 年生，江苏人。1977 年考入上海交通大学机械工程系，1981 年本科毕业被分配至镇江船舶学院工作。1983 年 9 月调入中国南车集团戚墅堰机车有限公司（原铁道部戚墅堰机车车辆厂），从事机械制造工艺工作，历任助理工程师、工程师、高级工程师，被聘为主任工艺师和厂内专家。2008 年 10 月退休，并由公司返聘留用。在厂期间，参与东风 9、东风 11、东风 11G 型准高速客运内燃机车和东风 8B 型大功率货运内燃机车等新产品的研制工艺工作，参加或主持多项机车车辆零部件生产制造工艺系统的技术改造规划设计和建设实施，为铁路运输装备制造工艺技术进步和铁道内燃机车重载、提速发展作出了贡献。数次获得公司和市、省科技奖，获常州市劳动竞赛立功奖章和中华全国铁路总工会"火车头奖章"。

时殷平念的常州高中，是江苏名校，原本，他可以顺理成章地成为天之骄子，走一条人生坦途。然而 66 届的他，正好赶上了史无前例的特殊时期，被下放到农村干了八年农活，又去工厂做了钳工学徒。待到考上交大时，已经 30 岁。或许正是这样坎坷的经历，让他有一份处世的淡然与安然。在他看来，工作就是最好的修行。

工作是最好的修行

口述：时殷平

采访：梁茂宗、李瑞贤、李　奇

时间：2018 年 5 月 14 日

地点：江苏省常州市府河名居

记录：李瑞贤

整理：李　奇

人到中年，重拾青春记忆

我是江苏省常州高级中学 66 届毕业生，也就是说，我和同学们正处于高考前紧张复习的最后冲刺阶段时，"文化大革命"开始了。当时停课闹革命，高考在那一年停顿了下来。我和成千上万的应届高中毕业生一样，进入了在校闹革命、"上山下乡"、插队落户成为一名知青的漫长过程。

我在农村待了八年，从 1968 年 10 月一直到 1976 年年底，因为父母到"小三线"铁路工厂支援建设的缘故，我又离开农村，随父母到安徽铜陵山区的铜陵机车厂当一名工人。在那个厂里，我当了一名钳工学徒。

一年之后，在 1977 年年底恢复高考，我有机会重新进入高考的考场，考取了上海交通大学。在过完 1978 年的春节以后，我于 2 月份到上海交大报到入学。

进上海交大读书的时候，我已经31岁了。四年的学习生活，能记住的细节，说实话，不多，但是回忆学校生活时的温馨感觉却是很强烈的，所以我始终怀念四年的交大生活。大学时代虽然迟到，人到中年才得以体会高校学习生活，但这一段岁月在自己一生当中始终是十分靓丽的。我因为高中加入共青团后始终没有名义上退团，到了高校以后仍然是一名团员，但实际上已经大大超龄了。在一次团支部生活会上，经过系团委的决定，所有已经到龄但没有正式退团的同学，一次性地退团。我记得当时团员同学是在学校的操场上，大家围坐在一起，同学问我有什么感想，我说能够有机会和年轻同学一起重新坐在大学的课堂里，围坐在操场举行人生最后一次团组织的生活，觉得很值得怀念。年轻同学的朝气蓬勃，给我重续了那些曾经遗失了的青春记忆。

理论基础，助我攻关克难

1983年9月我被调到戚墅堰厂之前，在镇江船舶学院（现江苏科技大学）已经通过了一年的实习期，转为助教，所以我过去后直接转为助理工程师。到2008年退休，算下来，应该在戚墅堰厂工作了25年。我没有做过技术管理领导干部，一直是在基层车间和工艺部门做机械制造工艺技术工作。2000年以后，各个工厂都开始对技术人员进行岗位化管理。原来只有技术职称，是以助理工程师、工程师和高级工程师称呼的，后来开始技术岗位化管理，产品设计就有主任设计师、副主任设计师和主管设计师。我曾经是工厂最早任命的主任工艺师。

由于工作初期缺乏经验，就不得不从学过的书本知识角度去努力思考探讨工作中遇到的工艺技术问题，从中获得一些解决的方案。所以我在进入工厂工作两三年以后，曾经有一些同事说，我分析、解决问题的思路往往跟别人不太一样，分析问题和认识问题的条理性更明显一些。我想这就是交大的学习过程给我带来的影响，或者是收获。所以我在担任主任工艺师以后,工厂曾经组织过不同岗位的工程技术人员,包括技术工人,设立了"岗位技能带头人"这么一个荣誉称号,我也曾经获得过。在总结经验时,我曾经说过,我们不但要重视现场获得的工作经验,同样要重视书本理论的支撑作用。因为我觉得在学校学习的知识,实际上都是工业界长期的科学、技术发展的理论和经验的积累和升华,应该成为指导工作实践的理论基础。

我可以举一些简单的例子。比如1984年我初到工厂后参与的一个铁道部的技术改造项目,国家有一千多万元的投资,建设一条生产铁路内燃机车柴油机气门的专业化生产线。这个项目是从日本引进的生产制造技术和新型气门材料,许多关键设备是从日本购置的,配套了其他的国内设备,在一间三千余平方米的厂房内,形成由三十几道工序、近40台冷、热加工制造设备组成的、从耐热不锈钢棒原材料进车间到气门成品交付厂内外用户的全封闭型生产线。其中包括了锻造、热处理、机械加工、堆焊、表面处理和无损探伤等多种机械制造冷热工艺技术。我参加了前期的项目规划设计和建设,又在这个车间建成投产后工作了三年左右。车间生产、技术、管理人员很少,仅二十余位。有两位工艺工程师,一位以材料热工艺为主,我分管冷加工工艺和生产全流程工艺安排,因此也要接触各种热工艺的基本常识。尤其是生产线投产初期,需要让新的工艺流程和新型材料与国内机车柴油机气门设计方案合理衔接匹配,这时遇到了料想不到的情况:就是最初的气门产品在运用中出现了短期疲劳失效故障,虽然只有大约不到千分之一的发生率,但是影响很大。为了分析原因、克服事故,我们做了很多试验、采取了种种措施,但是最初的效果不佳。提供制造工艺的日方技术人员,因为对产品设计方案、新材料应用、制造工艺三者之间的关系和相互影响也未充分理解,一时也拿不出对策。我从事故现场观察分析、各种试验数据结果、各道工序工艺之间的相互关系逐渐意识到原先的表面热处理工艺安排、新材料与故障机理三者可能存在不匹配,产生微观作用,影响了产品性能的正常发挥。因此我提出对表面热处理工艺和前后冷热工序顺序调整的方案。在这样的措施下,事故问题得到了有效解决。在这个攻关过程中,我体会到在交大学到的知识对自己工作实践的指导和帮助。

敦笃励志,站好最后一班岗

我所做的工艺技术工作,主要是一些机车和柴油机零部件的机械加工工艺设计、工艺文件编制、新产品试制,以及零部件机械加工生产系统的技术改造规划、建设工作。说不上有杰出贡献,只能说基本上完成了公司各级领导要求的和自己本职岗位的工作,做了一些自己应该做、需要做的事情。

1984年初,我被抽调到工厂成立的柴油机气门制造生产线规划引进工作组,这是铁道部一个中小型技术改造项目,从国外(日本)引进机车柴油机用中型气门制造技术和关键设备,由当时厂内材料、锻造、热处理、焊接、机械加工和无损探伤等多个专业的近十位工程技术人员组成的工作小组。这项工作从1984年到1988年才基本完成,包括厂内生产线的规划设计。我担负机械加工部分的工艺,以及全生产流程规划,参加了国内外生产设备考察引进采购、到日本的技术培训,还有现场厂房设施建设,以及投产期生产工艺调试,还有对初期产品发生的运用故障问题的攻关改进等等。在项目结束以后,我离开了车间,但是在以后的工作中还经常与这个车间有联系,一直到2008年我退休前,因为工厂要对气门生产线进行扩大改造,就是重新建设一条新的气门生产线,目的是为了和当时从美国引进的GE机车柴油机气门国产化生产配套,我参加了这项工作。虽然在规划开始以后我就已经到了退休的年纪,但这项工作还在继续,所以这也是我被戚机公司留用的一个重要的原因。从新生产线的规划设计建造到调试、试生产,基本上一直延续到2012年左右。

在气门生产线规划建设和调试投产的实际工作过程中,由于这个产品的多专业多工种集中在一个车间、一条生产线上组织生产的特殊性,我不得不面对和接触一些非本专业的技术问题。这也是一个强制性的学习过程。

虽然不像在专业院校学习那样有完整扎实的基础和知识体系，但是针对产品，我还是接触和了解了一些不同专业的知识和技术。工厂里实际上管理过这样的车间，且时间长、经验丰富、专业接触范围比较广的技术人员，基本上就我一个，所以工厂要我继续参与二期的规划改造工作，我也义不容辞。因此退休以后，我又做了相当长的时间，一直到 2016 年，由于家庭原因，我才完全离开公司。

20 世纪 90 年代到 21 世纪初的十多年里，是中国铁路运输向重载、高速发展的重要起步阶段。国家自 2006 年开始从国外大规模引进电力、高铁和内燃机车等铁路重载、高速运输装备之前，戚机公司研发、制造和生产的"东风 8B"和"东风 11 型"内燃机车分别是国内功率最大的干线重载货运和准高速客运内燃机车，为当时连续五次的铁路大提速作出重大贡献。当时工厂的生产十分繁忙紧张，我参与了机车和柴油机，还有出口产品等多项重要、新结构零部件的试制攻关和技术改进、扩大生产的技改规划建设工作。我在 1989 年离开车间到技术部门之后，直到退休，基本上都是围绕这些方面开展工作的。

努力工作，是每个人的本分

对于工作和生活，我认为"工作是最好的修行"。我想绝大部分人在踏入社会以后的人生中，工作是生活的最主要部分，是经济的来源。如果说对工作和生活有什么看法，工作首先是自己的饭碗，你做这项工作，你要认真对待，努力做好，这是每个人的本分。

在工厂里长期从事工艺技术工作，我没有反感，也并没有想过要离开它。其中一个原因是，我踏上这个工作岗位时，就已经 37 岁了，年龄比较大。等到我觉得自己能够基本把握这个工作时，人生已经过 40 岁了。从八九十年代到现在，在中国经济飞跃上升的过程当中，无论什么工作，都有相当高的要求和压力，这是不可避免的。业余生活里，上有老——父母亲都退休了;下有小——要关心孩子的学习生活。我认为,能把工作做好,生活质量基本保持住并达到平衡就不错了,如果还能有一个健康的身体状况就已经很好了。

当然,像欧美发达国家,他们对生活的规划体验可能会有所不同。他们当中会有一些人在一个地方积累了一笔钱,然后去全世界旅游,没钱了再重新找个地方做事情。在中国,现在可能也会有这种现象,但我们没体验过。对大多数人来说,相对稳定的工作岗位和相对稳定的生活方式就是一种最好的状态。

机械行业在我看来,永远都不会是夕阳产业。除非人类退回到猿人时期,靠双手、靠地上捡来的石头和树上扒下的枝干做工具。或者进步到不需要现在概念下的机械,完全靠臆想实现产品的制造,否则的话,只要制造存在,那么机械这个行业是不会终止发展的。机械行业的范畴太广了,从我们这个专业所接触的冷加工机床设备,到相邻行业,铸造、锻造、热处理,以及特殊加工,等等。包括现在3D制造和智能化等等的新概念,和最近芯片制造这个最热门的话题等等,从制造角度来讲,是绕不过机械,绕不过机械行业的。所以机械制造行业还有许许多多新的课题,也出现了许许多多可能的发展前景。所以我希望交大机械制造专业的同学会喜欢、热爱机械行业,为这个专业的进步、为国家作出贡献。

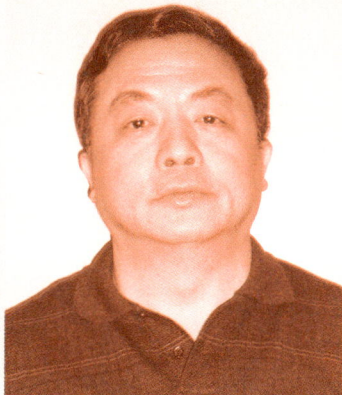

林明

林明，1956 年生，山东青岛人。1977 年考入上海交通大学机械工程系，1981 年本科毕业。1987 年起出任上海游艺机有限公司总经理。主持设计 DLC 型"双环过山车"，1997 年被国家经贸委评为国家级重点推广的新产品，并荣获上海市优秀新产品奖和上海科学院科技进步奖；设计 160 米"南昌之星"摩天轮、"桥轮合一"的 120 米"天津之眼"摩天轮、广州新电视塔 458 米高处卧式摩天轮。作为国内游艺机行业的资深专家，被推选为中国游艺机游乐园协会副会长。

林明从事的游艺机行业是一个不为大众所熟知的领域，但说到他们的作品则耳熟能详：南昌之星、天津之眼、天空指环……它们是城市引以为傲的封面地标，是恋人们铭记胸怀的浪漫之地，是孩子们向往的童话世界。林明和他的团队缔造的一个又一个大型摩天轮，点缀了城市的天空，也照亮了人们的记忆。

点亮天空之眼

口述：林　明

采访：薛　冰、戴雨吟

时间：2018 年 5 月 13 日

地点：上海游艺机工程有限公司

记录：戴雨吟、薛　冰

整理：薛　冰

逆境生长，全力以赴补短板

1977 年，在高考之前，我在上海机电设计院工作已有四年了，后两年单位开办了"七二一大学"，请一些老工程技术人员来给大家上课，我当时正在里面学习。高考消息来了，这才为高考复习做了一些准备。总而言之，知道高考这条路可以走了，那就全力以赴地去准备。

我们班级里最年轻的是 15 岁的肖柳青，最年长是 33 岁的孔庆鸿，当时同学们的文化基础差距也很大，"文革"刚开始的时候我在读小学四年级，但"老三届"，尤其是已经读到高中的"老三届"，他们的文化基础要比我们强得多。进入交大后，学校会针对不同文化基础的同学进行考核，开设的课程很多都有免修考试，考得好的，该门课程就可以免修。我当时免修了机械制图，但有些"老三届"的人居然能够免修高等数学。我对"老三届"的同学是最佩服的。他们有在逆境生长的韧劲,不怕困难。碰到重大矛盾纠纷,我的第一反应是绕开,但他们就会迎上去,解决它。"老三届""上山下乡"过的人,普遍有这种气质。

当时,我的英文水平极差,ABCD 都搞不清楚。当年英文摸底考试有一道题目是英译中,"My name is Lei Feng",我把它译成了"我的名字叫李峰",结果就闹了大笑话。其实不止英语,我们这代人在传统文化方面的知识欠缺也很多,唐诗宋词背不出几首。但我们算是见证了计算器、计算机的发展。当时连计算尺都是稀奇的东西,因为我父亲是从事工程技术工作的,家里有很多计算尺,我就带了一些计算尺去学校。后来有了计算器,只能算加减乘除。当时我们材料力学题目都是手算的,用计算器会快很多。上学时,在工程馆旁边的科学馆上机,常常是自己拿着类似密码表之类的东西在那里对孔,查看打印结果。现在想起来太有意思了。

强身健体,健康工作 50 年

我认为,大学教育中的集体活动是能够锻炼大家相互协调配合,甚至是领导能力的一个非常好的方式。作为体育委员,平时组织大家玩,让大家从钻研功课中解脱出来,轻松一会儿。这不仅能健身,更重要的是能够锻炼大家的团结协作能力。实际上,以前在体育场上能够组织活动的人,毕业以后在工作当中也是领导。因为他觉得团结大家一起为一个目标去做点事情,是很自然的事情。这种心态是我们工科学生应该有的,它是一种善于团结的气质,应当在活动当中锻炼起来。当然,目标不是为了当领导,为的是将来需要协调的时候,便能把大家团结到一起。现在很多大工程,靠一个人就能做成的很少;一个领头的科学家,也需要一大堆人帮他做实验,这些都是需要协调的。名牌大学出来的人,对这个国家、对这个世界是负有责任的。

当时的交大不是上海市男子乒乓球重点基地,但是学生男子乒乓球水平还蛮高的,是男子乒乓球冠军学校。毕业的时候,我们班在首届毕业班

"思源杯"乒乓球比赛中得了冠军。我个人在全校男子乒乓球比赛中得了第15名,奖励是一个小玻璃杯子。当时的体育教研室主任孙麒麟老师给我颁的奖,到几十年以后的现在,孙老师再次见到我,他还能直接叫出我的名字来。老师教过的学生有几千人,几十年之后,他还能直接叫出我的名字,我很是感动。大学体育,我认为非常重要,好好锻炼,为祖国健康工作50年。国家需要你,即使你有那个能力,但身体赶不上,也不行。

埋头苦干,争创世界之最

1982年毕业后,我进到中煤科工集团工作。1987年,我被调到游艺机工程有限公司,在总经理的位置上做了31年了。完全没动过,甚至动的想法都没有过。有人说,为什么不到赚钱更多的地方去,但是我没有动摇,一直坚守岗位,埋头苦干。

我到现在为止还差不多每天画图,画具体的图纸。这么多年基本上就没停过。大概也很难找到像我这样从毕业到现在,仍然每天早上7点钟到单位画图的。我自己是无怨无悔的,而且我觉得亲自画图是好事。如果不直接画图,而是带个助手,在旁边指导助手画图,其实,站在一旁指导的想法和直接动手画图的想法是不一样的。技术问题也是这样,特别是机械设计,说起来是很传统的东西,但是你如果有很多积累,就能在积累当中创新,这时基础就非常重要。画大量的图,可能在一百张图里面,就会有一张很有亮点的设计。现在我63岁了,单位里让我自己选择退休与否。退休的话,就返聘,不退也可以。但我还希望继续跟大家一块工作,就选择了不退休。工程技术人员60多岁,我觉得正是好年龄。我觉得像我这种天天画图的状态,工作到接近70岁,目前来看,可能问题不太大。

谈到工作目标,如果有可能的话,还是希望为我们这个行业再创造一到两个"世界之最"。这有点难度,因为从开始到建成,至少三年左右时间。做一到两个项目需要六年,六年之后我就69岁了。就工程问题而言,尤其是大工程,每个人一生中担任比较重要角色的机会,少之又少。所以每一次碰到机会,我的感觉就是要珍惜又珍惜。你可能觉得还很年轻,下次还有机会,但机会不见得总在等你。而且有时候所谓的世界第一,是之后才知道,比如南昌之星,当初我们建的时候是 2000 年,那时提起全世界最高的摩天轮,是"伦敦之眼",高达 135 米。当时的南昌市政府要开拓新的开发区,就选择先建一个大摩天轮当开路先锋。南昌市副市长来我们单位考察后,相信我会把这个项目当作自己的孩子一样对待,就签了合同,"南昌之星"13 个月后建成。那么高度选多少? 政府那边要求比"伦敦之眼"高,那时候我们就讲 160米,要超就多超点。我们当初还没意识到这个摩天轮的世界级影响,是过了一两年之后,它才逐渐有了名气。美国的探索频道要拍摄全世界范围关于摩天轮的科普集,找上我们的时候,新加坡又建成了一个 165 米的摩天轮。它底下还有两层楼,所以直径比"南昌之星"稍微小一点。最后探索频道就以新加坡摩天轮、"南昌之星"、"伦敦之眼"三台设备为例,加上最早的德国80 米观览车,讲述人类在这个领域内是如何克服大自然的困难来建造摩天轮的。之后"南昌之星"就变成了国内我们这个行业唯一被世界主流媒体认可的设备。这就是稀里糊涂地创了一个世界纪录的故事。

我们还设计了另外几台设备,一个就是"天津之眼",这也是一个歪打正着的过程,结果造就了一个全世界独一无二的结构形式。现在它是天津的第一地标了,被天津市人民高度认可。这台摩天轮是我们认为的目前全世界最漂亮的摩天轮。它的来历又是一个巧合。这个造型并不是我们的创意,天津市当时要在海河上面建一个摩天轮,全世界招标,选定了一个人字架造型,下边吊的桥,上面是桁架式的转盘。这个创意来自日本建筑钢结构方面的专家川口卫,他在行业内也是世界知名的一位大牌专家,桥和摩天轮都一块儿设计好了。当时的总承包是中建总公司,时间紧张,中建总公司就先把桥、路都造起来了,等造到摩天轮,发现造不了。就找到我们公司,我们一看这个设计,当中有两个七米高的大回转支撑,这要从德国进口,一个就需要千万美元,而当时国内制造还非常困难,这个设计基本上是不可能实现的,加上摩天轮与桥互相牵扯的力学关系,最终我们确认要重起炉灶,把桥和摩天轮分开。于是就按照我们的方案重新设计。实际上,创意方面最成功的是人字形弧度角。如果站在下面,就会看到那个角非常流畅、非常美。"天津之眼"目前每年的营业额可以达到5 800万,接近6 000万元,能非常好地运行,这为我们公司在业内博得了很好的声誉。

接下来的一个就是"小蛮腰"——广州塔塔顶卧式摩天轮。广州塔这项工程由上海建工集团总承包,塔身建完了之后,塔顶上面原本是空的。上海建工集团与同济大学老师们就想了个主意,在塔顶上面设计一圈摩天轮结构用于观光,其具体实现途径是由我们设计的。建成以后,这台摩天轮就成为中国已建成摩天轮中营业效果最好的,也是全世界安装位置最高的摩天轮(450—458米)。"小蛮腰"是广州市的第一地标,塔顶是个斜面,想要在斜面上保持水平座舱内地面水平,是个难点。有的人想在上面挂个三吨重的大重锤,借助重锤的重量保持平衡;也有人想用伺服驱动系统,但位置太高,风吹雨打还有雷击,电气系统很容易发生故障。怎么办? 我们就提出了一个金点子:因为它并不是竖起来的一个系统,稍微斜一点,地面跟轨道存在一个正弦曲线变化的关系。我们就利用这个关系,在座舱底下设计了一个调平轨道,让座舱轮子跟它底下的轨道三点接触。摆上去之后,所有的点都保持一个水平关系,不需要任何电气设备和计算机系统,就可以保持完全刚性的水平状态。这个是我获得的第一项发明专利,我是第一发明人。而且造价很低,这也是我职业生涯中比较得意的一个项目。我的思路就是要创新,就往简单里走,不往复杂里走。真正好的东西应该是把非常复杂的东西弄得越简单越好,而且效果是最可靠的,现在这个环节几乎不存在检修问题,永远是刚性的、自动的平衡。

近期,我们设计建造了上海大悦城上的"天空指环",我们称它为悬空悬臂摩天轮,摆在商场大楼的顶端。最初,我们并不愿意做这个设计,因为我不感兴趣,觉得这个摩天轮太小了。后来,与上海建工集团交流了许久才决定好好做一做。现在"天空指环"也是一个挺不错的摩天轮了,它的特点在于悬空悬臂,从力学结构来讲,一种是简支梁,一种是悬臂梁,这是个悬臂梁结构。另外,这台设备上下客的站台在下面一层楼的阳台上,这就形成了这个独特的悬空悬臂结构。如果到国外去考察,尤其是日本,楼顶上的摩天轮很多,但是没有这种结构,都是一个大立柱,从楼顶上插到地面,非常难看,而"天空指环"与建筑非常完美地融为一体。接下来,我们将在深圳、南京各地投标,希望造一个新一点、大一点的摩天轮,最好能造一个世界之最。

须雷

须雷，1956 年生，江苏无锡人。1977 年考入上海交通大学机械工程系，1981 年本科毕业。曾任北京起重机械研究所副所长兼总工程师。现任德马格起重机械（上海）有限公司高级经理。中国机械工程学会高级会员，中国机械工程学会物流工程分会常务理事，上海市机械工程学会物流工程分会副理事长，全国起重机械标准化技术委员会委员。获中国机械工业青年科技专家称号，多次获部级科技成果二、三等奖，参加《起重机设计规范》《起重机设计手册》和《机械工程手册》的主要编写工作，在国内外科技期刊及学术会议上发表起重机械学术论文 60 多篇。

　　须雷的爷爷、外公都曾就读于交大机械系，而父亲却与交大失之交臂，也因此，须雷报考交大。这个选择承载的不仅是个人命运的改变之机，也蕴含了父亲和祖辈的希冀。幸运的是，他没有让他们失望。而在之后几十年的人生经历中，他更把祖辈的职业精神发扬光大，在起重机械行业作出了突出的贡献。

劳谦虚己，不负厚望

口述：须　雷

采访：陈　森、毛君兰、杨　森

时间：2018 年 5 月 17 日

地点：上海市普陀区祁连山南路

记录：陈　森、毛君兰

整理：陈　森

昼耕夜读，圆父辈梦想

1974 年，为响应国家知识青年"上山下乡"的号召，我从杭州钢铁厂中学毕业后，报名去了浙江桐庐的农村，户口也由城市转为农村。我们知识青年"上山下乡"，实际上是要去接受贫下中农再教育。

1977 年，社会上公布了高考的信息，说是可以参加考试了，我们听到后都很高兴。公社书记为保证上工时间，不准我们请假复习功课，所以我们白天必须上工，晚上再回去复习，整个复习过程还是很艰辛的。

当时在每个大队都有一个知青点，所有的知识青年都住在这个小院子里。我那时是知青点的点长，相当于这个知青点的领导。在恢复高考之前，我就已经带领大家学习了一些知识，当时都要学习毛主席语录，而学语录时可能会涉及一些数理化知识，这些就是我们学习的重点。

除此之外，我还曾辅导被推荐上学的工农兵大学生学习，在这段时间中，我带着他们一起做卷子，而做卷子的过程也是学习的过程。到了恢复高考的那年，大家都觉得我能考上，因为我一直从未放弃过学习。现在想想，假如我是听到恢复高考消息后再去备考，可能会因准备时间太短，就考不上了。

我当时填报的志愿是交大的机械系，为什么会报考交大？这里还有一个故事：我的爷爷和外公都是交大机械系毕业的，父亲在新中国成立前也想考交大，但是没考上，后来他就进了一所私立大学——上海大同大学。所以父亲就希望我能实现他的愿望，要求我必须要考上交大，专业也必须是机械系，这是他给我的任务，所以我的志愿就这么填了。当时我对学校根本没什么概念，听到上海交通大学还以为是指挥交通的，根本不知道是一个很有名的学校。后来我考上了，我父亲比我还要高兴，毕竟我替他实现了愿望。

跨山越水，难忘当年情谊

那时候，交大的宿舍是七人一间，房间很小，上下铺，有一个上铺用来摆箱子，屋子中间有一张大桌子，大家都坐在那里学习，没什么活动的空间。不过，我们当时的课外活动也很少，因为大家都十分珍惜来之不易的学习机会，平时除了学习还是学习。要说印象深刻的活动，就是在课间或者下午放学的时候，同学们会去打一个小时的排球。我打排球不行，只能当啦啦队，或者偶尔参加一下。交大的排球成绩是很好的。但当时交大最好的球类项目是篮球，第二是排球。交大篮球队经常在全国比赛中获得冠军，排球队也在全国大学生比赛里拿到了不错的名次。

有个小故事现在想起来也很有意思。大概是20多年前，我们班有位女同学因校庆返校，她与年轻的学生一起座谈，回忆了上学的故事。说到上学是在徐汇校区，出门就是徐家汇。徐家汇很热闹，但是我们很少上街、看电影之类的。当时她在我们班年纪最小，偶尔会溜出去看一场电影，看完电影回来的时候，看到所有同学都在学习，心里就有一种负罪感，很过意不去，也就马上努力学习了。那时候大家都在拼命读书，成绩都挺好，没有什么特别差的。我们班没有留级的，也没有不及格的。

我曾在校学生会担任宣传部副部长，负责出黑板报。因为我从小喜欢画画，有一定的画画基础。除了画画，我还喜欢摄影，那个年代并不是人人都能买得起相机，买相机对普通老百姓来说，几乎是不可能的事情，但因为我的家庭条件比较好，很早就接触过相机。后来在交大，有老师和同学发现我会摄影的时候，就组织了交大的摄影协会，让我担任第一届会长。再后来，我去了艺术社，艺术社那边设了暗房，我就可以在里面冲洗照片。

我们同学之间的关系都特别好。虽然我跟本科同学、硕士同学、博士同学都有联系，但联系最为紧密的还是本科同学。由于是恢复高考后的第一届，虽然大家的年龄差很多，但坐在一起并没有隔代的感觉，相处很愉快。直到今天，我们班的微信群里每天都还有很多的交流。特别是这几年，我们班每年都有活动，大家可以携家人一起，活动的地点在全国范围内。去年，我们在美国组织了同学聚会，几十位在中国和美国的同学都飞到洛杉矶，大家在一起叙叙旧，联络联络感情，并畅游了美国西部。

一张试卷，满载师生情

同学之中，我和老师接触的次数可能是最多的，主要是专业课的老师。因为我们 640 专业的老师是搞起重机专业的，我也一直在这个行业，经常会在一些学术会议上遇见，所以这么多年来和他们一直都有联系。尤其是教起重机械这门专业课的倪庆兴老师，我们几乎每天都有微信联系。

故事还要从前几年说起，有一次我参加学术会议，碰到倪庆兴老师，他说要送我一个很好的礼物。他从口袋里掏出一张试卷，这是一张 98 分的试卷，当时我还考了第一。倪老师告诉我，那次考试比较难，但我考了很高的分数，而且卷面十分工整好看，他就把试卷保留下来了，一直留存到现在。

我听了后十分感动，这对我来说是一份特别珍贵的礼物。现在我打开这张试卷，上面很多题我已经不会做了。我跟倪老师说，我很惭愧，我现在学了这么多年，还从事相关工作，但现在把这张卷子给我，我估计60分都考不到。这张试卷承载着跨越30多年的师生之情，值得我一直珍藏下去。

精于专业，致力起重机事业

在交大读本科的时候，我的成绩还不错，一直都是三好学生，还是班里为数不多的几个优秀毕业生之一。在毕业分配工作时，优秀毕业生的好处就是可以挑地方。那个时候，大家都想回家乡工作，我也想回家乡杭州，但是没有杭州的名额，我就想，反正已经回不去了，干脆就远一点去了北京。

我被分配到了北京起重机械研究所，在这里工作了近19年，一直到2000年离开。我在研究所干得非常好，一直做到了副所长兼总工程师。

为了继续深造，1987年我考上大连理工大学起重运输机械专业，读在职硕士。为什么没报交大呢，因为有人建议不要总是待在一所学校，要去不同的地方看看，所以我就去了专业排名第二的大连理工大学。硕士毕业以后，我还是觉得交大比较好，于是我在1995年又考了交大的在职博士。

我这个人的性格是干一行，爱一行，既然已经学了这个专业，那么一定要好好努力，所以比较下来，我是整个研究所里为数不多的在这个专业领域里读了十年书的人。此外，我可能是研究所年轻人中写论文、发表论文最多的。我当时给自己的任务是每年要在核心期刊上至少发表1篇论文。所以到现在为止，尽管我离开研究所已经18年了，如果把我还算成研究所的一员，我可能还是发表论文量最多的人员之一。

2000年，因为一些原因，我离开了研究所，后到德国的一家公司，也是世界上起重机做得最好、技术最好的公司——德马格。当时德马格要进入中国的时候，派人来北京找我，向我了解一些中国起重机行业发展的整体情况。我觉得中国需要这样的好公司，所以就很详细地给他介绍了信息。可能正因如此，德马格公司十分看重我，多次与我联系，希望我加入他们，于是我就去了德马格公司。

现在我已经退休两年多了，又被德马格返聘回来，很少会有外企员工退休以后还被返聘的，说明我的工作得到了他们的认可。这几年，整个市场经济在下滑，公司效益也在下滑，公司大裁员，我一直以为我是第一个要被裁掉的，但是最后都没有裁我，还在我退休前半年，和我签了返聘三年的协议。因为对一个国外企业来说，必须要了解中国的情况，要跟中国的市场结合起来，尤其像德马格这类要和中国进行合作的企业。而我对中国的情况相对来说比较熟悉，这就是我的优势。

国外公司到中国，看中的是中国的市场，国内公司看中外企的技术，通过技术跟市场的结合，共同发展业务。所以我除了在德马格工作以外，很多时候会参与到行业工作中，担负起桥梁的作用，把国外的先进技术通过讲座和技术交流的形式介绍进来。

除此之外，我还很荣幸地参加了我们国家关于起重机械行业相关法规的制定。一般来说，国家制定法规不会邀请外国的企业参加，我可能是参与制定法规的唯一一位外企员工，而且我还是起草组的副组长。这要归功于我在交大学习过程中养成的学习与工作的好习惯，我在收集各种资料后，经常会总结国外一些法规标准、国外一些企业的做法。国家相关部门也希望在制定法规过程中，了解到国外的情况。所以我们国家起重机方面的法规与标准，我基本都参与了制定或起草。

虽然我离开了起重机研究所，但是我发挥的作用可能远远要高于在研究所中的作用，如果我还留在研究所，可能就只是自己努力工作，但是我到外企以后，掌握了一些国际上最先进的技术，然后把这些技术介绍到中国的行业里来，推动了行业的发展，这是很有成就感的一件事。

陈强努

陈强努，1948年生，广东番禺人。1977年考入上海交通大学机械工程系，1981年毕业。1988—1989年在日本东京大学工学部任访问学者。1982年进入上海海运学院工作，历任机械系副主任、主任，工学院院长，教授，硕士研究生导师，上海高校联合软件工程公司总经理。2000年加入中国民主促进会。2002年担任中国民主促进会上海市委秘书长，专职从事民主党派的会务工作。2006年担任民进市委专职副主委兼秘书长，还先后担任上海市政协委员、上海市人大代表及常委。

陈强努从来没有想到过自己有一天会从政。在他自己看来，他就是典型的工科男，话不多，朋友不多。而在因缘际会之间，他成为民主党派的重要成员，出任民进上海市委秘书长。他很快地适应了新的岗位，交接朋友，随缘适意，组织参政议政、关心国计民生。在他看来，不管是教授，还是官员，重要的不是岗位，而是踏踏实实做一点事情。

口述：陈强努

采访：许慧文、李相越

时间：2018 年 5 月 12 日

地点：上海交通大学徐汇校区校友之家

记录：许子齐

整理：许慧文

姗姗来迟的高考

我是 1967 届的高中毕业生，对读大学是非常向往的。参加高考之前，我一直在上海铁路局当机修工，工作了将近 11 年，才等到了 1977 年恢复高考的通知，当时的报纸、广播等渠道都是铺天盖地的消息。

其实，备考对于我来说，也不是很困难的事情，当年我们高中的学习都是很扎实的，再拿起书本，很快上手。我有个妹妹，她刚好也可以报考，我还帮她辅导复习功课，因为我们"老三届"高中学习得比他们更深入。我一边辅导就一边想，为什么我自己不去报考呢？虽然晚了一点，但也没关系啊。于是，我就去报考了。

选报志愿的时候，我其实是有若干学校可以选择的，因为在铁路局工作，所以本来想要报考铁道学院。在工作期间，单位曾经推荐我去读过"七二一大学"，现在的年轻人可能没有听说过这种学校，其创办于"文革"时期，是当时上海机床厂为贯彻毛主席"七二一指示"所创办的大学，虽然学制只有一年半，但还是能学到一点东西的。后来"七二一大学"一位任课老师就和我说，这个铁道学院的水平估计就跟"七二一大学"差不多，他告诉我，如果真要学习的话，还是选择一所好一点的大学，因此我就选择了上海交通大学。

机动学院原先是两个系，一个是机械工程系，称为六系；一个是动力机械工程系，称为二系，以船舶动力为主。我当时所在的机械工程系有若干个方向，一个是"610"一般机械，一个是"630"液压传动，还有"640"起重及运输机械，我就在"640"。至于选择这个专业的原因，其实也是考虑了自身的工作经历。因为我在铁路局做的是铁路装卸机械的维修工作，也接触过一些项目，因此和起重机械这个专业还是挺契合的。

求知若渴的校园生活

考上大学确实是不容易，进入大学之后，大家很珍惜这个来之不易的机会，每一个人都在拼命学习。我当时在班上的成绩应该算是一般，但是学习肯定是用功的，每一个人都很优秀。那时候，我们没有现在的学生上学时身边的这些花花绿绿的诱惑，最幸福的事情可能就是学习了一天之后，去华山路吃一碗小馄饨，这就让我们很满足了。

我还记得当时班里有一个女孩子，我们都叫她"机器人"。为什么呢？因为她每天学习到凌晨两三点钟都不休息，这股干劲实在是让我们印象深刻。当然也不只是她，晚上寝室熄灯之后，好多同学都跑到走廊上，借助走廊上那一点灯光读书。可能也正是因为大家这么求知若渴，所以我们两个班里的大部分同学都成为名企的工程师，从政的也有小部分。现在回想起来，那时候学习真的是玩命的，同学之间的感情也都非常质朴、融洽，我到现在还和班里的同学们经常联系。前不久的建校122周年校庆活动，同学们大部分都来了,大家又聚到了一起,非常开心。

除了专业知识,我觉得在交大所接触的一些政治知识,对我后来认识民主党派、政治协商制度也起到了不小的作用。我在交大上政治课的时候是非常认真的,对于一些统战的理论、民主党派的发展情况都有接触。比如最近正在纪念"五一口号"发表70周年,是什么呢？70年前,除了共产党和国民党,社会上还有爱国的工商业者,他们也成立了一些组织。他们发表过一些讲话、言论等,对当时的政局也有一定的促进作用。在1948年的"五一",中国共产党发布了"五一口号",号召各民主党派来筹建政治协商大会,建立民主政权,一年以后政治协商大会正式召开。

也正是因为在交大学到了一定的统战知识,才让我对民主党派和政治协商制度有了一定的认识和了解,不过当时并没有想到自己今后会走上从政道路,因此人生真的到处都充满了巧合。

与众不同的从政经历

我其实还是挺特殊的,当时在学校也没有做过什么学生干部。家里有些海外关系,身份比较敏感,一直没能入党,到了一定的年纪就办理了退团手续。

本科毕业之后,我就去上海海运学院,也就是现在的上海海事大学,从事教育工作,教的就是港口机械,和我的专业完全匹配。我从事高等教育的时间很长,从1982年一直到2002年,做了20年的老师,晋升为教授。学院比较重视我,派我去东京大学深造了一段时间,虽然没有要求我取得学位,但确实学到了不少东西。

像前面提及的,因为种种原因我一直没能入党,但是我的行政级别倒也蛮高的,当过副系主任、系主任以及工学院院长。恰巧,当时浦东新区区委的民进主任委员,因为贪污被判刑,浦东新区的统战部和民进区委就急需有人来掌舵,掌舵的人肯定是需要一定的行政级别和行政经验的。而我当时已经加入民进了,所以组织就找到我,让我进区委工作。当时我并没有担任什么职务,只参加了区委会,后来就做了副主任委员。之后,民进的市委会换届,需要有人来当市委的秘书长,我又一次被委以重任。当时我对这一方面是真的不太懂。另一方面,我在海运学院担任教职,发展也是相当不错的。但是组织上希望我能到民进市委去工作,后来海运学院的党委书记与我进行了一番谈话,才最终决定下来。刚进民进市委我也不是很适应,毕竟我学的不是文科专业,是个工科男,对于政治事务也不是太敏感,对写各种文字也是很头疼,于是就看了很多统战方面的书,进入社会主义学院学习,参加各种培训班,以加强自身学习,随着工作时间的增加,也就逐步适应了。

至于民主促进会,我是 2000 年加入的。当时我就是海运学院的第一粒种子,参加以后,民进市委会对我提出了两个要求,第一是发展成员,第二是成立支部。两年以后,这两个任务我都完成了,最终在海运学院成立了民进支部,一共发展了 8 名成员,而且这 8 位成员都是有一定级别的,都是副教授以上。在加入民进之前,我作为一名工科男,人比较呆板,朋友也不多;加入民主党派之后,与社会的接触面就变广了,交了很多朋友。特别是我们做组织发展工作,就是要多交朋友,为民进多发展一些优秀的成员。

外界很多人对于民主党派的作用有疑问,加入民主党派之后会发现,其实民主党派的参政议政职能是能够发挥得很充分的。民主党派的工作分两大部分,一是自身建设,包括组织建设、思想建设、制度建设和作风建设,这四大块都分别有人去具体落实;二是履行职责方面,有以下几大块:参政议政,民主监督,在共产党领导下的政治协商。可能说出来会比较抽象,但其实每一项都会落实到非常具体的工作。作为民主党派的个体,我们可以提任何意见,这些意见汇总到了民进市委后再进行筛选,有价值的我们会整理出来。这些意见或建议有若干个传达途径:通过统战部直接提交给中共上海市委、通过上海市政协提交给民进中央,整套流程走下来还是比较科学的。

另一方面,民主党派和中共党组织的互动也有多种形式。中央级别有他们的互动,上海市级别也有自己的互动。比方说我们会参加座谈会,把最近上海发生的重大新闻在成员之间传播分享,提出自己的观点或建议。我作为幕后工作人员,负责整理座谈会的发言稿等工作,这就是政治协商的一种形式。假如党要出台一个政策,就会征求一下我们的意见,在民主党派之中,真的能够体会到中国共产党领导的多党合作和政治协商制度是真真切切得以落实的。

沈宁宁

沈宁宁，1960 年生，江苏无锡人。1978 年考入上海交通大学动力机械工程系，1982 年毕业。1985 年从青岛造船厂调到无锡万迪动力工程集团有限公司工作，任副总经理。1998 年后，历任无锡市经济贸易委员会副主任，无锡市滨湖区区委常委、副区长，无锡市国资委副书记、副主任，现任无锡市国资委调研员。

回忆校园生活，沈宁宁不仅记得当年为高等数学、工程数学等课程夙兴夜寐地演算和推导，也记得那时课余生活的丰富多彩。他说当年听过的音乐会、音乐欣赏讲座，让他学会从古典音乐中得到安宁和平静，让他坦然面对人生的得失，保有一颗平常心。四年的交大生活不仅教会了他如何工作，也教会了他如何生活。

交大教会了我如何生活

口述：沈宁宁

采访：尤志远

时间：2018 年 5 月 30 日

方式：线上采访

记录：尤志远

整理：尤志远

圆梦交大有渊源

1976 年初中毕业时，我有两个选择：一是上山下乡，二是读两年高中。当看到十五六岁的知青们在农村吃不饱、干不动的情况，我选择了后者。

这一年，中国发生了好几件大事，特别是粉碎"四人帮"，彻底改变了中国的命运，也改变了我的命运。1977 年，国家恢复了高考。记得有天吃晚饭之前，父母把正在外面和邻家小朋友玩耍的我叫回来，没有直接吃饭，而是很正式地问我："恢复高考了，你有什么想法？"我一时语塞，只是盯着父母看，父亲说："我们希望你从今天起认真学习，参加明年的高考。"我说："好的。"当时，1977 年高考还没进行，高考录取率是多少、考不考得上都没底。只能每次考试后，看在班级里的排名、在年级里的排名，心里想，能稳定在年级前五名，希望就大了。1978 年 7 月，我作为应届高中毕业生，取得了较好的高考成绩。如果说我的学习有何特点，就是不偏科，记得当时代表学校参加市模拟考试，我是学校唯一五门功课全部及格的。这一点对我以后的工作生活很有帮助。

在近一年的备考时间里，令我终生难忘的是我的老师们，他们刚被摘掉"臭老九"帽子，比自己参加高考还要投入。从这方面来说，我们确实是时代的"幸运儿"。

我是湖北考生，记得当年可填五所重点大学。我填的是交大、复旦、南大、武大、华工（现华中科技大学），之所以首选交大，一是父母都是无锡人，家乡情结所致；二是交大是我祖父辈推崇备至的中国最好的工科院校。

博学广收看世界

交大的基础课很扎实，特别是数学方面，除高等数学外，工程数学方面还有线性代数、矢量分析与场论、概率论与数理统计、复变函数、算法语言等，加上流体力学、工程力学、热力学，这些学科包含了很多的演算和推导。教我们高等数学的是王嘉善老师，他写得一手好粉笔字，授课时删繁就简，严谨而生动，认真而又不失幽默，同学们都喜欢听他讲课。受同学们委托，我那时还写了一篇赞扬他教学的短文，发表在校报上。

1978 年高考，英语成绩是不计入总分的。入校后，大家的英语底子都不太好，加上被十年"文革"耽误的许多老知青以前学的还是俄语，我们的英语是从 ABC 重新学起的。那时师资也匮乏，记得教我们的老师以前也是学俄语的，发音不太标准。

那个时代的学习氛围很浓厚，平时都是要上晚自习的，学习的目的还是为了将来更好地报效国家、报效社会。由于地处上海，又是名校，所以课外生活也很丰富，许多科学家、教育家、音乐家和体育明星走进了校园和课堂。大家在紧张的学习之余也关心时事、关心社会。记得有一天，学校的所有高音喇叭突然广播对越自卫反击战公报，几乎所有人都伫立收听。当中国女排首次夺得世界冠军时，整个校园沸腾了，同学们群情振奋，自发地到万体馆，喊出了"振兴中华"的口号！

那个时候，电视机还没走入寻常百姓家，整个第一宿舍才两三台电视机，国内还没有什么连续剧，都是外国拍的，记得有日本的《姿三四郎》《血疑》，美国的《大西洋底来的人》，但只要有国家队三大球比赛，一定是白天就要抢位子的，有时还要打起来。

教我们体育的老师是王道平先生。记得有次上体育课，他说，1979年中美建交，明年的莫斯科奥运会，我们是不会参加了，看来，在1984年的洛杉矶奥运会上，我们才能实现奥运金牌"零的突破"。他接着又说，美国福布斯公布的"世界500强"里还没有一家中国企业，中国什么时候也能有"零的突破"呢？作为工科生，我的"世界500强"概念是从体育老师那里得到的，后来，我也一直关注着"世界500强"，如今的中国企业已在"世界500强"占有1/5的比例了。

半为立业半修心

当年，我们毕业是包分配的，除考上研究生之外，基本都被分配在国企和事业单位，所从事的工作与所学专业多少都是有所关联的。后来，同学们有改行的、下海的、出国的，涉及领域就较广了。当然，我觉得"不忘初心，方得始终"，做得最好的是目前留校的黄震同学和邓康耀同学，他们还在从事我们所学的专业，一个担任上海市政协副主席、交大副校长；一个荣获了国家科技进步二等奖。

1998年，我国国企改革进入新阶段，当时我也有两个选择：一是被提拔做市属重点企业"一把手"，二是到市经委做个处长，行政级别上有所差异，前者正处，后者正科。因为时任市经委主任是我的老厂长，也很器重我，那里又很需要我这样的年轻人，所以我到了政府机关，一干就是20年。2000年，无锡市首次面向全省公开选聘15位副处级领导干部，我当时报名参加了最热门的"市经委副主任"一职公选,当时我是年龄最大的,时间紧迫,仓促上阵,记得笔试从上午8点开始,一直到下午5点半走出考场,分综合、经济与管理、外语三门试卷,得益于母校给予的良好教育,使我从140多名考生中,经过笔试、面试,最后进入了公示。

有人说:人一旦遇到了挫折,就要调整好心态,用等待代替消沉。在现实生活中,沮丧、郁闷是经常有的。感谢母校的培养,当年聆听的黄贻钧、曹鹏、陈燮阳等指挥家的音乐讲座,使我走出校园后,学会了在沮丧、郁闷、烦恼时如何独处一隅,静默如花,从柴可夫斯基《第六(悲怆)交响曲》一类作品寻得悲伤的解脱,从贝多芬《第六(田园)交响曲》一类作品中找到快乐后的平静。

可以说,四年的大学生活,不仅教会了我们如何工作,同时也教会了我们如何生活。

踏石留印求真理

大学毕业后,我主要是在无锡工作的。无锡是个好地方,山清水秀,工商业发达。早在20年前,交大无锡校友会(含上交大、西交大、西南交大、北方交大)就有1 800多人了,是无锡所有高校校友会中影响力最大的。其中中国船舶研究中心("702所")的交大校友较为集中,"蛟龙号"的成功研制,就凝聚了众多交大学子的智慧和心血。校友中也涌现出不少企业管理人才,比如中船重工无锡海鹰集团的朱焕培校友,从事内燃机燃油喷射系统制造的威孚高科有两任董事长都是交大人,目前无锡十家市属国企董事局主席中也有两位是交大人。我觉得交大人的特征就是一个"实"字,做人诚实、做事踏实。就像我们校徽上的书本一样,崇尚科学,追求真理,像齿轮、铁砧、铁锤一样,踏石留印、抓铁有痕。

无锡是个工商业城市,去年GDP首次超万亿,工业增加值始终排在全国城市前十位,工业又以机械(36%)、电子(14%)为龙头,而这两个产业又是最能体现中国智能制造的产业,也是交大最具优势的学科。交大在无锡设有研究院,我们希望交大毕业生到无锡发展。前些年,无锡做了项"7 + 1"工作,就是市领导带着企业到交大、北大、清华、复旦、浙大、南大、东大和中科院,建立产学研战略联盟,帮助无锡实现产业提升和结构转型,当时也引进了不少人才和项目。

离开母校36年了,我们看到母校在与上海第二医科大学合并后,向综合类大学迈进的步伐更加坚实迅速了。衷心祝愿母校在朝着世界一流大学目标奋进的同时,培养出更多的一流人才,作出更多一流的科研成就。

张超

张超，1959 年生，上海人。1978 年考入上海交通大学动力机械工程系，1982 年本科毕业，1985 年获船舶动力装置专业硕士学位，1989年获工程热物理专业博士学位。后到美国密西根州立大学深造博士后。2014 年回国，现担任美国百朗副总裁、亚太区总经理。

张超是地地道道的交大人：中学念的是交大附中，本科、硕士研究生、博士研究生，都就读于交大。他看过了交大十余年的春去秋来，礼堂前的合影拍过了许多次，食堂的菜目也更新过了很多次，直到赴美留学，才恋恋不舍告别母校。回望交大岁月，他说交大给了他最好的准备。

交大给我最好的准备

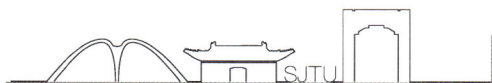

口述：张　超

采访：戴雨吟、范晓宇

时间：2018 年 5 月 21 日

地点：上海市徐汇区宜山路 333 号

记录：范晓宇

整理：范晓宇

初到交大，兴奋新鲜

　　我中学读的是交大附中，所以我觉得高考后，我肯定是要到交大学习的，不会去其他学校，自然就选择了交大。

　　当时，我们感觉徐汇校区很大，当然，在今天闵行校区的学生看来，徐汇校区很小。但那时的我们看到学校里什么都有，很舒适，大家带着一种简单、兴奋的心情来到交大。很多学生都是从全国各地来到交大，开始新的生活。就算是我们父母那一代，他们也不知道高校的生活到底是怎样的，因为这一切都是在开始转型当中，一切都是很神秘的。

　　我们那一届学生年龄差距很大，很多"老三届"、劳作过几年的工农，都觉得我们年纪轻的应届生像孩子一样。当年我们确实像一群小孩，所以大家都有一种兴奋感。第一天去报到的时候，我们带的东西很多。那时候我们吃食堂要使用粮票。有一次，我的粮票不知掉在学校里的哪个地方，辅导员发现后送到我宿舍来，让我觉得很温馨。

学在交大，忙碌有序

交大的生活是很有序的。虽然不算紧张，但是很忙碌。当时改革开放刚刚开始，我们是恢复高考后上大学的第一届高中应届生，从中学到大学，还是学生到学生，我也没什么要转换的，生活上还是差不多，很忙碌也很有序。

记得当年我们进校时，交大就强调"起点高、基础厚、要求严、重实践"，这是交大的传统，让我们一生受益。学生进来时，起点高；在学校学习打基础，基础厚；学习风气严谨、教学管理严格，要求严。不知道今天的教学如何，也许在新的环境下会有不同，但是交大的基本要求没有变，这对年轻人未来的成长能够带来很多正面的影响与帮助。

无论是考试，还是生活，老师们都会对学生有一个很高的期望和要求。恢复高考后，77、78级学生进入大学，整个社会、整个国家对这批人很关注，很多机会都给了这一批人。当年的教师，自然也对这一批学生有很高的期望和要求，这是不言而喻的。

本科毕业以后，我出去工作了一年，再进入交大读了研究生。1989年初，我读完博士才离开交大。所以我是从本科、硕士、博士，一直在交大学习，是地地道道的交大人。

我的导师是杨世铭教授，他的研究方向是工程热物理。杨教授是在美国读的博士，他也是爱国人士。回国后，他就在交大任教。工程热物理专业公认的鼻祖是 Max Jakob，一个在美国伊利诺伊理工大学执教的德国人。杨老师是他带的最后一个博士，也就说，他是 Max Jakob 的关门弟子；我是杨先生的第一个博士，我是他的开门弟子。所以在全球工程热物理领域论资排辈的话，我还排得上一个。我就是跟杨教授研究工程热物理，当时叫

"280"专业,以数字来称呼,我们是二系动力专业。

美国留学,坚持科研

毕业后,我留校任"280"教研室老师,但是我没有待多长时间。1989年5月,我去美国做博士后了。因为杨教授是从美国回来的,后来他又回美国访问,与其他的学者一起做了几个联合课题。当时我既是博士后,又借着杨教授的联合课题去了美国,一待就待了二十多年,直至2014年回国。

我在美国先做博士后,做一些研究,然后去了工业界。我一直做汽车,一半的时间是做民用车,还有一半时间是做坦克,就在美国三大军火商之一的公司里,做了9年军车的研发。

初到美国,遭遇了文化冲突(culture shock)。因为我们出生在中国,教育在中国,等到成年后去美国,要适应美国的社会、工作、生活,不仅是学校里面的工作,其他方面也面临着很多挑战。要融入新环境是不容易的,就像我已经回到中国四年了,但我也得适应中国的很多网络用语,要逐渐去了解。我记得刚去美国的时候也是如此,就算懂英语,还是不能理解美国人的笑话什么的,就像外国人跑来听相声,他也搞不懂相声究竟讲什么。我经过了漫长的七八年时间,才完全融入并适应美国环境。如果仅从工作和研究方面来说,倒很快能衔接上去,因为科学本来就相通,不会差那么多。但是你要真正深入一个国家,深入他们的生活,确实会觉得新的环境充满挑战。

中国和美国是两个完全不同的国家,文化基础截然不同。无论是生活也好、工作也好,都是完全不相同的。正像我当年要适应美国一样,当我回到中国来工作生活,同样要重新经历一次完全的改变,才能适应中国这样一个环境,毕竟离开那么多年了。对我来说,去美国是一大挑战,回到中国是第二次挑战。当然,语言学习得很快,我回到中国的话,大概半年时间,基本上就可以流利沟通了。

夯实基础，不畏竞争

交大给了我们能力，给了我们基础，这让我们受益无穷。我学过动力机械，学过轮机专业，然后又学习了工程热物理，但我最后做了工业建设。其实在学校学的很多东西，大部分在实际工作中很少会有应用。但是在交大的学习，是在"基础厚、要求严"的竞争环境下，打下了坚实的基础。我们那一届学生都很渴望学习，同学们很早去教室坐着，上课积极做笔记。可能跟现在不一样，现在提得更多的是创新创业。

交大是培养专业人才的，她使你能够在北美等地跟全球人才竞争时不输于任何人。我无论是处理问题、做科研还是搞发明，都是靠交大打下的基础及培养的能力，这是交大给我的最好的准备。即使不去美国，留在中国也会有很好的发展。我们同学大多数留在国内，有的人做企业家，有的人做科研，有的留在学校，也都个个成才。所以 77、78 级学生出了不少有用之才。

陈桦

陈桦，1960 年生，上海人。1978 年考入上海交通大学动力机械工程系核动力工程专业，1982 年本科毕业。2003 年 12 月美国得克萨斯大学 EMBA 毕业，获高级工商管理硕士学位。历任秦山第三核电公司副总经理、中国核工业集团公司总经理助理、中国核能电力股份有限公司董事长、党委书记。曾获"国防科技工业有突出贡献中青年专家""国防科技高层次人才"等荣誉称号、世界核营运者协会（WANO）"卓越贡献奖"。

陈桦去秦山开展新项目的时候，孩子才念幼儿园，等到他八年之后回来，孩子已经念高中。从事核工业的 40 年中，他一心扑在工作上，毕生心血尽付，见证了我国核工业从一无所有中起步，到如今的兴盛蓬勃的历程。他希望交大学子都要有家国情怀，为国家的发展奉献自己的力量。

超越自己，追求卓越

口述：陈　桦

采访：刘晓晶、魏佳妮、薛　冰

时间：2018 年 6 月 22 日

地点：上海交通大学钱学森图书馆

记录：魏佳妮、薛　冰

整理：魏佳妮

深自砥砺，翻开人生新一页

我考了两次高考，分别在高一和高二。1977 年恢复高考的政策下来后，我们就考了一次，但按政策，"老三届"优先入学，到了 1978 年又考了一次。当时知道可能有机会上大学，大家还是特别兴奋的。高考前，学校就做了一些初步的筛选，组成了三个班，其中有两个叫理科班、一个叫文科班，那个时候我们才知道以数理化为主科的叫理科。而我们也并不了解大学是什么样子，只知道学习从来没有这么紧张、努力过。入学之后，我们才知道一百个人里面，可能才有那么一两个考上。

"起点高、基础厚、要求严、重实践"是"老交大"传统，"老交大"刻苦学习的良好氛围也在学子中间蔓延。进了大学后，最让我们头疼的事，就是在教室或者图书馆找不到座位，所以一下课，同学们便先不吃饭，或者很快吃完饭，就去图书馆用书包占个座位，稍微休息一下就看书。早上，你能看到很多人在宿舍前背单词；上课时根本就不会有谁说要逃课的，学校也没有什么点名，学生们都是很自觉的；晚上，因为11点要断电，同学们都会用手电筒照着再看一会儿书，路灯底下看书的也很多。那时候也没有什么业余活动，好像读书就是唯一的事情。看的书很多，除了老师教的课本之外，还有很多其他的书，有书读就是最好。徐家汇有个旧书店，我们有时候就去看看旧书，几毛钱一本。

真要说读书之外的事情，就是体育锻炼。我是交大田径队的，一周有四天在训练，下午5点到7点是训练时间，还会代表交大去参加比赛。体育方面，交大厉害的有两项——篮球和田径，所以上海大学生运动会、全国大学生运动会等都会有交大代表去参加，我记得当时获得了全国短跑第6名。那时候国家会给我们补助，训练一次，给两毛多的吃饭补助，一顿饭是两毛六，可以吃得上一顿有大排、青菜的丰盛午餐了。国家给九块多的补助，除了吃饭，还可以买书。买得最多的是习题册，用来做练习，比如《高等数学》；课外书主要是一些有名的英文书，《傲慢与偏见》之类的；买字典也很多，听说有什么好字典，就买一些。图书馆的书籍主要是在毕业设计的时候借阅参考，比如说《反应堆设计原理》，还有一些国外设计改进核反应堆方面的书，来参考一下国外在这方面的发展动态。

与"核"相识，用时间成全热爱

我的第一志愿是学医，但没被录取；到交大后，老师询问我："转个专业行不行？"刚进大学，我觉得学什么都行，只要是大学都好，就这样选择了核动力工程。大学刚毕业的时候，也没有什么想法，没有宏大的理想，最兴奋的就是自己有工资了，不用靠家长了，大家偏向于按部就班，那时候是计划经济，给你分到哪就是哪，要你干什么就干什么，没有自己选择的余地。我们每天做着很琐碎的事情，最简单的活就是帮着前辈分文件、写一写文件，也没有独立干事情的机会。这也是给我们的一个很好的锻炼吧，就是要"干一行，爱一行"。

1986年的时候，国家有一个中央讲师团，就是让愿意到农村去的年轻人把那个农村的民办教师替换出来，代他们去讲课，让这些教师有时间去培训，为期一年。我当时挺兴奋的，觉得当老师也不错，然后就报名参加了。很多人不理解，他们说："你之前也没当过老师，你是怎么想的？"我其实想得挺简单的，老师这个职业有它自己独特的地方，能够从中学习到很多东西。我的英语在那一年提高得很快，因为我报的是我最不擅长的英语，我想挑战一下自己。英语不太好，怎么办呢？我就买了个收音机听VOA，不断地听写，直到把句子凑好；我还带了很多英语书，原来我在大学里都只是学语法什么的，听力方面根本听不懂，所以我就一遍遍去学。一周十几节英语课，没有课的时候我就写教案；不会写教案，就参加了师范大学关于如何讲授、教学的讲课，也学了很多知识。我印象最深的就是，如果要讲好一堂课，就必须花费七堂课的时间去准备，不仅要注意讲授的知识，还要注意学生提出来的问题，都要花时间准备。这些都是我在那一年中积累下来的，最后我还获得了"优秀讲师"的称号。后来，因为我的英语很好，还去德国留学过一年，在美国拿过EMBA的学位。这些都是公司送我出去培训的，因为机会总是留给有能力、有准备和努力的人。

在工作上，我也努力抓住一切机会，塑造自己，为国家发展贡献力量。当时我们有一个跟加拿大合作的新项目，地点就在浙江秦山，我和我爱人商量说："想去那里做两年。"虽然家里小孩才读幼儿园，但爱人却十分支持我。之后，我就从处长升到了总经理助理，然后到副总经理，可是那工程做了八年都没放我，爱人说："你要再不回来，咱们就过不下去了。"等到八年后我回来的时候，孩子已经上高中了。但正是因为这样一个工作过程，我对现在所有领域的研发、设计、工程管理、运行，都十分了解，因为具体做过。

踏实做事，一定会有成果。2011年，我获得"WANO卓越贡献奖"荣誉称号。我当时提了一个口号——"超越自己，追求卓越"，永远不要认为自己做得最好，一定要去发现谁比你做得更好，并向他学习，然后去对标，这也成为我们公司的一种文化。我会经常给大家讲我们的理想目标，为了让大家学会利用自己的时间，我提出了 4 个"四分之一"的观点。第一个"四分之一"，要学会用四分之一的时间去学习新东西，不管学什么，只要你学新的就好；第二个"四分之一"，要用四分之一的时间去做一点具体的事，不管去协调还是做什么事；第三个"四分之一"，你要用四分之一的时间去了解你所管辖的区域里面是否有需要你解决的问题；第四个"四分之一"，你要用四分之一的时间去帮助别人、协调他手头上的工作，或者帮助他解决问题，你对别人善，才会换回别人对你善，大家共同进步。

搞核工程的人，他的行为准则是"安全第一，质量第一"，一切事情要在自己手下把它解决，而不要等着别人去解决，或别人去监督检查。我在这方面也做了很多工作。这对大家也有一定启示作用，面对自己手下的问题，不要总想着等别人去处理，自己应该更加积极主动思考、去化解。

我在核行业中已经奋斗快 40 年了，本科毕业的时候是 1982 年，那时候我们国家第一个核电站在浙江，等到开工的时候已经是 1986 年，开工的时候还没有任何正式的资料，全凭老前辈一点一滴地探索；现在，改革开放 40 年，中国发生了翻天覆地的变化，核行业不断地在发展壮大，我作为其中一份子，与有荣焉。

王云

王云，1961 年生，云南保山人。1978 年考入上海交通大学机械工程系，1982 年本科毕业。被分配至 705 研究所昆明分部工作，历任发射技术研究室助理工程师、工程师、高级工程师、研究员级高级工程师，研究室副主任、主任，分部副主任。1993—1995 年任云南省楚雄州禄丰县科技副县长。2004 年起任中国舰船研究院西安精密机械研究所硕士生导师。2016 年当选为昆明市五华区第十六届人大代表。现任 705 研究所昆明分部党委副书记、纪委书记、工会主席。

学习力是人的核心竞争力，对于交大学子来说，更是如此。他们普遍有较强的学习力，这种求知向上的力量推动他们顺利踏入交大大门，也促使他们在离开交大以后的日子不忘学习、不断超越，完成自我的知识重构，解答人生每个阶段的新课题。王云正是这样一位无论身在何处，一直保有学习力的交大人。

扎根边陲，青春无悔

口述：王　云

采访：毛君兰

时间：2018 年 8 月 18 日

方式：视频采访

记录：毛君兰

整理：毛君兰

忆往昔，校园生活难忘怀

我是恢复高考的第二年进入交大的。当时我在云南保山一中，也是当地最好的一所中学学习。1977 年下半年宣布恢复高考，在考前的最后几个月，学校成立了一个"快班"，把六个班成绩最好的十多位学生集中起来"开小灶"。那时候准备的时间很短，上了两三个月就把课程学完，又是刚刚恢复高考，也买不到合适的参考资料，更多还是看个人的天赋和基础。后来这些同学都考上了大学，有中科大、北大、北师大、北航、哈工大等等。

由于资讯闭塞，当时对国内各大学了解很少，我也是偶然看到上海交大专门的招生宣传广告，了解了很多关于交大的消息，看了之后非常向往，感受到了真正老牌名校的魅力，高中班主任也很支持我的想法，所以就把交大作为第一志愿，在这种缘分下进入了交大。

　　作为老牌名校,交大各方面要求还是比较严格的,学风也很端正。大家都很自觉,把学习看成理所当然的事情,而不是以功利的眼光去看待。考试不及格是很没面子的事,大多数同学学习都很认真,把大部分时间都用来学习,不管是上午、下午还是晚自习,多数时间都在教室、图书馆,个别时候也会在宿舍学习。

　　那时候,娱乐项目非常少。每周只有周日下午四点多钟的时候,会和同宿舍及其他宿舍的同学一起打篮球。当时上海交大的男篮实力很强,在上海市的高校里面都是数一数二的,经常代表上海参加全国的高校篮球联赛,非常火爆。每逢有比赛,我们就去看。学校的排球也不错,每年也有运动会,整个体育运动氛围很浓。还有些同学喜欢下棋,其中围棋、象棋、军棋、四国军棋居多,也有同学打桥牌,还有个别同学喜欢听古典音乐。学校每隔一段时间会放电影。夏天很热的时候,同学们也会去电影院看电影,顺便消消暑。

思旧友,交大人事今犹念

　　我17岁从云南偏远地区到了中国经济最发达的上海,在全国一流、上海最好的大学学习,对我的冲击和震撼是很大的,留下深刻印象的人和事有很多。那个时候,同学之间相处很和谐,班上大概有40个人,将近一半家是在上海的,应届的学生和往届的下过乡、当过工人、当过兵的同学也差不多对半。大家彼此之间有差异,但在一起的时候相处特别好。比如我们宿舍年龄最大的同学,生活经验就很丰富,其他应届的同学跟他在一起,都叫他老大哥,他也把我们当小兄弟。有时候,宿舍关灯以后,和老大哥畅谈人生,他讲的很多东西,我们都充满兴趣,对他很佩服、很敬仰。当时的辅导员对大家也非常好,他的年龄可能跟班上最大的几个同学差不多,大家相处也就跟朋友一样。我对辅导员,还有当时上课的那些老师很是怀念。我们班的团支部书记是应届生,年纪不大但各方面能力都很强,学习成绩好、篮球打得好、为人处事细致周到、长得也很帅,班级事务几乎就靠他操办,赢得了班上所有同学还有老师的认可。他直到现在依然备受大家尊重,可以说是我的楷模,我对他印象特别深。

还有一位上海同学,出了名的热心助人,班里班外的事他都操心,大学刚毕业时还组织几位同样热心的同学办了几年班刊。现在,他依然是我们班各种活动的发起人和组织者,无论是学校的校庆活动、返校活动还是班级活动,他都是冲在最前面去组织,完全就是一位精力无限的亲善大使。

还有其他很多特点鲜明的同学,毕业后各奔东西,大多数同学无论在国内还是在国外,都事业有成,家庭和睦,应该说,这与在交大的求学经历以及交大给予我们的发展平台是密不可分的。

论经历,技术管理担在肩

在交大学习了四年之后,我就去了705所。毕业分配的时候想得很简单,只考虑到地域问题,后来才知道这是搞军工装备的,和海军有关,我就觉得挺好。一是我觉得挺神秘,二是我其实特别想参军,因为我们家有三位军人,我就是在部队环境里面长大的,所以我一直有当兵的愿望,觉得这是实现愿望的另外一种途径,然后就很高兴地去了705所。

我在705所这么多年,技术岗位与行政岗位都有涉及。这两种岗位有很多不同,总体上来说,技术岗位面对的是实实在在的事物,无论设计制造一个单独的零件,还是组织研发一型产品,需要解决的主要是具体的、虽然会变化但是有某种规律的问题,而且我感觉只要投入时间、资金、精力,再难的课题,总有一天是会解决的。而行政岗位,则是在一定的法律法规和体制机制内,通过协调和综合运用各种资源,比如行政资源、人文资源、财务资源等等达到既定目标,应该说,面对的要素要活一些、多一些、复杂一些,需要复合型人才。比如像我们单位,做一个项目,我首先要组织一支队伍,这就需要我弄清楚大家各自的性格脾气,还有能力强弱,要把这支队伍组织好,这就是一个很大的挑战。我个人认为，首先要做好自己的本分，从专业技术岗位入手，技术层面上的能力不能差，有一定积累后再向适合自己的职业方向发展，更加容易找到自己的定位。行政领导不能代替技术专家，单纯的技术专家也当不好行政领导。

其中我有一段经历是在云南省禄丰县当科技副县长。1993年，在邓小平同志南方谈话后不久，全国进入了新一轮改革开放，云南省委要求各省级机关、大中型国企委派干部到全省各县担任科技副县长，推动地方科技发展，加快整个社会的发展。我们单位很支持，先后共派出了6名干部到不同的县当科技副县长。我去的禄丰县是楚雄彝族自治州的第二大县，当时人口四十多万，财政收入七千多万元，我主要分管乡镇企业。禄丰县算是农业县，除了有一个省级大煤矿外，基本没有大工业，仅有一两个县级企业和一些小煤矿。那时乡镇企业发展很快，虽然起点低，但敢想敢干，每年产值增长都超过50％，国内很多著名企业就是在那时逐步发展起来的。

在禄丰工作的两年，我对基层情况有了更多的认识，无论是政府的运作、偏远山区贫困的状态，还是政府官员、商人、农民等不同人群的众生相。在接触各方面事物，了解其历史变迁之后，我更坚定了只有共产党能够救中国的信念。

仍不忘，人生漫漫学习不歇

我毕业的时候曾想过要读研深造，但当时考研很难。名额太少，大家又都非常优秀，不像现在各种机会很多。那时候要么工作，要么报考硕士。工作几年后，一看班里面好几个同学考上硕士了，我心里也动过报考的心思，但结果还是没考。

后来在工作中，在组织的安排下，我参加了很多学习培训。1985—1986年在哈尔滨船舶工程学院进修英语，当时是船舶总公司为了到国外接收进口设备，需要一批英语水平过关的技术人员，专门开了一个英语学习班，从属于船总的各工厂、研究所通过考试选拔了几十个人，学习一年，学完后就准备去国外进修学习先进技术。我们705所当时去了三个同志，但是最后我们都没有因为这个项目出去过，就是相当于去学了一年英语。那时候国家刚开始组织英语水平考试，类似于现在的四级，我还到上海参加考试。刚刚毕业不久，能回上海，还是很兴奋的。那时从昆明到上海只能坐火车，要三天三夜。

1999—2000年间，我参加了北理工开办的工商管理培训班，由单位出资，请北京理工大学在我们单位开短训班，组织单位的中层干部学习一些管理知识，半年时间，白天工作，晚上上课。

1999—2006年间，我在职攻读了中国人民解放军海军工程大学兵器工程硕士，是单位跟学校联合组织的学历培训，请海军工程大学在我们单位开的工程硕士班，自愿参加。我当时作为研究室主任，觉得很有带头参加的必要，给其他同志以动力。那时候我年纪也不小了，快40岁了，硬着头皮学了下来。几年时间，白天工作，晚上上课，很辛苦地学完了。也很感谢家人的支持，家里的事情不需要我操心，我认为一个人要达成什么目标，跟整个家庭的支持是分不开的。

数十年，扎根西部岁月成篇

我毕业后被分配到705所，在当初不太了解的情况下，觉得这是一个很神秘的工作，对分配也很满意，于是满怀期待地投入到工作中。后来逐步认识到705所在我们国家的地位，特别是在整个海军装备中的地位，应该说是非常重要的。在705所工作这么多年，我的感触就是四个字：得偿所愿！入所之前觉得神秘和神奇，当中有过困惑，现在是满足和满意。说神秘和神奇，是因为705所创建于1958年，是我国承担水中兵器及其发射装置研究设计的总体研究所，隶属于中国船舶重工集团公司，是国家一级保密资格单位。可以说，我们所撑起了新中国海军水中兵器的大半边天！这样的单位，对当年血气方刚的我,当然是神秘和神奇的。

　　说困惑,是因为我大学毕业入职的时代正值军工行业最低谷的时期。20世纪80年代初期,邓小平同志提出:军队和军工行业要进入忍耐期。此后整整十多年,我们所没有大项目支撑,为了生存下去,我们所当时搞过很多民品项目,甚至还卖过烧鸡!大家对未来充满迷茫,收入又低,很多同事最后都离开了。在这样的环境下,我确实有过困惑。

　　我们所从20世纪50年代一穷二白的时候开始,直至90年代初期,自力更生,走出了一条中国水中兵器发展的新路,也养活了自己。到了90年代末期,国家政策再次向军工行业倾斜,我们迎来了大发展。目前,全所职工1 600余人,建有博士后工作站及1个博士学位点、2个硕士学位点。20年间,先后荣获国家及省部级科技成果奖400多项,其中,国家科技进步特等奖1项、一等奖3项,国家技术发明二等奖1项。我们所研发的最新水中兵器已经接近国际水平,在某些方面甚至还超过国际水平,这是业内对我们所的评价。

　　我们单位的成长之路也是比较坎坷的。1958年705所在上海成立,后几经迁徙,落脚在昆明一条弯弯曲曲的山沟里面,在那里度过了从70年代初到80年代的十多年光阴。我们全所员工最多的时候,包括家属在内有两三千人,在山沟里面办有小学、初中、医院、菜市场等等,出行方面得到了昆明市的支持,每天有两辆班车进出。那时候条件很艰苦,工作、生活都在那里,相当于形成了一个小城镇。大家也是其乐融融,好像并不觉得条件艰苦。

　　从我进705所到现在,一晃眼三十多年过去了,我觉得自己非常幸运。我热爱这个行当,为有幸成为守护国家安全、建设国防事业的一员而感到满足!为在这过程中享受生活而感到满意!

徐青

徐青，1960 年生，湖北武汉人，1978 年考入上海交通大学机械工程系液压传动及自动控制专业，1982 年本科毕业。现为中船重工集团第 701 所研究员、集团首席技术专家、船舶设计大师。长期从事舰船研究设计，先后任我国首型远海隐身护卫舰、第三代护卫舰和首型万吨级驱逐舰总设计师。曾获国家科技进步一等奖 2 项（均排名第一）和省部级特等奖 1 项、一等奖 3 项、二等奖 2 项。获"何梁何利科学与技术进步奖"。2019 年当选为中国工程院院士。

40 年前，徐青接到上海交大的录取通知书，背起行李，从武汉关乘船，顺流而下，经历三天两夜，来到上海开始了大学生活；四年后，他按照学校的毕业分配安排，返回江城武汉，走上了舰船设计之路。36 年来，他一直坚守在舰船研究设计的一线，在 701 所这个"战舰的摇篮"里，从初出茅庐的大学毕业生，成长为船舶设计大师。

以身许国终不悔

口述：徐　青

采访：尤志远

时间：2018 年 7 月 8 日

地点：上海交通大学

记录：尤志远

整理：尤志远

顺流而下赴申城

"文化大革命"开始的时候，我正进入小学。当时在"教育要革命"的改革浪潮中，教学安排一直在变化中，系统性不强，社会实践活动也比较多，经常要学工、学农、学军。读小学一年级的时候，我是班上的学习委员；上了中学后，我除了担任过班长和红卫兵大队委外，还兼任了民兵营的营长。我母亲是在教委工作的，她担心我太多的社会活动影响了学习，就在升高一时将我转到另外一所中学，结果没想到比原来学校的活动还要多。一直等到拨乱反正、恢复高考之后，教学秩序才逐渐恢复，一切变得正规起来。

1977 年，我考进了高中理科重点班，学习开始变得紧张起来，几乎每天白天晚上都有课。1977 年冬天和 1978 年夏天的那两次高考，我都参加了。第一次高考没被录取，因为当时我是以跳级生的身份去参加考试的，大学对跳级生的录取条件要比中学毕业生高，在总分达到录取分数线的基础上，要求有一门主科成绩在98分以上（满分100分）。那次我们班很多同学都以跳级生的身份去报考了，虽然有不少同学达到录取分数线，结果只有一人被录取。

1978年的那次高考，我以全区第二名的成绩考进了上海交大，实现了我的大学梦。记得当时，我背着我母亲为我准备上山下乡的被子和蚊帐，坐的是"东方红"号轮船，经过三天两夜的顺流而下，终于到了上海黄浦江畔的十六铺码头，激动地看到了上海交大拉着迎接新生横幅的卡车，我赶紧跳上车，一路开到了徐家汇校区。

我进交大学的专业并不是造船，而是机械，更准确地说，是液压传动与自动控制专业，63081班。上海交大是国内高校中第一个开设液压传动与自动控制专业的，我们的专业课老师也是从国外回来的。当年与英国合作，舰上采用先进的液压机械设备比较多，急需这方面的专业人员，也正是因为这个原因，让我有机会走进701所工作。

我对学校的第一印象是第一学生食堂——当时的报到地点。那时，食堂旁边的宣传栏上还贴着很多大字报。报到注册后，我找到了自己所在班级的宿舍，一切算是安顿下来了。

进了交大以后，我同班上其他同学一样，天天都泡在书堆里，埋头苦读。我的生活可以说是"三点一线"，三点就是寝室、教室，还有食堂。我们那时住在一墙之隔的校外宿舍，六系和五系都住在这里。我每天去食堂的路上都要经过"民主广场"。平时上课主要是在工程馆里，当时是偏重于机械设计，所以机械制图课上了两年。记得当时我们专业课几乎没有正式的教材，有的教材都是油印的，刻完了现印；有时候也用外国人编的书，像"自动控制理论"课用的讲义就是日本绪方胜彦编的。即便有课本，很多老师讲课也不是照本宣科。

应该说，那时的学习还是蛮紧张的，好在我有在高中重点班的学习经历，重点班每天晚上不是自习就是上课，养成了自觉学习的习惯，所以对交大的学习节奏和氛围还是比较适应的。白天上课，晚上自习。只有星期天不上课的时候，我才出校门沿华山路到徐家汇第六百货公司逛一逛，买点生活用品什么的。回来后就是洗衣服、洗被子。如果是三伏天，就抱着一床凉席到宿舍的房顶上去睡，因为上海的夏天很炎热，宿舍里也没装电风扇，更不用说空调了。

虽然已经离开母校很多年了，但我对徐汇校区的那个老游泳池还记忆犹新，印象中，在游泳池旁边有艘鱼雷快艇，首部有一挺机枪，两舷各有一座鱼雷发射管，它引起了我的兴趣。一有空闲，我就一个人走到那里，钻进舱室，仔细端详，当时觉得挺好玩的。我开始对舰船有了点认识，也许正是因为这一点，上天眷顾我，让我与舰船结下了不解之缘。

这些年的工作中，我确实感到交大的课堂教学、实验、社会实践和毕业论文的各个环节里，都在向学生传授一种学习和思维的方法，所以交大的学生在科研方面很容易上手。我儿子也是在交大念的本科，2010 年毕业。他学的是船舶工程，我和他交流过，发现他们现在读书跟我们那时完全不一样。现在实行的是学分制，用计算机选课，所以必须得有电脑，要不然你就选不到好的老师了，我们那时课程都是学校统一安排好的，比较被动；还有一个不同就是我们那会都有班干部、辅导员管着，现在好像不太有人管了。时代在变，学校的组织管理和学习模式也在变，不可同日而语了。

新硎初试崭头角

1982 年毕业后，我很幸运地被分配到了家乡武汉工作，因为当时我们班分配到武汉的只有一个名额。到了 701 所，我第一印象是"所像学校"。所区大而宽敞，有一个很大的操场。后来我才知道所区前身就是炮兵学校。

刚到 701 所工作不久，当时一条船的船尾出现了异常的振动，当时领导按照排除法，让我尽快分析一下液压舵和调距桨的液压波动对艉部振动影响。我就用学过的液压系统原理，通过误差带分析，计算液压波动值，为异常振动的分析提供了支撑，并因此获得了领导和同事的信任。经过这件事，我感到学有所用，这里就是我人生的舞台。

1985年，朱英富院士当时是我所在研究室的主任，他找我谈话，说经研究决定，任命我为系统科副科长。我当时感到很突然，心想我毕业才三年，只是个助理工程师，在科里属小字辈，职称也最低，怎么就让我当副科长去领导那些高级工程师和研究员呢？他说同志们支持你，组织上信任你，你大胆地干吧。就这样我成了当时所里最年轻的科级干部。

老实说，当副科长对我来说，还是富有挑战性的。记得第一次给大家安排工作，是事先由科长从上海寄了一封信过来，上面写着本月安排谁做什么，然后我再找每个人商量怎么干，布置任务。我就是这样一点点边学边干成长起来的。我在副科长的岗位上一直干了8年，直到1993年任研究室副主任，1996年担任主任。2000年的时候，所里进行机构调整，武汉三室与上海分部合并，成立了"水面舰船研究部"，让我负责。因为工作需要，那段时间我是上海、武汉两头跑。2002年任所长助理，2003年任副所长，2016年任集团首席技术专家。

如果说，交大的培养给我打好了基础，那么701所则给了我一个绚丽的舞台。自大学毕业被分配到所里，在舰船行业一干就是36年，似乎是将工作干成了爱好，所以说，我对造船事业还是充满热爱之情的。

701所是总体所，承担舰船总体设计。作为总体所，主要有三个角色：装备的规划者、装备的研制者、各系统设备专业所的协调者。多年来，我感触最深的是701所像是一块肥沃的土地。一是因为它能将学生培养成才，在这里，不管是谁，只要沉下去，从最基础的开始做起，脚踏实地，都将有所作为，成长成才。例如，当年我们招来"文革"后的第一个博士，现在已经是我们的副所长了。二是因为这里有很多新的项目等着大家去开垦和创新，一定是能让大家大展身手的。

舰船总体设计专业比较全，涉及面广，应该说，这其中的跨度还是挺大的，但我也顺利转型了，这还得感谢母校，因为是交大教会了我学习的方法，给我打好了基础,让我在毕业后能适应不同的岗位。我参加工作之后,感到要胜任这个岗位,对于船舶及其相关专业的基本知识都要有所了解。所以在工作过程中,我逐一将相关专业的知识边干边学。有一句话叫"书到用时方恨少",所以说工作中遇到困难的时候,也正是最能激发一个人学习劲头的时候,这个时候学东西不仅记得牢,而且还能活学活用,更为重要的是,还要虚心地去向同事和前辈请教,这是我的切身体会。尤其是当了总设计师以后,工作中涉及的领域就更多了,包括船、机、电和电子武备等等,仅是电气专业就还分强电、弱电,学问多得去了,牵涉到方方面面。学无止境,与新毕业的大学生共勉。

广博专精解难题

在 701 所,我一直秉承交大人"求真务实,努力拼搏,敢为人先,与日俱进"的理念,认认真真做事,踏踏实实做人,潜心学习钻研,成长为多个国家重点型号的总设计师。

我第一次担任总设计师是负责多功能综合试验船项目。这种试验船是专门用来做水声及水中兵器试验的。当时我们国家对水声和水中兵器方面的试验提出了很高的要求,要求将静态试验、动态试验、舷侧阵、水声测试和鱼雷发射等多项试验同时在一条试验船上完成,我们感到难度很大。为此船东还特意去国外考察,发现俄罗斯需要五艘船才能完成这些试验。如果要把这些试验集中在一艘船上完成,会遇到很多关键性的技术难题,当时国际上还没有哪个国家这么做过,没有可以借鉴的资料。

首先遇到的难题是,需要设置一个直径超过 6 m 的大型深井贯穿主船体,可是如果这样,这船还能航行吗?通过广泛查资料,我们发现 20 世纪 50 年代有一个英国人曾经做过这方面的研究,按他的方法试验后,发现不行。后来我根据导流的原理,想出了一个井底镂空顺流盖的方案,可以将水井底部的来流导流到船体底部的去流段。船东把它戏称为"徐青盖",不过我们当时没申请专利,反正我把这个问题解决了,使试验船既能安全航行,又能做试验。

研制这艘试验船时遇到的另一个难题是关于舷侧阵试验舱,既要考虑到结构强度,又要考虑透声性能的问题,材料的选择非常关键。最早透声窗材料选的是不锈钢,但声波传递时的插入损失比较大,效果不好;然后就换成玻璃钢,声波传递时的插入损失小了,但不耐碰撞,最后用了钛合金。据悉,俄罗斯用的就是钛合金,这是我们第一次使用钛合金材料作为透声窗,虽然一开始没经验,但后来还是解决了一些与钛合金相关的工程应用问题,比如钛合金透声窗的插入损失规律、钛合金透声窗与船体的连接和环境减噪等关键技术。这以后,我们又解决了试验船的电磁兼容、噪声隔离、声呐试验环境和鱼雷发射试验等问题。最终这个项目获得了省部级科技进步二等奖。

1999 年,这艘船交付使用,直到现在,它仍在服役。这艘多功能综合试验船能力特别强,除了试验,还能干很多事。记得 2002 年的大连空难中,北方航空公司的一架 MD‑82 飞机在大连附近海域失事,在众多搜救船只中,它率先发现失事飞机上的黑匣子。

我还参加了多型舰船的总体设计工作。例如"开封"号导弹驱逐舰的升级改造。它是我国最早的一批驱逐舰之一,受到当年技术水平的限制,装备已经落后,特别是反潜和防空能力比较弱。一旦敌人从空中来攻击,单靠舰上原有的武器,难以防御。从 1991 年开始对它进行第一次现代化改造,我们拆除了舰船后部原来的 37 mm 口径舰炮,设计安装了从法国汤姆逊 CSF 公司进口的"海响尾蛇"防空导弹系统;到了 1999 年又进行了第二次改造,用"鹰击"反舰导弹取代了老式的"海鹰"导弹,可以说是质的飞跃。经过改造,我们的战舰第一次具备了近程防空反导能力。该项目获得了省部级科技进步一等奖。这也为后来有"中华第一舰"之称的"哈尔滨"舰研制分担了风险。

2000 年,我被任命为新型护卫舰的总设计师。该型舰是国家重点项目,是我国首型远海隐身护卫舰,它的问世,可以说是我国海军护卫舰的跨越式发展。该型舰服役后表现不错,如去亚丁湾护航、联合军演中都可以看到它的身影。外界媒体对它的评价也不错,在同各国海军的接触过程中获得了诸多好评,有很多国家想买这种型号的护卫舰,该型舰在国际市场上有一定的竞争力。2010年我获国家科技进步一等奖。

我还主持研制了我国第三代护卫舰,它第一次实现导弹与火箭助飞鱼雷垂直热发射,增强了我国海军区域反潜和中程防空反导能力,补齐了编队防御体系的短板。目前,它已成为我国建造数量最多、使用最为频繁的主战舰艇,在亚丁湾护航、利比亚和也门撤侨,履行国际义务、展示大国形象、维护我国海洋权益和保卫国家安全等重大任务中扮演主角,屡立战功。去年热播的影片《战狼Ⅱ》和今年的贺岁片《红海行动》都是以该舰的撤侨行动为原型,传递了国家意志,展现了"中国护照"的国际地位,激发了世界华人的爱国热情。2015年我又因此获国家科技进步一等奖。

做了20多年的总设计师,我的感受主要是三点。一是总师在技术上一定要有专业素养,虽然不能样样都很精通,但对每个专业都要有所了解和领悟,还得有自己擅长的领域,也就是说,要"博而精"。还要注重经验的积累,面对每一个问题,都有自己的见解,才能有决策的信心和资本。

二是身为总师必须要有想象力,也就是要有创意。总师要具备顶层思维的大局观,离不开总图、总说明书,这都是各专业的总体集成。只有热爱生活,把握大局,关注细节,用跨界思维方法,才能有创意,才能体现其想象力,才能实现创新。

三是作为一名总设计师,在管理上也应该是一个行家,要有人格魅力,善于组织与协调。因为总设计师要带领一个团队,决不能靠个人英雄主义,要发挥大家的各自专长,这样才能把大家团结起来干成一件事。现在的科技发展很快,尤其是大系统工程,不是一个人能完成的。要许多人拧成一股绳,才能完成同一目标。一个新的型号搞出来,不是一个人的功劳,也不可能是一个人能干成的。所以当总师的各种压力是很大的,独善其身是不够的,还要考虑到方方面面的人和事,统一协调。

砥砺前行大发展

我感觉我们这一代人都很幸运，来了701所之后就赶上了我们国家海军的大发展期。我们国家海军从一穷二白开始，经历了四个阶段。第一阶段是靠苏联援助，被我们称为"四大金刚"的101到104四艘驱逐舰，就是用数吨黄金从苏联换来的，解决有无问题。第二阶段是自主研发阶段，我们通过引进苏联的规范和技术标准进行探索与创新，形成自主研制能力。第三阶段是改革开放之后，我们通过引进、吸收、再创新，追赶世界水平。第四阶段是美国轰炸我国驻南使馆之后，我们国家的装备可以说是进入了高速发展期。

习总书记在今年两院院士大会的讲话中引用了《墨经》中的一句话："力，形之所以奋也。"就是说，力是使物体奋起运动的原因。我是搞舰船设计的，对这一句话特别有感慨。舰船披荆斩浪、奋勇向前，同样也离不开力，我们在动力形式上不断摸索创新，从首次设计全柴联合推进系统到首创中国特色的全燃联合推进系统，我们的舰艇技术与西方国家相比，可以说，从一开始的望尘莫及，到接近他们的水平，再到如今可以与他们并驾齐驱，同台竞技，在某些方面甚至有所超越，我们正在走一条我们自己开创的科技创新之路。我一直在科研一线工作，目前，正在主持研制我国首型万吨级驱逐舰，该舰标志着我国驱逐舰发展迈上了一个新台阶，对完善海军装备体系结构、建设强大的现代化海军、实现中国梦、强军梦具有重要意义。2018年6月，我国首型万吨级驱逐舰下水亮相，引起世界关注，据说美国人也坐不住了，提前启动了"伯克 III"的研制计划。

直到今天，有些技术我们现在可以说是世界领先，现在国际上对我们的人才队伍也有羡慕之意。上回碰到的几位俄罗斯专家，都已经七八十岁了，他们就非常羡慕我们有一支高学历的年轻人才队伍，年轻人对新理念的接受和吸收能力都是很强的。还有一次遇到法国人，他们也表达了同样的羡慕。

　　我非常希望有越来越多的人才可以投身到国防事业,投身到海军建设当中来。今天我们国家是世界第二大经济体。但这只是"大",国家由大到强,还需要很多东西。一是需要人的科学文化素养的提高;二是要有国际上的话语权。而话语权从哪来呢?这是以国防实力为支撑的。国防实力如何展示?其中最具显示度的就是海军。

　　为什么海军那么重要?我想,首先海军是一个国际型军种,它承担着我们国家"走出去"的形象窗口的作用。其次,海军是一个综合性的技术军种,它有自己的陆战队、航空兵,集成性强,技术含量高,是国家实力的象征。从这个意义上来说,能参与海军建设是很荣幸的一件事。第三,从一个陆权国家走向海权国家,要求我们拥有一支强大的海军。我们国家有广阔的领海和漫长的海岸线。按照国际法,一个国家对于海洋领土的取得一般有四要素,一是最早发现,二是最早命名,三是最早开发经营,四是连续不断的行政管辖。行政管辖的坚强后盾就需要一支强大的海军。我们正在从一个典型的陆权国家向海权国家转型的路上,这就要求我们有一支强大的海军来保障国家战略。第四,强大的海军是我们维护海外利益的需要。因此,我期盼更多的交大学子投身到海军装备建设的行列中来,为我国新时代的伟大复兴贡献力量!

张闵庆

张闵庆，1961 年生，上海人。1978 年考入上海交通大学机械工程系，1982 年本科毕业。现任上海隧道机械制造分公司总经理，是享受国务院特殊津贴的教授级高级工程师，上海市建设系统学科带头人，中国设备工程专家库高级专家。获得国家科技进步一等奖、上海市科技进步奖等奖项，获全国机械工业劳动模范、全国建筑业先进工作者、上海市五一劳动奖章、上海市建设功臣、上海市高新技术成果转化先锋人物等荣誉称号。

说起交大，张闵庆有很强的荣誉感，他说，交大的学子不能差，差了是给学校丢脸。在他看来，交大学子要有把交大精神发扬光大的使命感和责任感。他是这么说的，也是这么做的。在他毕业之际，哪个行业缺人才，国家要发展哪个行业，就去哪里工作。因此，他从事了盾构机行业，扎根隧道事业三十余载，见证了国内盾构机领域从空白到领先的历程，作为长期奋斗在地下施工装备研发一线的建设系统科技先锋人物，张闵庆始终致力于盾构机、顶管机、钢模等各类地下施工装备的研发与应用，为国产盾构走向全国、进军国际市场、实现中国装备制造 2025 计划做出了极其重要的贡献。可以说，他用他的心血与成果，成就了一位交大学子的荣耀。

领航盾构,不负使命

口述:张闵庆

采访:梁茂宗、林 杰、俞梦琦

时间:2018 年 5 月 10 日

地点:上海隧道机械制造分公司

记录:林 杰

整理:俞梦琦

一夜学完立体几何

　　高考,我考了两次。当时情况和现在不一样,当时能否考上大学,压力并不大。我自己更是从来没想过考交大,毕竟初二的课程还没学完呢。1977 年恢复高考的时候,我们正在乡下劳动,突然老师来了,叫了班上 4 个比较优秀的同学去参加高考,我是班干部,也在其中。车子把我们送到县城,才知道是要考试。据说考试内容是高中的课程,但我们高中课程还没学,于是我花了几天时间,把高中的课程看了一遍。现在想来,也不知道怎么回事,那么厚一本《立体几何》,我一晚上就看完了,第二天就去参加高考了,结果没考上。半年后我又去参加了 1978 年的高考。在填报志愿时,我对学校和专业也没什么概念,只知道上海交大很有名,专业更是搞不清楚。当时比较先进的专业,一个是计算机,还有一个是机械工程。父亲就开玩笑说,他不懂液压是什么,就让儿子去学液压。就这样,我来到交大机械工程专业读书。我们当时参加高考的过程和专业选择方式,带有十分鲜明的时代特征。

现在高考制度更加成熟,年轻人选择专业,都喜欢选择更新的行业,对于传统的机械专业认识可能不全面,觉得学机械的不是在机械加工行业,就是在装配行业,搞不好像我们一样还要去工地,实在是太苦了。年轻人喜欢学新的,当然是好事。在机械行业内要成为专家,涉及的领域太广了,太经典了,要学到精、做到深,真的是很苦。纯粹从装备发展的角度来说,以盾构机为例,我们当然希望更多的人来努力,我认为其他领域也差不多如此。但是事实上,我们从最开始的人工到机械化,到自动化,到信息化,到智能化,后面的发展肯定离不开现在的新技术,所以需要有更多的人去学习新的东西,把我们这个技术搞得更好。尤其是我们交大的毕业生,如果能够在行业里面领先,能够在技术上面创新,然后能够将新技术跟我们传统制造业结合起来,绝对是可以把我们传统机械行业的发展带动起来的。老一辈交大人已经做好了前面基础的工作,再依靠新一代年轻人学习的新技术把装备智能化这一块做好,就是个好事情。所以说,不同的选择还是要看所处的时代,能够充分把握这个时代的特征,做出符合时代要求的选择,那这个选择就是好的。不过在这个过程中,年轻人面对的是新的技术、新的机遇、更是新的挑战,过程也是非常辛苦的,需要通过不断的学习积累去掌握。

哪里缺人去哪里

由于历史的原因,当时社会发生了人才断层的现象,所以我们77、78级大学生是个特殊的群体,我们在校时很珍惜学习机会,工作后也很珍惜工作机会。当时,企业急迫地需要大学生,需要基础人才。我们毕业后,面临着工作分配,哪个行业缺人才,哪个行业国家要发展,就被分配去那里,于是我就进入了盾构机行业。可以说,我们当时所处的时代,社会上的机会很多,个人的成长都是这样,你个人要努力,但也需要机会。所以说,我们碰到一个很好的机会、很好的时代,我们拥有了知识和机会,在社会中不断磨炼技术。

改革开放以前,我国也在做盾构机,但当时没钱,而且还买不到进口的东西。所以对于我国的盾构机行业来说,技术都是原创的。改革开放以后,我们才去学习国外的技术,引进国外的零部件。不同的企业有不同的发展战略,当时有些企业干脆收购国外公司,购买国外技术、核心部件,但我们始终坚持原创和引进相结合,始终保持了自己的原创技术。

技术的发展是螺旋形的。它对施工水平、工程和建筑水平的要求越来越高,对于装备的要求也越来越高,这就逼着企业进步、创新、创造。反过来,装备技术的提高必然会带动施工技术水平的提高。从一个小行业的发展可以拓展到整个国家的技术实力和创造实力的提升,所有行业实力加在一起,就变成国家实力了。我认为,如果我们在每一个子行业,甚至子行业里每个技术跟产品里面能够做出我们的贡献,那就是为国家做出了贡献。

改革开放以后,国家基础设施建设规模一点点地起来,就需要盾构机行业去提供支撑,作为行业内的技术人员,我们必须去适应国家新的发展形势。这个跟在学校从事科研是不一样的,学校里有很多可以作为基础课题的研究,而盾构机行业直接对接国家重大工程,说得再严酷一点,就是只许成功,不许失败。在对接国家重大工程的过程中,我们自然而然就要完成很多工作,因此也取得很多的成绩,这是必然的。比如,我第一次获得的科技进步一等奖,现在看看,当时那个技术跟现在比差远了,但是当时我们产品填补了国内技术空白,装备所有的功能、技术参数都跟国外的产品相当,而且经受住了工程实践的考验。有了这个基础以后,我们不断地研发、不断地提高。那么过程当中又会有各种各样的成果,包括我第二次获得的科学进步一等奖也是这样一个积累的过程。所以任何的成绩,其实都是一个过程,要着眼于每一步、每一个阶段。

情谊越久越深厚

说起在交大的收获，第一就是交大的文化影响，包括交大精神、交大传统等。反正交大的毕业生就是不能差，差了就给学校丢脸了。还有一个重要的，是交大的学习方法。我认为老师辛辛苦苦教了你，我们有责任，要把交大的荣誉发扬光大，把交大的精神带到社会上来。我一直认为，我们交大人的精神、交大人的传统、交大人的文化、交大人的基础在那里，无论从事哪个行业，都能干好。

我对以前交大的老师印象都很深，这么多年过去了，很多老师的名字我现在还记得。其中印象最深的老师是我们当时的老校长和我们系里的老教授，在我们那时候的概念里，校长、教授是不得了的人物，但是他们每天都骑着自行车上下班，穿得也是普普通通的。在课程的学习方面，因为在交大学习的机会来之不易，同学们都很努力，无论哪一个课程都很珍惜，我们每一门课都会很认真地去学，所以也谈不上哪一门课最深刻。印象深刻的还有交大的考试，交大素有"起点高、基础厚、要求严、重实践"的办学传统，所以通过了交大的考试，去任何学校都不会有问题的。我们都知道钱学森学长当年的水力学试卷的故事，那考卷拿出来真漂亮。其实这就是我们当时一代人的面貌，大家都很珍惜学习的机会，所以学习非常努力。当时我们班里大多数人年龄还挺小的，我也算是应届生，有些同学是"老三届"，他们是工作了几年以后，来到交大继续读书的。大家每天作业做完了，就到操场上活动活动，当时有这样一个锻炼的意识——"要为祖国健康工作五十年"。

交大的同学情谊，历久弥新。我们在工作中也是互相帮助。我们那时候行业刚起步，做项目处处都是困难。比如我搞一个项目需要找泵，当年不像现在什么都能买到，那时候很多东西都要自己做。我有个同学陈溱，当时在上海一家泵厂工作，我就去找他帮忙做。另外，项目里面有一项关键技术，就是控制流量的一个比例调速阀，现在的技术当然更先进了，伺服系统也不稀奇,我们当时就是要找一个比例调速阀都找不到,我就去找了当时在液化、气动研究所工作的王峻同学。所以我体会很深的就是刚刚毕业的时候,尽管以前交通、信息联络没有现在这么发达,但是只要有同学在行业,大家都会尽力地互相帮助。

毕业后,每逢校友返校活动,很多在国外的同学也都会赶回来。尤其是值年的同学聚会,大家都觉得多见一次是一次。有些同学已经退休了,再过3年我岁数也大了,也要退休了。当年进校30多岁的,现在已经70多岁了。现在我们是入学40周年,有些人拄着拐杖来了。等到50周年或是60周年的时候,可能就是摇着手推车过来了。母校情、同学情就是这样,时间愈久愈浓厚。

李学平

李学平，1961 年生，山西夏县人。1978 年考入上海交通大学机械工程系，1982 年毕业。历任邮电部设计院邮政处总工程师，国家邮政局科技处处长，邮政科学研究规划院副院长，万国邮政联盟（UPU）信息技术合作组织（TC）副主席兼电子业务用户组（AES UG）主席、射频识别技术工作组（RFID SG）组长。现任环宇邮电国际租赁有限公司董事长，兼任中国邮政集团科学技术委员会副主任。获原邮电部"有突出贡献的科学技术管理专家""优秀青年知识分子"等荣誉称号。1999 年起享受国务院政府特殊津贴。

　　来到交大不久，李学平就患上了关节疾病，几乎不能走路。在老师、同学、校医等方方面面的帮助下，李学平得以坚持学习，不用休学。我们常常说，人生中的紧要关头，往往就是那几步，有时候错过一步，就会错过很多步。李学平没有错过人生中那些重要的机会，源于个人的坚韧不拔、矢志追求，亦源于生命中那些美好的相遇。

岁月不老，情谊长存

口述：李学平

采访：盛鑫军、吴志军、薛　冰

时间：2018 年 6 月 4 日

地点：北京建国门内大街 8 号中粮广场 B 座 510 室

记录：吴志军、薛　冰

整理：薛　冰

两度高考，努力加运气

　　我老家在山西夏县，从小学到高中毕业一共读了 9 年。当时读的高中是我们村里大队办的，总共就招了两届学生。1977 年恢复高考时，允许每所学校安排一个在校生参加高考，我是当时学校"教育革命领导小组"的学生代表，是学生"头"，学校就派我去参加高考。首先遇到的是报文科还是理科的问题。我虽然读了高中，但除了语文、数学外，物理、化学、历史、地理几乎都没上过课，乡镇高中办学水平不高，教师缺口大，很多老师的水平远远达不到要求。当时，教数学的赵天亮老师对我一直很关心，他建议我考理科，说物理、化学比历史、地理好补。于是，我就报考了理科。当时山西省的物理和化学是一张卷子，满分一百分。考完我没有查成绩，后来听赵老师说，他帮我查了，说语文数学还好一点，物理化学考了零分。总之，我没考上。

1978 年春季高中毕业后,我就到县中学参加了高考复习班。我复习了四五个月,就参加了高考。不得不说,县中学的师资力量还是很强的,数学、物理、化学老师都毕业于南开大学等名校。我的数学比较好,当时运城地区举办了一个数学竞赛,我拿了第七名。印象中,我们的高考复习资料是非常少的,记得有一次,我去看望原来高中的赵老师,在他那儿看到了一本参考书,就向他借。他平时对我挺好的,但那天他好像很为难,我问怎么回事,他也没多说,就让我把书拿走了。后来我才知道,那一年他也在参加高考,但可惜没考上。我从老师那儿借来书之后,就把书上的题目都做了一遍,解答有厚厚一大本。后来县中学的数学老师还拿着我的本子在全班同学面前说,像这样学习,考不上学校才怪呢。那会儿且不说考上重点大学,能够考上学校就不错了。想想当时确实挺刻苦努力的。那个年代,晚上经常停电,我就点上煤油灯在母亲的缝纫机上学习,早上起来,鼻孔都是黑的。

我们是考试分数公布后才报志愿的。考完以后我觉得语文、数学考得特别差,尤其是我最拿手的数学,考懵了,我都准备再次复习了。但分数一出来,没想到我的物理、化学、政治都是 90 多分,五门课总分 408 分,是县里第一名。报考学校的时候,说句真心话,我当时都不知道交大。后来一切由老师做主,好像第一志愿报了清华的无线电专业,没被录取。后来被交大录取后,我还担心,问老师,交大是不是重点大学啊?老师就跟我讲,北清华,南交大。我这才知道交大。来到交大之后,一个电工老师听说我是从山西来的,就说起他当时负责在山西招生,录取学生有三个条件,一是平均分不能低于 80 分,二是不能有不及格的科目,三是要有英语分。我语文数学虽然没考好,但也都及格了。那年英语属于选考的科目,我正好选了,靠打勾得了 24 分。现在想想,来交大也真是有点运气的。

四年光阴,良师益友相伴

读大学的时候,我的身体不太好。入校报到不久,我两个膝关节红肿,刚开始,医务室校医认为是长久坐火车所致,让我烤电、针灸治疗,但膝关节一直没有好转,后来几乎都不能走路。医务室彭林珍护士主动带我去华山医院、中山医院就诊,后来医生怀疑是风湿性关节炎。教我们德语的曹志慕老师给我做了棉裤,64081班的王维理同学给了我一辆自行车,让我骑自行车上课。同宿舍的其他同学也都热心帮忙,医务室的其他大夫也尽心治疗,使我避免了休学。作为一个来自农村、在上海举目无亲的学生,我深为感激。当时还写了篇文章《我感受到了集体的温暖》发表在校报上。

我的同班同学里,年龄最大的30多岁。我当时不到17岁,我们班最年轻的比我还小2岁。平常大家一起上课,那些年龄长的同学,他们更珍惜这个学习机会,学习非常努力,而年纪轻的几个同学都特聪明。班上整体学习氛围特别好。我们常开玩笑说,我们这些人都是"三点一线"式生活:教室、食堂、宿舍。那时候我是系的分团委委员,周六晚上负责在工程馆212教室给大家放电视,我把电视往那儿一搬,自己就去学习了。现在想起来,我们的学习还是挺刻苦的。当然,课程轻松的时候,我们的课余生活也是丰富多彩的。印象最深的是,班里的程金奇老大哥给640两个班开授了桥牌、围棋学习班,组织了桥牌比赛。记得那次桥牌比赛打了一个多月,周六有时会打通宵。我和64081班的杨起华组队,好像还拿了冠军。

那时,老师们也都特别负责任,基本上每天晚自习都有老师答疑。记得严隽琪、关银发分别是我们振动理论和高等数学的辅导老师,他们晚上经常出现在教室里,严隽琪老师当时还是在读研究生。关银发老师给我的印象尤其深刻。他后来也教我们理论力学、结构力学专业课,批改作业非常认真。他和学生们处得非常好,但对大家要求也很严格。在他教的结构力学课期末考试中,交大的"要求严"体现得淋漓尽致。两个班好像有七八个不及格的。关老师有一个习惯,想问题时喜欢用手叩脑袋,我们都说他是在敲存储器呢,大脑里存储着的东西,敲一下就输出来了!若干年以后,我们到上海去,关老师还能叫上我们每一个同学的名字,很神奇。

认真踏实，永不生锈螺丝钉

毕业时分配工作，由于比我们早半年毕业的 77 级学生里已经有十几个人进到了 640 专业最权威、最理想的单位——北京起重运输机械研究所，所以对于我们 78 级起重运输专业的毕业生，北京起重所就几乎没有留什么名额。那年上海的分配情况还算好，当时深圳蛇口招商局正好来招人，所以也有去深圳的。我身体不太好，自己觉得膝关节肿疼是潮湿引起的，所以我选择回北方。但北京去不了，山西也回不去，刚好河南有几个名额，系里领导找我谈话，我就服从分配到了河南。交大 640 专业被分配到河南的总共四个人，两位去了 713 所，一位去了洛阳石油部第一建设公司，而我则是本专业首个被分配到邮电部设计院工作的交大人。

其实毕业那年，我作为学生干部还可以留校，但条件是接下来几年不能考研究生。我本来打算先工作，再复习去考研究生。结果我到了单位工作刚一年，有一个去德国邮政进修的机会，邮电部在全国组织考试。而我第一外语学的刚好是德语，就很幸运地赶上了这个机会。在德国进修期间，我看到了国内外邮政行业的差距之大。现在想来挺有意思的，所在行业越落后，你工作起来的成就感就越大。从德国回来，我发现自己是真的爱上了邮政这个专业。之后，认认真真、踏踏实实在自己的岗位上做了一些工作，也相应获得了很多荣誉，就被领导注意到了，先后被提拔为邮政处专业室室主任、邮政处副总工程师、总工程师。

1998 年邮电分营，国家邮政局成立，需要很多干部。局长亲自点名，把我调到北京，在国家邮政局科技处任副处长，后来升任处长，主管全国的邮政科技工作。由于国家邮政局没有科技司的编制，所以我负责的科技处就承担了科技司的职能，在内部直接接受分管副局长领导，对外直接对口国家科技部。在这个位置上，平台大了，眼界宽了，肩上的责任也更重了。8 年间，在局领导的重视和直接领导下，"科技兴邮"战略得到确立和贯彻，邮政科技创新体系初步建立,中国邮政的整个科技工作上了一个新的台阶。8 年后,邮政政企分开,根据国家局领导统一安排,我留在了企业——中国邮政集团,担任了邮政科学研究规划院副院长,后来又兼任了集团科技委副主任,以及交通部专家委员会委员、国家邮政局科技咨询专家组成员等职务。2016 年,集团领导又安排我到现在这个中日合资的环宇邮电国际租赁有限公司任董事长,这属于类金融行业,对我来讲,跨度也特别大,来之前也没有任何思想准备。但是,我认准了,就是应该像雷锋那样,"做一颗永不生锈的螺丝钉,党把自己拧在哪里,就在哪里闪闪发光"。

要说 77、78 级这批人身上有什么特质,我觉得就是认真、踏实。前面我谈到,毕业后 64081 班的薛金宝同学被分配到了洛阳石油部第一建设公司。他报到后,人事部门一看他是交通大学毕业的,就要给他分配到汽车队,后来他反复表明自己是起重运输专业,这才给转到起重队。在当时那种情况下,他一步一步地让领导群众认可他,现在成为公司的总经理、党委书记了,原因我觉得还是认真、踏实。这一点,在我们班还有很多其他的例子。像我们班长袁东方同学,他无论从政、经商,都踏踏实实,一步一个脚印。现在他的事业已发展到全国各地,可以用"商业帝国"来形容他经商的成功。卜方同学在国家专利局工作,担任过自动化部、通信部等多个重要部门的部长职务。杨勃同学曾担任长江计算机集团公司副总裁。我们班上的同学还有很多成为教授、博导,很多同学都比我成功。所以我之前说,我只是一个循规蹈矩、干事比较踏实的人,就是组织让做什么,我就认认真真、踏踏实实做什么。交大给我们打了一个非常好的做人、做事、做学问的基础,这是最关键的。

厚积薄发,项目每每有亮点

我之所以毕业后被分配到邮电部设计院邮政处,是因为邮政处当时刚组建,想招一批学机械的。1977 级招了 5 个,1978 级招了 8 个,除我之外,其他 12 个人都是北京邮电大学机械系毕业的。他们对邮政专业都很熟悉，而我压根就是两眼一抹黑过去的。所以在工作当中，几乎每一件事情开始做的时候都是有点困难的。但得益于交大的"基础厚"，另外出于责任心，或者说荣誉感——交大毕业的，似乎就应该比别人强。所以每一项工作，我也都能针对那些困难，提出解决办法和一些新的东西。

交大的"基础厚"确实使我的一生受益匪浅。比如，我刚到邮电部设计院不久，就遇到一项任务，要把一个新型的分拣设备安装到已建好的邮政枢纽大楼内。这个分拣设备很重，安装前需要计算楼板的承重。如果找土建专业的人去做的话，他们得知道你这个设备需要几个支撑点，支撑点都放在什么位置等等。当时我就想，我们结构力学学过"影响线"，这不就是"影响线"的概念吗？于是我就自告奋勇，把这件事情解决了。这个问题解决了以后我还产生了一个想法，就是能不能做出一个标准化的东西，只要是安装这种设备，这个房子楼板承重能力——楼面活荷载就必须达到多少。后来就提出来一个统一的工艺对土建的要求，纳入"邮政枢纽工程设计规范"中。确实，交大的基础课分量很重，像力学，我们就学了理论力学、材料力学、弹性力学、热力学、流体力学等很多门课。在你学了很多之后，拥有很厚的理论基础，思维就可以很开阔。

那会儿我们晋升工程师、高级工程师的名额都很紧张，我都没有按期晋升中级职称。因为当时为了先解决 77 级学生的职称，78 级就没有一个人按期转为工程师，我自己大概是晚了两年才升的工程师。但我的高工是破格提升的。我后来听参加高评工作的领导说，院高评委主任黄三荣总工程师给我的评价是，项目不多，但是每个项目都有亮点，都能有创新的东西。所以就给了我一个破格晋升的机会。这样，我 1992 年就成高工了。

不断学习，拓展事业新局面

另一个我要感恩母校的地方是，交大培养了我的自学能力。因为入校时基础比较差,想要跟上大家的学习进度就得自己去补习,也就逐渐培养了自学的能力,这在工作之后更显得十分重要。

在学校时,我们机械专业的必修课程中还没有计算机。有一门 Fortran 语言课,上机还要进专门的计算机机房,好像是 DJS6 机,用穿孔纸带。所以我在学校里是没怎么学到计算机知识的。但是到了邮政这个行业,特别是我担任了国家邮政局科技处处长之后,信息化已经成为各行各业发展的必然趋势,而且信息化、自动化要融合,整个 IT 方面的知识就得靠自学补上。当然了,我在科技处当处长也有有利条件,就是与各个邮电高校里的老师有工作联系。有时候遇到问题不理解了,就直接找他们,向他们请教,特别是在我参与了邮政综合计算机网工作之后。当时,邮政综合计算机网在业界很有影响,有"中国最大的 INTRANET"之称,这个网目前仍是支撑整个邮政运行的一个基础网络,它很早以前就可以进行视频、数据、音频的传输了。但十几年以前,我作为科技处长,这个网该怎么建,总体架构如何,子系统间如何进行数据交换,数据传输的格式、规范等,都得由我来负责组织制定,不懂这个不行,只能自学掌握。

另外,在科技处,我们面临的不仅是国内的工作,还有国际交往。国家局每年要组织参加万国邮联会议,其中标准、信息化方面由科技处对口,负责与全球各国邮政之间的邮件信息的互联互通。以前,由处内其他同事专门负责。但有一年,因特殊情况,国际合作司司长让我去参加邮联标准化会议。而我第一外语是德语,英语基础非常差。参加会议时,大家都用英语,你听不懂人家说什么,还要参与表决就很难受了。所以回来后,我就拼命学英语。

2006 年,根据国家局的统一安排,我担任了万国邮联信息技术合作组织电子业务组管理委员会委员。次年,电子业务组主席面临退休,面向成员国组织竞选主席。这个电子业务组是信息技术合作组织中影响最大、技术含量最高、成员国数量最多(有 97 个国家和地区参加)的一个用户组,该组的主席是当时的信息技术合作组织的副主席。当时,国家局领导指示,中国要走向世界，在国际组织中要有话语权，必须得去竞争这个职位，我就硬着头皮去了，并且成功当选。后来又连任了一届。当时担任万国邮联副总局长的黄国忠先生曾说，我们中国人在万国邮联各种组织中担任了很多职务，但都是副职，而我作为电子业务组主席，是唯一的一个正职。但那会儿用英语自主交流对我来讲，难度真的很大。因为当了主席，得主持会议、总结每个人的发言，将其交由与会人员讨论，讨论过程中，如果有两个人意见不一致，作为主席还要作出评判。这种情况下，如果没听懂他们的发言内容，真的是很让人头疼。后来我就利用业余时间去培训，平时每天坚持学习。直到现在，我还在坚持学英语。学语言还是要系统学习、严格训练，最关键的，是要达到非常自如地表达自己想法的地步。

谈到在邮联电子业务用户组所做的工作，我只想举一个例子。邮政承担的是普遍服务。《中华人民共和国邮政法》规定，邮政部门要保证公民的通信自由。因为以前大家都是写信的，所以保证通信自由的义务就是把信送到。我担任电子用户组主席之后，遇到这样的问题：现在人们很少写信，改用电子通信了，那么保证公民通信自由这一法律职责在这个新的时代如何去践行？所以从邮联整体战略来讲，就是要发展电子业务。这里面包括了电子挂号邮件，也包含我们当时提出的 Post ID 概念。在邮件实物传递领域，我们邮政掌握着千家万户的物理地址，而在信息社会，大家又有了虚拟的地址，包括电子邮箱、用户的手机号码。Post ID 就是给每一个家庭、企事业单位甚至每一个人一个 ID，作为他在虚拟社会的地址，然后我们把这个虚拟地址和物理地址绑定在一起。我们还组织开发了电子邮戳认证服务，还有面向家庭的档案存储服务。这些邮政电子业务目前已成为实物邮件业务的一个有益的补充。

感恩母校，求实求精求新

我感恩母校的有三个方面：

　　一是交大人崇尚科学的精神,即实事求是为上。我来国家邮政局后,特别是在技术问题上,我可以说,做到了不唯书、不唯上、只唯实。2000 年之前各个发达国家邮件的条码上都带有寄达地的信息。当时国家邮政局也据此发布了试行标准,并已经开始在几个省试点。我担任科技处长之后,面临着把此标准转为正式标准、在全国各地全面推广的工作。但我调研后认为,这是不科学的。第一,要打印寄达地信息,就必须实时打印生成条码。中国有 6 万个支局所,每个支局所又有多个席位,如果每个席位上都配备一台打印机,就涉及巨大的投入;第二,我们邮政综合计算机网已经建成,地址信息完全可以通过信息网传输,只要依据一个 ID 码就可以从网上获得,以满足分拣、投递需要,为什么非要打印出来呢? 第三,国外发达国家邮政,包括 UPS 等企业之所以采用此体系,是因为这套体系对他们来讲已应用多年,而且在他们开始采用此套体系时,计算机网络技术还不发达,而我们已开始迈进信息化时代,就应该跨越式发展,而不是跟在别人后面亦步亦趋。当时我压力很大,真是做梦都在思考这个问题。除了国内调研,我还利用自己的优势,和发达国家邮政技术专家一起探讨。在充分论证的基础上,我提出了反对意见,并提出了“网络化分拣”的解决方案。最终国家局党组采纳了我的意见。在今天来看,中国巨量的电商快件都是采用 ID 码(运单号)进行网络化分拣的。可以说,我的建议使中国邮政避免了一段技术上的弯路。也有人说,这是我在科技处长任上为中国邮政做的一件大事。我说这件事情,就是想说明,在技术上一定要有科学的态度、实事求是的精神。

　　二是交大的“要求严”,让我有了精品意识。我常常对下属说,自己拿出来的东西自己要看得过眼,如果你自己都觉得还有瑕疵,就不能拿出来。在这点上,当时国家局主管科技工作的武士雄副局长曾跟我说,只要是我手里出来的东西,他就放心了。确实,我交给他的东西,可以做到连一个错别字都没有。当然,他也跟我说过,凡事不能太追求完美,他还打趣说,过于追求完美是一种病。我们公司现在的日方总经理也跟我说,经过一年的接触,他觉得我特别认真、追求完美。他们去年交给我审查的董事会的文件,除了文字外，还被我发现了两处计算错误。事后，中方的老员工给我讲，在此之前，日方员工从来没有公开承认过自己工作中有错。在此之后，他们交给我的东西都是反反复复检查过的。

三是创新的意识。其实，我觉得我的创新理念就是来源于交大人做事情时，遇到问题就想方设法去解决的思想。解决问题的过程就是一个创新的过程。在设计院期间，我负责"邮政生产工艺方案评价方法"科研项目，做系统评价涉及指标权重的问题。20世纪八九十年代比较流行层次分析法。我研究了层次分析法，发现它如果单独作为一个简单的决策方法没有大问题，只需要把方案排个序就可以了。但如果说，把它拿来作为指标权重的计算方法，那么它与人的主观判断之间差距很大，我通过数学上的矩阵、特征向量计算证明了它是不合理的，然后提出了新的判断矩阵的标度方法，还编写了计算机辅助计算程序。后来，这个方法在北京邮电大学的学报上发表了，引用的人还不少。当然，创新贯穿在日常工作的时时刻刻、方方面面。在邮政技术领域，我一直强调技术创新。另外一件值得一提的大事，就是推进了RFID技术在行业内的应用。到了环宇公司后，面临新的形势和环境，我在和日方总经理反复争论后，力推"创新、稳健、快速"的工作方针，开展了五个方面的创新，包括业务、市场、产品（把机械产品的概念用到了这里）、融资、管理等，赢得了日方副董事长（NTT金融的社长）和其他董事的尊重。

毕奇

毕奇，出生于江西景德镇，祖籍江西婺源。1975 年入学上海交通大学电机系船舶电气自动化专业，1978 年本科毕业后考取研究生，1981 年获电工及计算机科学系硕士学位。1986 年获美国宾州州立大学电机工程博士学位。1988 年入职美国贝尔实验室，现任中国电信北京研究院总工程师。由于在第二代及第三代无线通信领域的成就，2002 年当选美国贝尔实验室院士，2005 年获全美亚裔最佳工程师奖，2011 年当选美国电气和电子工程师协会院士（IEEE Fellow），2014 年获英国伦敦"GTB 创新奖"，2017 年成为历史上第一位来自中国的 IEEE 通信协会院士评审委员。

在同时代人上山下乡或进农场、工厂的时候，毕奇由于个头小，建设兵团不收他，恰好得以念了高中，成为在"文革"期间进大学的少数幸运的孩子之一。而在大学期间，幸遇国家招收研究生，他没日没夜看书复习，再一次抓住了人生的机遇……多年后，回首往事，他说：人生在世，无论是谁都会有机遇，但这个机遇是随机的；当机遇来的时候，你一定要能准备好，准备好了，才能抓住机遇，就有成功的希望。

生有涯，知无涯

口述：毕　奇

采访：严　正、李　煜、时亚军

时间：2018 年 5 月 7 日

地点：中国电信北京研究院

记录：李　煜

整理：李　煜、时亚军

误打误撞念高中

　　我选择上海交大，主要是历史原因，也有个人的缘分。在上学之前，我是下放知青，在农村插队落户。当年招生的时候，工农兵学员的名额都是分配的。当时的志愿可以选北航计算机系与上海交大电机系，我个人一开始想到北航去，因为这个专业听起来比较有前途。但当时，我父亲表示反对，他觉得上海交大更好，理由有三：第一是交大有悠久的历史，名气比北航响；第二是上海交大地处沿海，地理位置较好；第三就是上海交大毕业生更可能会分配到沿海地区。最后我就选择了上海交大。

　　在交大读书时，我学习成绩相对比较好，因为当时整个班级的水平都比较差。由于"文革"的影响，大部分同学基本上都只有小学水平，中学都没读过或没读好。因此，当时大学的主要课程是补初高中的课，在这基础上再加一些大学的教程，比如微积分，但也是精简过的，所以当时学生整体水平是比较差的。但我有些特殊情况：我读的小学班级是五年制试验班，其他班级都上六年，这是第一个特殊情况；第二个是我当时不到 7 岁就上学，发育又晚，导致中学毕业以后看上去个头非常小，根本就干不了重活，毕业分配时，建设兵团不肯要我。正好在这个时候，当地组建了高中，建设兵团不要的人都到高中去学习了，我就这样懵懵懂懂地进了高中。

在高中期间，我对代数和方程式产生了强烈兴趣，这也为我今后的学习打下了良好的基础。高中毕业下放农村的时候，我还坚持自学。我父亲以前是景德镇陶瓷学院的领导，他对学习非常重视。我下放的地方有很多陶瓷学院的老师，跟我们家很熟，我有疑问的时候就去问他们。所以在这样的历史机遇下，我培养了较好的自学能力。我在农村下放期间还自学了当时清华大学编写的微积分的教材，虽然那本微积分的教材是为工农兵学员编写的，比较粗浅，但这对我培养自学能力有很大的意义。

一心一意再深造

在上海交大读书的时候，我的自学能力就已经非常强了，考试成绩也是全班较优秀的。但在当时的政治环境下，只要是成绩好的学生就会被冠以"走白专道路"的标签，断言你只会理论、不会结合实际，因此学习环境还是不够好。

很有意思的是，在我本科第二年结束、快到第三年的时候，国家宣布面向全国考试招收研究生。那个时候，我还有一年时间就要毕业了，听到这个消息后我很高兴，就去问老师，交大研究生考试要考哪些科目。老师列出一大堆书，大部分书我完全没有学过，甚至没看过。当时我就自己定了个计划，把所有书的章节列出来，全部细化到每个月完成什么科目，每一周完成多少章节，每一天完成多少阅读和练习。从考试那天往回排，拼命看书。那个时候，我基本上是没日没夜地读书，周末也不休息，全部精力投入考试的准备中。当然，那时候条件也比较好，有交大的老师帮助，有问题的时候随时可以去问他们。那个时候，研究生考试有较大的难度，我们整届毕业生里敢报名的人非常少，大家都觉得肯定考不上，会被人笑话，整个学校也没有几个人报名，觉得考研究生就像登天一样难。

　　在考试前，我还出了一个状况。当时我们住的徐汇校区学生宿舍，在校园外面。在研究生考试当天，我早上起床，在宿舍外面背公式，突然楼上学生朝窗外倒了一盆水下来，正好浇到我头上。当时我心里猛然一惊，嘀咕着这会不会意味着上天给我的"当头一盆冷水"啊，但擦干水后还是去考试了。

　　第一场考的是数学，比较难，一共五道题目，第一题最难，后面几道题稍微简单一些。当时我和另外一位同学一起去考试，我一看第一题，觉得有点难就放过去了；先做后面的，做完以后再回头做，结果考了70多分，当时算很高的。但我那个同学就糟糕了，他盯在第一题上，一定要把它做出来，做到后面就没时间了，结果他考砸了。我在第一场考试后，心里感觉很有把握，后面的科目也很顺利，放假回家的时候就觉得能被录取了。成绩出来之后，我考得不错，总分挺高。考上研究生后觉得还是非常不容易的，当时突击学了很多的课程。我的研究生同学全是年纪比较大的，我可能算是里面最年轻的研究生之一，而且我那一届本科生里全校也就考上几个，这段经历是我人生的一个里程碑。

一支粉笔进课堂

　　交大的求学经历，给我留下了很深的印象：

　　第一，无论是在读大学本科还是在读研究生的时候，老师和学生的关系都非常不错。老师对学生来说，有点师徒关系，也有点父母和孩子的关系。那个时候，我们对老师很尊敬，老师对我们也很爱护，我们的班主任基本上把我们当作自己的孩子看待。我觉得那样的感情非常珍贵，毕竟那个时候年纪比较小，什么都不懂，而且住校，需要有人关怀。那段时光我是比较留恋的。

第二，交大的基础教育非常扎实。我们是恢复高考后的第一届研究生，学校非常重视，在我读研究生的时期，学校举全校之力，让最好的老师来教我们，这对我们后面的发展有非常大的帮助。我出国以后，觉得交大给我的最好的礼物就是我的基础知识，特别是数学，比较扎实。当时教我们研究生的数学老师胡毓达，就是一支粉笔进课堂，从头讲到尾，没有一片纸，没有教科书，什么都没有。我们在新上院上课，六块黑板，推导的公式写得满满的。当时的我们，作为年轻一代的学生，觉得自己是第一届研究生，自我感觉比较好。但即便在这样的情况下，我们对数学老师还是佩服得五体投地，如果是我们自己，只用一支粉笔肯定做不到把它全背下来、全部讲出来，因为数学推导一旦推错了，就进行不下去了。母校给我们这样高水平的老师，老师讲得这么详细，对我们而言是终身受益的。实际上，我们搞工程的，拼到最后就是拼数学，特别是EE这个学科数学的应用是非常多的，能否走到世界的前端，就是看数学。如果你数学基础不好的话，根本就免谈。所以我觉得在上海交大，我得益最多的就是基础教育，特别是数学。当时我在校的时候，数学系是非常有名气的，也是学校非常重视的一个系。数学系所教授的课程，给我们出国打下了非常好的基础。

第三，交大在学生的培养上花了很大的工夫。老师们一直把培养重点放在我们学生身上。就如，我出国学习，也是交大和我们导师推荐的，觉得我是可以培养的苗子。无论是在打基础方面，还是在重点培养方面，交大对学生都倾注了全部心血，所以才有了我们后来比较好的发展。

靠着数学打天下

出国以后，我遇到的最大困难就是语言关。我当时英语非常差，中学前基本上就没学过英语，本科时学了些英语，但英语老师原来是教俄语的，给我们教英语时就是讲语法；到了研究生的时候才真正开始学英语。所以在大学的时候，很大程度是靠自学的。其中最大的困难就是背单词，需要积累一定的单词量。我基本上在从宿舍走到饭堂的路上都在背单词，人家看到了都觉得我有点神经病，或者说与众不同。别人在路上都是说说笑笑地聊天，我一个人在那边念念叨叨地背单词。有个同学跟我非常要好，也是工农兵学员，他劝我说："毕奇，你不用这么用功。毕业以后去工厂里，外语是没有用的。"但当时我没有停下来，因为我非常喜欢学习，而且受我父亲影响，在经历了下放后，觉得很多东西来之不易，所以要坚持。

后来到了研究生的时候分 ABC 班，A 班是最好的，可以用英语上课。我英语基础很差，口语就更不用说了，结果我被分到 C 班，是最差的班。那时候，交大的一个教室有录音机，可以到那里去听英语，但大部分还是听不懂。我在研究生的时候，需要把大学本科的课加强，再学研究生的课，时间很紧张，实际上，我在英语上面能够花的时间不多，所以我出国的时候，最大的问题就是英语。

我在宾州州立大学留学期间遇到的另一个较大的困难，就是一年之内需要通过学校的资格考试，如果想持续获得奖学金的话，必须要有优秀的成绩。刚开始的时候，课上教学我一句都听不懂，不知道教授在讲什么，上课有点像听和尚念经！这是个很大问题，并且考试还要拿 A，否则我就拿不到奖学金。那个时候真有点像背水一战，如果我没能通过资格考试，会辜负学校和老师的期望，压力是不可想象的。好在当时我最大的优势就是数学功底非常扎实。

我记得第一年选课，我选了概率和随机过程，这门课有点偏应用数学，而且还结合了很多工程的例子，比较难，老师讲授的课我一点也听不懂，只能靠我自己看书。有一次考试结束，第二天上课，老师把考卷全发回给学生，说这次考试大家考得不好，平均成绩在四五十分以下，把卷子发回给你们，你们把它当家庭作业再做一遍，然后我来加分，补救一下。然后就开始发卷子，发到我这里时并没有我的，我就问："老师，我的卷子没发。"他笑笑说："你的卷子我不准备发给你了。"我说："为什么呀？"他说："你已经拿到 99

分了，还有那 1 分，我不可能再给你了。"当然，那门课我拿 A 了，这个老师后来居然把我挖过去，成了我的导师。所以从这里可以看出来，交大数学底子厚，对我的帮助非常大，我们很多工科学生就是靠数学打天下的。

科研是为自己干

博士毕业以后，实际上我还是遇到了一些困难。因为我当时不太了解美国，我到宾州州立大学一年以后，有个同学就转学到更好的学校去了。我当时也应该转学，那个时候转学是比较容易的，而且我第一年拿到那么多 A，MIT 也是可能的。但我那个时候不太了解规则，另外受中国文化影响，到一个地方就要从一而终。这就导致我毕业以后，由于学校的排名，找工作遇到一些困难，费了不少周折才找到工作，在一般的学校里面当助教。

在犹他州立大学做助理教授的时候，我学到了不少东西，因为美国的学校给你非常大的自由，一年可能就上几节课，其他时间没有人来管你，全是你自己掌握。所以我教学虽然只教了一年半，但对我来说，影响非常大，一个是持续自觉学习，第二个就是"科研是为自己干的"观念的形成。后来我太太毕业，面临着我们两个人需要到同一个地方工作的问题，当时她找了两个工作，一个是 IBM，另一个是贝尔实验室。IBM 是做计算机的，与我专业不对口；贝尔实验室当时很有意思，它既做通讯，又做计算机，当时贝尔实验室想进军计算机，把 IBM 打败，结果我和太太就都在贝尔实验室找到了工作。

到贝尔实验室以后，我发现部门的许多同事有一个非常有意思的观点——给公司干活的时间就是八小时，八小时以后，时间就是自己的了。但我通过那一年半在学校里形成的观念"工作研究是自己的事"，所以就公私不分了，对于公司的时间和自己的时间没有清晰的界限。这个对我以后在贝尔实验室的成长有非常大的影响。也就是说，不能计较八小时之内和八小时之外的时间，因为做研究和科研的人实际上是没有这样的界限的，如果有这样的界限,你就很难做好。许多同事有八小时的概念,主要是怕吃亏。因为八小时以后再干,公司是不会给钱的,相当于白干!其实成功就要有愿意吃亏的精神,因为从短期来讲,我们肯定是吃亏的,但从长期来讲,社会还是会给我们回馈的,所以建立这样一个观念,对我后来的发展非常有帮助。

研究生时,我主要学习的是信号处理、网络、自动控制,到了贝尔实验室以后就改成通讯。通讯当时是我的薄弱环节。不过好在有上海交大学习时打下的强大数学基础,不管做什么专业,实际上数学是第一的,这个对我有很大帮助。同时,当年本科考研究生的那个拼搏方法,对我的帮助也很大。

在我转到贝尔实验室以后,经历了一个非常困难的阶段。从博士毕业以后到犹他州立大学教书,从一个学生变成了一个教授,所有的人都对我非常尊敬。但是到了贝尔实验室,我就发现我从天上掉到了地下。有几个方面:第一,贝尔实验室是直呼个人姓名的,没有博士这样的冠名。博士和教授的光环就更没有了,也不像在学校里那样受尊重。第二,贝尔实验室人才济济,我只是个新来的、什么都不懂的人,那会儿没有人愿意听我的意见。我的地位从一个被尊重的教授,一下跌到一个什么都不是、刚刚来打工的新人。我记得第一年在贝尔实验室是非常难过和苦恼的,没有人对我说出的任何东西感兴趣。而且我又换了一个环境和专业,确实是不太懂。后来在这样的逆境下,我拿出了考研究生的拼搏方法,把通讯的权威书籍全都列出来,十几本书的书单看完了,才知道通讯是怎么回事。搞了大概三四年,下班回去就是看书。几年以后,我就从什么都不懂的人,变成大家都觉得我还行、是懂行的人了。

我毕业后还是遇到了一个好的时机,当时无线通信正好发展到第二代,在搞 CDMA 新技术,即使在贝尔实验室也很少有人懂。我在犹他州立大学教书的时候,教过其中一部分的内容。虽然我以前也没学过,当时是边学边教的。我就跟我的领导说我懂这方面的知识,他就把我派上了,于是我就抓住了这个机遇。

所以作为交大的毕业生,我的总结是:人生在世,无论是谁,都会有机遇,但这个机遇是随机的;当机遇来的时候,你一定要能准备好,准备好了,才能抓住这个机遇,就有成功的希望。在贝尔实验室工作的经验告诉我,我们平时要坚持不断地学习。学校只是一个学会学习方法的场所,而不断学习才能满足我们终身能力的需要。

我记得有人说比尔·盖茨就是一个没有毕业的人,这个没有毕业的人也能做大事。后来比尔·盖茨更正说,这个不正确。为什么?因为比尔·盖茨自己知道,他后来边工作边学习,学了很多才把事情干成功。也就是说,在学校学习只是一个开头,只是培养了我们的自学能力,这在以后的工作中会派上用场。

邵开文

邵开文，1957 年生，湖北人，1977 年考入上海交通大学电工及计算机科学系，1982 年 1 月本科毕业。历任第 701 研究所三室副主任、上海分部主任、副所长、所长，中国船舶重工集团公司军工部主任，第七研究院院长兼党组副书记，中船重工军品工程技术中心主任，中国船舶重工集团公司副总经理、党组成员，中国船舶重工集团公司党组副书记、副总经理等职。

回首在交大的求学岁月，邵开文认为，交大的课程设置丰富全面，老师的讲授既通俗易懂，又严谨缜密，这让他打下了扎实的专业基础。虽然已经不能一一记清当年老师们的名字，但他们讲课的身影他还能清楚地记得。他说，在交大听课学习是一种享受。

母校栽培，受益终身

口述：邵开文

采访：严　正、车　路、李　欣

时间：2018 年 5 月 7 日

地点：北京中国船舶重工集团办公室

记录：车　路、李　欣

整理：李　欣

求学交大，听课是一种享受

光阴似箭，距离我从交大毕业，已经过去了三十多个年头。回忆我从毕业后参加工作，直至今日所取得的点滴成绩，都与我在交大求学期间所获得知识、培养的能力和打下的基础是分不开的。可以说，不管过去多少年，交大的学习生活对我工作，乃至这一生的影响，都是非常巨大的。

1977 年，我有幸考进上海交通大学。我在交大学习的是电机专业。所学到的知识深深地刻在了我的脑海里，可以说我取得了十分不错的学习成绩。在交大求学，我的感受是：学校开设的基础和经典课程，底蕴深厚，培养全面，能够让我们掌握扎实的专业技能。比如说自动控制原理，我们这个专业学得并不是特别深，但学校为我们提供了各种便利条件，让大家能够选修或者旁听自己有兴趣的课程，所以我选择旁听其他专业开设的这门课程，并选修了很多与学科相近的课程。通过旁听和自学，我努力学习了现代控制理论和经典控制理论等内容。通过课程考试检验，证明学习效果相当不错。交大严谨、朴实的学术氛围使我受益匪浅，年轻时从交大汲取的宝贵知识财富，也为今后的工作和发展打下了良好的基础。

在交大求学时，电机教研室主任李仁定老师教的是电机学，但是在答疑辅导的时候，高等数学、普通物理、电磁场等学科的问题都可以问他，虽然年岁已高，但他对每个学科的知识理论都掌握得炉火纯青，他给我们学生的学习树立了优秀榜样。

交大非常注重基础理论的教学，不论高等数学、普通物理，还是大量的专业基础课程，丰富而且扎实，专业基础面宽。我清楚地记得，当时学习工程数学、概率论和线性代数等基础课程，本以为在日后的工作中能够发挥作用的不多，但实际上，后来我在中船重工的工作中不仅用上了这些知识，而且应用得很好，很多理论和体系甚至得以继续加深和巩固，也能很好地跟上现代技术的发展。一个最明显的例子是计算机技术。我们入学时，学校为我们开设计算机原理课程，数字电路、模拟电路等课程都学，后来我们自己选修了单片机等课程。我毕业以后搞计算机硬件、软件、实时控制等，整个大系统全部由自己做，一点都不感觉到基础知识的欠缺，而且有足够的学习能力去学习新的东西。不管是 CPU 还是 I/O、CRT 控制器，或是存储系统等等，全部都自己做，连计算机硬件系统的印刷电路板都自己做，再到整个大系统的时序图、软件、硬件、操作系统、实时控制系统全部由汇编语言完成。

当然，专业课程对我的培养和帮助更大。我的工作内容是与电机专业不直接相关的，但在学校所学习的电磁场、电机、电路基本理论、电力系统的暂态过程、保护与设计等知识和理论对我日后的工作都提供了很大的帮助。能够做到以上这些，完全得益于我在交大打下的好基础。现在看来，我在交大学到的知识没有一样是多余的，都非常有用。我很感激学校的老师，他们给学生带来的不仅是知识，更有对学生的关爱和树立敬业精神的榜样等等。

交大的老师授课是非常好的,这么多年过去,虽然已经不能一一记起每一位老师的名字,但我仍依稀记得当时他们授课时的身影和动作。比如我们当时听高等数学等课程就是一种享受。搞工程的人,高等数学、工程数学如果学不好,工作上会压力很大,也正是因为学校老师们的优质授课、学生们的认真学习,给我们的职业生涯打下了坚实的基础。

现在有的学校开设了不少新的学科、新的专业或者新的课程,传统的经典课程相对会减少,学生大多学习的都是一些新的课程知识,这是很好的。但是基础一定要扎实,新的概念很快就会被更新的所取代,如果只学到现在的新概念,而没有学习到扎实的传统经典基础学科的精髓,将来学习深度和学习能力将会受到很大限制。若干年后,甚至感觉像没有学过什么东西一样,因此,我认为一定要把传统经典的基础课目学得扎实,在这个基础上再学习新的理论和技术。

献身科研,专业素养彰显不凡

毕业之后,我来到 701 研究所参加工作。说实话,我的工作和在交大学习的专业不是完全对口,我的工作内容不完全是和电机相关的科研设计。但我从参加工作,到踏上科研设计道路,我在交大所获得的学习方法、锻炼的科研能力都起到了极大的作用。正是交大带给我的专业素养,让我在科研设计和工作上广受裨益。

在我工作初期,有一次遇到一项任务是做一个移动电站的系统保护方案。因为是一个全新的系统,难度较大,专家们为此开会研讨,讨论搭建系统中可能会遇到的困难和应对策略。研讨快要结束时,一位老前辈问我,听了一天有什么看法?我说:"我们工作阅历浅,经验少,可以说吗?"老前辈鼓励我说:"当然可以,年轻人就该大胆说。"我就将系统保护构想方案有理有据地讲了一遍,而且这个方案既有很好的技术先进性,完全满足系统运行要求,又有很好的现实可行性,在我们现有条件下,能够实施和实现。然后根据大家的质询,我又对技术细节一一做出详细解释。这让在场的专家们感到十分惊讶,一个刚工作不久的新人竟然有如此缜密、系统而又成熟的思考。这正体现了我在交大所学的扎实的基础知识在工作中发挥了重要的作用。

中船重工的很多项目是国家重大工程,我有时就要担任重大工程或重大试验任务的工业部门主要负责人角色。从落实一点一滴的日常工作,到参与重大的技术决策,这都获益于交大学习的良好基础,也与交大求学时养成的踏实肯干、严谨细致的作风是分不开的。除了我本人,在我的工作领域内,不管是军队中的指挥官,还是工业部门的总指挥、总设计师,有很多交大人的身影,而且很多都是知名学者、专家,同样践行着交大所崇尚的勤勉务实、甘于奉献的精神。记得有一次,母校林忠钦校长来我们集团公司访问,他也很惊讶地发现这个领域竟然有这么多交大校友。这也说明,在国家需要人才的地方、重要建设工程的第一线,交大人从未缺席。尤其是在国防军工这个领域,很多交大人埋头苦干、默默奉献,为国防建设事业贡献了毕生精力,也做出了杰出的成就。作为军工人,习惯于“只干不说,多干少说”,这既是一种敬业精神,也是一种专业素养。这种敬业精神和专业素养的形成,也源于交大的教育和培养。虽说任何人在这样一个好的舞台、好的环境、好的条件下都可能会有所成就,但作为交大人,我们还是感到非常骄傲和自豪。

专业素养对我在工作中的助力还有很多体现。中船重工的很多项目涉及国家级的重点工程,事关全局发展。没有扎实的专业技能、果敢决断的魄力与胆识以及牢记在心的使命与责任感,是难以胜任的。我至今依然记得交大的校训“饮水思源,爱国荣校”。在这些年的工作中,很多次遇到重大的技术问题,每一次重大技术问题的发现,每一次临场决策,我大都在现场。每一次的决策直接关系到工程的进展、试验的成败、参试人员的安危,有时甚至是国家重大工程的成败。这不仅仅是不怕苦累、不畏艰难,更重要的是敢于直面风险、迎接挑战,敢于承担责任;这也不是无知无畏,而是要有过硬的技术功底,丰富的技术工作经验和成竹在胸的深思熟虑。在这些重大临场决策中,我从来没有逃避过,也从来没有怯场过,更没有因决策失误或因出现重大技术问题而给国家造成重大损失。这就是技术功底,而这个技术功底得益于在学校学习的扎实基础、良好的科研方法、多年的积累和思想方法的培养、训练。也正是这些年来出色的工作,我为国家完成了十多项重大工程项目建设任务,也多次立功受奖,国家也给予了我很多很高的荣誉:曾立一等功一次,曾获国防科技工业突出贡献专家称号、全国五一劳动奖章,并获国家科技进步一等奖五项、国家科技进步二等奖一项,还有其他各类各级奖项十余项等。

冯大淦

冯大淦，1948 年生，江苏武进人。1977 年考入上海交通大学电工及计算机科学系，1979 年考取硕士研究生，1982 年获得上海交大电工及计算机科学系自动控制专业工学硕士学位。1985 年与 1988 年在美国加州大学洛杉矶分校（UCLA）分别获得生物控制论硕士学位和计算机科学博士学位，并荣获美国优秀医学工程奖。现任澳大利亚悉尼大学生物医学和多媒体信息技术实验室主任，是信息技术学院（现更名为计算机学院）创院院长、生物医学工程和技术研究院（现组建为生物医学工程学院）创院院长。澳大利亚技术科学与工程院院士，ACS，IEEE，IET Fellow。主持了 50 多个重点项目，发表学术论文 900 多篇，开创了若干个新的研究分支，做出了诸多里程碑的贡献。曾任国际自动控制协会（IFAC）生物医学系统技术委员会主席及多家国际核心期刊的专业主编/副主编，担任多个机构及欧盟六国研究联合项目的科学顾问和世界多个国家的科学研究基金的专家评委。主持或参与组织了 100 多个国际学术会议，并应邀在 23 个国家/地区发表学术专论演讲 100 余次。

冯大淦是改革开放后第一批进入交大的学子之一，在机床厂做工人期间学完了大学五年的课程，当恢复高考的春风吹起，他一举考中交大，并在一年半后又考取了交大的研究生，师从学部委员（院士）张钟俊教授。入读 UCLA 之后，他进入医学院学习，并在博士毕业之际捧回了美国优秀医学工程奖……回忆这一路走来的经历，冯大淦寄语青年学子：不仅要读书，更要树立远大的理想，培养社会责任感，提高沟通与交流能力，具备创新思维，对社会、对他人常怀感恩之心。

口述：冯大淦

采访：周延超、皇甫桦彦

时间：2018 年 6 月 15 日

地点：上海交通大学徐汇校区

记录：周延超、皇甫桦彦

整理：周延超

自主学习，从未间断

我是 77 级的大学生，79 级的研究生。我只读了一年半大学，之后就考上了交大的研究生。之前正逢"文化大革命"，大学停止招生。后来邓小平主持改革开放，恢复了高考。这是改革开放的一个最强音，使得成千上万的知识青年有机会来大学里学习本领，报效祖国。我参加了 1977 年的高考。一方面，我在工作期间就一直认为我们国家将来需要有知识、有本领的人，另一方面，我也受到了家庭的影响，一直没有放弃学习，所以我在"文革"期间就从未间断过学习，自学完了大学五年的课程，同时自学了法语、日语等外语。与此同时，我努力吸收新的经验知识，并把它们用到工作中去。

由于参加高考前我就自学了大学本科的课程，所以本科的那一年半就主要学习自动化的一些理论。高考恢复后，研究生的招生考试也恢复了。

1979 年，我很荣幸地考上张钟俊老师的研究生。他是学部委员，也是我们系很著名的教授。当年张钟俊老师只收了 5 名研究生，其他 4 位是已经读过大学的优秀毕业生。

选择专业的过程与我当工人的经历有关。在考上交大以前，我在机床厂当工人，所以我最初自学的就是机械动力的全部课程，从高等数学，到普通物理，专业课部分主要就是学机械的。当时中国的汽车制造能力很差，主要是靠早期苏联援助的长春第一汽车厂，年产 3 万辆汽车。后来我国开始建设自己的第二汽车厂，准备年产量 20 万辆。这占了当时全国相当大比例的生产量，需要大量的自动化生产线。如此一来，仅仅了解机械方面的知识就不够了。于是我就开始接触和学习液压传动、电机控制方面的知识，最后还研究数控机床。这些知识都是在我工作期间自学的。就这样一步步地进入了这些领域。数控机床方面，到了大学以后，我受到了正规的训练，学习到了自动控制理论等基础知识。当然，这也得益于交大名师们非常热心的指点，使得我能够很快地掌握这方面的知识。

前沿教材，一流的教学课程

在改革开放初期，当然可以继续沿用原来的课程安排进行教学，但是交大为了更好地培养学生，当时还来不及自己编写好的教材，所以引进了不少当时国外很新的教材，包括我们研究生用的美国加州大学伯克利分校运用拓扑理论来做性能分析的《电路设计》，纽约大学石溪分校的《线性控制理论》。后来还有《最优控制》《非线性控制理论》和澳大利亚纽卡斯尔大学的《参数估计》等教材。也就是说，交大把当时最一流的教材引了进来。这让我很感动，我觉得交大的老师不是为了应付教学，而是实实在在地花了心血。同时，他们确实是一批非常优秀的教师，为学生们搭建了一个很好的平台，提供了最一流的教学课程。

交大的老师们在教学上都花费了非常大的功夫。很多老师在教学的时候都是不看稿子的。比如说在《最佳估计》的课上，关于卡尔曼滤波的推导，我记得袁天鑫老师手写四块黑板的公式推导时，居然从头到尾没有看一眼稿子，所以说他们真的是用了心。

另外我记得那些教"自动控制"和"电路理论"的老师们，也是上课不用稿子，但讲得非常生动的，花了非常多心思。所以，除了传授知识以外，老师们奉献的精神、专业的精神也让我很感动。所以，在学校里学到的远远不只是课本上的知识；老师们这种对专业的热诚，对事业的投入，都是值得我们学习的。

感恩良师，打下理论基础

交大的学习经历给我打下了非常扎实的理论基础。当时的实践内容对于我来说并不太难，这和现在学生缺乏实践不同。我原来在工厂里工作了近十年，锻炼了很好的动手能力。当时的仪器诸如数控机床都是自己设计，每个线路的接线都是自己完成的；无级调速相关的系统也都是我自己做的。在工厂工作时，我年纪轻，学得很快，数控机床的逻辑电路在装配的时候很快就学会了，并且如果哪个地方出了毛病，哪根线断了或者没有接好，我几乎都能猜出来。我在一线搞过的高难度技术项目有数百项，其中重大的革新项目有 15 项，有的能把效率提高到 50 倍以上。所以实践方面对我来说，问题不是太大，动手实践这一块不用特别地去安排。但是后来涉及大型拖动系统的时候，研究所里留学苏联的老工程师给我们讲拖动理论，我一下子就懵住了，那全部都是拉普拉斯变换之类的运算。当时对我来说，最主要的困难就是理论水平上的提高。

研究生阶段，关于理论方面的学习，我受益于我的导师——张钟俊老师的指导。他曾经深有体会地对我们说，现在技术可能会有很大的变化，但是有一些基础的东西，比如数学，是不太会变的，所以一定要把数学的功底打实，数学学好了，其他的一些新的理论就自然学得很快了。如果只是研究非常具体的东西，那么很快就会被淘汰的，因为以后的世界是千变万化的，你会做什么东西，说实在是不知道的，也是有很多变数的，但是基础打好对于将来一定是有用的。

张钟俊老师23岁时就是MIT毕业的博士生。他当时是搞电机、发电设备的，但后来居然成为国内的现代控制理论的奠基人。他对一整套理论，从线性系统、非线性系统，到卡尔曼滤波、估计理论等，都掌握得非常好，而且比较全面地介绍给了我们。他说之所以能够做到这样，是因为数学功底扎实。当时，因为航天技术与科技革命的发展，很多新兴的学科都发展了起来，而且由于实时控制的需求，很多矩阵计算、卡尔曼迭代算法、最优控制等理论都应运而生。但是张钟俊老师说，基本的数学理论都还是原来的模样。在他的指导下，我们知道了哪些是重点，并且能生动地了解到应用学科的背景。所以研究生时期，我们学的不是那些死记硬背的东西，而是知道为什么要这样做，以及这些理论产生的来龙去脉。这对我们的学习来说，都是大有裨益的，也让我们获益匪浅。

学生经历，对于成长很重要

来交大上学的人都来自五湖四海，他们是有着不同经历、不同年龄段的一批人。在读本科的时候，身边有很多同学是从基层的地方来的，有些当过工人，有些当过农民。他们身上有很多值得我学习的地方，有很多不平凡的人生经历。当我考上研究生以后，身边的这批人都是读过大学的，有的是清华毕业的，有的是复旦毕业的。他们也有很多经历值得我学习。在这期间，我在与同学的沟通中也学到了很多东西。

我们现在很强调大学的学生经历。学生经历对于一个人的成长很重要。曾经有人问过我，现在都有了人工智能，还有快捷方便的网上学习，很多知识都可以在网上找到，大学是不是可以不上了？我认为这个想法是比较片面的，大学的校园生活其实有另外一个功能。虽然大学也在不断地变化,教课不用手写公式了,而是使用 PPT,只需要做一些指导性的教学工作。老师们的教学策略也发生了变化,网上可以查到的,他就没必要再在课堂上讲了,在课上讲的主要是一些概括性的东西。这是一种启发式的教育,用来提升学生思维力、想象力和创造力。

同时,大学期间人与人的交流,包括学生和老师之间、学生和学生之间的沟通也很重要。如果没有大学,这段经历是不可能有的。当学生和老师在一起的时候,老师的很多经历,包括成功的经历和失败的经历,对学生来说都是活生生的教材。另外,来自五湖四海的同学使你各个方面的认识一下子就扩大了。这和网上的经历是不一样的。而且脱离了大学这个平台,仅仅是在家里的话,你是不能获得宝贵的社会实践机会的。另外,大学也为我们提供了一个建立友谊的平台。我毕业后和以前的同学保持着联系,他们各自在新的不同工作岗位上的经历,也为我提供了非常丰富的人生经验。

另外,还有一种疑问,现在有很多科研规模很大的公司,一下子就几百号人,这是不是就能够取代大学的研究?这个也是比较片面的,因为大学随着时代的变化产生了新的功能,就像刚才我提到的 student experience 越来越重要了。我们教学只能是启发式、引领式的。学生在这期间互相辩论、互相启发、互相讨论,这与你一个人学是不一样的。还有就是科研是搞比较前沿的东西,而不是已经做出来的、成熟的东西。这方面的研究对于学生而言,尽管研究结果不一定理想,但是对学生能力的提高、将来能否独当一面绝对是非常重要的。同时,现代的大学专业涵盖面非常广,从文理到医工,这为交叉学科的发展,也起到了公司不能取代的作用。

提高效率,带着问题上课

学校是培养人才的地方。人才不仅仅是考分的问题,还有素质的问题。大部分的学生活动对同学们还是有比较积极的影响,关键就在于怎么平衡分配好时间。如果学生的时间全部用来搞课外活动而不学习,那是不行的。

本科阶段的本职工作就是保证学习好。在学习好的情况下,然后再参加各种活动。每个人都是平等的,一天 24 小时,整个工作时间是有限的。你怎么用好这个有限时间,把它发挥到最大的程度,那就看你个人把握了,所以就要提高效率。我学习采取的基本方法是:课前稍微把课本看一点,然后上课的时候听,下课的时候稍微复习一段时间,基本上不花费其他的时间。当时老师讲课的确很好,再加上自己课前预习和课后复习,这样把花费的时间缩到最短。另外每周再把所有东西梳理一下。这样其实在学习上我花的时间不多,但是效率很高。

有很多人很用功,课外花了很多时间、到外面补习之类的,但是上课这段很宝贵的时间没有用好。很多人可能上课就是打瞌睡,最宝贵的时间就浪费掉了。所以我觉得,上课这段最好的时间一定要抓住,然后额外再加一点点辅助的时间,这门课就拿下来了。我当时采取的一个原则就是提高效率,而不是增加花费的时间。

我上课的时候也和学生说,如果你真正利用好上课的这段时间,你课外不需要花很多的时间。这门课要上的东西你自己先预习一下,然后带着问题来上课,再看看上课的时候是不是解决了你的这些问题。如果没有解决,你上课的时候可以提问题。我在上课的时候非常强调互动。你有问题你就问,老师会启发式地教学生,而学生也会带着问题来上课。上完课后,这个问题解决了。课结束了以后,就小结一下,这堂课学了什么。我往往在上完一门课之后,可以用短短的五句话来概括这门课上的内容。如果你概括不出来,觉得这门课很复杂,那说明你没有真正懂。但是如果你能用 5 句、10 句话,三两分钟把这门课涉及的东西概括出来,那么你也就容易记住了,也就学到位了。

留美深造,投身生物控制论

当时控制论主要发展有三个方面。一个是工业控制论,就是火箭导弹这些东西。这在当时已经相对比较成熟了。另外两个新兴的科学正在发展，一个是社会和经济的控制论，一个是生物控制论。生物控制论才刚刚起步，因为人是一个非常复杂的系统，甚至可以说是最复杂的系统，所以生物控制论很具有挑战性。当年我学习时就怀着这样一个目标，一定要攀登科学的高峰。我非常幸运地获得了世界银行资助的奖学金。于是我就决定到美国去学习生物控制论。当时获得世界银行资助奖学金的一共有30多人，都是范绪箕校长亲自选过的。对每个出去的人，范校长都是谈过话的。他当时跟我说，你要好好利用这个机会学习新的东西，也许他知道我那时候有这方面的追求，而且当时我搞的硕士论文就是生物控制方面——人体控制、心血管方面的调节问题，他就说要争取在这个交叉学科里攀登世界的科学高峰。

在范校长的影响下，我在好几所录取我的大学里选择了 UCLA（加州大学洛杉矶分校）。UCLA 当时既有医学院，又有工学院，是一所综合性大学。而且它有一个很好的课程，就是生物控制论。有这样一个交叉学科的方向，我就选择了它，并选修了医学院很多课。我有一些体会：

第一，我在国内当年曾经做过控制论在生物方面的应用研究，但发现和医生的交流非常难。我讲的东西医生不懂，医生讲的东西我也不太懂，交流上有很大的障碍。如果真的要攀登科学的高峰，就需要把医学的东西补上来。于是当时我选择了比较艰苦的一条道路，就是进入医学院。在医学院里面，和工学院就完全不一样了。那里都是美国的一些精英，是经过精挑细选出来的，都非常优秀，我必须和他们竞争。举一个最简单的例子，就是当时他们用一堂课的时间把生化里面的三羧酸循环，几十个方程式作为复习，过了一遍。而我还是第一次听到葡萄糖代谢的三羧酸循环这个名词。后来我问同班同学，这个东西你们以前学过么。他们说学过，他们学了三个学期。所以对我来说，进入医学院是非常具有挑战性的。由于范校长的鼓励，加上自己攀登科学高峰的决心，我坚持下来了，学完了医学院的课程。另外利用暑假时间，我又在美国能源部的国家实验室，就是生命科学与环境实验室，去帮他们做一些工作，开发一些真正用在医学方面的计算机软件。

就这样，交大给我的理论基础，加上社会实践，再加上我当时刻苦学习，废寝忘食，花费了巨大的代价，最后我顺利地拿到了博士学位。而且在毕业的时候，我还拿到了美国优秀医学工程奖。在美留学期间，我就从生物分类开始，一直学到基因。生物医学的思维方式跟工程不一样，但我觉得如果这一关过不去的话，将来我的研究就无法深入。只有两方面的东西融会贯通了之后，我才能达到一定的高度。这段学习经历对我今后太有帮助了。

回首往事，寄语莘莘学子

我在过去的日子，有着很多的体会。其中有五点我常常和学生强调：

第一，任何人的成长都离不开母校的培养和名师的指点。在大学期间，最重要的不仅是读书，还有就是要逐步地树立一个崇高的理想和远大的目标。把个人的理想和社会的进步联系起来。因为目标决定了道路，道路决定了人生。

第二，要参加社会的各种活动，来增加强烈的社会责任感。有担当很重要，有担当才有一种力量，去推动你学习更多的东西，做更大的事情。我常常跟学生说，你们进了这个名校，如果你们不来关心国家，不关心这个民族，谁来关心呢？强烈的社会责任感是很重要的。

第三，除了学习知识以外，创新也是很重要的。社会的发展、国家的生存都是以创新来实现的。创新不仅是技术上的创新、科学上的创新，将来做管理工作，或者做任何其他工作，包括做经济工作和社会工作，都要有创新精神，才能走出新的道路来，才能推动社会有更大的进步。

第四，和人打交道的能力就更重要了。这也是大学不可被替代的原因，在大学里，你能培养和各种人打交道的能力。需要你唱主角的时候，你能够担当起这个责任来；需要你做配角的时候，你要甘于做配角，力求把事情做好。因为任何事情都离不开集体，与人上上下下沟通的能力是非常重要的，沟通好了也就能够做更大的事情了。要想发挥大家的力量,就需要与人沟通和交流的能力。

第五,要有感恩之心。自身的成功只由一个人的努力是不够的。母校的培养、名师的指点、贵人的相助,以及所有的家人、社会群体都支持你的工作,才能够使你成功。所以,你取得的成绩越大,你越是要有一颗感恩的心,越是要知道怎么来回馈和报答这个社会。这样的话,你的工作才会得到更多人的支持,你才会取得更大的成就,人生才会有更宽广的道路。

李晶生

李晶生，1977 年考入上海交通大学电工及计算机科学系，1981 年本科毕业。1982 年起在江苏省电力局电网调度所及计划处工作。曾任江苏省电力公司计划处副处长（主持工作）、副总工程师兼电力调度通信中心主任、副总经理；福建省电力公司副总经理兼总工程师；国家电网公司安监部副主任（主持工作）；天津市电力公司总经理；华东电网公司总经理、党组书记；国家电网公司总经理助理等职。曾获福建省科技进步一等奖，获天津市劳动模范、"全国五一劳动奖章"。现已退休。

在采访中，李晶生认为在交大学习期间，他不仅学到了文化知识，打下了扎实的专业基础，还从老师们的身上学到了严谨踏实的工作作风，和同学们友好相处，培养了团队精神。在毕业后的工作中，他把在交大学到的专业知识与工作实践相结合，带领团队精心研究、攻坚克难，为江苏电网的安全运行及主网的规划发展、福建电网顺利并入华东电网、天津滨海新区电力保障工作做出了成绩。他始终牢记自己是一名交大人，无论在哪个工作岗位，都保持着交大人严谨踏实的工作作风。

原则之于人生,如舵之于船

口述:李晶生
采访:严 正
时间:2018 年 5 月 18 日
地点:上海交通大学徐汇校区盛宅
记录:赵瑞轩
编者:赵瑞轩、陈麒麟

因缘巧合,"混进交大"

2018 年是我国改革开放 40 周年,也是我有幸进入交大学习 40 周年。对我来说,能够进入交大,是我这一生最幸运的事。饮水思源,喝水不忘掘井人。这里首先要感谢小平同志,他的英明决策——恢复高考,给我们进入交大创造了条件;感谢交大的老师们,在当时非常简陋的条件下,言传身教,不仅教给我们知识,还为我们树立了做人的榜样;感谢我的同学们,兄弟般的相处,相互促进,无私帮助,结下了纯洁的友谊。

进入交大,每个同学的情况不完全一样。相同点是,都经过高考,被交大正式录取;不同点是,有的同学填写志愿报了交大,有的没有填写交大志愿也进了交大,我们江苏几位同学没有填报交大志愿也进了交大,是真正"混"进交大的。

　　中学毕业后,我当了民办教师。记得上班前一天,父亲对我说,当老师必须要做到为人师表。这成了我成人后做人的基本准则。当民办教师,一边工作,一边继续学习,这为后来有机会参加高考起到了很大作用。江苏是人口大省,也比较富裕,考生众多,所以高考时进行了两次考试,第一次考试是地区出题,再全省统考。当时,在填报志愿时是不知道分数的,所以填报志愿对于很多人来说,都是一个艰难的选择。当年招生政策有一条,报考师范学院的考生中,同等条件下,民办教师优先录取。因此,我填报的 3 个志愿都是师范学院。真是想都没敢想,交大在江苏的第一志愿中竟然没招满,给我们提供了一个进入交大的机会,使我成为一名真正的交大人。

劳逸结合,青春无悔

　　进入交大后,从民办教师再到大学生,角色转变了,必须尽快适应。同学之间年龄相差十几岁,基础也不尽相同,但目标一致,就是要努力学习,学好每一门功课。学习中碰到困难是自然的。如英语课,进入大学前,没有学过。虽然从 ABC 开始学习,但年龄已经过了最佳的记忆时段。今天记了,明天忘了,不容易记牢。同学中大部分有过工作经历和社会经历,对学习中的困难也是有所准备的。好学上进,勤奋努力,不怕吃苦,顽强拼搏,这是对我们当时学习的真实写照。"三点一线"是我们每天的行动轨迹,学校规定晚上十点熄灯,但仍有不少同学挑灯夜战,几乎到了忘我的境界。努力、刻苦,给我们的回报是,全班同学都完成了四年的学业,按时毕业,拿到学位证书。在校期间,由于经济复苏,增长较快,加上电力发展缓慢,相对滞后,经常碰到停电的事。我们是学电专业的,被赋予了历史使命,就是在学成后,要为我国的电力发展加倍努力,尽快改变严重缺电的局面,确保社会经济发展有充足的电力保障,毕生为我国的电力事业贡献力量。四年的学习生活是非常辛苦、单调的,但也是我们人生中最最幸福的时光。

　　学习过程中,学校领导和老师们对我们的关心帮助,让我们终生难忘。

略举一二：刚进校时，第一食堂大厅里只有几张方桌，一张凳子都没有，学生的饭碗用自己的小口袋挂在四周的墙上，吃饭时，端着饭碗围着方桌站着吃，显得乱哄哄的。不久，邓旭初书记到三系驻点调研，住在学生宿舍里，和学生一起排队买饭，体验生活。很快，食堂的面貌就发生了很大变化。崭新的、对面坐的条台桌凳，整齐坐列在食堂大厅里，大大改善了同学们的就餐环境。1979 年，上海市集体食堂的面粉供应量超过 60％，这对于南方学生是个考验，加上学校食堂的面点师也少，每天就是馒头、面条，很多同学不适应。面对这样的情况，学校领导迅速采取措施，引进面点师，增加面食的花色品种，除了馒头、花卷、面条外，增加各种面包、肉包、菜包、豆沙包、盖浇面、馄饨、水饺等等，丰富了面食品种，成了真正的美食。食堂环境的改善、菜肴品种的增加、饭菜质量的提高等，使得交大食堂在全国高校中名列前茅，竟然上了《新闻简报》。

我们是恢复高考后的第一届本科生，没有正规教材，老师们就自己动手，编写印制。记得《机电能量转换》是林增辉教授刚翻译成中文的教材，还没有正式出版，我们用的就是油印本，专业英语教材也是油印本等等。老师们不管是讲课、指导实验，还是辅导答疑、批改作业，都非常认真，一丝不苟，不厌其烦，直到我们弄懂为止。老师们不仅教学上认真负责，关心我们的学习，同时也非常关心我们的身体和生活。有一次，临近期末考试，大家都在紧张地复习迎考，下午四点钟左右，班主任杨老师来到教室，要求同学们放下书本，到操场去锻炼。这看上去是件小事，但真正体现了老师对同学们情同父子的关爱。老师们对教学的认真负责、严谨踏实、一丝不苟，对同学们的严格要求、关怀备至、关爱有加，为我们树立了做人做事的榜样和楷模，这是我们四年中学到的交大的精髓。交大培养了我们，教会了我们学习的方法，使我们打下了很好的专业基础；认真细致，严谨踏实，养成了严、细、实的工作作风；不怕吃苦，不畏艰难，铸就了战胜一切困难的勇气。这些也是交大人应有的素质，为我们后来在工作中克服困难、解决问题增加了底气。

务实做人，认真做事

参加工作后，我经历过很多地方和岗位，也担任过不同的职务，肩负过不少重大的责任。不管在什么情况下，我始终提醒自己，我是交大人，要认真做事、踏实做人。毕业后，在江苏电力公司从事电网调度运行工作，这是学电力系统专业最对口的工作单位，但我在工作中发现，在校学习的知识远远不够用。确实，学校的学习，只是学会了学习方法，必须继续学习，才能做好自己的工作。后来到计划处工作，接触的面更宽了，不仅是电力系统的各个子专业，规划前期工作还涉及热能热动、河港水文、地质地震、环境保护、电气设备、技经分析、投资估算等等，一下子感觉自己的知识面太窄了，需要补充的知识太多太多。学中干，干中学，不怕吃苦、不畏艰难，能够战胜一切困难的勇气始终激励着我，向书本学习，同事间互相学习。规划前期工作，团队的全体成员齐心协力，顽强作战，克服了许多困难，创造了多个第一：利用世界银行贷款，建成省内第一座60万千瓦机组电厂；获得国家计委批准全国第一个500 kV输变电项目；全国第一份省政府颁发的加快电力发展文件；开工建设省内第一座核电站和第一座大型抽水蓄能电站，等等，为江苏省在华东地区率先解决缺电问题做出了积极贡献。在福建工作期间，带领团队顺利实现了福建省网与华东区域网的并网运行；提出建设福建与华东电网的第二回联络通道，加强与华东主网的联系，大大提高了福建电网运行的安全可靠性。在天津工作期间，团结班子成员，带领干部员工一起干事创业，实现了在任期间的工作目标。理顺了管理关系，解决了困扰天津电力多年的体制关系，成立了真正法人代表的子公司；加大电网的建设改造力度，满足滨海新区快速发展的电力需求；开展电力服务心连心活动，为全社会和广大客户提供优质服务，得到了全社会各方面的广泛好评。

凭借在交大学习打下的良好基础，从老师们身上学到的做人做事的优良品质和作风，我在工作中坚持"想好了去做，做就要做成，成了要达到预期的效果"的工作逻辑，做了大量工作，也做成了不少，取得了不少成绩，获得了不少荣誉。但我时刻提醒自己，永远是交大人，要保持交大人的优良作风。成绩只说明过去，荣誉是集体的，你仅仅是个代表。因此，我不被成绩束缚，不为荣誉所累，继续轻装上阵，努力前行，履行好自己的职责，完成好组织交给的任务。

记得我们毕业 30 周年庆祝活动时，我们 35071 班与 37071 班一起请当年任过课的老师们聚会座谈。有位老师很关心地对我说："晶生，今天见到你真的很高兴，你担任现在的职务，还能来参加今天的活动，太好了。"我听得出老师的言下之意，你还没有出事啊。我对老师说："我是交大人，是你们教育培养出来的学生，你们的言传身教，我们终身受用，我们是不会出事的。"确实，我们班同学不论在哪个行业，履职怎样的岗位，都能够严于律己，干干净净地做人做事。岗位变了，职务变了，但作为交大人的本质永远不会变。"为人师表"，要求别人做到的，自己必须先做到。天津电力纪委征集廉政警句时，我把多年工作实践的经历总结成"善谋事，会干事，能成事，不出事"，与全体干部员工共勉。我不会出事，除了时刻记住"我是交大人"外，还得益于我们家里的"纪委书记"也是交大人。

期待母校，更加辉煌

离开母校 30 多年了，但我们经常关注学校的发展。经过历任校领导和老师们的努力，交大已由当年的工科院校发展成综合型大学，成绩可喜可贺。现在正在全面创建双一流大学，作为交大人，期待着早日实现这一目标，使交大真正成为全球名列前茅的一流综合型大学。

回顾我的工作经历，没有轰轰烈烈地成就一番事业、为国家发展做出杰出贡献。但我在平凡的工作岗位上，尽我所能，踏踏实实走好每一步，认认真真做好每件事，为我国电力事业的发展添砖加瓦，做出应有的贡献。今天，也寄希望于现在和将来在交大学习的学子们，能够时刻提醒自己是交大人,牢记校训"饮水思源,爱国荣校",传承好交大的优良传统,努力实现"今天我以交大为荣,将来交大以我为荣"。在校时,认真学习,掌握尽可能多的知识和本领;工作后,将学到的知识和本领尽情发挥,为祖国的发展贡献力量。

袁继烈

袁继烈，1957 年生，上海人。1977 年考入上海交通大学电工及计算机科学系，1981 年本科毕业。被分配至上海宝山钢铁总厂（简称宝钢）工作。历任宝钢股份能源环保部部长、宝钢发展有限公司副总裁、中国宝武钢铁集团公司能源环保督察高级专员等职。曾获 2003 年度安徽省科技进步二等奖、2005 年度上海市科技进步二等奖、2008 年度国家科技进步二等奖等科技成果奖项，荣立宝钢建设个人一等功、二等功各一次，多次被授予"宝钢集团优秀领导人员"称号。

袁继烈小时候外婆家在闵行，他每次去看外婆，坐车总要经过徐家汇，总要经过上海交大门口，一眼望去朱户碧瓦、梧桐叶落满庭阴，让他既好奇又向往。但是他从来不敢奢望有朝一日能戴上交大的校徽、跨入交大的校门。直到有一天，他真的收到了来自上海交大的录取通知书。

人生函数，在此连续并可导

口述：袁继烈

采访：严　正、李　欣、车　路

时间：2018 年 5 月 5 日

地点：袁继烈上海家中

记录：李　欣、车　路

整理：车　路

两个"意外"，与交大结缘

什么机缘让我参加了高考并选择了交大？

一个关键词就是"意外"，也可以说是"幸运"。我的人生经历了太多的意外，也正是在诸多"意外"中找到了自己的人生坐标。中国的改革开放是从教育和科技领域拉开序幕的，标志性的事件就是恢复高考。1977 年的下半年，中央决定恢复终止了 11 年之久的高等院校招生入学考试，那时我已经是一名下乡 4 年的知青，恢复高考对我来说简直是一场及时雨。4 年的知青生活让我从一个四肢不勤、五谷不分的高中生变成了一个可以自食其力的劳动者，也学会了在艰苦环境中生存的本领。如果恢复高考的时间往前移的话，我感觉我的历练还不够；如果恢复高考的时间往后推迟的话，恐怕我高考成功、考上交大的可能性也会大大降低。所以 1977 年恢复高考的消息对我来说是一场及时雨。其实那个年代知青要改变命运，除了参加高考，几乎别无选择。那场史无前例的高考，全国共有 570 万人参加，计划招生 20 万、后经扩招，实际录取 27.29 万，录取率 4.8%，录取率之低空前绝后。而我能够成为这一历史事件的亲历者并获得成功，真要感谢命运之神的眷顾。

更大的"意外"就是考上交大。小时候外婆家住在闵行，每次去看外婆，坐车总要经过徐家汇，总要经过交大，每一次都会羡慕地凝望，从来不敢奢望有朝一日能戴上交大的校徽、"堂而皇之"地跨入交大的校门。那时候的心情可以用八个字来形容——"朱户碧瓦，庭院深深"。我每次经过交大的时候，总觉得交大似乎跟我有缘，但同时也觉得离我比较遥远，所以进入交大应该是我青年时代的一个梦想。

填报志愿时，上海交大是我的第一志愿。我们那时候是先填报志愿，再参加高考，但是我心里一点底也没有，毕竟离开学校已经四年了，又没有系统地复习过，也不知道这一次高考难易程度，更不确定自己会有怎样的发挥，所以我的第二、第三志愿毫无例外地填报了外地院校。我记得 1977 年的 12 月 11 日、12 日两天参加考试，考完之后就非常焦虑地等待考试结果，但迟迟没有收到录取通知。和我一起朝夕相伴的知青，有四五位报考艺术类院校，不久后就拿到了上海音乐学院、上海戏剧学院的录取通知，但我一直没有收到消息。

转眼到了春节，1978 年的春节是 2 月 6 日，这是我记事以来，心情非常复杂的一个春节。春节一过，我就随着大队人马奔赴农田水利建设工地。这时自己的心情已逐渐恢复平静、甚至做好了秋季再考的准备。直到有一天，忽然有人跑过来跟我说："继烈，我听到你的名字了，你被录取了。"我闻之立马跑到工地有线广播底下，等待广播播送第二遍，直到确认是自己的名字时，什么都不管不顾了，搭上一辆回公社的拖拉机就往回奔，下了拖拉机之后直奔大队部，终于拿到了寄自上海交大的录取通知书，那一刻，梦想成真！

我是恢复高考以后第一届被母校录取的学生，就是通常大家说的 77 级。

1978年春季入学,1982年春季毕业离校,入校至今已整整40年了,毕业至今也已36年。虽然时间已飞逝40春秋,但参加高考、被母校录取的情景就像发生在昨天,依然历历在目! 现在我才真正体会到什么叫"弹指一挥间"。

前些天我写过一篇散文,主要是感慨在人的一生当中,通常无法逾越自身的年龄段去悟透人生真谛,这恐怕也是人生的精彩之处,它处处都是直播。北宋政治家、文学家欧阳修在一首词中说过:"人生自是有情痴,此恨不关风与月。"所以回过头来看人生,一定是一件非常有意义的事情。

我的人生到现在已经走过了61个春秋,回顾自己的人生经历,最浓墨重彩的无疑是最近这40年,而参加高考,被母校录取是我人生的转折点,用一个比喻来形容:我的"人生函数"在这一点连续并可导,从此一步步地走向人生的高峰。

峥嵘岁月,格物亦修身

跨入交大的大门,右手边是图书馆,再往里就是红太阳广场,红太阳广场后面就是中院、新上院,再往里是工程馆,左边是交大优秀学子穆汉祥、史霄雯烈士墓,顶端是体育馆,边上是总办公厅。一进入交大,就被厚重的历史沉淀所震撼、被浓厚的学术氛围所包容,一种使命感油然而生,让人血脉偾张,浑身充满悬梁刺股、断齑画粥的能量。

当时我们的生活和学习条件,与现在相比是比较艰苦和简陋的。徐汇校区不大,男生大都住在校外,朝南的寝室是六人间,朝北的寝室是四人间,我是住在朝北的寝室。盥洗室每层有一间,夏天简单冲凉后就可以休息,冬天比较麻烦,学生澡堂一个星期开一次,人满为患,要排长队。最尴尬的是有时涂满肥皂后只有热水没有冷水,让人"干着急"。尽管如此,却很少有人抱怨,求知才是大家最强烈的愿望。那时一个月的生活费不到20块钱,我已经非常满足了,因为我有四年的知青经历,知道"盘中餐"来之不易。当时学生食堂只有一个,容纳不了就餐高峰的人数,很多时候我们都是站着吃饭的，匆匆吃完午饭、晚饭，就继续下午的课程或晚自习。教室同样非常简陋，没有空调，冬冷夏热。夏天上基础大课的时候，三四个班级在一起上课，老师冒着高温酷暑坚持在讲台上授课，非常不容易。

当时的教材也非常特殊，专业课教材几乎都是油印的，有时候甚至教一段发一册，我们称之为"热抄"，十年动乱对教育体系的破坏可见一斑。老师的授课难度、我们的预习难度都大大增加。我记得当初我们系叫电工及计算机科学系，机房是神秘之地，门口贴着"机房重地，闲人莫入"。上机需要预约，进入机房需要换鞋、防尘，管理非常严格。庞大的机房几乎占据了大半楼面，其实也仅能进行一些简单的运算。编程采用纸带穿孔，很考验耐心和眼力。当时大部分计算需要用手算，为了节约草稿纸，我们正反面写得满满的才舍得扔。计算器是奢侈品，工程计算则靠拉计算尺。这就是当时我们的学习条件和环境，然而老师的教学极为认真、学生的学习极为刻苦，我们都把它作为一种享受。

良师良缘，此情永记心间

有一件印象比较深刻的事情，入学第一年期终考试，夏天天气非常炎热，教室里放着冰块降温也无济于事，教室像个大蒸笼，开考没多久就汗流浃背，这时监考老师怕我中暑，拿着扇子站在我后面帮我降温，让我非常感动。

那时的老师对学生的爱护体现在点点滴滴，我们也同样可以感受到每一位任课老师在备课、授课、板书、答疑、实验中的认真和严谨，能学到扎实的基础知识与老师们的无私奉献、辛勤耕耘是分不开的。所以我非常幸运选择了交大，也非常幸运遇到了一批杰出的教师。

班主任杨冠城老师令我印象十分深刻，他长得瘦瘦小小，却非常严格，平时说的最多的一句话是：交大的学生必须爱国、必须有报国之心；作为电力系统专业的学生，最重要的是严谨。

我的夫人也是交大的学生，我们的缘分既来自我们两家的长辈、更缘于母校。两家长辈在抗日战争时期就结识了，经历过抗战，都是南下的，在闵行南汇这一带。新中国成立后两家始终保持着联系，我和夫人也因此相识，但是相恋这层纸是在交大捅破的。交大是一个机缘，我们有三年的重叠期，因为两家是世交，又同为交大学生，多了很多共同话题。所以交大是我俩的月老，我们对交大的感情又多了一份。我的女婿也是交大的，物理系本科，管理学院的研究生。我怀有这样的愿望，就是希望未来小外孙女也能上交大。

见证历史，铸就今日辉煌

我们那个时候，考上大学就意味着有了工作，国家包毕业分配。1982 年春季毕业时，我拿到了入职宝钢的通知书。当时第一反应是进入宝钢电厂（那时宝钢电厂 350MVA 发电机组对我们还是极具吸引力的），能被分到那边是很好的机遇。但报到后才知道宝钢电厂当时属于华东电网管辖，不属于宝钢总厂，我被分到了宝钢总厂的动力部，后来叫作能源部，再后来改为能源环保部。阴差阳错之间跟电力行业擦肩而过而与钢铁行业结缘，并且一干就是 35 年，直到退休。这于我也算是意外吧。

另一个意外是参与了宝钢建设。如果把恢复高考作为我国改革开放的序幕，那么改革开放的第一幕大戏就非建设宝钢莫属。改革开放前，我国的钢铁工业极为落后，1949 年新中国刚成立时的钢产量只有 15.8 万吨，几乎没有钢铁工业，记得我们小时候把钉子称为"洋钉"，就是说新中国连一颗钉子都要进口。到了 1978 年，钢产量也仅 3 000 万吨，人均钢产量不到 30 千克，钢铁的对外依存度之高难以想象。十一届三中全会提出以经济建设为中心，基础工业建设成为重中之重，钢铁工业振兴是当务之急。宝钢就是在这样的背景下诞生的。

1978 年 12 月 23 日，十一届三中全会闭幕的第二天，宝钢工程正式开工建设。开工建设没多久便遭到质疑——一是选址问题，在沙滩上建设的安全性;二是投资巨大,一期工程投资高达 128 亿,平均每个中国人要拿出 10 元钱;三是项目建设方式,一期工程从设计、制造到管理要全套从日本引进。幸亏以改革开放总设计师邓小平为代表的老一辈无产阶级革命家的高瞻远瞩,宝钢才没有夭折。1979 年 9 月,邓小平在一次会议上斩钉截铁地说:历史将证明建设宝钢是正确的。40 年过去了,历史已经证明邓小平的预言是正确的!

1981 年宝钢工程恢复建设。1982 年年初,我大学毕业,正是在这个时间段,我被分配到宝钢,对我来说是太好的机遇,让我有机会全过程参与宝钢的建设。

整个宝钢建设周期耗时 22 年,总投资 623 亿,正是宝钢工程的建设,一下子缩短了中国钢铁工业与世界的差距,也让我们从钢铁弱国走向钢铁大国、钢铁强国。现在我国的钢铁产能规模已经超过 12 亿吨,2017 年中国粗钢产量 8.3 亿吨,占世界粗钢产量 49%。很荣幸我能参与到在中国改革开放历史上有着重大意义的宝钢工程中,成为这一历史事件的亲历者,亲身见证了现代化钢铁联合企业从无到有、由弱变强的过程。要感谢交大给我提供了这样一个机会,感谢改革开放给我这样一个平台,让我有发光发热的机会。

厚积薄发,融入发展洪流

在交大精神的激励下,我从头做起,取得了一些成绩。从刚进厂时的技术员,到助理工程师、工程师、高级工程师,再到教授级高级工程师,并成为一名基层管理者。通过 10 多年的探索实践,我和我的团队探索形成了"钢铁企业副产煤气利用及减排综合技术"。这一技术在改革开放 30 周年、宝钢建厂 30 周年时,获得了国家科技进步二等奖,这是当时钢铁行业在能源环保领域取得的最高奖项。这一技术的形成对钢铁企业产品质量控制、资源利用效率、生产成本下降和环境改善都具有重要意义,也被工信部推荐在钢铁行业推广应用。

2008年金融危机后,宝钢提出了转型发展的理念,要求企业除了做到钢铁产品具有竞争力,在环境友好、企业社会责任等方面同样也要具备竞争力。业内人懂得,钢铁行业要实现转型发展,必须在固体废弃物的利用上有所突破。在这样的背景下,我临危受命,来到了宝钢发展有限公司(宝钢集团下的子公司),承担固废资源综合利用产业化的工作。

我和我的团队充分利用宝钢股份的品牌优势、资源优势、技术优势,抓住市场回暖的机会,大力发展钢铁企业的资源利用产业,使宝钢固废资源综合利用水平有了快速提升,经济效益也有显著增长。很长一段时间,我所带领的团队,在固废资源综合利用领域带来的效益,几乎成为公司利润的主要来源。2011年,宝钢发展公司被评为全国资源综合利用年度影响力企业,而我也被评为当年的全国资源综合利用的年度影响力人物。2012年,宝钢发展公司被国家发改委列为第一批资源综合利用百强骨干企业。我深刻体会到,习近平总书记提出的"绿水青山就是金山银山"真是高屋建瓴,有着深刻的哲理。

交大精神,引导职业生涯

在交大求学的四年是我人生观、价值观和世界观形成的重要阶段,除了帮助我打下了比较扎实的专业知识基础,让我在职业生涯当中能够很好地发挥之外,更重要的是让我具备了崇高的理想信念——交大精神,支撑着我走过数十年的职业生涯。在我的心目中交大精神可以用十个字来概括:报国、感恩、严谨、厚积、向上。作为交大的学子,必须要有报国之心,必须要懂得感恩,工作作风必须严谨、不能急功近利,要始终保持向上的心态、不断追求卓越。

向上,是我人生经历的重要体会———一个人的一生不可能一帆风顺,只有有了向上的信念,才能胜不骄、败不馁,才能在顺境中顺势而为、在逆境中逆流勇上，才能经得起金钱利益的诱惑，更能承受起困难挫折的考验。在向上的信念支撑下，我个人也形成了自己的办事风格。

首先，第一次就把事做对。这是工作要求，与我的工作性质有关。宝钢（宝山基地）一年的能源消耗占了上海市能源消耗的十分之一，而整个能源系统的生产调配排放都要在我们系统中完成，能源系统一旦出现问题，钢铁系统就会被打乱，重则会出现灾难性事故。所以不允许失误，必须第一次就要把事情做对。

第二，把复杂的事情简单化、把简单的事情做正确。这是一种工作方法，而产生这种想法也源于交大。我在上高等数学的时候，任课老师用庄子的理论"一尺之棰，日取其半，万世不竭"来解释极限理论。老师把中国古代哲学思想和数学巧妙地融合到一起，让人即刻理解了"趋近于零但不等于零"的概念，这也启发了我：每一件事情，都可以用正确的方法进行分解，将大目标分解成小目标，小目标容易实现，小目标实现了才有可能实现大目标。

第三，要做到让用户无感知。这是工作目标。如同我们回家用电、用水、用煤气时，不会担心电网、自来水厂、煤气公司是否正常一样。所以工作的最佳状态是让用户感觉不到我们的存在，这种情况下，效率是最优的（就像人的心脏，正常情况下你不会感觉到心脏的跳动）。如果能够做到这三条，那么向上的通道会始终为我们打开。

初心依旧，终以母校为荣

2012 年毕业 30 周年时，我带来了 2010 年上海世博会中国馆模型送给学院。这是有特殊的背景和意义的。这尊限量版中国馆模型的制作是按照 1∶460 比例，材料源于宝钢炼铁工艺的副产品——矿渣微粉（这一建筑材料已被广泛应用于市政工程，世博会中国馆在建造时就使用了宝钢发展公司生产的矿渣微粉），当初我有了这个创意之后，带领团队制作了这个中国馆模型,后来被世博局确定为中国馆馆藏礼品珍藏。在离校 30 周年时,向母校赠送同款模型,一是向母校汇报自己毕业后的情况,其次是想寻求宝钢与交大合作的机会,我相信交大的发展与宝钢的发展会有更多的交集。

昨天我以母校为荣,今天和将来,我将永远以母校为荣,这是我的真心感受,正是由于交大的培养,我才会有今天。我的人生经历虽然很平凡,但是母校留给我的精神财富,一直是我向上的动力,我所有的成功和荣誉都是母校带给我的。

最后,我想用今年四月份返校时填的一首词来结尾:

清平乐·入校四十年返校有感

世纪学府,

荣校爱国路。

朱户碧瓦今又入,

旧貌新颜夺目。

恢复高考结缘,

授业解惑苛严。

远走初心依旧,

饮流更念其源。

焦李成

焦李成，1959年生，陕西白水人。1978年2月考入上海交通大学电工及计算机科学系，1982年1月本科毕业。1984年、1990年分别获西安交通大学理论电工专业硕士学位和博士学位。现任西安电子科技大学教授、博士生导师，智能感知与图像理解教育部重点实验室主任，智能感知与计算国际联合研究中心主任、智能感知与计算国际合作联合实验室主任、"智能信息处理科学与技术"高等学校学科创新引智基地主任。教育部科技委学部委员、教育部人工智能科技创新专家组专家。首批中国人工智能学会会士，中国自动化学会会士，中国电子学会会士，中国计算机学会会士。因在人工神经网络和进化计算领域的突出贡献，2017年当选国际电气和电子工程师协会院士（IEEE Fellow）。曾获国家自然科学奖二等奖及省部级科技一等奖以上科技奖励10余项，5次获"全国优秀科技图书奖"及全国首届"三个一百"优秀图书奖。首批入选国家"百千万"人才工程（第一、二层次）。当选为全国模范教师、陕西省突出贡献专家和陕西省师德标兵。

焦李成的学术生涯以上海交大为起点，从这里，他开始了人工智能的学习与研究。在人工智能还是冷门的岁月里，他热血不冷，坚持研究；在人工智能成为热门的当下，他慎思明辨，忠恕任事。回望来路，他谆谆告诫青年学子：专业热的时候要做得好，专业冷的时候要坐得住。

不问冷热,只问付出

口述:焦李成

采访:严 正

时间:2018 年 5 月 9 日

方式:电话采访

记录:张 丹

编者:严 正

品格塑造,得于交大

我是在 1978 年 2 月进入上海交通大学的,交大就是我学术生涯的起点。学府庄严,交大对我的影响正像河流一样,深刻隽永。我还能记得我们的图书馆、工程馆、新上院、科学馆、体育馆,记得和同窗伏案苦读的时光。其实交大的精神和气质一直涵养着我。她教会我老老实实做人、踏踏实实做事,把国家的需求当作自己的理想,不问学没学过,只问付没付出、尽没尽力,志存高远,追求卓越。我所取得的大大小小的成绩,无不得益于交大对于我的品格塑造。

1982 年毕业后,我进入西安交通大学并在非线性和人工智能领域开展研究,硕士、博士期间都开展的是人工智能领域分支之一——神经网络的相关研究工作。1990 年博士毕业之后,我进入西安电子科技大学工作,至今在人工智能领域中从事科学研究已有30余载。

1982年，我听了美国加州大学伯克利分校非线性与神经网络三巨头之一、蔡氏混沌吸引子与细胞神经网络的创立者——L.O.Chua（蔡少棠）在成都开展的关于非线性、混沌和神经网络的讲学后很受启发，并由此进入了这个领域开展研究，这之后可以说历经了我国人工智能发展的曙光、低潮和热浪。20世纪80年代，人工智能领域的研究一度非常艰苦，因为当时的计算能力非常有限，数据的非线性处理又很难，人工智能应用因此很不受重视，进入了研究的低潮期，加上刚好又赶上了通讯和计算机领域的高速发展，于是很多人都选择进入后两个领域进行研究。后来第五代计算机的发展遇到瓶颈，人们转而向人工智能领域寻找解决方案，神经网络才再度热了起来。

因为在人工智能领域做出的一些工作成果，1990年时，我获邀在第一届神经网络大会上作特邀报告，并成为中国神经网络委员会委员，当时50岁以下的委员只有我一个。1992年，第二届国际神经网络联合大会（IJCNN）在北京举办，我在会上做了3个小时的主题报告；到了第三届，我们就把神经网络大会邀请到了西电，当届会议主席是保铮院士，组委会主席是谢维信副校长，我担任大会程序委员会主席，有近四百人参会。此后连续十余年，我也都作为中国神经网络大会的特邀报告人参会。

我与团队，一起成长

自1990年，我进入西安电子科技大学工作后，我与我的团队共同成长至今。1990年，我撰写的国内第一部神经网络专著《神经网络系统理论》出版了，写书的初心是希望为人工智能领域的人才培养尽我的绵薄之力，这本书出版之后也被国内三百余所高校选为本科生和研究生的教材或参考书，与后面的《神经网络的应用与实现》《神经网络计算》合称"神经网络三部曲"。这三本书和《非线性传递函数理论与应用》得到了学界和业界的认可，获得中国图书奖、国家教委优秀学术专著奖等五个国家奖项；之后又陆续出版了

《免疫优化计算、学习与识别》《图像多尺度几何分析理论与应用》《深度学习、优化与识别》等二十余部专著，五次获国家优秀科技图书奖励及全国首届"三个一百"优秀图书奖。1993年，我当选为第八届全国人大代表。

20世纪90年代是人工智能的春天，神经网络、深度学习等人工智能算法以及大数据、云计算和高性能计算等信息通信技术快速发展。在那个时候，我们在西电成立了国内第一个神经网络交叉研究中心，开创了多个学科交叉研究的先河。此后，又经过十多年的耕耘，我带领团队于2003年成立了智能信息处理研究所。在我们团队的努力下，西电获准设立"智能科学与技术"本科专业，成为我国最早设立人工智能领域本科专业的高校之一，该专业还于2008年被评为国家级特色专业；2006年我们的团队获批教育部"长江学者支持计划"智能信息处理创新团队及国家"111"计划创新引智基地；2007年，我们被批准成立"智能感知与图像理解"教育部重点实验室；2012年又获批国家"111"计划创新引智基地（二期）、教育部"长江学者支持计划"智能感知与图像理解创新团队，以及两个陕西省首批重点科技创新团队；同年，我们还成立了智能感知与计算国际联合研究中心，并在2013年获批科技部国家级国际联合研究中心，2013年还获批了陕西省2011协同创新中心，"视觉计算与协同认知"团队入选教育部创新团队；2014年，我们与学校相关领域团队联合申报并获批"信息感知技术"国家2011协同创新中心；2015年获批教育部智能感知与计算国际合作联合实验室、影像处理与安全传输科技部重点领域创新团队以及教育部智能感知与图像理解创新团队（滚动支持）；2017年，智能感知与图像理解教育部重点实验室顺利通过五年一次的评估；在这些成果的基础之上，西电在2017年11月成立了部属高校中的首个人工智能学院。我的成长则都融入在了团队的奋斗史、成长史中。

育人数载，桃李芬芳

三十余年的学术生涯也是三十余年的教书生涯，为人师表，学生就是我最大的安慰与骄傲。之前说过,西电的智能科学与技术专业是国家级一类特色专业,而且它所在的一级学科也是国家重点学科及国家双一流建设学科,在第四轮学科评估中名列全国第一(A+),智能科学与技术专业已经累计培养了1 600余名本科生,我们团队在人工智能领域也累计培养了2 000余名研究生。我的学生里曾有一人获全国百优博士论文奖、一人获全国百优博士论文提名奖,还有十余人获陕西省优秀博士论文奖;而从我带领的智能感知与图像理解教育部重点实验室走出的校友中,已有百余名成长为我国这一领域的领军人物。

目前活跃在人工智能领域的领军人物有国防"973"首席科学家、国务院学位委员会学科评议组成员、教育部长江学者计划特聘教授、西北工业大学教授张艳宁;西安电子科技大学副校长、教育部长江学者计划特聘教授、教育部科技委学部委员石光明;空军军医大学二级教授、少将罗二平;全国百篇优秀博士论文提名奖获得者、美国休斯敦大学研究员、美国马里兰大学研究员、华中科技大学教授谭山;前美国亚马逊首席科学家、高级研究员,京东金融AI实验室首席科学家、全国百篇优秀博士论文获得者薄列峰;原Intel高级研究员、常州迪瑞特电子科技有限公司创始人、总经理贾颖;商汤科技联合创始人、总经理、陕西省"百人计划"入选者马堃;陕西北斗金控信息服务有限公司董事长、陕西省"百人计划"入选者李卫斌;华为AI云服务负责人、FusionInsight数据洞察开发部主任钟伟才;苏州思必驰信息科技有限公司CTO周伟达;原惠普研究院高级研究员、华为硬件工程技术规划与发展部技术专家吴澎;原约翰·霍普金斯大学高级研究员、中电集团创新研究院首席科学家黄文涛;阿里巴巴技术发展战略部高级专家石洪竺;澎思科技创始人兼CEO马原;西安蒜泥科技有限公司创始人杨少毅;"第八届中国大学生年度人物"金杰和"第十届中国大学生年度人物"孙其功,等等,可以说,不仅我的学生令我骄傲,我所付出努力建设的智能学科更令我骄傲。

这些学生是我们学科建设的一个缩影。教育界有一个共识,那就是常说的要产学研结合、协同育人,我们在教学过程中贯彻此宗旨,在智能、通讯、大数据等多学科交叉的教学和科研实践中创新地确立起了"国际先进＋西电特色"的本—硕—博一体化培养体系。培养体系用产学合作、产教融合、科教协同、国际合作、本硕博衔接与协同的新工科方式，呈阶梯式、有针对性地完成让学生"会做、敢想、能创新"的培养，开发学生的创新思维、激发学生的创新潜力、提升学生的创新能力。13 年间，依托电子科学与技术、控制科学与工程、信息与通信工程、计算机科学与技术学科，我们为我国人工智能事业的发展输送了大量的专门人才。随着人工智能事业的发展，人工智能领域的人才培养越来越受到重视，我感到非常高兴和安慰，现在已经有 50 余所高校建立了智能科学技术专业，前不久，教育部公布了《高等学校人工智能创新行动计划》，我国人工智能学科建设迈入了高速发展期，我国人工智能人才的培养将实现专业化、规范化、规模化。

学术研究，从未懈怠

我的主要研究方向是智能感知与计算、图像理解与目标识别、深度学习与类脑计算。智能技术是解决国民经济建设、国家安全与社会发展中一系列重大需求问题的共性基础，我和我带领的团队在人工智能基础理论的研究上倾注了许多心血，针对智能信息处理领域基础理论相对薄弱、理论体系有待完善、应用瓶颈问题有待突破的现状，我们对基于自然计算的智能学习与优化理论及方法进行了长期、系统的深入研究，取得了突破性的进展，获得了国内外信息领域的认可与好评。

基于自然智能的学习与优化基础理论研究主要取得了四项突破性、创新性的进展，一是面向高维、非结构化数据的回归逼近对高效、鲁棒的神经网络模型的迫切需求，建立了神经网络的非线性动力学模型和连接稳定性判据，提出了多子波神经网络模型；二是面向相对"小样本"和海量大规模数据学习对鲁棒、快速学习方法的需求，构造了满足 Mercer 条件的尺度核和父子波正交投影核，把 Mercer 核推广到经验映射函数，建立了隐空间支撑向量机和隐空间主分量分析模型,提出了快速稀疏逼近最小二乘支撑向量机;三是面向大规模、多目标 NP - Hard 优化对高效、鲁棒优化方法的迫切需求,构造了免疫协同进化计算理论框架,建立了个体协同与竞争的智能体网络信息交互模型,进一步建立了协同认知免疫动力学计算框架,为解决实际工程中的大规模优化问题提供了高效的方法;第四,建立的免疫协同进化和子波神经计算理论模型对数值优化问题、欺骗问题、组合优化问题、约束满足问题等基准测试问题的求解结果,优于国内外文献报道的结果。

这一系列的成果产生了广泛的国际学术影响,得到了多位院士和 IEEE Fellow 在内的国内外学者的积极评价,获省部级科学技术奖一等奖 3 项,于 2013 年获得国家自然科学奖二等奖。近年来,我们实验室在人工智能领域共获得了三项国家自然科学二等奖,还成功研制了我国首套类脑 SAR 系统、首套基于面阵 CCD 的光谱视频成像系统、首个人脸画像识别系统等重大应用平台。类脑 SAR 系统可实现大规模 SAR 影像中桥梁、机场、车辆、飞机、舰船等目标的检测、分类与识别,具有大场景 SAR 影像地物分类、变化检测等功能,填补了国内 SAR 智能感知与解译系统及原理样机的空白,打破了欧美对我国的技术封锁与禁运。基于面阵 CCD 的光谱视频成像系统可用二维低分辨光电探测器同时获取空间、谱间、时间高分辨图像,解决了高分辨成像严重依赖高性能探测器的瓶颈问题,缓解了海量高分辨光谱数据与传输存储之间的矛盾,光谱视频获取等关键技术经鉴定处于国际领先水平。首个人脸画像识别系统可实现人脸照片与手绘素描画像之间的相互转化,进而实现不同模态人脸图像的检索比对与识别,已成功辅助警方破获了多起重大案件。

除了基于自然智能的学习与优化基础理论研究之外,我的各项研究和教学成果还获得过中国青年科技奖、霍英东青年教师一等奖、省部级一等奖等科技奖励十余项,所发表的论著累计被他人引用超过 29 000 篇次,H 指数是 70,连续四年都上榜了爱思唯尔高被引学者榜单。2017 年,因为在人工智能领域人工神经网络及进化计算方向做出的贡献,我当选为 IEEE Fellow。

一路走来,在学术方面我从不曾懈怠,是交大严谨的教风、学风一直影响着我,是在交大时所学到的扎实的专业理论和知识成就了我,同时,我的团队和西电也给予了我无限的关心与支持。

放眼世界,展望未来

近年来,人工智能的发展非常迅猛,也非常火热。我国的人工智能政策密集出台,提出要重点突破新兴领域的人工智能技术,重点发展大数据驱动的类人智能技术方法,突破以人为中心的人机物融合理论方法和关键技术,研制相关设备、工具和平台,在基于大数据分析的类人智能方向取得重要突破,实现类人视觉、类人听觉、类人语言和类人思维,支撑智能产业的发展等目标。

2017 年起,我国人工智能政策的重点从人工智能技术转向了技术和产业的融合,人脸检测、识别、图像识别、机器翻译、语音识别与合成等相对成熟的智能技术今后应能高度交叉、深度融合地共同应用于某一领域,实现多技术协同的类人智能应用;计算智能和决策智能层面的技术还有待更为深入的研究,其中决策智能层面的技术发展还处于相对初级的阶段,例如无人驾驶汽车、类人机器人等,但这一层面今后的应用完全能够为人类带来社会生活的彻底革新。在学术研究领域,人工智能还有许多基础理论有待完善,最近几年,深度学习算法成为推动人工智能发展的焦点,在语音识别、图片识别、机器翻译等领域都实现了大的突破,也获得了全球资本的青睐,但深度学习依然还有巨大的研究空间,没有什么网络或者模型能够"打遍天下",深度学习是面向问题与数据的,它是思想和方法论,像人类发展一样,未来会有多种模型不断出现。

脑认知科学的发展启发了人工智能领域神经网络的研究,将人工智能与脑认知科学结合,进而实现令机器达到或超越人类的智能水平,是目前人工智能的终极目标,类脑智能、混合智能是当前人工智能最新的研究方向,脑网络图谱、脑机接口、视觉、触觉、视触觉的结合等等，都有待实现理论和方法的突破。

人工智能的发展离不开理论和算法的创新，也离不开计算芯片的升级更新，传统的计算架构无法支撑人工智能算法大规模并行计算的需求，未来仍然需要"计算革命"来加速计算过程。人工智能计算芯片研究的演进过程主要为 GPU 到 FPGA 到 TPU，由非定制化朝着定制化方向发展，英伟达、谷歌、华为等公司都在积极研发能更好适应人工智能发展的计算芯片。另外，量子计算将为人工智能带来革命性的发展机遇，量子比特数量会以指数增长的形式快速上升，小型化的量子芯片可以使人工智能前端系统的快速实时处理成为可能。

我经历过人工智能最冷的时候，那个时候人们都在问，"啥叫智能啊""什么是神经网络啊"，还开玩笑说，"你们别把自己搞神经了！"等等，但我没有受影响，并且坚持下来了，做学问，没有学术思想和锲而不舍的精神是不行的。现在人工智能非常热，社会各界都非常关注，有志于人工智能事业的年轻学子们一定要趁势而上，但更要踏踏实实。不论这个领域当前的研究是冷是热，都要坚持做能够推动学术发展、推动社会发展的研究，热的时候要做得好，冷的时候要坐得住。

西电的北校区在西安徐家庄一片，南校区附近有个北雷村，我就常和我的学生说，要"站在徐家庄、放眼全世界""出了北门就是出了国门""站在北雷紧紧抓住世界科技发展脉搏，走出校门，感知世界学术前沿，立于方寸之地，胸怀国家发展命运，艰苦奋斗，创造幸福新生活！"这个领域没有陕西标准或中国标准，我们要追求的是国际标准。交大学子也是一样，一定要有为自己、为社会、为国家做点事的决心，要知道在我国人工智能领域，高端专家人才相对稀少，人才依然是我国人工智能发展的主要瓶颈，学生们一定要关注国家重大战略需求、关注学术前沿、具备国际视野，刻苦钻研，努力成长，做基础性研究和关键技术攻关，把所有正能量汇聚起来，促进中国的人工智能事业发展。

薛小林

薛小林，1956 年出生于福建漳州。1977 年考入上海交通大学电工及计算机科学系，1981 年本科毕业。1985 年获美国密西根大学生物工程硕士学位，1987 年获密西根大学电机工程硕士学位，1990 年获密西根大学生物工程博士学位。曾在美国福特汽车公司、美国伟世通公司和其亚太公司和中国公司担任包括执委会成员、副董事长、董事、总经理、执行总监等高层管理职务。在中国创建东风伟世通和亚马逊全球物流中国等公司并任总裁。现任亚马逊全球副总裁，负责该公司包括中南美洲、亚太地区、中东和非洲在内的新兴市场的运营。同时还担任美国密西根大学医学院 KHRI 顾问委员、上海交大范绪箕基金会创始理事、北京交通大学商学院国际咨询委员会顾问及兼职教授。

薛小林就是传说中的学霸：初中给物理老师讲课，高中去高校科研攻关，大学提前毕业……但他又不是通常意义上只会埋头读书的工科学霸：会打球会跳舞，能演戏能演讲，还是学生会副主席、文工团副团长。对于如何能把这么多的事情协调得宜，他的经验是：你不能向你的生活中注入更多的时间，却可以向你的时间里注入更多的生活。

口述：薛小林

采访：杨　明、皇甫桦彦

时间：2018 年 5 月 11 日

地点：北京市朝阳区东四环中路 56 号远洋国际中心 A 座

记录：焦文宾

整理：焦文宾

学霸的晋级之路

小时候，我字还认不太全时，就迷上了无线电，而且特别喜欢动手制作；初中时，还给学校的物理老师讲过电子电路课；高一时，创办了电子车间，并于高二时被山东海洋学院借调去从事医用钇铝石榴石固体激光器控制器及电源的科研攻关项目，记得那时十八岁。所以说，我自幼就对电子电路有一种痴迷。

改革开放，恢复高考时，我已经参加工作近两年了。那时对高校的课程设置还不是很了解，但知道"交大"这个响亮的名字。当时，交大在我家乡青岛招收自动控制系的学生，而自动控制和电子电路是有密切联系的。从小喜欢电路又对自动控制怀着一种神秘憧憬的我，没有过多地思考就报考了上海交大的自动控制专业。

我们这一代学生入校时，很多人肩上带着扛过枪的红印，手上带着下过乡的老茧，身上穿着入厂时的工装……我们对读书都有着强烈的渴望。那个年代每个礼拜上六天课，只有星期日休息一天。然而对于我们来说，经历过十年"文革"，大家都觉得应该趁着大学时光，把失去的学习时间补回来；大家也都怀着一种渴望，要把所有的时间尽量利用起来，去长知识、长能力。所以常常觉得一周六天都不够学习。当时，同学间的年龄差距很大，最大的同学年龄几乎相当于最小同学的父辈年龄。正因为如此，大家在一起就像一个大家庭一样。老师和同学的关系也非常密切，老师会花很多时间辅导我们，不仅教我们知识，还会在生活成长的各个方面关心我们。有时候我们会在中午或下班后的时间去找老师请教问题，我们可以和老师完全敞开心扉地交流。那种学习的氛围、师生的关系我至今仍记忆犹新。每当回想起那时的情景，都会有师恩如山之感。

交大素有"起点高、基础厚、要求严、重实践"之美誉，非常重视学生基础课程的学习，每门课都配有大量的练习。与此同时，交大也给学生充分的自由发展空间。记得那时有免修的政策，有些课程我在学期开始的时候考试通过，就可以免修，从而有更多的时间根据个人情况去学习更多的科目，拓展知识，或者参与其他社会活动，增长才干。记得我当时有三分之一的可支配时间去学习感兴趣的东西和从事广泛的社会活动。这些经历对于学生在各方面能力的培养非常有益。1979年我代表交大参加全国大学生夏令营，受到了当时中央政治局委员、交大校务委员会主任王震的接见，谈了很多。印象非常深刻的是，王震的想法非常超前，提出很多改革教育的举措，比如说，他提出要"早出人才、快出人才"，于是在交大挑选了一些优秀学生，在三年半读完四年的课程，提前毕业，我也很荣幸被选中并提前毕业。交大注重学生全面发展且在各个方面都是走在前面，这对我们这一代学生后来能够在国际、国内的企业、学术、社会等各个领域长足发展、施展能力起到了至关重要的作用。

多面手的成就诀窍

交大为学生提供了非常大的多元化的发展空间。在交大读书的四年中,除了学习,我还有机会参加了各类社会工作和业余活动,当时我担任过校学生会副主席兼文娱部长、校文工团副团长,同时是交大排球队的攻球手、交大舞蹈队的主要演员,曾主演了表现交大穆汉祥、史霄雯两位烈士的舞剧《先人足下》和当时颇受学生欢迎的《西班牙舞》。《先人足下》还曾在上海大世界对外公演。

我在交大学生会曾组织了不少全校范围的大型活动,这些过程对自己的组织能力和领导能力都是很好的培养。后来我到美国之后,积极推动华人参与主流社会,组织了很多大型的活动,包括《东西方俱乐部》定期论坛,与地区大法官和国会参议员同台演讲,举办中美汽车零部件交流大会,为华人政治家骆家辉、刘美莲助选等,与主流社会互动。组织这些活动所需要的很多能力,在交大已经打下了很好的基础。我提出的高层次、多元化、外向型的活动方针,对于团结各界华人参与美国主流社会产生了积极的影响。

中国有句古话讲得很好,叫"艺多不压身",各种能力会巧妙地相互促进,激发创新灵感。在这里分享一个有趣的故事。在交大读书的时候,每一次期末考试之前,都会为同学组织一些集体补习和讲解,我经常在考前给同学们上讲解课。有一次我给大家讲解许多同学认为抽象枯燥的数理方程。上课的时候,我放了一把小提琴在讲台上。小提琴似乎和紧张的考试复习气氛不太合拍,而我那天讲的标题却是"从小提琴到数理方程"。其实数理方程的边界条件和输入条件在小提琴演奏的过程中都有与之对应的反映,比如小提琴的揉弦和泛音对应的是不同的边界条件,拉弓和拨弦就是不同的输入条件。我对大家讲,今天我们不仅可以解数理方程,还可以听数理方程。那天讲课的效果非常好,抽象的概念通过这样一讲,容易被大家接受。语言、数字和音乐这三大人类交流表达方式就这样被完美地结合在一起。

另外,虽然参加各项活动会占用一些时间,比如在学生会安排组织学生活动,在排球队练球打比赛,在舞蹈队排练和演出,有的时候甚至要到下半夜,要花不少时间。但是很有趣的是,当时间安排得越紧,每天生活越活跃、越丰富的时候,学习的效率反而会成倍地提高。而这些活动本身对繁忙的学习过程也是很好的调剂，同时也为今后各个方面的发展打下了良好的基础。这里用相对论做个形象地比喻：当你越加活跃快速运动的时候，你的时间就拉长或变多了。我常说，你不能向你的生活中注入更多的时间，却可以向你的时间里注入更多的生活。

领导者的顺势机变

交大毕业后，我步出国门，进入美国密西根大学学习深造。在攻读博士时的研究课题是中枢神经和耳蜗电极的植入和信号数据的收集及处理。读书期间曾发表了多篇学术论文，然而收获更多的是学会了分析解决问题的方法和能力。1985 年我获得了密西根大学校长颁发的"杰出成就奖"。

也许是从小喜欢动手的缘故吧，毕业后，一种强烈的冲动驱使我进入企业从事实业。我进入了著名的美国福特汽车公司，开始了企业管理的生涯。在美国福特汽车公司工作期间，我介入高层、深入基层，全方位学习了解公司的运营机制。在福特北美工作的十年内，我从事了公司七个关键岗位的管理工作，其间参与和领导了公司在美国、澳大利亚、欧洲、台湾地区和中国大陆的业务开发和生产运营，开始在企业管理上崭露头角。

1999 年，中国的汽车工业开始提速发展，我被公司派驻中国，开始置身于中国汽车工业的发展大潮之中，见证了中国汽车工业井喷式发展的 15 年。在此期间，我将产品开发和项目管理方法引进中国。我根据中国的经济和运营环境撰写的《项目管理与实践》一书甚至被东风汽车公司列为管理人员项目管理培训的教科书。我领导、建立了由美国伟世通、上汽和东风公司三方投资建立的合资企业东风伟世通，将世界最先进的汽车零部件生产技术引入中国，协助中国汽车工业快速提高了内外饰件的技术开发水平及制造能力，并且做到了新公司比原计划提前一年实现盈利。2005 年，武汉市市长授予我"黄鹤楼奖"，这是武汉市向跨国公司在武汉的最高领导颁发的最高荣誉。其后，我又负责公司在亚太及南非的业务开发和大项目管理，领导中国的汽车照明事业部，并负责汽车电子产品的生产运营，领导为德国大众和法国雷诺、日本日产配套的包括欧洲、亚太、南美在内的汽车电子产品开发和生产启动，实现了在中国建立现代化电子产品生产线的夙愿。

2014年起，应亚马逊公司的邀请，我出任亚马逊全球副总裁，如今负责亚马逊在包括中国和澳大利亚在内的亚太、中东、北非和中南美洲的运营。在见证了中国汽车工业的井喷式发展后，我又走上了全世界电子商务发展的快车道。围绕客户需求进行创新是电子商务最大的驱动力。我提出"线上丝路网、线下大陆桥、跨境直通车"的创新型运营理念和一系列相应运作模式，大力推动公司的跨境业务。我创新性地推出亚马逊"物流＋"的概念和新兴市场的运作模式，通过现代化电商物流的引入，把世界最好的商品以高效快捷的方式带给全世界的消费者，同时帮全世界的中小卖家和企业跨出国门，快速走向世界。

过来人的经验之谈

为报答母校的培养之恩，我和其他几位校友于2013年共同发起范绪箕基金会，向母校捐款并担任了上海交大范绪箕基金会的创始理事和学生导师，为母校培养开拓型、创新型和具备领导力的人才。同时我还担任了美国密西根大学医学院KHRI顾问委员会委员、北京交通大学经济管理学院国际咨询顾问和兼职教授。

交大四年的学习，让我不仅在专业方面打下了很好的基础，更重要的是，教会了我如何面对困难，如何解决问题，如何在复杂的环境中抓住重点地工作，如何与人沟通。交大教会了我如何把各个领域的知识综合起来并运用它去推动创新。现在人工智能发展得很快，而人工智能最终实现的载体离不开控制科学，从更广泛的视角来看，整个生态圈的建立都离不开控制论。从学科发展的角度看，工程学科要有生命力，就要紧紧扣住社会的需求、时代发展的需要。亚马逊公司有一句名言叫"Work backwards from the customer.",从客户开始反推思维,从客户需求出发开展工作。工程科学也是一样,围绕社会和技术的发展需求进行开发研究,就会有无穷的生命力和发展空间。

当今社会对人才的需求是多方面的,对能力的要求也是多方面的,而这些都离不开扎实的基础。母校交大素有"起点高、基础厚、要求严、重实践"的美誉和脚踏实地的治学风格,同时注重培养学生在各种环境下冷静分析、解决问题的能力。在当今国际化、全球化的大背景下,提高学生在不同文化环境下的国际沟通的能力至关重要。还有非常重要的一点,就是加强对学生领导力的培养。领导力需要有前瞻性、开拓性、创新性以及领导者的人格魅力。这些都是将来国际化的优秀人才不可或缺的能力。

张国钧

张国钧，1956 年生，祖籍陕西。1977 年考入上海交通大学电工及计算机科学系，1981 年本科毕业。被分配至西北工业大学航海工程学院航海控制工程专业任教，期间参加了国家重点课题"鱼 4 - 乙声导反舰鱼雷深控装置"项目的部分设计研究工作，该项目产品于 1984 年被国务院和中央军委批准为一级设计定型、1984 年获中国船舶工业总公司重大科技成果二等奖、1985 年获国家科技进步一等奖。1986 年张国钧被调入山西矿业学院电气工程系工作，后因学校合并，成为太原理工大学信息工程学院自动化系教师。期间获得山西省科技进步二等奖一项、太原理工大学优秀教学二等奖，获评山西优秀硕士学位论文指导教师、山西省研究生教育优秀导师等荣誉。现任太原理工大学研究生学院教授。

张国钧在学生时代并不是热衷社团活动的同学，但在花甲之际，回想青春，更念旧情，热心地担当起班级的联络员，还记下当年的一些点滴趣事，如"薛小林的泛音故事"，又如"石耀中的相对论"……听他讲这些故事，一群聪慧过人、富有哲思的年轻人的形象如在眼前。

同砚情谊，地久天长

口述：张国钧

采访：皇甫桦彦、黄　宁

时间：2018 年 5 月 22 日

地点：上海交大电院群楼 3 - 101

记录：胡　恺

整理：胡　恺

北人南来，得偿所愿

　　我们是"文化大革命"后恢复高考的第一届学生，我选择报考上海交通大学的原因，是交通大学这所学校和上海这个城市吸引了我，因此上海交通大学成为我的不二选择。我上大学前到过上海，再加上父母、邻居、朋友以及中学老师中有很多是上海人，对上海的印象非常好。妈妈同事的儿子又是上海交通大学毕业，从他那里对上海交通大学有了更多的了解，也增加了我到上海交通大学上大学的决心。因此最终填报志愿时，上海交通大学成为我的第一选择，选择上海交大也是我最中意的决定。

　　我上小学时(65—66 年)接触了第一台收音机，是自己动手安装的矿石收音机；后来的我更是成为电子爱好者，并做过无线电收音机。在一部罗马尼亚电影当中，男主角对自己家庭里实现设备自动化的愿景描述，让我对自动化充满了好奇和憧憬，并幻想着通过自己的双手，像电影里所说的，将来实现自己的家庭自动化（用现在的眼光再回头看我当时的这个想法，结合现在科技发展，就是物联网、家庭设备的智能化、网络化、自动化技术的应用）。因此，上海交通大学的自动控制专业也就想当然的成为我的填报志愿。

现在回头再看，当初我对自动化的认识是肤浅的，是年轻人的简单憧憬。上了大学后，随着专业课程的学习、对自动控制的认识加深，特别是工作后一直在从事自动化的教学和科研工作，现在的我，对自动化有了更为全面和科学的认识。

我们上大学时，由于历史的原因，对于来之不易的学习机会，同学们都格外珍惜，用如饥似渴四个字来比喻，最为恰当，这也是77、78届大学生的一大特点。10年一考使得班里同学当中年龄差异很大，最大的30—31岁，最小的17—18岁，其中很多同学是有多年工作经验的人，还有些同学上大学时就具备相当的理论知识和很强的动手能力。正是这个原因，也形成了学习有困难时同学们相互帮助自己解决的良好氛围。

求学交大，得益终生

交大的求学经历影响我一生。首先，交大对我的培养是非常深的，是里程碑式的，交大的学习氛围对我之后工作的影响一直持续到现在。

比如说，给我们上计算机控制技术课程的谢剑英老师（他现在已经退休了，在交大120周年校庆的时候，我还见到了他）。当年他讲到了一些程序设计方法，后来我在工作中，在我的程序设计过程中，才意识到他当时的授课有什么样重要的指导意义。

再比如我的高等数学老师徐明钧，他的许多讲课内容，在我大脑里记忆深刻。比如在我的程序设计中利用了级数的方法，实现函数的运算，使函数编程的技术问题大大地简化和方便了，这个影响太大了。如果没有徐老师那么好的教学，如果我没有记住徐老师的这些课程内容，我就不会把这些数学方法和知识运用到我的研究当中。

　　还比如我毕业后工作中的第一个重大课题也是如此。1982 年 3 月我到西北工业大学报道工作后,4 月到大连试验基地参加军品研究试验。到了基地,一打开图纸,看过后我就立刻能把控制系统方块图写出来。现在回想,这都是在交大学习的结果,母校对我们的培养是多么完善、多么有深度。我在这个课题的研究试验过程中困难不多,1982 年,这个样机在大连做了一年的海上试验,基本上样品就定型了,所以 1983 年获得了国务院和中央军委颁发的军品一级设计定型证书。作为个人,从科研的角度来讲,一开始我参加这个工作主要是熟悉这个课题。后来,这个产品有一个由样机转到军品产品的过渡阶段,在这个过程的试验和指导生产中,我是做主要技术指导工作的。由于工作所在学校的老师都有教学活动,所以把我一个人抽调出来主要做这个工作。这个过程对我来说不是很困难,实验过程几个月下来没有出现问题。我的工作就是负责鱼雷的控制部分,它的整个电路特点我全部掌握了,这和我在交大的学习是分不开的。当时的研究基本上是用印刷电路板、分散原件设计和制作,包括三极管、二极管。我对整个电路的参数特点、工作点的调试和整个控制系统的结构比较清楚,所以工作中比较得心应手,这也得益于交大的学习。后来第一批产品生产试验完成,我们获得了1985 年的国家科技进步一等奖。

为人师表,春风化雨

　　我比较中意的工作是在学校从事教学科研。现在回过头来看,能在学校工作真是太好了。首先,教书和学生交流比较多。其次,我在学校工作期间又学习到了很多新的知识,比如说,对计算机和通讯的了解。在工作中,由于教学的深入、科技的发展,我们总是需要去学习新知识。再有,学校的工作环境比较好,这是我比较喜欢在学校工作的主要原因。还有,就是有两个假期,能够调整工作状态,劳逸结合。

　　我当学生的时候比较内向，自我思考多一点，学习视野比较局限，当时只能从学校去找书看、找材料。现在，随着改革开放，信息越来越多元化，学生视野和思路更开阔，学习机会更多。我的总体感觉是：首先，现在的教育让学生的基础知识面拓宽了，但是对专业深度的了解和认识不够；第二，现在的学生刻苦学习的精神少了。不能说是学生和学校的问题，应该说是教育体制改革的问题。比如说，我带我的第一届研究生时，拿一个我的课题让他们来写方块图、写数学方程，他们就很难写出来。那我就在想为什么会出现这种现象，可能的原因是他们的课时不够、比如自动控制原理课时就少，深入不进去，这不是学校能做的决定，是社会怎么安排的问题。

　　如何激励学生刻苦学习，这是一个社会性大问题。在2015年时，我和两个教授讨论过这个问题，他们觉得我们国内的大学普遍存在学生不好好学习的问题。我简单思考了一下，从我的个人感觉来讲，如何把枯燥的教学变成生动的讲课内容，这是老师可以做的事情。比如说，我在课堂中把好多专业知识结合在一起，其中自动控制理论中有一个离散系统，那么离散系统如何用在计算机控制系统中，它们之间的数学模型是什么？课堂上，我会讲工业上的现场实际应用情况是什么、这些实际应用和控制理论之间有什么关系、控制理论对这些应用该怎样描述，以此调动学生的积极性。我觉得这是我在教学中比较成功的一点。从学校、学院的角度，我觉得可以多去和学生交流社会上创业及其他知识点，启发学生多角度、多学科地思考问题，思维火花点就会出现。再比如说，我为什么会设计、研究和制作那么多自动化控制系统，就是因为我接触到了可编程控制器，我利用全国工业自动化设备展览又学到了很多东西，而且我起步比较早。这就是很多学科交叉的火花点。所以从学校的管理来看，可以给学生更多的机会去参观、学习，开阔视野。

　　我认为自动化和控制科学在未来的发展是不可限量的，这个不可限量和大数据、智能化相关联。从我们学科角度来讲，这是我们有一定优势也有劣势的地方，优势是我们是搞控制的，劣势是我们在智能化、网络化、大数据这些方面是有短板，因为在学科课程设计上有欠缺，但是机遇绝对是不可限量的。比如说，现在大数据深度学习和自动化结合是非常密切的，离不开作为基础专业的自动化控制专业。但自动化专业学的东西太基础，学生们怎么发展，需要他们去思考、去选择。所以自动控制是一个非常好的学科，怎么去发展自动控制学科是值得大家深入思考的。

另外，在如何和学生相处方面，我认为，首先应该和学生做朋友。我跟我的学生说的第一句话就是，我们现在是师生，原因是我比你们早学几年，将来我们是同行，原因是我们都是学的自动化，以后我们还可以做朋友。一定得做朋友才能让学生推心置腹地和你交流，如果是说教性的，学生就会反感，不太会听。另外一个层面，学生会对他们自己的人生有思考，我在讲专业课的时候说，很多同学不会从事我的这门课相关的工作，但是有一点，他会终身受益，比如他们以后都会面对家用电器，怎么布置自己的供电系统，这些都会对他们有间接帮助。用这些来激发他们的兴趣，让他们明白学以致用的道理。对于怎么去引导学生进行学习、深入思考准备自己的知识这个问题，我会带着自己的学生去现场看怎么做，我会讲为什么要这么做，来培养他们的兴趣。

同窗故友，情谊长存

毕业几十年后，我特别渴望见老同学。2002 年，我接到一个电话，说交大为 77、78 级校友毕业 20 年组织了活动，我接到电话的第三天就飞过去了，是一种急不可待的心情，因为经历了大学四年的生活，同学间亲如兄弟。我从大学毕业到现在，只要有机会我就会和同学会面。我应该是班里和同学会面最多的，因为和大家见面机会多，同学、老师的情况都比较熟悉，慢慢我就变成了班级联络员。现在我们班一共是 41 个同学，毕业的那个年代是没有通信的，很多同学都失联了，到了 2002 年毕业 20 年聚会也只联系到十几个、二十几个同学。然而现在班级微信群里已经有三十八九个同学了，没入群的只有三个。班级联络员比较困难一点的是每次提出一种倡议和想法时,都会有同学因有自己的困难和问题不能来,所以需要我去联系组织。其实也不困难,大家的友情都在那儿放着呢。

2002年聚会的时候,来的同学不多。班级聚会时,我们一般聊聊身体健康、子女发展等问题。

这次准备的聚会,我就写了很多我们大学时光的小故事。第一个是薛小林的故事,我写的文章叫《薛小林的泛音故事》。乐器有一种表现方式叫泛音。这个故事怎么来的呢?我们上"数理方程"这门课比较难,我们同学之间就互相做辅导员。薛小林先在黑板上写了一个衰减震荡的数学方程,然后拿起小提琴,拉了一个大家最常见的音阶的音符后告诉大家,这叫等幅振荡;然后采用泛音指法拉了同样音阶的音。大家都听出来了,同样的音节有不同的音响效果。薛小林说,第二个小提琴拉法,在现在数学物理方程上,叫衰变震荡。薛小林的方法很形象,大家理解也深刻。另一个故事叫《石耀中的相对论》。石耀中是我们的大学同学,上大学前就是大学老师,后来在大二时考上交大硕士研究生。我们大学毕业,他硕士毕业。我们上物理课,讲到了相对论,石耀中同学就谈了很多他对相对论的认识和看法。他说,比如我看你,我以一个比光速还快的速度来看你,我看的你不是在前进而是在后退,因为我看的是你的以前,如果我一直看下去,我就看到古代。我就写下了这个叫《石耀中的相对论》的故事。所以我们的同学都很优秀。

我是一个音乐爱好者,也是一个体育爱好者,有一点点特长,但我没有去参加学校的文工团或者体育队。交大曾经让我到乒乓球队去,我拒绝了,因为当时我想的是多学一点知识。我参加的活动不多,唯一参加过的一次活动是跳交谊舞。我的时间安排一般是上午上课,下午睡一觉,起来活动一下再去自习。我会把时间用来听音乐会,更多的是培养自己的爱好,我的乒乓球、羽毛球、足球还是比较专业的,其他的比如篮球、排球、游泳也会一点,平时也会拉拉小提琴、唱唱歌,是学校的氛围鼓励我去培养自己的爱好。如果再回到那个时候,我会参加一些学校的社会活动,我觉得这样会非常锻炼人,不要怕当班干部,不要怕为同学们多做工作,这是一个锻炼你、培养你的机会。我做班级联络员是自告奋勇的,我愿意和同学们交流得多一些,平时只要有时间,谁有什么事儿,我都会去他那里。和别的专业的同学我也有联络,为同学服务是一种义务。

黄元庚

　　黄元庚，1957 年生，江西人。1978 年 2 月考入上海交通大学电工及计算机科学系，1982 年 1 月本科毕业后留校，后获得世界银行贷款资助出国深造。1990 年，获美国马里兰大学计算机系博士学位。1991—1995 年，在美国 IBM 奥斯汀软件中心担任项目经理。1996—1999 年，担任北京高鸿通信公司总经理。2000—2005 年，任美国 Sancom 公司中国首席代表。2006 年起，创立上海会畅通讯股份有限公司，该公司于 2017 年在国内创业板上市。

　　2012 年毕业 30 周年时期，黄元庚与他经历相同的交大"世行生"饮水思源，感念母校，感恩社会，于是集体倡议、捐赠设立了"上海交大范绪箕奖学金"，以此来纪念范绪箕老校长的贡献，激励交大学子继往开来。

口述：黄元庚

采访：张忠能、姚天昉、李涵深、沈　冲

时间：2018 年 5 月 29 日

地点：上海会畅通讯股份有限公司会议室

记录：李涵深、沈　冲

整理：庞　浦

从新生到世行生

　　1977 年，高中毕业后工作了三年的我，参加了"文革"后恢复的第一次高考，考上了上海交大，得知被交大计算机专业录取，很是兴奋。回想起来，我是那个年代比较幸运的，那时，学生中学毕业是要上山下乡的，但正好我有哥哥和姐姐，他们下乡后，最小的我可以选择在城里工作。另外，受家庭（我母亲是搞教育工作的）和周围人的影响，我喜爱学习和读书，在夜校学英文、高等数学等，虽然学这些当时看不出有何意义，可邓小平 1977 年复出，决定恢复高考，我学过的知识就有用武之地了。

　　当年凭高考成绩我可以选择去任何学校，我选择上海交大是因为交大那一年在江西招计算机专业，我认为很有前途，就报了上海交大计算机专业作为第一志愿，最后如愿以偿。

在交大求学期间，我们这一届学生学习氛围很好，主要是因为这是"文革"后第一批正规大学生，大家年龄差距很大，都珍惜这中断10年后的学习机会。那时候，清早大家就起来背单词，晚上也在灯下学习。我基础比较好，是班上的学习委员。

那时师生和同学之间的关系很融洽，同学会互相帮助理发，班主任会把自己的饭票分给有需要的同学，上海同学也会时常带水果来给同学分享。

印象最深的还是交大老师对我们精心的培养。我们英文基础好的，学校给我们开提高班，给我们许多和外国人沟通的机会。对计算机专业学习好的同学，也给我们另外开小课，4—5人一班，学习更深的专业课程。另外，当时王安（交大老校友）给我校捐赠了计算机，使我们有机会接触和使用当时最先进的计算机，这让其他大学羡慕不已。

1982年，学校从我们81、82级中挑选了一批同学留校，并利用世界银行贷款派遣出国留学。我由于在交大计算机研究生考试中名列第一，也幸运地被选中。1982年，学校把我们这批留校生集中起来培训英语、联系国外学校、选专业、写推荐信、组织考托福、GRE。范绪箕校长亲自帮助我们挑选专业，并利用他的海外关系给我们推荐学校。我们几十人于1982、1983年陆续奔赴世界各地深造。

从太平洋此岸到彼岸再回此岸

我于1983年1月赴美国马里兰大学计算机系攻读博士学位，专业是人工智能。学习期间还去过Honeywell公司研究中心实习一年。毕业后我在美国IBM奥斯汀软件中心工作了四五年，工作领域是计算机操作系统，并获2项软件专利。

1996年我从IBM辞职，和几位奥斯汀朋友创业，和国内邮电部合资成立了高鸿通信公司，主要从事通信网骨干交换设备的研制和开发。我们当时的研发水平还是很高的，获得了国家科学进步奖。

开始时，我们在奥斯汀建立研发中心进行前期产品设计开发，后来工作中心转到国内，要从事生产和市场开拓，我就于1997年从奥斯汀举家回到国内，任合资公司总经理。我们研制的产品成功部署到许多省级骨干网，公司于2003年在国内上市。

从合资公司出来后，我没有回美国，而是选择在国内继续创业。创业的灵感来自2003年的"非典"，当时国内没有做电话会议服务的，而这个服务在美国很普遍，几乎所有在中国的外企都需要这个服务。

我于2006年正式创立了会畅通讯股份有限公司，构建了一个覆盖全球、功能齐全的多方通讯平台，为在中国的中外大型企业提供电话会议、视频会议、网络直播等电信增值服务。经过几年的努力，我们成为这个行业的领导者，并于2017年1月在国内创业板上市。

从世行生到捐助者

2012年，我们这批获世界银行贷款出国留学的学生（世行生）回到母校参加毕业30周年纪念活动，当然少不了去拜访年近百岁的范绪箕老校长。范校长可以说是我们国家近代史上的传奇人物，早期为我国航天事业做出很大贡献，晚年百岁老人还坚持天天在自己实验室里做研究、带学生、发表论文，并且几十年如一日，关心我们每位世行生的进步状况，继续给我们人生指导。我每次去实验室拜访范校长，都有一股内疚感觉，感叹一代不如一代。

有一天，世行生在我家聚会，我们商量如何为母校做一些贡献，我提议趁范校长2013年1月百岁诞辰时机，以范校长名义成立一个奖学金，选拔和培养交大的优秀学子，争取把范校长的治学精神和人文理念传承下去。

很快我们世行生就捐赠了200多万人民币，设立了"交大范绪箕奖学金"，学校对我们的工作给予了大力支持，我们于2013年11月选举出了第一批获奖同学，范校长亲自来给同学颁奖并发表讲话，给同学和我们极大的激励和鞭策。

直到今天，我们世行生仍然坚持每年为奖学金做大量工作。我们这个奖学金和其他奖学金的一个大的区别是：我们为奖学金获奖同学配备导师，为同学的学习方向和人生规划提出建议和给出帮助；每年组织多场活动，利用我们的资源帮助同学开阔视野、对接资源。我们之所以可以这么做，是因为我们当中有世界顶级大学的教授和院长，有国内顶级创投基金创始人，有世界 500 强高管，也有自主创业的企业家。

学校一直对奖学金给予高度重视，林忠钦校长每年来给新获奖同学颁奖并座谈，传承了范校长的精神和风范。我们也衷心希望交大会越办越好，为国家和世界进步做出贡献。

王益民

王益民，1961 年生，江苏人。1978 年考入上海交通大学电工及计算机科学系，1982 年本科毕业。1985 年获上海交通大学电力系统自动化专业硕士学位。现任国家电网公司总经理助理、中国城市科学研究会数字城市专委会副主任委员、中国电机工程学会电力系统自动化专委会名誉主任，美国电气和电子工程师协会(IEEE)高级会员。教授级高工，上海交通大学、四川大学和西安交通大学兼职教授。

王益民说，整个大学生活最让他终身受益的，一是读书，二是运动。读书充实头脑，运动强健身体。在每一个清晨，他和同学们都早早起床跑步，锻炼了筋骨，也磨炼了意志。锻炼身体的习惯一直坚持到了现在，至今他还每周踢一场足球，绿茵场上的表现并不输给年轻人。他的经验正诠释了爱迪生的名言："读书之于精神，恰如运动之于身体。"

口述：王益民

采访：严　正、汤翔鹰、辛熙锴

时间：2018 年 5 月 8 日

地点：国家电网公司

记录：汤翔鹰、辛熙锴

整理：汤翔鹰、辛熙锴

金榜题名喜且忧

我是 20 世纪 70 年代在江苏扬州中学上的高中。这所中学是江苏省的知名学校，培育出了一批杰出校友，曾任交大校长的朱物华教授就是扬州中学的校友。在当时校园文化潜移默化的熏陶下，扬州中学很多优秀毕业生都把上海交大作为接受高等教育的首选，我也不例外，上海交大是我高考的第一志愿。

由于"文革"期间的教育革命，学制普遍缩短，中学一般只读四年。为照顾更多的大龄考生进入大学，1978 年高考之后，江苏省决定从我们这一届起进行学制改革，将中学学制延长到五年。由于高考成绩不错，我很幸运地提前一年进入了大学。到交大后才发现，我们班上学生的年龄差距非常明显，最大的已 31 岁，而最小的才 16 岁。

我们当年考大学的时候，最热门的专业是计算机，然后就是自动控制。

上高中的时候我就对之向往，但是我不知道上海交大的计算机、电力、自动控制专业都在电工及计算机科学系（即三系）这个系里面。进了这个系以后，我被分到了电力专业。

　　当我拿到大学录取通知书的时候是既喜又忧：喜的是拿到录取通知书，终于能上大学了，心里的一块石头落地了；忧的是没选上自己心仪的专业。这就是我当时的心态。但是从工作30多年的情况来看，我还是很庆幸和感谢当时老师把我调剂到了电力专业。因为改革开放40年，我国经济在快速地发展，经济发展离不开可靠的电力供应，所以随着经济总量的增长，电力的需求也快速地增长。从我工作到现在，我国的电力规模呈几十倍、上百倍的增长态势，所以我们也是赶上了电力发展的大好时机。我记得大概是从20世纪80年代中后期开始，电力专业的学生就供不应求了，到后来交大电力专业的录取分数也比较高了，这是因为市场的需求大，毕业后工作的待遇也高。

火热青春永难忘

　　当年在交大的学习和生活条件还是很艰苦的，和现在完全不一样。比如，大学一、二年级的时候，我们都是站着吃饭的，食堂里虽然有几十张八仙桌，但只有十几条板凳，开饭时，同学们在食堂都是围着桌子站着吃饭。我进校的时候，1976级的学生还在校，他们1979年毕业，毕业的时候在布告栏里贴了很多漫画，记得有一幅是以"一千零一夜"命名的，那么"一千零一夜"是什么意思呢？就是进入交大已经一千多个日夜，做梦都想能够坐着吃饭，可见当年学校的条件是比较差的。

　　此外，洗澡在当年也是一件很困难的事，大浴室里一个水龙头前面排一队人，排在前面的人在水龙头下冲过水马上就闪到旁边去擦肥皂，第二个人接着就去冲水，前面的人擦完肥皂再进来冲一冲就走。所以我每年大概从4月份开始一直到12月份都是在宿舍的盥洗间洗冷水澡。这些都是当年在交大生活的真实写照。

　　大学生活虽然艰苦,但感觉很充实,那也是我人生经历变化比较大的一个阶段。我们那个时候非常单纯,只想着好好读书,所以整个班上的学风都非常好。大学阶段让我学到了很多东西。像我们这一代人上中学的时候,正好处于"文革"之中,中学阶段在学校里学不到什么东西。当时我们上中学就是学工、学农,去下乡种田,到工厂去劳动。开拖拉机、搞农田测绘是我们的最爱。老师课堂上不讲故事,很难把课上下去。一直到1977年恢复高考以后,大家才真正把心收回来,开始用功看书学习。当时我们数理化、语文、历史、外语的底子都很差,记得我们这一届高考的时候,英文成绩是不计入总分的。但是到了交大以后,就和过去完全不一样了。我们就像一块海绵一样,到处去吸取知识,所以在交大那几年的经历,对我整个人的完善和提升都起到了非常巨大的作用。

　　当年有很多老师都让人非常敬佩,虽然过去快40年了,但我依然印象非常深刻。比如给我们上高等数学的王嘉善老师,水平非常高。当时我们用的《高等数学》是同济大学出版的,编书的老师里面就有王老师。还有教我们《模拟电子线路》的贾学堂老师,这位老师的名字我是一辈子都不会忘的,因为课讲得太精彩了。当时新上院教室的黑板是可以上下活动的六块板,他从第一块开始写起,课程讲完,六块板正好写完,等最后一行字写完,粉笔一丢,下课铃声正好响了。这些老师的课讲得是那么精彩,以至近40年过去了,他们当年讲课的身影仍深深地刻印在我脑海中。

　　除了课堂上老师讲的东西,还有很多在课堂之外学到的东西,比如说运动。以前我在中学除了打篮球和乒乓球,其他什么也不会。到了大学以后,不但学会了打排球、踢足球,还学会了打棒球、打手球,桥牌、围棋也都是那个时候学会的。这不仅让我的兴趣更加广泛,也为我欣赏一些体育比赛打下了基础。在学校的时候,不单单是你自己学,同学之间还能够互相交流启发。同学们来自四面八方,各怀绝技、各显其能,比如拉小提琴、拉二胡、弹吉他、吹口琴的,都有高手。这些才艺不仅让我的生活更加多彩,而且以后碰到不同的场合,面对不同的社交对象的时候,也能展现出你的才华和知识的丰富。后来我读研究生的时候，1984 年我们组织音乐会，只花了 300 元就把上海交响乐团请到学校来，在文治堂给同学们演出，普及交响乐知识。

要说整个大学生活最让我终身受益的，一个是读书，另一个就是锻炼身体。读书能让人充实头脑，锻炼能让人强身健体。那时候，我们每天早晨都起来跑步，冬天的时候天不亮就起床了，从不间断。工作以后，我也都一直保持着坚持锻炼的习惯，这些都对我的身体健康大有裨益。前年，我突发脑出血，很快身体就恢复了，语言和运动能力没有受到任何影响，现在我还坚持每周踢一场足球，和那些小我 20 岁的队员比，我在场上的表现可不会输给他们。这都源于在学校的时候打下的良好基础。

身先士卒勇担当

从交大毕业以后，我被分配到了江苏省电力局，后来被调到国家电力公司工作。从国家电力调度中心，到国际合作部、生产技术部、智能电网部、科技部，我经历了不同部门、不同岗位。每次面对工作上的变化和调动，都能很快适应和胜任，我感觉交大对我的培养功不可没。交大培养学生，注重的就是基本功，那个时候有一句话叫"起点高，基础厚，要求严、重实践"，这对我们产生了非常深厚的影响。当时社会的情况是普遍缺少人才，很多工作任务和重担都没有人来挑。我在学校里就入了党，所以参加工作的时候已经是一名党员了。我当时是江苏省电力局招进去的第一名硕士毕业生。刚参加工作时，想法很简单，要对得起两块牌子：党员和交大！

20 世纪 80 年代的时候，大学生有一个称呼，叫"天之骄子"，很多大学生是不做家务事的，就像众星捧月一样，甚至毕业工作以后也是这种情况。但是我当时的心态很端正，因为我所在单位里面，也有一些"文革"前大学毕业的老师傅，他们干的也就是平常的工作。所以我毕业以后到了单位，我对自己的定位就是一个普通的员工。是不是"天之骄子"？是不是人才？这要体现在自己能不能做出成绩。聪明的人如果什么都不干，那一定什么收获都没有;但是愚钝的人如果勤劳奋斗,就一定可以收获他的庄稼。所以到了单位以后,我始终虚心向身边的同事请教学习,不仅工作业务能力得到了显著提升,也很快和大家融入一起。

记得1996年的时候,领导培养我,让我到电厂去当副厂长,主要管生产和检修。但其实我的水平不够,根本管不了。除了之前在大学实习的时候去电厂看过,工作以后就没去过。原理上,懂一些在热工这门课程上学到的东西,除此之外什么也不懂。那碰到问题的时候怎么办呢? 比如说锅炉,炉膛管道漏水了,炉顶还有火红的灰在往下落,就要进去抢修。锅炉有几十米高,从上往下看一眼都会头晕目眩。记得我第一次从人孔门钻炉膛的时候,我上身刚进去,后面就被人一把抱住,他说厂长你不能进去,我问他为啥,他说太危险,我问不能进去那这里面的脚手架谁搭的,他说那是工人弄的,我说工人能进那我也能进。当时就是这样,你得第一时间到最危险的现场去查找问题在哪,长期坚持,你的技能和业务知识才能有提高。

还有就是放电缆的时候,电缆又粗又重,工人在那放电缆,你也得跟他们一起干。跟工人在一起的时候,就得有工人的样子,不能装清高。和老外在一起谈项目时你说英文,穿着西装打着领带,转身你就得换上工作服,戴上安全帽,就得下电缆沟和工人一道穿着胶靴踩在黑泥沟里面。这就是你怎么样融入工作里面去,并且在这个过程中提升自己工作能力的方法。

虽然我的工作经历丰富,但其实光鲜的工作背后是什么都要干、什么都肯干。现在的办公室都是有保洁工来打扫卫生,过去不是这样的。我从上班的第一天开始,第一件事情,就是拖地擦桌子。有好多年都是提前半小时到办公室打扫卫生,因为不能让师傅帮你擦,所以你不能比师傅到得晚。这就是为什么八点半上班,我八点钟前就要到办公室。

终身学习增智慧

原来在调度中心的时候,我在调度自动化部门,当时我在调度自动化界是很有名的，因为没有什么东西能难倒我，我什么都知道，也什么都会。我曾经在1989年的时候到意大利工作了半年，1991年的时候又到美国工作了半年，都是在做调度自动化的软件公司。国外的公司分工很细，所以他们搞一个方面工作的人就只知道一样，但是他们的文档工作做得非常好，比如说几百行的软件程序，他们可能要写几千行注解。这就是他们管理的方法和模式，它不会依赖任何一个人，就算这个人不在公司了，但是你把所有的文件看一遍就可以了。记得当时我碰到了一个问题，问了很多老外都没能解决。后来我在很短时间把所有的文件都看了一遍，就很好地解决了问题，外国人觉得很惊讶，说你们中国人怎么什么都知道。每把一个项目做下来，基本上都能做到工作中有人提出任何一个业务问题，我都可以马上到书架上把对应的手册、页码给指出来。

我觉得这也是在学校的时候就培养出来的一种能力，你不一定要掌握全部知识，但是只要掌握学习的方法，就能解决所有的问题。好多跟我专业无关的问题，我也能找到解决的办法。这主要得益于在学校时学到的分析问题的方法和解决问题的途径。我现在工作的过程中碰到了问题，我都是既要知其然，还要知其所以然，这也是科学的精神。虽然我还有很多东西不会，但是现在有一种新的学习方法，那就是互联网学习。网络能大大地延伸人的知识和智慧，主动去利用这些工具和方法来进行学习和解决问题是非常重要的。

还有就是动手能力的培养，这个也非常重要。社会是有分工的，但是也不能说什么事情都是去找别人来做，很多情况下你要能第一时间解决问题，这也可以显示出你的水平高低。我做领导的时候，使用干部是这样的，不需要你请客送礼，我就看你的工作能力，你有没有通过工作把你的能力显示出来。然后看你能不能主动地去发现问题并且解决问题。像我平常在家里，家电和水电气热等管线问题都是自己修。个人能力的培养需要自己去注重，多学才能多会，尤其像我们学工科的学生，动手能力一定要强，这也是在学校的时候打下的基础。

追赶容易引领难

我们做的都是普通的工作，工作中都会遇到困难。虽然从结果看都很满意，但是从过程来看，也充满了曲折坎坷。就像所有的体育比赛一样，从结果来看，很令人欣喜，但从过程来看，都是惊心动魄的。2009 年 6 月，我被调到公司智能电网部当主任，负责智能电网建设。当时的公司领导听到奥巴马说美国要搞智能电网，认为我们中国不能落后，决定公司专门成立了一个部门并由我来抓这件事，开头那半个月我真的不知道该干什么、怎么干、要达到什么目标。

前几年我在公司科技部当领导，在科技部的那两年，我做了个小结，我说我们完成了对世界上先进电网技术追赶的过程，正在经历从超越到引领的过程。为什么呢？因为我发现我们在做科研立项的时候，不知道该立什么项目了。原来我们要立项，只要看看别人，比如 ABB、西门子做了什么比较好的，我们就努力去追赶它。但是现在看看别人立的项，并不比我们的水平高，所以现在要立什么项还得立足自己，这就很困难了，这就是我们说的创新不易。正所谓高处不胜寒，真的是追赶容易引领难！做事是这样，其实做人也是这样。

滕乐天

滕乐天，1961 年生，上海人。1978 年考入上海交通大学电工及计算机科学系，1982 年本科毕业。1982—1988 年任上海供电局上海供电所职员、所长助理。1988—2001 年任上海市南供电公司地调所副所长、所长。2001—2010 年任上海电力公司生产科技部副主任、主任，总工程师。2011—2014 年，任国家电网公司物资部副主任、运检部副主任。现任全球能源互联网研究院有限公司董事长兼党委书记。

滕乐天家人中有三人毕业于交大电机系，可以说，与交大渊源深厚。他至今记得他在交大求学时，每周有两个下午都在实验室做实验，还记得金工实习时加工圆球的情形。他说交大注重动手能力的培养，注重实践与理论的结合，这让他在工作中受益匪浅。

弹指一挥间，"触电"四十载

口述：滕乐天

采访：严 正

时间：2018 年 5 月 8 日

地点：全球能源互联网研究院（北京）

记录：卢 力、佘梦欣

整理：刘川宝、卢 力、佘梦欣

阴差阳错，"触碰"高电压

我家里四个人，有三个在上海交大读过书，而且都是电机系的。我是在恢复高考的第二年从青海考进上海交大的，那个时候上海交大在青海只招五名学生，我以海南州第一名的成绩进入上海交大，但当时报的专业不是高电压，应该是精密仪器。阴差阳错，当时五个专业中的四个都被先挑走了，就只有高电压专业没人报，我就读了高电压专业。后来想想，如果当时读了精密仪器，还不知道现在自己会从事什么工作。

当然，能读大学还是得益于改革开放、恢复高考，我参加过两次高考，第一次是作为应届生考的，我考试的平均分是 69 分。那时候，青海当地有规定，应届生 70 分录取，往届生分数线是 39 分。这两个分数差得很远。当时"文革"刚结束，必须先解决那些下乡插队的知青们的问题，也是情有可原。

就这样我又读了半年书，最终，我在上海交大的徐汇校区度过了我最重要的大学四年。

能力培养，理论与实践并重

交大的四年时光对我的影响非常大。一是我们的基础学科的教育非常扎实。二是在专业学科上面，学校的教育有很强的前瞻性。教材是油印的，比较新，有的甚至是从麻省理工学院翻译来的。记得有一门学科叫作"能量转换技术"，对我影响比较深。

交大的四年，对我的生活习惯、工作习惯，特别是工作以后的思维方式的养成有很大的帮助，最重要的是学会了学习的本事和做人的方式，在交大读书的时候，老师平常上课不点名，什么都要靠自觉。但实际上，老师在暗中观察我们，是在培养我们的自学能力。我们很珍惜读书时光，因为高考的恢复，让我们有了读大学的机会。那时候的实验课特别多，每个礼拜基本上有两个下午要做实验。别小看这些实验，做实验实际上就是培养我们的动手能力。

在大学二三年级的时候，我们到工厂里进行金工实习。我记得最清楚的是做毕业设计的时候，我的指导老师给我几个材料单，然后给我一个简图，让我自己搭一个平台，做一个抗干扰试验。我把材料买来，到工厂去加工圆球，把电源接好，整个过程都是自己完成的。那时候，交大就开始注重培养学生的学习能力与实践能力。

如果不用功、不自学的话，考试的时候就会出大问题。当时教授出的题目比现在要难一些，能考到九十几分的人并不多，大家大多考七八十分，考试难度很大。"能量转换技术"那门课，课堂上学的是能源转化技术，考试考的却是电机。所以后来我们整个专业分数都是开根号乘以十，36分就是60分，整个专业三个班级都这么调整的分数。

总结下来看，大学主要是培养学生的学习能力与动手能力，并不是纯粹的知识灌输。

说到我在交大学习的收获与体会，第一方面就是认识了高电压专业的那几位老师。我大学毕业以后，除了前两三年是在基层班组以外，一直在生产技术岗位上工作。我每年都要回交大一次，每次回来都要到陈文缄、黄镜明等老师那里转一转。看看学校这边在研究什么方向，我们这边有什么可应用的。后来我到上海电力公司担任生产科技部主任的时候，就与母校交大开始了全面合作。

第二个方面是老师们给我们一种自由的、加以引导的教学。特别在毕业设计的时候，让我们充分发挥想象力，这对我们的帮助是非常大的。还有，在学校读书的时候，教材让我们打开了思路，就比如"能源转换技术"，我对那门课的教材印象非常深，那是一本大开脑洞的书。我们现在研究的能源互联网，那本书都已谈及。所以说交大在早期办学选教材的时候，老师们很有眼光，很超前。

第三个方面是大学的团队合作能力。我们那时候非常重视团队活动，学校也支持我们。我们经常组织打篮球、打排球。我特别喜欢篮球，虽然球技不高，但是每天下午只要没有实验，我就在篮球场上。然后吃完晚饭再去上自习课。团队活动和团队组织实际上是很锻炼人的。我感觉多参加团队活动，和年纪大的同学在一起读书，可以从他们身上学到很多东西。

踏入社会以后，社会对我们交大的学生非常认可，特别是作为 77 级、78 级毕业生，我们是非常受益于母校的。只要能主动地去融入团队，融入这个社会，然后发挥主观能动性，发挥学习能力、自学能力，我们就会有很多机会，而且很容易就能得到社会的认可。

落实转化，多方合作求创新

毕业以后，我在电力系统、供电生产研究等科研过程当中的提升和发展，也得益于跟交大的长期合作，取得的成果也离不开母校的支持。

我在地调所做所长的时候，主要是研究自动化通信，那时候的工作跟交大的关系不是很密切。后来，我担任了上海电力公司生产科技部主任，我们跟交大的合作开始变得越来越密切了。几乎每年都和交大的老师有合作，从那之后，我们在国内开启了新的发展道路。

第一个项目是用声波去探测变压器内部的放电情况。别人都是采用单一方式，我们是采用中和方式，后来这个项目获得了电力工业奖。我们单位和学校也签署了长期战略合作协议。在这段时期中，我们上海电力公司的科技一直是在进步的，在世博会上我们展示了 P to P 技术，做了一个充电站的示范基地，提出了电池的全寿命周期使用概念。当时，上海电力公司还致力于信息化管理，在这方面与交大管理学院也有很深的合作关系。

我到国网运检部工作的时候，与母校合作开展了声波探测研究。后来，我被调到全球能源互联网研究院工作，也与上海交大建立了很好的关系，签订了框架协议，共同努力、共同发展。

习近平总书记说过，只有当科技转化为社会可用的价值以后，它才能体现出生产力。现在中央提出科技创新，我们响应党中央、国务院的号召，大力推动科技成果转化，以成果转化为目标开展科研活动。然后不断加强科研管理，完善科研激励机制，使体制、机制建设都围绕着科研活动开展。

其实，我的这些思想理念还是得益于交大的学习。尤其是后期去实习的时候，包括毕业以后回到学校跟交大老师的一些交流。因为高压专业做出的科研成果在很大程度上是为了提高电力系统运行的可靠性，这些科研项目的水平跟一些技术开发差不多。像变压器、防卫技术、在线监测、高压实验的理论等，都跟成果转化有关。这正是我一直坚持的。

我觉得，对于科研，第一要靠理念，理念超前不超前、研究方向对不对都很重要。如果研究方向不对，没有社会使用价值就是徒劳无功。第二要靠实验，需要很强的实验装备。第三要靠示范工程。最后，必须要有成果转化的概念，就是科研成果必须是能用得上的。

林建

林建，1956 年生，浙江人。1978 年考入上海交通大学电子工程系，1982 年本科毕业后服役于中国人民解放军总参谋部第四部，负责全军雷达电子对抗科技装备管理工作。退役后选择自主创业，现任华宁汉能（北京）航空技术研究院副院长，兼任北京市华宁紧急救援促进中心副理事长，从事应急救援力量建设和无人机救援的研究与应用。

林建说，正是在交大的四年里，他学会了影响一生的本领和基本素质——自学。他记得有个寒假，为了免修，他在家中每日起早贪黑啃课本，虽然最后的考试未能如愿，但却使他练就了自学的技能。他认为，生活中我们不能改变的东西很多，但一时一事并不重要，真正起作用的是我们自身的素质。——"授人以鱼不如授人以渔"，学生们学习能力的增进、自学习惯的养成、素养的提高，正是交大教育孜孜以求的。

我的青春纪念册

口述：林　建

采访：周　洁、唐可欣、张　睿

时间：2018 年 5 月 9 日

地点：北京市昌平区中国紧急救援培训基地

记录：周　洁、唐可欣

整理：张　睿

翻开那一本纪念册

翻找老物件的时候，我看到了大学时的毕业纪念册。穿着一身灰蓝装，胸口还别着校徽，就这样，我们拍了毕业照——那一年我 26 岁。

1982 年的夏天，记忆中是那么的炎热，一改毕业前的忙碌，我们班举行了一次很轻松的班级聚会。我还记得我们买了很多的西瓜，大家都很开心，也算是奢侈了一回。而聚会的经费，来自我们的旧物，就是现在说的二手物品，当时还没有这种概念。

我们的毕业照需要自费，这笔支出从哪里来？我想能不能减轻同学们的负担，大家讨论之后，有同学想出了办法。要毕业了，我们有很多不用的东西，一般的做法是当废品卖，但这些废品中不乏有价值的东西吸引着别人去淘买，我们就直接联系这些人，把东西卖给他们。我们用卖得的钱做了三件事：一是替大家支付了毕业照等费用，二是为大家买了很多托运行李用的纸箱，再者就是毕业聚会了。

当时有很多同学们的照片，有很多也没有贴在纪念册上。印象很深的是我们组织过的一次郊游，目的地是淀山湖，全班骑自行车过去。上海的同学骑着自己的车，其他同学骑着借来的车，我们还租了一辆三轮车，装着面包、饮用水，二十几个人风风火火地朝淀山湖骑去。虽然很累，但大家都高兴极了，特别是后座载着女生的同学，蹬得特别有劲。后来三轮车骑不动了，找了一个地方存了起来，坐在同学的车后座上。当初没有条件拍照片，那一次活动也没有多特殊，但几乎一个班的学生骑着自行车在马路上飞驰的场景，深深地刻在我的心里。回学校的路上，还有位同学的车爆胎了，我们也找不到修车的地方，于是他坐在别人的车后座上，用手提着自行车，就这么回到了学校。

从此就是交大人

我是 1978 年考入上海交大的，也就是恢复高考后的第二批大学生。我的一位初中同学，也是一起在山西当兵的战友，他参加了 1977 年高考，最终在山西选了一所大学，四年后考取了清华的研究生。然而我是很幸运的，直接来到上海交大，这也算是一种缘分。

我高中毕业后就应征入伍，去了山西当兵。1978 年初被调到北京政治学院，在部队里不是想参加高考就能参加的，不过我工作调动之后，新单位正好有名额可以考。小时候的家庭教育让我觉得学理转文容易，学文转理较难。我调去的政治学院是文科性质的，虽然文科毕业后分配工作更方便，但我还是跑去找领导问能不能考理科，领导答应了，我就准备复习迎考。虽然领导减轻了我的工作压力，但满打满算我也就复习了两个月，其中大部分时间都用来复习数学了。

高考的科目有政治、语文、数学、物理和化学，每门满分 100 分，总分 500

分,英语也考,但不计入总分,这让我觉得轻松了很多。这一届考生中,应届生占了很大比例,也基本上把"文革"时累积的往届生选完了,我刚好赶上了这个尾巴。虽然和应届生竞争压力很大,但我没有认输。我中学是在北京七十二中就读的,当时那里聚集了许多很有能力的教师,这也是我的幸运所在,他们给我打下了扎实的底子,同时在高考招生政策上,对部队考生也有一定的照顾,最终我被上海交大录取了。

为什么要报考上海交大呢? 学校的名气固然是一方面,但对我而言,刚从部队出来,对国内各大名校的认知都处在同一水平,所以影响我的更多是一些客观因素,比如地域文化、当地有没有亲戚之类的因素。

拿到录取通知书的时候,我正在部队干活,突然听见一名战士喊道:班长,你被录取了! 当时我心里是很激动的,但部队里的工作还是没有落下,后来回到家收拾收拾,就一个人来到了上海。入学的时候已经是十月份了,在车站有人接站、托运行李,一切都很顺利。

当我背着行囊走进法华镇路校区大门的时候,我意识到,从此我就是一名交大人了。

法华镇的情与景

法华镇路校区并不大,只有一栋教学楼,楼旁边是学生宿舍,不过校内还有一个小足球场。这里离本部不远,却颇有一种"天高皇帝远"的意味。当时在法华镇路校区只有电子工程系的两个班,后来又转过来一个班,我们那一届就有了三个班。我在41081班,学的是雷达专业。我们班有二十多位男生,女生只有三位。78级中,应届生占了很大一部分,然后就是社会上的一些考生,年龄差还是存在的,我在班里是第三大。我住的是八人寝室,调整过几次,后来寝室里有七个人,我睡下铺,上铺堆放行李。

当时我随其他人在寝室里组装电视机,我们从厂里购买零器件,带到寝室里装配、调试,自己拼出一台黑白电视。后来别人都要挤在大礼堂里一起看世界杯什么的,我们在自己寝室就能看,反正都是黑白的,也是挺有趣的。不过寝室确实不大,在过道中间放了一排很窄的桌子,抽屉是那种能竖起来的木板。虽然主要精力放在学习上,但是课余生活也是挺丰富的,下象棋、打桥牌之类的。我有时会和几位同学去看露天电影。夏天的傍晚,哪里有放电影的消息,我们就跑过去,放映机自顾自地转动,播放电影时传出吱吱呀呀的声音,台下人头攒动,很热闹。

我喜欢踢足球,因为校内就有一个足球场,很方便。我们班有一个足球队,毕业时参加"思源杯"比赛还获得了全校年级第二名,我踢的是左前,临时改用左脚踢。我们有时和校外的一些球队约球,外面的场地是要收费的,我们就约定踢一场,输了的那一队交场地费。一场场下来,我们的技术都练得不错,后来参加"思源杯"的时候,我们没有请过外援。那时在同学中我也算是一个"富豪",随着部队待遇提高,每个月的补助也不少,比赛的时候,每到关键场次,我就请大家海吃一顿。踢过球、流过汗、吃过饭,大家都挺高兴的。虽然后来没有踢到第一还是很遗憾的,但有过这么一群"战友",也没什么不满足的了。

后来新生部也搬到了法华镇路校区,新建了一栋楼,学校里突然就热闹起来了,但我却有点被人分了自己的一亩三分地一样的感觉。对于法华镇路校区,我还是很有归属感的。

刚进班的时候我不是班长,几次班干换届后,我稀里糊涂地被推选为班长,这一当就当到了毕业。不过从毕业分配的角度看,我当班长还挺合适的,因为我是从部队来的,最后还要回到部队去,所以和等待毕业分配的同学就没有竞争关系,系里的老师来征求意见时,我还是很客观的。

教会我如何学习

交大的学习气氛真的是不错。那时候图书馆位置少,大家就在大教室自习,我们都很清楚,学东西是给自己学的。刚入学的时候,进行了一次数学摸底考试，总共有五道题，我看到题目就蒙了，脑子一片空白，几乎是交了白卷。当时教我们微积分的景纪良老师还走到我身边，告诉我不要紧张，尽自己最大努力答题就好，这只是先了解一下我们的水平，以便后面教学的开展。那一年我就发奋学习，把高数所有的习题都做了，以至于后来考试，发现每一种题型都做过，新的题目只是换换数据。我的毕业设计是关于天线的，虽然这个选题很难，但有了前三年的学习经验，我最终交出了优秀的答卷，也凭此获得了"优秀毕业生"的称号。我从部队考进交大，有一个很明确的目标——学习。我从交大回到部队，带着我所学到的东西，做出了一番不错的成绩。

感谢交大教会了我很多东西。退役这些年来，我从事过很多行业，打过工，也当过老板，深入过农村，又穿行过城市。每一次接触陌生的领域，翻出几本教科书，看一看，琢磨琢磨，便会发现这和之前做过的东西大同小异，没什么太难的。是的，社会很大，路很多，以后还会更多。我做了一辈子雷达，可能是我们班同学中唯一从事与本专业相关工作的，我们班很多同学出了国，毫无疑问，我们都是幸运的。但也有人会被分配到不如意的岗位上，一做就是一辈子。

我们不能改变的东西很多，但一时一事其实并不重要，真正起作用的是我们自己的素质。正是在交大的四年里，我学会了影响一生的本领——自学。还记得有个寒假，为了免修，我在家中每日起早贪黑啃课本，虽然最后的考试未能如愿，但却为我点明了方向，让我在接下来的一个学期的学习中得心应手。时隔三十余年，现在看来，这是一次"失败"的自学经历，但它在我人生中却占有重要的地位。当我如今能熟练地使用自学这一技能时，回头望去，当初的每一步探索都是那么让人难忘。

海阔凭鱼跃

我们那时候，毕业了分配工作，就是一辈子的事情。不像现在，毕业后选择很多,就业也成了一个难题。就业是什么,说到底,就是有一份可以养家糊口的工作,只要合法,它就是就业。创业也是一种就业,只是这种就业面临着更大的风险与机遇。

我在部队工作了三十多年,有时想着曾经的同学现在都在哪儿呢,有时遇到了难题,渴望和过去一样找人交流,有时像大学时一样,脑袋里冒出无数的想法渴望着去实现……2004年的时候,我48岁,在总参四部管全军雷达。做了大半辈子的雷达,我突然觉得还有好多梦想要去追求。部队里师职干部的退休年龄是55岁,我想着自己与其等到退休,还不如现在就去看看外面的世界。那便退役吧!

外面的世界真的很精彩。我的第一份工作是在一位朋友的公司里任职。他的公司我以前也来过,待遇还不错,朋友热情地招待我,等到中午的时候还有专人送来午餐。但主宾关系一变,很多事情也就变了,这是我后来懂得的道理。入职第一天的中午,我还在办公室工作,朋友走进来:"怎么不去吃饭?"我才反应过来要去楼下的食堂打饭,拿着饭卡来到食堂,打好饭找位置坐下。

现在很多毕业生不清楚自己要做什么,习惯于随大流,因为这种方法最简单,这条路有很多人走过,总有人能给自己指导。我还是鼓励大家先找件事情做下去,不要觉得人家这样走,我就得这样走,人家说哪条路是康庄大道,我就要去挤得头破血流,真正要做的是找一个方向扎下根来,借此对周围世界有更直观的认识。我做了好几年农业,现在做的无人机在农业上也有应用。

就像击鼓传花,没人知道危机会不会停在自己手中。社会很大,路很多,不能保证自己选的路足够宽,所以最重要的还是自己的能力。

离开部队后,我有一种"海阔凭鱼跃"的感觉,因为部队里有很多的限制,出来之后我可以更方便地与人交流,而不用担心泄露什么保密内容,也可以做各种各样之前想做的事情。我现在做的是无人机的市场应用。

我将无人机领域发展划分为四个阶段:大飞机、小飞机、隔离空域和融合空域。现在正处于普及应用的小飞机阶段，技术条件已经有了，问题是怎样将其应用于具体环境中，比如农药喷洒、道路检测、物品运输……无人机的潜在应用有很多，只是需要被人发现而已。

目前，高楼火灾救援是进行集中疏散，但问题在于，发生火灾时不可能集中在楼顶或楼下等待救援。如果将无人机用于高楼火灾救援，就能很好地解决这一难题。使用无人机把救援绳缆的一端挂在某一楼层预留的位置，就可以让人们从绳缆上滑下。我们在和相关部门沟通，准备将这种设计应用于实际中。还有空中机场概念的提出，这在海军舰艇上有很好的应用，可以有效解决固定翼无人机在舰船上垂直起降的问题。

我觉得这些都是很有意义的事。钱什么时候都能赚，但钱也是虚假的，有可能你现在贷款买了房，过几年房价跌了，"割韭菜"的人很多，总有人会成为被割的"韭菜"。所以在我看来，真正重要的还是自己。

国家需要一支正规的救援队伍，这是我们将无人机应用于紧急救援的契机。我们能训练出专业的救援队伍，在有需要的时候，我们是国家的专业救援力量，而平时我们又能利用自己的研究实现自给自足。作为一名退役军人，考虑到国家在专业化救援方面的现实需求，我认识到退役军人就是很合适的资源。因此，在我们现在提出的无人机技术教学体系中，就准备培养退役军人当第一批飞手。

人进入社会后，不可能只在一个地方待着，也不可能只有一个身份，想要成功，必须掌握各种各样的资源。

我们的公司一直没有接受融资，无人机应用的领域很大，前景很好，正因为如此，我们才不愿被资本绑架。当初离开部队的时候，我就想着要出去好好看看，这么多年过去了，我发现外面的世界真的很精彩。我也希望学弟学妹们能够多出来看看这个世界，感受它的运作，感受它的魅力，感受它与大学生眼中的社会的不同，不要局限于眼前。随大流固然避免了不少弯路，但跻身在那些随大流的人群中却并没有什么优势可言，多接触这个社会，才能走出一条属于自己的道路。

吴涵渠

吴涵渠，1962年生，江西景德镇人。1978年考入上海交通大学电子工程系，1982年本科毕业。曾在九江船舶工业学校任教。1989—1993年在深圳电子产品检测中心任技术部副经理，从事电子产品质量检测和产品技术标准的研究。1993年创办深圳市奥拓电子股份有限公司（简称"奥拓电子"），主要从事LED应用产品和金融科技产品的研发、生产、销售及相应专业服务。现任深圳市奥拓电子股份有限公司董事长，深圳市第五届、第六届政协委员，深圳市专家委员会委员。

在阶层固化的舆论甚嚣尘上的今天，吴涵渠从个人的经历和阅历出发，依然始终相信任何一个进步的、健全的社会，个人未来的地位主要取决于个人的能力和努力。他说他理解的中国梦就是只要肯努力，你就能从普通的老百姓变成社会的精英分子。他谆谆告诫年轻人积极面对生活，努力改变未来，坚信中国梦就会实现。

我理解的中国梦

口述：吴涵渠

采访：周　洁、唐可欣、钟　昊

时间：2018 年 5 月 14 日

地点：奥拓电子股份有限公司（南京）

记录：唐可欣、钟　昊

整理：唐可欣

第一志愿，圆梦交大

我是 1978 年考入上海交通大学的。"文革"中，我国的高考中断了十多年之久，直到小平同志复出后，高考才得以恢复，大家才有了继续上大学的机会。而我作为高中应届毕业生可以直接参加高考，无疑是幸运儿。

我老家在江西景德镇市。尽管北方的名牌大学比较多，但作为南方的学生，我们都不太愿意到北方去上学，因为担心生活不习惯。尤其是听说北方没有米饭吃，更是怕自己受不了。因此在报考学校时，首先就排除了北方的学校。通过和父母商量，考虑到上海离景德镇比较近，而且上海的名牌大学也比较多。当时我非常向往到上海读书，于是在报考时，根据我个人的兴趣，我第一志愿就报考了上海交通大学，选择的专业也是当时比较热门的电子工程系无线电专业。

当时的无线电专业就跟现在的基因工程、人工智能一样,属于最前沿的学科,要考进去是要挤破脑袋的。幸好我当年考得还不错,考了 417 分的好分数,让我以第一志愿考取上海交通大学无线电专业。能以第一志愿圆梦交大,读的又是我喜欢的专业,我真的是非常幸运、开心。

方骖并路,融融泄泄

我很喜欢上海这个城市,小时候我父亲就带我来过上海,现在我又考上了上海的大学,可以说,我和上海有不少的缘分。尤其是上海的现代化程度,在当时的中国应该是最高的,到处有漂亮的小洋房和热闹的马路,这个是老家景德镇没得比的。要知道,当时的江西相对还比较落后,所以上海就深深地吸引了我,让我觉得来对了地方。

我们电子工程系位于上海交通大学法华镇路分部,但入学报到还是在本部。那时我可能比较性急,人未报到,行李就早早地托人运到了学校。可是,学校还没有开学,又没有专门存放学生行李的地方,没办法,工作人员只好直接将我的行李寄放到了校长办公室。开学时,我去报到,得知行李在校长办公室,感觉很是受宠若惊,而在取行李时,校办的老师对我也非常热情,更加让我对交大的第一印象倍增好感。

我们系那年有两个班,其中一班学的是雷达专业,我是二班的,学的是无线电通信专业,我们的班级号为 41082。

当时我们班有 39 个学生,入学之后我发现,年龄差距是非常大的。像我们这种年纪比较小的,才十六七岁,而年龄最大的却已经有了 30 多岁,几乎大我们一倍。他们大多已经结婚生子了,因为国家恢复高考,又重新回到校园,开始读书学习。所以,在我的同学里面,往届生比较多,还有老三届的学生。老三届是指 1966 届、1967 届、1968 届的初、高中毕业生,他们因为"文革"中断了学业,大家统称为"老三届"。

对我们应届生来说,这些老三届、往届生就是我们的"老大哥""老大姐"，他们有更丰富的社会阅历，有的当过工人，有的当过兵，有的下乡当过知青，总之是工农兵都有。跟着他们，我们学到了很多课堂上学不到的东西，比如人生经验。他们的经历也让我深切地体会到，读书的机会是多么地来之不易，所以我格外珍惜自己大学的时光。

交大名师，各有风采

交大的老师教学水平很高，也很认真负责。虽然不见得每个老师都口才了得，但是，我接触过的老师，教学态度都非常的认真，给了我很好的教育。

其中，有三位老师给我留下了很深的印象。

其中一位是教机械制图的卞老师。当时我不理解电子工程专业的学生为什么要学机械制图这门课，因而内心比较抵触，学得也不是很认真。比如，有些需要使用曲线板来画图的作业，我因为不耐烦，就直接用手画来应付了事。结果，我被卞老师叫到办公室训话。他对我说："吴涵渠，这个图是要用曲线板来画的，你用手画，再怎么画也会有误差，对于机械制图，这样是不可以的。"原来卞老师的治学态度是这么严谨，当我意识到自己的错误态度后，心里很羞愧，并真诚地向卞老师道了歉。卞老师这种严谨的治学态度对我们交大的学生影响很大，也对我后面的工作产生了很大的影响，我很感谢卞老师。

另一位让我印象深刻的是教电子实验的华老师，听说他是从苏联留学回来的，是一位非常优雅的老师。大家都知道，实验课往往比较枯燥，但是，华老师很会调节课堂氛围，我清楚地记得，当我们的示波器调不出来，请他过来时，他会用华尔兹的步伐从教室的另一个角落一下滑到你的身边，舞姿是那么漂亮，引得我们哄堂大笑，让我们的学习充满了乐趣，我觉得非常有意思。

此外，还有一位带我做毕业设计的老师，曾被交大派到丹麦做过几年访问学者,从事图像处理相关的研究工作。他有一台微型计算机 APPLE2,是他用做访问学者期间省下来的津贴买的,那个时候国内基本没有微机。听说他为了省钱买微机,导致自己不能买电视机和冰箱,但是,他把微机放到实验室给学生们公用,这种境界,让我很敬仰。

发愤图强,矢志兴国

我们读书的时候,同学们的学习可以用"超勤奋"来形容。为什么那么勤奋?你想想,高考中断了十多年之久,大家无书可读,很多城市青年下乡当了知青之后,很可能一辈子就留在农村,不能回城市。突然有了这么一个难得的上学机会,大家可以回到原来的城市生活,谁不珍惜?而且,那个时候,农村孩子想要改变自己的命运,上学是一条最快捷的途径。因此,大家几乎每天大部分的时间都在读书。

我们的学费是由国家负担的,根据每个人的家庭经济情况,还会有不同数额的助学金补贴。我清楚地记得,当时我每个月的补贴是 14 块,加上家里每月寄来的 5 元,开销完全不成问题,毕竟那个时候,学徒工在工厂工作一个月,收入才 18 元,所以说,我们的大学生活其实过得也算比较舒服。而且交大的伙食也很好,几乎每天都可以吃到大排,那时候,交大的大排名扬整个上海的高校!

我们毕业后的工作也是由国家统一分配的,所以不像现在的学生有就业压力。因为当时中国比较落后,所以我们还是比较有使命感和紧迫感的,大家都想利用自己学到的知识为国家的建设贡献力量。我记得,我上大学那时候,中越边境正进行战争,听说由于我们的海军通信手段比较落后,有一次战舰通讯出现故障,前方打了胜仗,捷报却不能及时传回来。消息传到我们耳中后,我们无线电专业的学子都坐不住了,要发奋图强,改变落后的局面。

有了这种使命感,大家都很自觉地刻苦学习,也愿意服从国家的安排,到国家需要我们的地方去工作。因此,当时交大的学风应该说是非常好的。

课余生活,精彩纷呈

我们的课余生活还是很丰富的,班委会经常组织大家骑自行车到周边游玩,平日里也可以相约去打球或者看电影,周末偶尔还可以到上海的同学家里吃顿饭。还学习了交谊舞、交响乐、棒球,因此,我们也很快乐。

坦率地说,这样的年纪,谁都贪玩。尤其像我,上大学时才十六七岁,不可能不想玩。我们那时候娱乐活动比较少,获取资讯的渠道又比较少,因此,看电视成了我们课余生活最大的兴趣。可是,那时候电视机刚刚出现,因此,若是谁家有一台电视机,那大家都会将其当作宝贝来看待。那时候,一大堆人围着一台电视机可不是一个新闻,而是当时一道优美的风景。正好,我们交大有一台电视机,而且还是彩色的,就放在我们电子工程系。我们可以说"近水楼台先得月",这个诱惑,真的很难抵挡。

于是乎,一到晚上,大家都会挤坐在电视机前,看新闻、看球赛、看电视剧,反正什么都看,什么都喜欢看。

为了在看电视时抢得一个有利的位置,那时我还特意买了一个小手电筒,就是为了在电视机房门打开的那一刹那,在电灯还没点亮的时候,能够通过手电筒照明,迅速跑到电视机前,找到最好的观看位子。那时候,电视上播放了很多好电影,比如日本的《望乡》《追捕》,还有电视连续剧《大西洋底来的人》,也是每天追着看。现在想来,当时真的好疯狂。

当然,最疯狂的事是看球赛,比如女排的球赛,看完球赛我们还会高呼"冲出亚洲,走向世界",喊得我们热血沸腾。

当然,也会有一些遗憾的事情。比如有一次看一场中国女排跟日本女排的决赛,正打到决胜关键局,突然电视信号没了。这下大家都炸了,看不到结局,得有多难受、多懊恼啊。可是也没办法,因为当时我们国家比较落后,还没有自己的通信卫星,每次直播球赛时,只能租用日本的通信卫星,又因为资金的原因,租的时间不会留有宽裕,因此,往往容易出现直播中断的情况。面对这种情况,我们也只能牢骚满腹。

但是,当时也有很多人不甘心,到处写文章呼吁国家要发展自己的通信卫星。作为交大无线电专业的学子,我们当时的做法就是在上卫星通信这门课时特别认真,大家都暗暗发愤,一定通过自己的努力,让中国争口气,强大起来。

如今,我们中国的航天技术已经跃居世界前列,卫星数量位居全球第二,要知道,这是多少国人奋斗的结果,确实值得我们骄傲、自豪。

稳健创新,敬业乐群

交大毕业之时,面临的就是分配。

早些年,国家对大学生的毕业分配政策基本上是"从哪儿来回哪儿去",但也会征求个人的意见。我那时的理想是当老师,根据我的意愿,后来就被分配到了九江船舶工业学校当了老师,教《高频电子线路》课程。教学相长,这培养了我良好的表达能力和乐于交流的性格。1986年,我考入南京理工大学,攻读通讯与电子系统硕士学位。研究生毕业之际,国家鼓励年轻人投身到改革开放的最前沿阵地,于是,我就到了深圳。

深圳是个年轻的城市,又受到了国家的支持,所以充满了活力,非常适合我们年轻人。而且,当时深圳提出的"深圳速度""时间就是金钱""效率就是生命"等理念深深地打动了我,所以一下子,我就喜欢上了深圳。1989年研究生毕业之后,我去了深圳的一家事业单位——电子产品检测中心,在电子产品检测中心做工程师和技术管理。

1992年,小平同志到南方视察,发表了重要的南方谈话,号召年轻干部到市场的大风大浪中锻炼一下,当改革开放的排头兵。我感觉到中国即将发生巨大的变化,里面充满着巨大的机会,看到别人纷纷"下海",我也不想安于现状。于是,我下海创办企业。1993年5月12日,奥拓电子正式成立,到今年,奥拓电子已经走过了整整25个年头,而且还将继续走下去。我的这一次选择,对我的人生可谓一次定格。

25 年来,有过创业的辛劳,但更多的是成功的喜悦,我们从最初的小公司发展成今天的上市公司、集团化企业,要说我有什么成功经验,我觉得是我牢牢地把握住了两个关键因素,一个是创新,一个是稳健。

同时我也悟到,一个人要成功,"敬业"必不可少,"乐群"也很重要,所以我将"敬业乐群"定为我们公司的核心价值观。

坚定信念,永不放弃

我有两句话想送给我们交大的学弟学妹们。

第一句话是不要焦虑,一定要有一个好的心态。

我知道,现在的生活、就业压力都比较大,社会的快速变迁也容易使人产生焦虑。但是我们需要避免焦虑的情绪,因为焦虑解决不了问题,反而会产生更多的问题。因此,在面对不如意的时候,我们一定要有正确的态度,要相信所有的困难都只是暂时的,都是可以解决的,每天晚上睡觉之前,告诉自己,明天一切都会好起来!

第二句话就是永远不放弃自己的努力。

我相信,任何一个进步的、健全的社会,个人未来的地位主要取决于个人的能力和努力。我理解的中国梦就是告诉年轻人,只要肯努力,你就能从一个普通的老百姓变成一个社会的精英分子,这种精神力量驱使年轻人积极面对生活,努力改变未来。如果大家能认同这个导向,愿意朝着这个方向去努力,我相信大家的未来一定是美好的!

袁怡

　　袁怡，1960 年生，江苏无锡人。1978 年考入上海交通大学精密仪器系，1982 年本科毕业。后留学美国，1991 年获硕士学位。硕士毕业前被美国通用汽车公司技术中心录用，并取得多项美国专利。1995 年加入美国德州仪器（TI）公司，担任过亚洲市场经理和全球宽带业务经理。1996 年初作为 TI 首个派到中国的代表。2000 年进入美国博通（Broadcom）公司，任亚太市场总监、中国区总经理等职务。在 2005—2008 年期间，他任香港上市公司 TCL 通讯科技的执行副总裁与总裁，2008—2014 年任科通集团总裁。2014 年他自己创业博思达科技，为中国的大型科技企业提供有技术含量的 IC，提供技术支持，及良好的后勤服务。

　　中美就经贸问题持续交锋以来，有人对长期的经济发展持谨慎的态度，不过在袁怡看来，中国跟美国不太一样，中国比美国有更多的硬件基础和就业机会，因为中国还有庞大的制造业，中国的就业市场对软件和硬件人才的需求都大量存在。因此，他建议年轻学子不用太纠结选择的领域，关键是不管学哪个领域，要学得扎实、学得到位，才会有更多的机会，才会有前途。

我的梦想校园，我的挑战人生

口述：袁　怡

采访：张徐玮

时间：2018 年 5 月 16 日

地点：上海交大电院群楼 2 - 319

记录：权令伟

整理：权令伟　张徐玮

两代人的交大梦

1977 年的时候，我去清华看了一下，也来上海交大看了一下，来之后就喜欢上了交大这个校园。当时是在徐汇校区，我感觉整个校园非常精致，对校园环境、文化氛围都比较喜欢，再加上我的祖籍是江苏无锡，无锡离上海比较近，比较习惯江浙沪的生活环境，所以也优先考虑这边的大学。

其实背后还有一个比较重要的原因，那就是我父亲在 1950 年左右来过上海，来过交大，他非常喜欢交大，所以他们高考的时候，交大是他的第一梦想，但是当时父亲觉得他考不上，就放弃了。我得知以后，就和家里人说，那我来试一下，看看能不能考上交大，所以我就报考了上海交通大学。当时我确实是清华、北大、中科大这些学校一个也没报，第一志愿就是上海交大。最后能进入交大也算是圆了我父亲的一个梦想，圆了我自己的一个梦想。

　　就我本人来讲，我比较喜欢动手，在中学的时候就喜欢做各种东西，不管是电子方面还是机械方面的东西，我都有所涉及，当时觉得精密仪器系是将机、电结合起来，属于比较边缘的科学，我觉得可能会比较有兴趣一点，就选择了精密仪器系这个专业。

　　准备高考这个过程对我来讲相对比较轻松，因为我的学习成绩还不错，尤其是数理化。其实在高考过程当中，我花了蛮多的精力在教同学如何复习和准备考试。我个人比较喜欢物理，就会给我的同班同学讲解力学、电学这方面的知识，我感觉高考并不是那么令人紧张的一件事情。

　　我觉得自己是非常幸运的，因为我正好是第二批参加高考的，也是最后一批差点下乡的。当时我也就十六七岁，正准备下乡去了，但突然听到恢复高考了，心里就高兴得不得了！其实当时从得到消息到考试也就半年多的时间，所以就需要在半年的时间里把各门课都捡起来，我算是有点小聪明的同学，而且平时也没怎么丢掉所学的知识，因此准备起来比较轻松。

电影八分钱一场

　　进入大学以后，我认为大家学习都蛮用功的，因为在那个年代，外面能够吸引你的东西并不多，诱惑比较少。最多一个星期学校放一场电影，我记得是八分钱一场。其他的东西还是很少的，不像现在会有很多电子产品的诱惑。那时候我们也很简单，比如说谈恋爱是不被允许的，所以大部分时间也都是花在学习上。我是努力程度一般的那种人，但是很努力的同学还是很多的，晚上已经熄灯了，他们会打着手电筒在被窝里学，因为那个时候刚刚恢复高考，所以大家很珍惜学习的机会。

　　我是比较喜欢玩的。父亲在读大学的时候，比较喜欢文艺、体育，在他的影响下，我也比较喜欢跳跳交谊舞之类的。有时候我会和其他系的同学一起组织舞会，周末申请一间教室，把课桌椅挪到四周，用录音机放音乐，联系几位女生，大家在中间一起跳跳舞，还是蛮有意思的。

我记得我还逃过课，有一门课的老师是山东人，他的口音完全是山东口音，我一点也听不懂。我想反正我去了也听不懂，还不如到外面溜达溜达，自己看看书什么的也好。总之，我的大学生活还是比较轻松有趣的。

想去美国看一看

我们毕业时，国家给分配工作，我们系有三个北京人，我是其中之一。当时正好有三个北京的名额。我就选择了其中的煤炭部科学研究院，主要是做一些仪器的研究和设计。我当时是做超声波的，用超声波探测煤矿、检测机场跑道安全等，我做得还不错，设计的仪器还获得过北京市科技成果三等奖！

至于后来选择出国，也是有过一些考虑的。首先因为在研究设计仪器的过程当中，有一些元器件在国内买不到，最后发现是美国、日本等国家对中国禁运，例如我当时做项目要用的一个高速数模转换器，只能通过一些关系到香港去买。这就使得我对这些科技方面的研究更加感兴趣，为什么别人会有，我们中国就没有，这是特别触动我的一个原因。其次，周围出国的同学也蛮多的，包括我交大同寝室的两个同学都出国了，也受到他们的一些影响。后来我读了一本书，叫《硅谷的故事》，在书里面看到美国那边很多的高科技企业从无到有的创业故事，一时挺有感触，就想去美国看一看，就是这么简单。

决定去美国以后，我就去研究了一下美国的一些大学，当时我是做超声波的，超声牵扯到一些信号处理的知识，就接触到了信号处理器、数字信号处理器等，这些都是德州仪器生产的，我觉得很有意思。然后又了解到，德州仪器公司又赞助了十所大学的实验室，后来我就在这十所大学里挑选了一所最没名气的大学——北伊利诺伊大学，我觉得录取的可能性比较大。然后我就给北伊利诺伊大学写信，当时电脑、邮件都没有，就完全是平信过去，然后我又把我在国内的获奖证明也寄过去。比较幸运的是，他们没有让我考试,就录取了我,给了我奖学金。

令我印象非常深刻的是,美国对人才非常重视,特别是美国的大学。我去的这所大学的实验室里有两个负责老师,一个是白人老师,还有一个是台湾老师,这两个老师都和我强调说,除了你,我们从来没有给一个学生进校之前就发奖学金,都是来了以后看表现。可能他们觉得我算是个人才吧,对我印象非常好,就先给了我奖学金。包括我的第一份工作,那时美国通用汽车公司给了学校一个名额,我的导师就马上来找我,把名额给我,然后我也都完成了他提的要求,他就非常信任我,觉得我可以帮他做事。我们做的项目都是公司里的项目,是可以成为真正的产品、产生利润的项目。同时,老师也特别喜欢带着我去谈项目。

还有一次,我的一个好朋友,浙江大学的毕业生,想出国,但是签证没有批下来,因为当时如果没有奖学金的话,都是不给批的,不像现在,只要有学校录取就可以了。我就和我的导师说了这件事,我说我朋友自己能够担负出国费用,如果我们把钱给老师,您可以再将这笔钱作为奖学金发给他吗?然后我导师就跟我讲,你这位朋友跟你比起来怎么样? 我说他不比我差。他说如果他不比你差,我们就给他一个真的奖学金,让他来美国。当时老师根本没见过这个学生,也没参加过考试,只要老师认为是人才,就可以来做他的学生。可见美国真的是非常看重人才的,这点令我特别有感触!

不断挑战自我

我最开始在美国通用汽车公司工作,主要工作内容与德州仪器(Texas Instruments,TI)公司的信号处理是有关系的,采用数字信号处理的技术,去做电子产品,包括去消噪、减震器等。一直到 1995 年的时候,我个人觉得中国的电子市场慢慢有起色了,从原来大部分拿日本的元器件来组装,到后来发展为我们自己买电子元器件,自己设计板子。那时候正好我们国家开始自主研发生产电视机,而且我跟 TI 一直保持着联络,就跟 TI 的高层讲,中国的电子市场要起来了。美国德州仪器（TI）算是产品最广的一家半导体公司，所以我认为这家公司到中国来，对中国半导体行业的腾飞和电子业的兴起能起到很大的作用。所以我说服了 TI 的高层，让我回中国做调研。从那时起，我就进入了这家半导体大公司并在中国担任负责人，开始负责这方面的事情，也算是如愿以偿进入了 TI。

当时进入中国市场的公司太少了，几乎没有半导体公司。回到中国后，我在这边开始招工程师，整个拓展过程是一个很让人兴奋、非常有成就感的过程。我觉得要把中国市场开发好，要能够帮到中国的企业发展壮大，需要做很多的工作，如帮他们建实验室、提供渠道、培养人才等。但是这种艰辛完全被兴奋的感觉埋没掉了，就像一个桃李满天下的授课老师一样，充满了自豪感，认为曾经的那些艰辛都是微不足道的。

2000 年的时候，我加入了博通公司，他们就让我来组建亚洲团队，展开各类宣传销售工作，提升公司对于亚洲市场的重视程度。美国博通公司是基础通讯做得最大的一家公司，现在在中国一年有 20 多亿美元的销售额。在此之后，我碰到的一些公司对我来说也是新的挑战，如 2005 年，我接手 TCL 通讯，是一家香港上市公司，当时濒临破产，亏损两亿美金，大约 16 亿港币。TCL 通讯主要做法国手机品牌阿尔法特，并不在国内售卖。我接手之后，重新搞融资、整合、裁员等，到 2007 年就开始盈利。这一路上我都在不断地挑战自我，去做有挑战性的工作，非常有成就感。

行行出状元

在就业引导上面，从目前来看，不管是美国还是中国，当下这几年正好是互联网蓬勃发展的时代，所以对互联网人才的需求更大。互联网推动了经济，反过来经济也对互联网提出一定的要求。大家日常生活中经常接触电脑、手机，上网是现代人生活中不可缺少的一部分，因此对于大家来说，最耳熟能详的企业，可能就是互联网企业了。在中国，就是腾讯、百度、阿里巴巴等；在美国，就是谷歌、微软、Facebook 等。但是很多的东西需要落地，没有硬件做基础是不大可能的。在我看来，我的客户更多的是在从事互联网落地方面的工作。举个例子，未来电视机的发展，可能会实现语音控制等功能，你想看电影频道，就对着电视机说打开电影频道。语音识别、人脸识别等功能，是近些年的热门方向，例如苹果的 Siri 和国内的科大讯飞，但是这些前端科技的改良与发展，没有硬件做基础是无法实现的。

实际上，我觉得中国跟美国不太一样，中国比美国有更多的硬件基础和就业机会，因为中国还有庞大的制造业，而美国更偏向于硬件设计方面，比如德州仪器就是在这方面较为知名的企业。互联网企业直接就是采用电脑服务器，这些电脑、服务器之类的设施可能都在亚洲生产。以做机器人为例，软件应用到机器人控制，就是要把软件的内容具体实现到硬件上去。所以我觉得中国的就业市场对软件和硬件人才的需求都大量存在。所以我建议，按照自己的兴趣爱好去学就行了，只要你学得好，不管是 CS，还是仪器制造和硬件设计，都会大有前景。但最关键的是，不管是哪个领域，要学得扎实、学得到位，才会有更多的机会，才会有前途。正所谓"三百六十行，行行出状元"！

韩军

韩军，1959年出生于河北省保定市。1978年考入上海交通大学精密仪器系，1982年本科毕业。被分配到中国船舶工业总公司下属保定蓄电池厂（2000年改制为风帆股份有限公司，SH600482）。退休前任中国船舶重工集团动力股份有限公司副总经理、财务总监，风帆有限责任公司董事，保定风帆集团有限责任公司总会计师，现已退休。

韩军挥别交大之后，满怀激情，打算在专业技术方面做出一番业绩。但到工作单位后，被安排在管理岗位工作。他服从组织安排，自我调整，精进博收，强化管理基础理论和专业知识的学习，根据职业需求、时代发展趋势，除了原本的学历，还学习了会计和计算机信息管理，拥有了三个本科毕业证。在他看来，从事管理岗位，虽然个人为人处世和处理上下级关系的能力很重要，但更要通过持续、广泛地学习，不断增进自己的管理知识，提升对时代、趋势、政策的理解，从而提高管理的水平、增长管理的智慧。

笃行不倦报师恩

口述：韩　军

采访：雷云天

时间：2018 年 5 月 17 日

地点：上海交大电院群楼 2 - 319

记录：郑楚君

整理：郑楚君、雷云天

交大印记，一生难舍

　　决定报考上海交大的过程，现在看来是一个偶然。1978 年高考结束后，老师让我们自己估分，班主任根据我的估分向我推荐了交大精密仪器系。当时我估计的分数与实际考的分数上下仅差一两分，非常接近。

　　那时候"文化大革命"刚刚结束，我们是恢复高考后，第二届参加高考的学生。在我们之前的高中毕业生只有一条出路——上山下乡，两年后才能再回来参加工作。实事求是地说，在入学之前，我对交大没太多概念，但是等我真正入学之后，我发觉交大是一个非常优秀的学校。那时候在交大的学习非常辛苦，但对我们后期的发展有很大帮助。交大对我们学习的要求高，不但注重专业知识的培训，而且注重学生自我管理和为人处事能力的培养，以及很多老师的身体力行成为我们学习的榜样，这都对我之后从事的工作起到了很强的引领作用。

我现在都快到退休的年龄了，还有人在介绍我时，说我是"交大毕业的高材生"。交大是双一流名校，也有非常多知名的校友。交大人是我一生之中难以割舍的印记，我也为是交大人而感到骄傲和自豪。

考场球场，都是战场

那时，我们这些恢复高考的第二届大学生对大学的学习机会非常珍惜。当时的大学老师不但督促我们学习，而且会督促我们去操场锻炼。我们就给自己定了一个目标：每天锻炼一小时，健康工作五十年。每天下午四点到五点之间，老师一定会喊同学们去操场锻炼，下午五点半吃过晚饭之后，大家都拎着书包去教室或者图书馆自习。当时的校园生活基本就是操场、教室、食堂和宿舍四点一线，很少出学校的校门。虽然徐汇校区地理位置不错，但我们几乎很少出去逛街，都在学校里面读书。

当时精密仪器系有名的老师，有高忠华老师、苏德洋老师等，估计现在他们都要有八十高龄了。在我们读书的时候，交大自己培养的年轻老师还不多，因为我们之前的学生都是工农兵学员。并且交大前期分了一部分师资到西安交大，所以留在上海的老师年龄都比较大。回想起当时的学习生活，一些老师给我的印象依然深刻。我大一的时候，教我们高等数学的老师，岁数也比较大，戴着眼镜。上课是在新上院一个大的阶梯教室里面，老师对我们的课堂秩序要求很严。

我觉得学校对学生要求严是一件好事，这对学生的发展很有利。如果学生在上学的时候秩序意识不强，那么真的会走入一种误区。当时我在上学的时候也犯过一些小错误，交大的老师当时和我说，年轻人犯错也难免，能够认识到、处理好就好了。当时老师对我的要求和教导，对我之后的工作能力和为人处事都非常有帮助，就是看问题不要局限于一点，要看得宽广些、长远些。所以我觉得交大对我的培养，令我受益匪浅。

　　我在交大的时候很喜欢踢足球，还是班级足球队的队长，我们还在年级"思源杯"足球比赛中获得过冠军。如果现在这个比赛还在的话，那么第一个冠军队的名字应该是我们80081、80082班的，足球赛的经历现在依然历历在目。当时我在队里的位置是左后卫。还记得最有意思的一场决赛，我们和对手踢了个平局，所以进入了点球环节。双方各罚五个球，依然没有分出胜负，接着就变成一对一地罚球，谁罚进了就赢了。我们的对手先罚球，五个还没有进，之后就轮到我们罚球了，当时我太紧张了，裁判还没有吹哨，我就罚球了，这个球没进。裁判认为我罚球无效，让我重新罚球，但是对手不同意，他们认为我属于罚球未进，接着我们两个队在球场上吵成一团，比赛进行不下去了，最后决定再加踢一场比赛。我们队在第二场比赛中发挥出色，大比分赢得了冠军。拿了冠军之后，大家非常兴奋，用班费给每个人买了一个镀金的小金杯做纪念，这个奖杯我保存了很多年。

遵从需要，服从安排

　　我大学毕业的时候被分配到了国营482厂。当时这个单位招仪器专业的学生，本来计划是把我安排在仪表室，做一些仪表鉴定等专业工作。但是我去了单位以后，由于我有学生干部的经历，就直接我把安排在人事处了。在人事处工作的时候，有些同志和我开玩笑，说我是学精密仪器的，结果精密到人的大脑，管人事去了。我当时对工作分配也有一些想法，甚至去找了单位领导，不愿意在人事处工作，宁愿去仪表室里检修仪表。领导和我谈话，让我服从组织安排。后来我慢慢领悟到，做什么工作都是一样的。我们当时在工作上接受的教育是，服从组织安排。那时候有一个说法："我是一块砖，哪里需要哪里搬，放在哪儿都要发光发热。"

　　我从1982年开始，除了中间有两年在基层做了车间主任，直到1997年一直从事着人事工作。在工作当中，虽然有过一些个人想法，但是工作还是很认真负责的，包括定额的修订、工资分配方案的制订、用工人事薪酬分配制度改革，这些都是在市场经济下全新的工作。之前计划经济时代，每个人的工资是固定的，大学毕业统一四五十块钱一个月，之后什么时候涨工资，都要看国家安排。改革之后，国企用工打破了铁饭碗，突破了以前一进入单位就终身制的方式，我们人事部门还建立了一个培训班，专门培训其他部门淘汰的人。在20世纪90年代初，我们还和香港的一家公司进行合资，我参与了人事用工制度改革、工资分配制度改革。我设计的人事用工、工资分配方案，一直在公司里应用了很多年。在公司发展的过程中，我还是做了很多贡献的。

改革开放，成就风帆

我刚进厂的一两年，公司还是计划经济，后来才开始进行社会主义市场经济改革。那个时候，我们很多产品都是存放在办公楼里，因为库房里存不下。最早的国营482厂只给军方提供产品，我正好见证了由计划经济向市场经济转变的这个奇迹般的过程。通过市场的运作，风帆逐渐发展壮大。

当时我们风帆电池的品牌也没有做太多的广告宣传，后来有一个契机：1984年新中国成立35周年阅兵式，走过天安门广场的军车上基本都装备的是我们风帆公司的电池。所以我们将这段记录移植到广告中，定了一句广告语："好马配好鞍，好车配风帆。"风帆蓄电池因为这句广告语享誉神州大地，20世纪六七十年代出生的人对这个广告一定很熟悉。我们风帆公司一直在坚守民族品牌，扛着这面旗帜，克服困难，不停地在发展。国庆50周年、60周年阅兵，依然使用的是我们风帆公司的电池。

20世纪80年代初，上海成功与德国大众合作引进桑塔纳。但首批下线的车辆国产化率基本为零，那个时代仅有电池、轮胎、前面板上的收音机这样的小部件才可以国产化。随后国家明确了桑塔纳的国产化时间表。1986年，我们厂送检的电池样品成功地通过了德国人的各项测试，成为桑塔纳汽车蓄电池的独家配套商，实现了国产化的重大突破。当时《文汇报》也进行了很大篇幅的报道。朱镕基总理当时在上海任职，对这件事也非常关注，给予了一些指示。那个时代，国内的老领导、老同志，对风帆电池这个民族品牌印象都是非常深刻的。现在我们的电池产品主要配置在一些中高档的车上，比如奥迪、上海通用等。

我和公司的股份制改革也有一段关系。我在很长时间中从事人事管理工作，中间有一段时间正好集团公司举办了脱产会计学历培训班，培养工科出身的同志从事企业财务管理能力。我脱产出去学了两年财务。在这期间，公司将股改上市提上了日程，所以我回到公司之后就开始着手制订股改方案。这个过程还是蛮辛苦的。实际上，公司是从1997年开始做这件事，我是1999年才参与的，一直到了2004年，我们才真正完成了股票的发行，这期间经历了很多酸甜苦辣。当时我们的公司在上市审核的时候被否决了。因为当时很多评审同志认为现在还发展什么铅酸电池啊，锂电池都要替代铅酸电池了。但我们公司当时主要生产的是铅酸电池，当时各种电池技术发展得很快，但是产业化比较成熟的还是铅酸电池。被否决以后，由于公司基础比较牢固，再加上我们这些做申报材料的人也比较踏实，材料没什么水分，我们继续咬定不放，重新申报，最后才得以通过。

2004年风帆股份上市后，公司有了证券市场融资平台，资金有了保障，我们的研发生产技术水平也在不断改造升级，创新突破不停。在风帆工作了几十年，我有很强的成就感。

深入研究，把握未来

现在我们主要开发的是启停系统，当汽车在低速行驶的过程中靠电池提供电力，达到一定速度之后切换到燃油发动机，这属于一种微混系统。这个技术在欧洲是比较受欢迎的，特别是德国大众比较看好这个技术。我们国家产业政策改进，一些领导也是非常重视这个技术应用。下一步我们准备切入48 V的系统，也是一个微混的锂电池研发。

第二个是将先进的物联网技术应用于铅酸蓄电池物流作业管理,通过二维码和 RFID 技术对每块电池进行统一身份标识、结合移动互联技术实时采集操作数据,包括监测电池的工作状态、回收、循环,对一些薄弱环节进行改进提升。国家在这一方面政策很多,这也是我们一个发展方向。

第三个还是在储能电池上继续研究,对铅酸电池进行改进升级。比如双极性电池等,不断提高它的比能量。在铅炭电池方面,我们也有很好的研发团队。目前我们主要还是围绕铅酸电池,以提升容量、提升性能、跟踪各种电池技术进步为主要工作。同时不断推进储能电池在社会中的应用,比如在城市供电系统中应对电网用电高低峰期进行削峰填谷,为一些独立的分散的光伏系统、风电系统作储能电池等,这都是我们发展的方向。但是目前风帆企业在市场中销售比例最大的还是汽车电池。

职业规划,慎思明辨

交大的学生是非常优秀的,但是在择业和职业发展中也要慎重把握。第一,在择业中要寻找能够发挥自己作用和特长的工作。一些学生可能非常在意薪资的高低,我认为学生对薪资关注是正常的,但是是否要将薪资放在第一位,这个是需要商榷的。如果说,你就看好它的薪资,但是这份工作不能发挥你的特长,影响你个人职业生涯的提升,那么你就要在选择中有一个取舍。假如你把工资放在前面,但是你未来遇到的竞争会非常厉害,你不能够在一个很快的,或者一个很好的机会中成长起来,那么我认为还是寻找一个职业发展空间比较大的,能够适合个人职业发展特性的工作更好一些。

第二,作为年轻人,要不断地学习。大学学到的知识是远远不够的,我在交大毕业后也在不断地学习。我们当时上大学时候,使用的计算机是打孔的纸带机,首先打孔编程,然后机器扫孔读取程序,这都是一些大型机器的操作。后来小型计算机产生之后,我通过自学计算机信息本科,参加考试,获得学士学位。还有现在工作中用到的一些软件设备,我都会不断地学习。工作后,我从事了管理岗位,就拓展学习了两年的会计,我现在有三个本科毕业证。我爱人和我开玩笑说,人家本科以上读三次书就是博士了,你三个本科还是本科。我说这些都是工作需要,是在工作中能够用到的一些知识。目前我国大学本科的学习还是立足于素质、能力的培养。从事管理岗位取决于对管理理论的理解与管理专业技能运用的把握,以及为人处世和处理上下级关系的能力,你的专业仅仅体现在能不能挖出一些新的思维、新的方式,你能不能拿出一套符合国家产业政策和改革方向、可操作性强的方案。这些内容是不可能在本科学习中全面学习到的,主要还是要结合你的实际工作,不断地学习。这也是我个人受益比较大的一个体会。

第三是注重综合素质的培养。我爱人是大学老师,通过她我接触到一些大学生,感觉很多大学生能力和素质方面还需要加强。比如说待人接物的能力就体现了一个人的素质,这需要不断地积累。比如说在学校中要和同学融洽相处,而不是一天到晚摆弄手机,把自我封闭起来。我觉得大家要珍惜大学的集体生活,这是培养能力与素质的好机会。除了老师的教导之外,自己要在与周围同学交流中不断体悟总结,认识到自己有哪些不足,不断地调整修补。另外要注重一点,要能够适应环境。不能因为自己是交大毕业的名校高才生,周边同事就都应该围着你转,绝对不能持此心态。当参加工作进入一个企业,你就是一个个体,需要依靠组织。首先就是要能够适应环境,在适应环境的过程中不断发现它的不足,然后去努力改进与提升它,这样去做,才能够赢得上上下下对你的认可。将你看到的问题记在心里,不断思考怎么去解决它,自己提出一些思路,和领导多多沟通,拿出解决办法来,这是比较成熟的逻辑。适应环境后才能改造环境,在发现不足之后提出自己的解决办法,哪怕是一点点的进步。人的一生很短暂,学生在毕业之后一定要懂得首先适应环境,然后再想着改造环境,这个改造也不是靠一个人大包大揽地就可以完成的,需要不断地积累,等你积累一定经验和资历后,很多事就可以自然而然地办成了。

在就业单位的选择上,我认为大家对国有企业要有正确的认识。目前国有企业的机制和体制已经很灵活了，虽然程序会多一些，但是职工的待遇也是和业绩挂钩的。研发人员如果能够拿出成果，得到的奖励也是非常高的，拿个几十万也是没问题的。做业务和销售的工作根据业绩提成，做领导的年薪也要根据业绩指标考核。大家对国有企业要有信心，特别是我们这种属于国资委管理的企业，俗称"央企"。在央企工作也是一种荣耀，因为在这里能够参与到国之重器的制造。当然这种参与有可能只是一个零部件的制造，但是也已经足够荣耀了。现在中国的制造业发展很快，我特别希望交大的学生能够在国家的发展中贡献出自己的力量。

丁文江

丁文江，1953 年生，上海人。1975 年入学上海交通大学铸造工艺与装备专业，1978 年攻读材料科学及工程系研究生，1980 年硕士毕业。上海交通大学教授，博士生导师，中国工程院院士，国家重点基础研究发展规划（973）首席科学家。曾任上海交通大学副校长，上海市科委副主任，上海市科协副主席。现任轻合金精密成型国家工程研究中心主任，中国镁业协会副会长，中国材料研究学会常务理事，中共上海交通大学材料科学与工程学院委员会委员，上海交通大学材料科学与工程学院校友会会长。

念完初一，16 岁的丁文江就被下放到江西农村。在那插队的六年里，丁文江没有气馁，无暇彷徨。他跟着老乡们扎扎实实地学习种田，还用自己的所学为村里创新种田方法、养猪技术，成为乡民眼中的能人。可以看出，他有着超强的适应力、行动力、学习力，有这"三力"加持，走到哪里他都会拥有自己的舞台，闪耀自己的光辉。

是金子总会发光

口述：丁文江

采访：蔡慧娟、黄忠鹤、陶婧雅

时间：2018 年 5 月 16 日

地点：上海交通大学闵行校区

记录：陶婧雅、周　慧

整理：蔡慧娟

面向大地，终有收获

　　1968 年 12 月 21 日，毛主席发出号召：知识青年到农村去，接受贫下中农再教育。16 岁，仅读了一年初中的我，随着数以千万计的"知识青年"，来到距上海千里之外的江西偏僻小山村插队落户务农。面对难以想象的贫困和落后，一锻炼就是 6 年。

　　在这 6 年中，我也确确实实学会了种田，学会了与赤贫的农民朝夕相处，并且用仅有的初中一年级的化学知识，结合当时的农村实际情况，首次采用化肥种水稻的方法，用农药灭虫，用醣化饲料养猪，取得了不俗的成效，水稻产量翻了一番，受到农民的热烈欢迎。我当时被认为是"可以教育好的子女"，成为一名共产党员，并担任过生产队长、总支副书记等职务。务农的 6 年使我感悟到：只要你是一块金子，什么时候都可以发光。苦难并不都是一无是处,只要面向大地,调整心态,全力做自己可做的事情,终会有收获。

只争朝夕,点石成金

　　1975年秋,我被推荐来上海交大铸造工艺与装备专业学习,只有初中一年级的学历要读大学,从未学过物理、化学,却要学力学、电工学,确是一场新的挑战。但务农的实践告诉我:只要肯登攀,总会有收获。努力加勤于思考,我逐渐有了掌握知识的自信。

　　1978年,我考取了"文革"后的首届研究生,开始了我的学习与研究,踏上了掌握知识并解决问题的科研历程。我们是"文革"结束后恢复考试的第一届研究生,当时教育体系还不太完善,仍处于探索教学的过程中。在改革开放后,有机会考进大学,是非常不容易的,同学们都非常珍惜读书的机会。当时我年龄比较小,没有社会经验,进校后只想好好学习。所以我们在大学里读书是比较认真的,劲头非常高,学习气氛很好。当时,绝大多数同学每天都复习功课到深夜,有些同学晚自习后回到寝室,点了灯继续复习功课。

　　虽然教学条件一般,没有课件和电脑等辅助教学设备,但是很多老师备课、笔记和制图都很认真,课上得很好。有些老师板书很整齐,给我们留下了深刻的印象。我师从黄良余老师,黄先生教风严谨,勤奋刻苦,对专业研究非常投入。我硕士的研究方向是铝合金,我经常和黄先生彻夜讨论课题。当时中国和发达国家的差距还很大,阅读英语文献还是非常重要的,交大图书馆会有一些外文期刊,我就自己主动翻阅关于铝合金的文献,根据所学的专业确定研究方向,最终也获得了导师的认可。当年导师培养研究生以引导为主,着重培养学生的自主研发能力。我在与导师的探讨中,自己慢慢摸索出研究的新思路,通过总结平时的研究实验和研究想法,在《金属学报》上发表了一篇文章。我是我们教研组当年第一个在这种重量级的刊物上发表论文的毕业生,这在教研组引发了不小的轰动。有人问我为什么选择铸造专业这个相对来说传统落后的专业,我觉得,一方面是有在本科学习的铸造知识作为基础，另一方面，我觉得只要善于思考，善于琢磨，任何事情你都可以做成发光的事情，毕竟是金子在哪里都会发光的，所以没有必要花太多时间去琢磨怎么选择。

寓情于理，创意育人

留校任教后，我担任班主任，第一次带的学生是 1985 届。我当时刚结婚一年，但为了带好这批学生，大部分时间都住在学校，经常到寝室与学生沟通。我带的班级农村孩子多，我就与他们分享我在江西插队落户的经历，一下子就拉近了距离。我还经常晚上组织学生开班会。我们谈天说地，亦师亦友。与学生们互动多了，便观察出学生的一些喜好和倾向，鼓励并帮他们进行职业生涯规划。

多年的执教和育人的经历，让我颇有感触。我认为理工科的学生，不能仅局限于理工科的学习。文理在本质上其实是相通的。虽然我们可以在理论上深入探索钻研，但如果没有长远的眼界和更高的境界，想要在理论上有所突破和创新却是很难的。只有在思想上对实际生活进行哲学思考，方更能有效地促进专业知识的学习。所以我经常鼓励学生们多接触一些文学历史作品和知识，邀请复旦大学的年轻教师来给他们讲一讲文学。

为了培养和增强每一位学生的自信心，也为了让奖学金的涉及面更广，我提倡设立了学科奖学金。虽然奖金金额分散，却让每一位学生都能体会到只要努力都会得到认可。另外，通过一些有效措施增强学生的感悟、传承交大精神。例如，邀请一些校友给学生们讲讲在交大的经历和感悟、组织学生们去校友企业进行参观、鼓励学生业余时间跨专业组织文体活动等。

校友情怀，凝心聚力

我始终觉得校友是天然的凝聚体。校友有共同的价值观和相同的求学经历,彼此理解、交流也更加容易,相互之间的思想碰撞会更明显,相互之间的合作机会也会更多,所以我觉得成立校友会是很重要一件事。

2014年,我所在的材料科学与工程学院成立了校友会,我担任了校友会会长,2018年被推举续任。能把校友工作做好的人一定要有情怀,有情怀的校友才可能真正投入精力。仅仅用利害关系来衡量,则很难把校友工作做好,所以我认为校友工作,最根本的就是一个"情"字。把校友作为一个办学资源,大家一起来培养交大的学生,让学生感觉到交大是一个友爱的大家庭,能够让他们在交大得到更多的温暖。

学在交大,重在感悟

学在交大是一个连续体,重要的是"学"。

学在交大,要从学生的发展出发,而不是从单纯的学校需求出发,要追求"顺性"发展。"学"的本质是学生对自己成长的一种"悟"。我认为我应该怎么样成长?我自己选择什么样的方式成长?学习的魂,最根本的是通过学习来体验和感悟,能够有悟性,就能够对世界有所理解,并通过"悟"来激发自身的学习动力。"知之者不如好之者,好之者不如乐之者",我觉得要给学生提供更广阔的自在的空间。要让学生能够在交大学习的时候,有更多的选择空间和自由,使其学习更多自己喜欢的东西,并乐于学习。

龙晋明

龙晋明，1954年生，云南人，1977年考入上海交通大学材料科学及工程系，1981年本科毕业，1985年获硕士学位。1985年起，在昆明工学院（现为昆明理工大学）材料专业从事教学和科研工作，先后任讲师、副教授和教授。历任学生班主任、教研室副主任、系副主任等兼职教学管理工作，被学校评选为首批中青年骨干教师，获"伍达观先进教师奖""红云园丁优秀教师奖""师德标兵"等荣誉，获省部级科技奖9项、校级教学成果奖3项。

龙晋明做过修理工，做过油漆工，做过电工，还做过农场工人。那些俯首大地的日子，没有让他对命运低头，反而是催生出更多向上伸展的力量。只有小学文化的他，自己购买了中学教材，在每一个劳作后的夜晚摊开书本，焚膏继晷，兀兀穷年，终于，他等到了命运之舵转向的时刻。

春风化雨，润物无声

口述：龙晋明

采访：蔡慧娟、白雪娇、肖思雨

时间：2018 年 6 月 8 日

地点：上海交大徐汇校区 Med - X 研究院 337

记录：白雪娇、肖思雨

整理：蔡慧娟、王雨韵

困厄之中，自学不辍

我于 1966 年小学毕业，之后因"文革"动乱，学校停课而未能上中学。1969 年末被招工到昆明一家规模较大的冶金企业，工作 8 年之久，其间做过修理工、油漆工、电工等工作，并在厂办农场、滇池围海造田工地劳动锻炼过半年。在生产劳动实践中，我深刻体会到知识的重要及提升自己学识水平的迫切，由此产生读书深造的强烈愿望。通过推荐上大学成为当年我努力争取的目标。按政策规定，被推荐者除了要看政治思想表现外，还有自身文化程度要求（需要达到初中以上学历或同等学历）。而我只有小学学历，上大学根本无望。怎么办？我想到了自学。

机会总会垂青有准备的人。1977 年 10 月，党中央公布了恢复高考的通知文件，12 月我参加了"文革"结束后的第一届高考，4 门科目包括政治、语文、数学和理化，成绩感觉还行，但仍不够理想，幸运的是，最终被上海交大录取。同时，我弟弟也参加了1977年的高考并被西安冶金建筑学院录取，家里两兄弟同时成为77级大学生。

"一穷二白"，只争朝夕

入学后，大家都特别珍惜这个来之不易的机会，学习很刻苦。在课堂上，不需要老师维持课堂秩序，大家都很自觉，完全没有逃课现象。以前的教学方式主要是黑板板书，同学也很认真地跟着做笔记。我觉得这种教学模式是有可取之处的。我后来在昆明教学，也是用以前的模式，板书用得多些，当然必要的时候也会采用PPT。

当年我们主要的授课老师有：英语老师卢国梁，金属学老师徐祖耀、李朋兴，X射线衍射分析的杨于兴、漆璿，电子显微分析的王永瑞，金属物理性能的李秀臣。每个老师都有很丰富的知识储备，且上课都有自己的风格和特色。我印象深刻的是上金属学的两个老师，上课模式就很不一样，徐老师是启发式教育，上课的时候是点到为止，且以重点为主，不讲究面面俱到，并且板书是偶尔在黑板上写一点，所以课后我们会去查资料，花更多时间去理解，但是李老师的板书就比较多些，内容也更详细些。我当时论文里面的问题除了请教我自己的导师以外，也会请教徐老师，还去过徐老师家里两次。还有就是英语，因为我之前是完全没有接触过英语，就是一穷二白的状态，当时英语分快班和慢班。有一次摸底考试，我刚好没参加，但是我知道自己的英语水平，选的慢班。当时给慢班上课的是卢老师，卢老师给我们说，你们不要着急，虽然现在水平差，但只要肯努力，也能赶上快班的学生，卢老师还是偏向这种鼓励式教育的。有个阶段，我把百分之八十的时间都用来学英语，因为基础太差，所以就会花很多心血去学。

班里的学习氛围非常好，偶尔也有些集体娱乐活动，比如去植物园、天文台、动物园，大家关系都很好。但是我参加的次数不多，因为我主要精力在学习上,所以还是和本宿舍的人比较熟悉。当时宿舍是八人间,但我们宿舍是七个人,那种高低床,七个人来自四面八方,两个上海的(贺章、陈鸿均),两个湖北的(邱一雄、汪一巍),一个杭州的(张俊旭),一个南京的(黄佶),我是云南的。上海的同学回家比较多,在宿舍的时间就比较少,但是我们宿舍氛围还是很融洽的。大家晚上都会到图书馆、阅览室或教室去自习,但我因宿舍距教室和图书馆较远,晚上大多在宿舍里自习,自己能静下心就行。张俊旭好像和我类似,晚上也喜欢待在宿舍里。有一张当年的老照片(黄佶偷拍的),就是反映了我俩在宿舍自习的情景。

我特别佩服有些同学,可以花较少的时间就能把学习搞好,也会有时间去拓宽自己的兴趣,参加社团呀,跳舞呀,晚上还可以看看自己感兴趣的读物、小说,而且在学校的很多活动里都很活跃。记得在交大的一次标志征集设计中,黄佶还投稿了。我主要精力就是放在专业学习上,因为笨鸟先飞嘛,我就很刻苦。当然我们宿舍的张俊旭每天早晨很早起床后就会外出背读英语,晚上也会学习到12点以后,刻苦精神值得钦佩。

教之以才,导之以德

读研毕业后,我选择了到高校任教。那个时候我们是分配制的,我填的分配志愿主要是高校和研究所,有云南大学、昆明理工大学、昆明贵金属研究所。当时,正好昆明理工大学有教师的需求,他们的副校长就特地来交大走访,在和交大的领导沟通以后,找到包括我在内的一些来自云南的学生,问我们愿不愿意过去任职,当时感到这个学校很有求贤的诚意,就同意了。岁月如梭,如今,我在昆工的任教之路已走过三十载春秋。

作为"77级毕业生"和"过来人",我经常向学生讲述个人学习和工作的亲身经历和体验。通过许多话题,如:"当年仅有小学毕业学历的我,不到16岁便进厂当了工人,在工作之余如何坚持自学、克服困难而掌握了中学课程知识,进而考入某重点大学……""当年的77、78级学生为何有那么好的学习风气……""当年许多老师的治学态度及给我留下的印象……",勉励学生珍惜时光和难得的机会,努力学习,不断进取,激发学生的学习积极性和锻炼学生的学习能力,促进综合素质的提高。在教学工作中,我注重因材施教,精心组织教学,严格管理课堂教学,耐心进行辅导,认真指导学生的作业、毕业论文、实验和实习等。在课堂教学过程中,我十分注意将与课程内容相关的学科研究进展介绍给学生,并把自己的一些科研成果融于讲课内容中。如在讲授"金属腐蚀与防护"这门专业课时,当讲到"局部腐蚀"和"腐蚀的防护"两个章节,就以我主持完成的"衣康酸生产设备的腐蚀与防护"科研课题为例,说明该研究中涉及的"点腐蚀""晶间腐蚀""缓蚀剂""工艺介质中氯离子等组分对腐蚀的影响"的机理和防护对策,以及相关企业应用该研究成果后使腐蚀问题得到解决,从而促进了生产发展的情况。学生从中不仅学到了腐蚀与防护的基本知识,而且清楚地认识到"腐蚀与防护"的理论和技术在解决工程领域腐蚀问题的重要性。

　　我执教近30年,一直承担着材料专业的本科和研究生教学任务,并担任了两届班主任工作,临近退休还兼任着材料专业111班的专业导师。在当班主任时,我非常注重营造良好的班风和学风,提升学生的培养质量和就业竞争力。除了组织一些班会、宿舍走访、关心学生生活以外,还在很多方面给予了学生帮助。我记得一天晚上,班上有个学生突发急病,病危送医院抢救,我为学生垫付了住院押金,当晚通宵一直在医院陪护,直到该学生度过危险期。有个研究生在读研期间,患了慢性肾衰竭疾病,需要做透析治疗,我对该同学十分关心,为该同学捐款并去看望。有一次,材料专业的一批学生从呈贡校区来莲华校区实验室做实验,其中部分学生因结束实验较晚,未赶上回呈贡的校车而滞留在莲华校区大礼堂旁,当时天色渐黑,滞留学生的情绪显得焦躁不稳。我刚好路过,知道情况以后,放下自己要办的事情,及时安慰同学,并与学校后勤相关部门取得电话联系,经协调后又重新派了一辆校车,才将剩余学生接回呈贡校区。看到滞留同学安全返回,我才离开。虽然为此耽误了一些自己的时间,但我认为很值得,因为这是一名教师为学生应该做的事情。

脚踏实地，不图虚名

我有两点建议要送给我们交大的校友以及年轻的学子：

第一，脚踏实地，不图虚名。成绩或业绩是靠苦干实干、刻苦钻研得来。不管时代怎么变，这种努力奋斗的精神永远是不过时的。

第二，作为交大的学生，要有为祖国的发展贡献自己一份力量的责任感，要考虑到国家的人才需要。选择了交大，就选择了责任。

总之，交大的环境和平台给了我们难得的学习和发展机会，相信现在以及未来的交大学子们定会倍加珍惜，将 77、78 级校友的优良学风一直传承下去。

张厥樑

张厥樑，1947 年生，上海人。1977 年考入上海交通大学材料科学及工程系，1981 年本科毕业后留校。先后在材料科学及工程系党总支、校党委宣传部工作，1985 年任交大南洋国际技术公司副总经理。1988 年赴澳大利亚自费留学，1991 年获得斯威本科技大学（Swinburne University of Technology）大学研究型硕士学位，毕业后留校从事材料科学教学与研究工作。2000 年起任拉筹伯大学（La Trobe University）国际研究合作部主任，负责与国际大学之间的科研交流与合作。从 2002 年起，推动拉筹伯大学与上海交大合作，进行英语口语强化训练和学术交流相结合的短期培训项目，七年中为上海交大在澳洲培训了 167 位青年骨干教师。1996 年与在澳交大校友一起创建交通大学澳大利亚校友会并任会长，2006 年至今继任校友会理事。

张厥樑 1988 年出国留学，屈指算来，出国已经 30 载。在这 30 年里，他时刻铭记着自己是交大人。他参与发起成立澳大利亚交大校友会，任职会长十年，促进校友的联系与合作；任职拉筹伯大学，推动拉筹伯大学与上海交大合作，为交大培训百余名青年教师；促进澳洲大学与上海交大的科研合作……他心中念念不忘的是交大。"作为交大学子，走上社会后应该牢记交大，要感恩交大，宣传交大，珍惜爱护交大的名誉，处处想到能为交大做些什么。"他如此告诫年轻人，他也是如此做的。

交大情结，伴随一生

口述：张厥楳

采访：郑　红

时间：2018 年 6 月 20 日

地点：上海交通大学徐汇校区

记录：郑　红、杨俊俊、朱张淳

整理：蔡慧娟

插秧搬砖，热血不冷

我是上海市五爱中学 66 届高中毕业生，从初中二年级起，我是学校的航模队队长，我们自己设计和制作国际标准级航空模型，在上海市和全国的各种比赛中获得过名次。高三毕业前，北京航空学院的负责人专门前来五爱中学了解我的情况，只要高考发挥正常，我就会被保送进入北京航空学院学习。

然而，北航的梦想并没有如愿实现。正当我们复习准备高考的时候，全国性"文化大革命"开始了。1966 年 6 月，教育部宣布高等学校招收新生的工作推迟半年进行，今后将采取推荐与选拔相结合的方式录取大学生。全国所有的高中毕业生都上街游行，敲锣打鼓，热烈欢迎和坚决支持党中央的英明决定。愈演愈烈的"文化大革命"一发不可收拾，不但推荐与选拔的大学招生改革没有出现，相反所有大学都被关闭了。经过两年的停课闹革命，1968 年，和全国大多数中学毕业生一样上山下乡，我被送到了农村。

在上海崇明长征农场，我任排长，带领 36 位知识青年种植水稻和棉花。我们这群肩不能挑、手不能提的中学生，一年后都学会了插秧、割稻、整地、开河，成为名副其实的新农民。1970 年，上海市把一些工厂转移到郊区农场。我被选派为筹建一家工具制造厂的领导小组成员，负责厂房车间设计、机器安装和日常生产技术管理。我和其他农场青年一起搬砖造房，建造运行了超过一千名职工的内外销工具工厂。

1977 年恢复高考一声春雷，终于让我看到了希望，我决定报名参加高考。但是，在短短一个多月的备考时间里，我受到了各种各样明中暗里的阻挠，由于自己的决心和意志，虽然困难重重，最后还是如愿参加了高考。

考虑到十年的农场繁忙工作和艰苦生活，我根本没有碰过数理化的书，我们66 届高中生年龄大了，很可能竞争不过成千上万近几届的应届毕业生。但我的优势是有实践工作经验，操作和管理过工厂里的各种锻压冲制设备，设计过大型自动锻压机、冲锻模具和工具产品，编制过各种生产工艺和质量控制规范。根据自己的现实情况和爱好，我决定报考上海交通大学材料科学及工程系的锻压专业。终于，我被交大录取，如愿成为上海交通大学 530 专业 77 级的一名学生。

你追我赶，只争朝夕

入校后，系领导可能考虑到我的年龄和工作经验，让我担任 53071 班班长、系学生会主席和学生党支部书记。后来成立五系大班，由我担任大班长，张鸿光任班长。

与其他班级一样，我们班同学的年龄相差悬殊，我和其他五六位 66、67 届的同学已经 30、31 岁了，而不少应届毕业的同学只有 16、17 岁。起先，大年龄同学的学习基础还在，数理化方面还比较领先。但是不到一年，我们就感到了强大的压力。特别是外语和数学等科目,这些小同学由于当时的历史原因,虽然没有学到系统的中学课程,但是进入交大后,他们不分日夜地背单词、做习题,在去教室的路上也拿着小卡片,晚餐以后就急匆匆地赶去教室和图书馆抢位子,像海绵吸水一样拼命地学习。二年级以后,不少小年龄同学已经追赶甚至超过了大年龄同学的成绩。而我们年龄大的同学除了学习,还有许多分心的事情,不少同学结婚了,要兼顾家庭和孩子。我本人也在筹备婚礼(因为我的原因,我的女友被长期留在农场,直到我考入大学后第二年,农场才让她最后一批回城。由于年龄大了,只能在大学期间匆匆完婚)。当然,大年龄同学也是非常努力的,我们克服记忆力和家庭影响的弱点,也与小同学们一样拼命地刻苦学习。到了第三年,大年龄同学的优势又来了,那些专业基础课,特别是专业课和毕业设计,就是我们有工厂实践经验的同学占优势了。总的来说,我们班级不管是老大哥们,还是小同学们,大家在各个阶段都能够相互帮助,共同提高,亲如兄弟。小同学的干劲和拼命精神给老大哥们压力,使我们不敢有丝毫松懈,而老大哥们在实践性课程(比如工程制图和专业课)给予小同学不少帮助。

说到大年龄同学,我觉得他们在当时整个学校的学生工作中起到了重要的带头作用。全校77、78级同学的年龄结构跟我们班级差不多,很多小同学刚刚从农村或山区来到上海上大学,心理、思想和生活上还比较稚嫩。而66、67届的老大哥、老大姐们已经有10年的工作经验,各方面都比较老练。校学生会主席曹中塈,六系学生会主席孔庆鸿,二系学生会主席陆镇毅等都是老大哥,我们几位系学生会主席关系融洽,有商有量,配合学校的中心工作,组织各种健康有益的学生集体活动,在全校的学生会工作中起到了稳定的核心作用。

交大就像一个巨大熔炉,不管你是男同学还是女同学,不管你是年龄大还是年龄小,在这个熔炉中,每个人都会自觉地、如饥似渴地学习,学习科技知识,学习做人的道理,学习社会的责任。经过交大四年的熔炼,77级那些大年龄同学们直接走上了教育、科研和管理的重要岗位,那些当年的小同学们也经过社会的进一步锤炼,成为国家各行各业的栋梁。

恩师丁澴，言传身教

在交大四年的学习中，有一位老师是我终生难忘的，她是 530 教研室的丁澴老师。

丁老师学术渊博，实践能力强，为人热情真诚。1978 年，丁老师因冷挤压技术研究获全国科学大会奖，1987 年因轴承套圈温挤压工艺研究获国家教委科学技术进步二等奖。丁老师教我们冲压技术和科技英语，她精湛的英语功底和标准的发音，使全班同学敬佩不已，也受益匪浅。丁老师是冲模领域相当有名的专家，作为我的毕业设计导师，她毫无保留地把当时还是新技术的大间隙冲模技术教给我和另一位同学，并精心指导我们的毕业设计。虽然我在进大学前就在上海第十二机床厂学习过机械制图和设计，但是丁老师还是严格地要求我，语重心长地告诉我，一张图纸并不是画得干净漂亮就是好，关键是要确保每一个尺寸精确并符合加工工艺的要求。丁老师的言传身教，使我受益一辈子。在我以后的学习工作中，不管是科研、教学，还是管理工作，对每一个数字、字句，我都会反复推敲、核对，一定要确保其准确。

作为上了年纪的女老师，丁老师还带领我们全班去十堰二汽进行毕业实习，武汉的火炉天气又热又闷，还有成群的蚊子咬人。不少同学满腿红包，甚至生脓溃烂，到后期都受不了，让我向带队老师要求提早结束回上海。但是丁老师和其他带队老师们都以身作则，忍受和克服各种困难，严格要求我们，在艰苦的生活条件下，坚持理论结合实际地指导我们的毕业实习，直到圆满完成预定的毕业实践任务。

留校任教，历练青春

毕业后，我被分配留校当政治指导员，接着担任五系党总支副书记负责学生工作。我和学生组的老师们一起,关心和帮助学生的学习、思想、生活、课外活动和家庭问题,认真细致地做好各项学生工作,使系里的大学生们健康愉快地成长。在五系学习和工作的 6 年中,我配合系党总支一起培养和发展了十多名学生党员。据我所知,这些学生党员后来都成为各行各业的领导骨干,这是我最感到欣慰的地方。两年后我调任宣传部,负责全校的学生思想政治等工作。1985 年党委派我到南洋国际技术公司担任副总经理,负责交大科技成果产业化和中外合作项目的筹备工作。

作为刚毕业的年轻干部,我亲身经历和深切感受到当时交大改革的热情和活力。在十年"文革"后积重难返的思想禁锢环境下,上海交大领导以"敢为天下先"的精神,敢于改革,敢于突破常规,起用年轻干部,敢于学习西方先进的教育科研管理经验,在全国率先实行校内管理体制改革,有力地推动了学校的教学科研发展。回忆起当时的情景,交大师生员工的精神状态非常好,整个校园充满了活力,是我一生中最美好的工作环境。

我觉得 77 级留校的政工干部是一支非常特殊的队伍,作为其中的一分子,我感到很自豪。当时的交大与整个国家一样,百废待兴,干部队伍青黄不接。交大领导精心选拔和大胆起用一批品学兼优、有社会实践经验的 77 级毕业生充实交大的管理队伍。当时大多数老干部都非常理解和支持学校的做法,新老干部关系很融洽,在他们的传帮带下,年轻干部在实际工作中得到锻炼,很快成为交大干部队伍的重要组成部分。我的老上级曹子真部长是位老革命干部,她坦率无私、严谨敬业、待人谦和,是交大老干部的典范,在她的言传身教下,我不但学习到许多实际的工作经验,更学到了正直为人的道理。

1988 年,我自费到澳大利亚留学,在墨尔本的斯威本科技大学攻读研究型硕士,毕业后留校受聘为讲师,从事材料科学教学和研究工作,同时继续在职攻读材料结构力学研究的博士课程。2000 年起,我被聘任为墨尔本拉筹伯大学的国际科技合作部主任,专门从事学校与国际大学之间的科研合作,并把主要精力集中在与中国大学的合作上。期间与上海交通大学、北京大学、清华大学、同济大学、南开大学和中国科学院等许多高等院校进行了多个科研合作项目和学者互访交流。

同道为友,异域携手

1996 年 6 月 1 日,我和 12 位上海交大毕业和在校工作的校友们在墨尔本发起成立了澳大利亚交通大学校友会。校友会的宗旨是增进澳洲交大校友之间的联系和友谊,促进校友事业的发展。饮水思源,发扬交大"求实学、务实业"的传统,加强澳洲交大校友与母校的联系和合作,沟通国际间交大校友的信息。1996 年 6 月,受上海交大的邀请,我代表澳洲交大校友会前往母校参加 100 周年校庆。

澳大利亚交通大学校友会成立至今已经 22 年,我担任了校友会前四届的会长,合计十年,现在仍然担任理事会成员,协助年轻会长的工作,牢牢把握校友会的正确方向。我最希望看到的是,年轻校友多多尊敬和关心老校友,来澳早的校友多多帮助新校友的学习和工作,校友会与母校多多地保持联系和合作。近年来,由于校友来到澳洲学习和工作的越来越多,资讯手段越来越发达,校友会不断地壮大。澳大利亚交大校友会现有上海交大会员超过 500 人(国内 4 所交大总会员超过 1 000 人),最年长的会员有 39 级和 41 级的老学长,最年轻的有不少刚刚毕业的应届交大学生。现健在的有 47 级的张泽渝教授,五系的老校友有王学文教授、黄良余教授,还有计算机中心的朱毅教授和六系的董勋教授等。91 岁高龄的董勋教授基本上每次都会出席校友会活动,并经常向校友们介绍交大历史变迁的故事。

发挥优势,助力母校

在斯威本科技大学从事材料科学及工程的教学和研究期间,我代表学校申请到澳大利亚政府国际研究合作基金,先后与上海交通大学材料科学及工程学院的阮雪榆教授及清华大学和华中理工大学的周济教授一起开展计算机集成制造（SIMS）合作研究项目，与潘健生教授和胡明娟教授等合作进行热处理计算机模拟研究等领域的科研合作项目，与船舶海洋与建筑工程学院的茅人杰教授和王熙教授等进行复合材料与结构力学领域的科研合作。在合作期间，我们邀请上海交大教授以及他们的青年学者和研究生来澳洲斯威本科技大学进行学术交流，澳洲学者也分期分批赴交大访问交流。现在这些当年来澳洲交流访学的交大青年学者和研究生已经成为交大、澳洲和美国的教学科研精英。

从 2000 年起，我作为拉筹伯大学的代表与上海交通大学进行长期有效的教育和科研合作。除了在材料科学、生物医药、生物化学和农业科学等领域进行双向的科研合作，我们还为上海交大培训快速适应中英文双语教学的人才，共同设计和运行青年骨干教师双语教学强化培训、英语教师教学方法论训练和学术交流项目。从 2002 年到 2007 年，共为上海交大培训了 167 位教授、副教授、讲师和行政管理人员，其中包括外国语学院的英语专业教师 33 人。这些交大青年教师返校后能够立即登台用英语或双语上课，并把学习到的理论和实际知识应用到教学和科研中。在这些曾经赴澳学习的青年教师中，很多人现在已经成为交大的教学、科研和行政骨干，比如外事处处长张伟民教授、农业与生物学院的陈火英教授、党办的李建强教授、生命科学技术学院的曹成喜教授、电子信息与电气工程学院的赵辉教授、化学化工学院的赵亚平教授、机械与动力工程学院的裴景玉教授、巴黎高科卓越工程师学院的李萍教授、继续教育学院副院长王福胜教授和外国语学院的朱小燕教授等等。这些在拉筹伯大学学习过的交大老师们至今还经常相聚在一起，回顾当年在澳洲 2—3 个月的学习生活趣事和友谊，他们也经常与澳洲的老师通信，特别是与日夜相处的 Homestay 住家联系，有的老师还到澳洲回访班迪戈市，看望当年的澳洲住家朋友，一直保持着珍贵的友情。

在斯威本科技大学和拉筹伯大学工作期间，除了日常的教学科研工作，我在国际科技交流方面的工作，始终把母校上海交大放在第一位。因为交大的领导和朋友们一直给予我工作上的大力支持,我心中念念不忘的是交大。可以说,这是我的交大情结,伴随着我的一生。我在澳洲先后邀请和接待过许多访问澳洲政府和高校的交大领导和教授,比如王宗光书记、谢绳武校长、张圣坤副校长、沈为平副校长、张世民副校长、张文军副校长、吴旦副校长、王守仁副校长、严良瑜校长助理、阮雪榆院士、潘健生院士,以及很多其他教授和部处领导。在澳洲大学工作期间,我每年也带领澳大利亚政府官员代表团、大学校长、教授和科技人员访问上海交大,为交大与澳大利亚大学的合作、推广交大在澳洲的知名度做了一些微薄的工作。

　　对目前在校学习的学弟学妹们,我的建议是,要珍惜在交大校园学习的时光,不但要学好科学知识和科研技能,更重要的是学到交大精神的精髓。要学习为人之道,学习社会的责任,学习感恩的精神,学习敢于担当的交大人气魄。离开学校,到了社会,或者到了国外,你才会感悟到交大对你意味着什么,对于你的一生是多么重要。交大给了你学历,给了你知识,给了你技能,给了你光环,也给了你底气。作为交大学子,走上社会后应该牢记交大,要感恩交大、宣传交大、珍惜爱护交大的名誉,处处想到能为交大做些什么。我们一定要把交大赋予我们的知识和精神回馈社会。你将为身为交大人而自豪,交大将伴随你的一生。

沈钦硕

沈钦硕，1959 年生，上海人。1977 年考入上海交通大学材料科学及工程系，1981 年本科毕业。长期从事医疗器械的开发、生产和销售工作。2008 年创立励渊仪器（上海）有限公司，专业从事医疗设备和医疗耗材业务。2014 年与上海交大材料科学与工程学院合作，投资创建了沪创医疗科技（上海）有限公司，致力于可降解医用镁合金应用于不需长期存在人体内支撑物的产学研转化。2018 年任上海交大材料科学与工程学院校友会常务副会长。

沈钦硕对母校、对校友怀着深厚的感情，助力交大科研成果转化、设立学生奖学金、推动校友会工作……虽然已经毕业多年，但似乎从未离开过，一直与母校有着紧密的合作与联系。而从访谈中，我们惊讶地得知，毕业数十载，他们班依然每年组织班级旅行、每两年一次长途旅行……足迹踏遍万里江山，笑声洒满祖国南北。对他们来说，青春永不散场，也许正是这一份情谊，让沈钦硕和他的同学们永远年轻，从未毕业，赤子之心永在。

赤子之心永在

口述：沈钦硕

采访：蔡慧娟、张翠玉

时间：2018 年 5 月 20 日

地点：上海交通大学闵行校区

记录：张翠玉、林明慧

整理：蔡慧娟

就读交大，儿时梦想

与交大似乎冥冥之中有着某种特殊的缘分。记得大约在四五岁时，我家在静安和徐汇的交界处，有一次在回家的路上，经过交大门口的时候，我父亲指着交大的校门郑重地对我说："这就是中国最好的大学。"从此，"上交大读书"就像一颗种子深深地埋在了我的心里。

由于生长在特殊年代，我的求学历程也很有趣。作为恢复高考后的第一届考生，那时"文化大革命"刚刚结束，当年的考生很多，我记得上海高考的录取率很低。我花了两个月的时间准备高考，由于"文革"的关系，所学的内容很少，知识的掌握实在是很匮乏，数学有一些基础，但物理和化学学的是工业基础和农业基础，甚至连牛顿三定律都不知道。准备高考时已经分配了工作，我边工作边自学，每天学习 5 个小时。我们那个时代填报高考志愿也很简单,只需要填三个意向院校,而我毫不犹豫地选择了交大作为第一志愿,心里想,考不上大不了就工作呗。

十二三岁时,我开始喜欢上了动手组装单管机、二管机等收音机,后来发展成组装音响和喇叭箱等,自学了许多电学知识,很好地锻炼了自己的动手实践能力,因此我的兴趣主要在电工方面,也坚定了走这条路的决心。在填写志愿的时候,我报了电子专业,但是事与愿违,被调剂到铸造专业。

弦诵不辍,骊歌难别

我考入交大时是 18 岁,而年龄最大的同学比我大 12 岁,现在想想还是很有意思的。进入交大后,我们的学习条件比较艰苦,用的教材都是油印的。记得同学们学习非常刻苦,特别是我的同班同学姚忻和王玉琮,他们学习很用功,经常借着路灯学习到深夜,而我是属于"快乐学习型"的那类,业余生活比较丰富,但是学习效率比较高。

除了正常的上课外,课余我还会进行适当的体育锻炼和娱乐活动。每天清晨都会跑步,下午去打球,空余时间还会跳跳舞。当时我们自发组织去空教室练舞,因为我有些基础,就教大家跳舞,并带头成立了舞蹈协会,而我也被推举为舞蹈协会会长。于是,跳舞这种娱乐方式就从我们材料系传播开来,后来蔓延到整个学校,基本上每个周三晚上的活动都会以斗舞的形式进行。我们材料系的舞蹈水平是最高的,斗舞百战百胜。同时,我也积极参与体育活动,我擅长短跑,学校的运动会上,多次参加了 100 米短跑项目,但是不太记得具体获奖情况了。

我们都非常珍惜在学校的学习机会,充分高效地利用时间完成学习任务。班级同学非常团结,班级气氛也十分融洽。记得当年我们班一个同学的太太生病去世了,家庭生活很是窘迫,大家就自发进行募捐,帮助这位同学渡过了难关。还记得那个时候电视尚未普及,我就邀请班级里的同学去我们家看 1978 年世界杯——阿根廷球赛,大家当时十分激动。

　　1978 年 3 月 7 日,我们班级在于洪华、田鸿玲、杨柳等团支委的带领下,去上海长风公园郊游。我们在湖中划船,在草地上丢手帕,在团旗下合影,青春的美好在此刻长驻。这段美好的记忆也奠定了同学间深厚的感情。即使毕业多年,我们班同学仍保持着良好的联系,约定每年组织一次班级旅行。毕业 10 年、20 年和 30 年,校庆 100 周年和 120 周年,我们班的同学就像候鸟一样从世界各地飞回母校。我们延续学生时代的约定,相约每两年一次长途旅行。2006 年我们去过四川海螺沟、泸定桥;2013 年我们去过昆明、腾冲和丽江、大理;2017 年我们去过西昌螺髻山,走过中国最美的雅西高速,踏过江西宜春明月山、羊狮幕。我们相聚在阅兵前的北京,我们去过坝上,幸运地看到了可触摸的双彩虹。

助力转化,弯道超车

　　1992 年,我开始从事医疗设备仪器的经销代理工作,那时我国的医疗器械水平还是相当低的,主要都是引进的,因此我从事这一行业还算比较早,对国内医疗设备现状比较了解。

　　我一直在思考一个问题,如何让我国的医疗设备赶超世界水平,仅靠模仿是无法做到的,只有弯道超车才可以实现。2014 年,我参加了学院校友会成立的一系列活动。成立大会上,孙宝德院长深情介绍时的一句话“镁合金在医疗领域的应用获得了突破”震撼到了我。凭借着材料专业毕业生所拥有的专业敏感和从事医疗设备开发生产经销 20 多年的经验,以及经营投资管理方面的专业知识,我敏锐地意识到这是实现弯道超车的良机。会后,当了解到这是我的老师丁文江院士团队所开发的体内可降解生物镁合金新型材料后,我就专门约了丁院士商谈合作事宜。我们以技术转化为落脚点,用市场原则谈成了此次投资项目——丁文江院士领衔的科研团队开发的生物镁合金在医疗领域的应用,就是用已开发的生物镁合金作为原材料,运用其可降解性来开发研制植入人体的不需长期存在的支撑物。举例说,生物镁合金制成骨钉骨板的话,骨折病人一年痊愈后就可以避免受第二次手术的痛苦,并能节省费用;研制成心脏支架的话,就可以使病人避免一辈子的吃药和同患部再次发病时的困扰。总之,这个材料可以作为体内的不需要长期存在的支撑物的原材料来开发多种产品。如果产品进入市场的话,是具有划时代意义的一件事。目前,中国与国际上在这方面的水平是处于并跑阶段。所以我们正以只争朝夕的干劲与时间赛跑,希望能早日实现应用于临床,造福于人类。

通过此项目的转化观察和对目前高校产学研现状的深入了解,我认为科研成果与最终成为商品之间存在着一定距离。很多科研工作者发表的文章并没有服务于生产,这是目前高校科研普遍存在的问题,也是很多产学研工作中存在的通病。而这些成果转化得好,可形成强大生产力,对我国推动产业升级,早日实现中国梦将有积极作用。我期盼我们交大材料人不应局限于金属材料,还应当加强对陶瓷材料、有机材料、复合材料等的研究,对材料这一领域进行整合,希望能走得更快一点。

饮水思源,心系母校

2014 年,材料科学与工程学院校友会成立后,我担任了第一届理事会理事。4 年间,我一方面积极参与并主动组织各项校友活动,还资助材料学院校友会企业家俱乐部的校友活动。另一方面,我也主动担起理事责任,热心参与到学院育人和推动产学研相关事项中。2018 年,材料学院校友会理事会换届。我被推举并担任了学院校友会常务副会长,主持学院校友会日常工作。在成立大会就职讲话时我就表态,在任期内我将围绕学校学院中心工作,从校友、学生、学院三个方面着手,有效整合校友资源,在建立校友导师制、学院产学研成果转化、加强和提升校友间的沟通交流等方面全面发挥校友会作用,期望以我有限的能量发挥无限光芒。

"饮水思源"的校训深深印在我的内心,我资助了学院优秀的在校生,成立了"沈钦硕奖学金",并与另外 4 位校友共同发起了"唯材基金"。希望我的这些努力可以起到抛砖引玉的作用,鼓励更多的优秀人才,培养更多的后来者。我之所以做这些事,很大程度上离不开在母校受到的教育。我每次来徐汇校区,都会去第一宿舍前的饮水思源碑走走看看,感恩之情深深地印在我的内心之中。

王玉琮

王玉琮,1958 年出生在上海。1977 年考入上海交通大学材料科学及工程系,1981 年本科毕业,1984 年硕士毕业,后留校任教 3 年。1987 年赴美留学,1990 年获密西根理工大学工学博士学位。2000 年获 MBA 学位,并被授予全球商学院精英荣誉协会(Beta Gamma Sigma)终身会员荣誉。1990 年受聘为美国通用汽车公司高级工程师,先后在研究和开发、先进制造工程、产品开发等部门工作,2005 至 2017 年历任材料技术部和先进制造工程部主管,现为公司首席工程师。国际材料学会会士(ASM Fellow),国际汽车工程学会会士(SAE Fellow),曾被评为 2006 年"美国亚裔年度工程师",获几十项美国能源部、国际材料学会、国际汽车工程学会等专业机构的杰出荣誉奖和美国通用汽车公司的最高褒扬。

从学生们轮换到工程馆听课,没有轮换到的同学看闭路电视听课,到有两门功课挂科哪怕补考合格也不能拿到学位,王玉琮回忆中的交大,管理严格,学风严谨。正是这样的"比学赶帮超"的学习氛围,帮助一个个交大学子登上了事业的巅峰,打下一生奋斗的基础。

学习没有捷径

口述：王玉琮

采访：蔡慧娟、祁　虎、林明慧

时间：2018 年 6 月 7 日

地点：上海交大闵行校区材料 A 楼二楼咖啡厅

记录：祁　虎、林明慧

整理：蔡慧娟

求学之路，砥砺前行

　　家庭教育对我的影响很大，从小父母就鼓励我多读书、勤思考。我家里有父亲保存下来的一些数学书、物理书、中国名著和小说，平常我都会阅读和学习，从中感受到了很大的乐趣，这不仅让我获得了数学、物理和文学方面的一些基础知识，还让我养成了热爱读书的习惯。我喜欢求解一些数学和物理方面的难题，比如代数和几何。尽管没有受过正规的训练，但是经过思考把一道难题解答出来，真的会很有成就感。

　　为了学习较为实用的工科，经过综合考虑后，我报考了上海交大，因为交大是当时一流的工科大学。我就学于材料科学及工程系（原冶金系）。当时师资力量匮乏，教学条件比较艰苦，但我们每个人都很珍惜这来之不易的学习机会。我还记得当时全校一千多位学生需要同时上课，但是徐汇校区工程馆的教室最多只能容纳 100 多人。其余学生只能看闭路电视,学校决定我们可以轮换着去现场听课,现在想来这种上课情形非常有趣。

我是 1978 年 2 月入学的,材料科学及工程系约有同学 120 名。当时学风相当好,大家学习都很拼命,希望能比别人多一点时间学习。我是应届考生,入学时只有 19 岁,属于系里很年轻的学生。我记忆力比较好,接受能力强,所以我可以把更多的时间放在自己没有系统学习过的东西上面。我的基础并不是很扎实,所以进交大后,我自己买了两套数学和物理的自学丛书,每一套有十几本,从头到尾复习一遍,提高自己的基础。学习没有捷径,没有人可以偷懒。同学们都很珍惜时间,那时学习压力很大,尤其是一些基础不好的同学,一方面是因为只要有两门课没有通过就不能拿学位证书,即使补考通过可以毕业也不能拿学位证。另一方面,我们当时可选择的路比较少。

除了学习外,学校也非常重视我们的身体健康。当时学校要求大一的学生每天早晨必须跑步,做广播体操。每天清晨,可以看到很多同学早起在操场上跑步。为了使我们的体育达标,学校还组织我们十公里负重行军。虽然我们都累得气喘吁吁,但是都坚持到了终点。

班级同学也常会举办一些文体活动来丰富我们的课余生活,比如 54071 班团支部组织同学到长风公园去划船,研究生时一起骑车从徐汇到嘉定郊游。互帮互助也是常见的事情,比如学习上的"传帮带",同学之间交流等等。到了大四下学期,大家时间比较宽松,课余活动也丰富起来了。

做事做人,言传身教

本科毕业后,我考取了交大的研究生,当时我们这届材料系有 20 位左右的研究生。研究生期间的课程压力依然很大,很幸运有优秀的老师给我们上课。徐祖耀老师(后当选中国科学院院士)给我们上过两门课,其中一门是固体相变学。当时恰逢他的《金属材料热力学》一书出版,书里有许多的数学模型,我们就把这本书作为教科书,一边研读学习,一边帮他校正。王务献老师的金属材料凝固理论课程也让我至今难忘。他的理论水平很高,逻辑严密,深入浅出。尽管我们只有三个人上这门课,但王老师仍然认真备课。

除了学习就是开展科学研究。我和丁文江师兄在黄良余老师组里,课题偏向于实际应用。我研究的是铝硅合金材料的变质处理,以理论研究为主,出来的成果主要是以论文形式发表,同时用于指导课题组已转让的技术成果。我有一篇文章发表在《金属学报》上,那是当时最难发表文章的金属专业期刊之一。黄良余老师对我的帮助很大,作为我的研究生导师,他不仅会认真地指导我的科研工作,更重要的是教给了我很多做人做事的道理,因为人生不仅仅需要知识的学习,还需要情商和生活经验的积累。

在两年半左右的时间里,我完成了课程和论文,1984 年 7 月,硕士研究生毕业,毕业后我选择了留校任教。当时刚经过“文化大革命”,整个国家各个方面都很缺人才。当时学校的人才匮乏,而我们是恢复高考后第一批大学生中培养出来的研究生,相对来说是具有较好知识基础的。在那种情况下选拔出来的 77、78 级学生素质水平相对来说是非常高的,很能吃苦,目标明确,责任感强,具有很强的奉献精神,立志于推动国家的建设与发展。

毕业之后,我留校工作了三年,先是做助教,当班主任带入学新生班和开设专业课。虽然当班主任的时间不长,但我觉得对我本人来说是很好的锻炼机会,因为这是一个从学生到教师的身份转变过程。我带的班级共有 30 位同学。除了帮助学生学业发展,班主任还要配合指导员关心学生生活,引导他们的思想方向。我觉得我带的这一批学生和我们那届有区别,有些学生思想不成熟,学习也不够用功。我经常找同学们交流,关注他们的学习和思想,如果是上海同学,还会与家长沟通。学生们尊重我,把我当成兄长,我还被评为优秀班主任。

去来之间，助力发展

为了提高师生的综合素质水平，交大一直积极地输送人才到世界各地开展学习交流，我也曾有幸获得过两次机会。第一次是在我读本科三年级的时候，但由于名额减少了，我没被选上。第二次由于我不想去德国而放弃。但是我仍然想去国外学习先进的技术，所以自己联系了美国高校并获得了密西根理工大学材料系的读博全额奖学金。

到美国之后，我两年半内就完成了所有的学分和由八位教授参加的博士资格考试，并完成五篇待发表论文初稿。我觉得交大的学风对我的人生影响还是很大的。它锻炼了我，让我知道在一个特定环境下怎么做得更好。这不仅仅是在学习上，因为有这么一种氛围在这里，有这么一群人在你身边，这是很重要的。学习和个人在各方面的提高，关键在于你周围是什么样的人和老师的培养。

1990 年 4 月，一次参加美国陶瓷年会的经历使我开始考虑工作的事情。那年夏天，我参加了通用汽车公司的面试并幸运地被录取，那时我到美国还没满三年，并且在那年年底开始了全美经济萧条的四年。进入通用后，我主要从事技术工作，四五年内就取得了一些科研成果。比如开发了一种活塞表面的复合涂层，直到今天，这种涂层仍然应用在世界上 90％ 的发动机上。

在美国工作六年后，恰逢交大的百年校庆，我应邀回到母校。之后，我每年都会回学校看看，一方面是与母校的老师和同学们保持联系，另一方面也在寻求项目合作。通用与交大的第一个项目就是和丁文江老师课题组合作的模具项目。虽然当时中国的工业基础相对薄弱，但是一年内上海通用第一个工厂在金桥建设完工，第一辆别克车从生产线上成功完成，这种中国速度是全球罕见的。这不仅向全世界证明了社会主义国家在工程建设上的高效，也吸引了更多的国外企业进入中国市场。

经过第一次合作后，通用与交大之间的科研交流进一步加深。当时为了培养中国汽车工业的人才,交大派一些教师到美国通用汽车公司学习,这些教师再回到上海交大授课。1999 年,由我牵头建立了通用汽车公司与五所中国高校、研究所的汽车技术研究联合体。后来发展到十几个院校加入进来,共同合作。联合体下面还有技术委员会,谢友柏院士和我是共同主任委员,周尧和院士、郭孔辉院士和丁文江院士等很多顶尖学者都是委员会成员。委员会每年都有二十几个新的项目,这些项目是非常有意义的,一方面可以结合高校的力量和通用的经验来发展中国科技,另一方面也培养了很多优秀的研究人员。

姚忻

姚忻，1955 年生，上海人。1977 年参加高考，进入上海交通大学材料科学及工程系，1982 年 1 月本科毕业，1984 年硕士毕业，1993 年获英国利物浦大学博士学位。2002 年起任上海交通大学物理系（现上海交大物理与天文学院）长江学者特聘教授，博士生导师。在研制高质量、大尺寸和具有特殊物性（包括特定晶向）的 REBCO 超导单晶体、块体和外延晶片方面，取得了一系列具有国际影响及世界领先的研究成果。

在那个特殊的年代，姚忻中学毕业后被分到交大做木工。在木工车间里，他认识了交大的潘健生、姚征诸位先生，先生们艰难之中仍不忘学习与研究，师者风范让姚忻深深仰慕，也深受鼓舞。他没有满足于做一些简单的劳动，一直坚持看书学习，最后考上交大、出国留学、回国执教，不仅是深受学生敬仰的名师，也成为业界权威，就像当年深受他敬仰的先生们一样。

从交大木工到交大教授

口述：姚　忻

采访：蔡慧娟、林明慧

时间：2018 年 6 月 4 日

地点：上海交大闵行校区材料 A 楼二楼咖啡厅

记录：蔡慧娟、林明慧、周义虎

整理：蔡慧娟

高山仰止，心向往之

　　良好的家庭教育对我有积极和深远的影响。我是改革开放后的第一届大学生，中学就读于上海南洋中学。受父母影响，我和哥哥平时会一起看书，读书也就成为我的终生爱好。南洋中学时，我会自己研读《数理化自学丛书》。我的数理化就是这么自学过来的，为参加恢复高考后的第一届考试，奠定了很好的理科基础。我们兄弟俩都在 1977 年成为大学生，并最终都获得了博士学位。

　　我与交大的渊源要从 46 年前说起。1972 年，我中学毕业，机缘巧合下被分配到交大附属工厂做木工。上海交大是一所具有浓郁学习氛围并且愿意为年轻人创造学习机会的大学。在这里，我参加了夜大、"七二一"大学，还有"五七干校"学习班等各类培训和进修。

我由衷感谢交大的培养，在交大，有前辈的人格熏陶，我还养成了终生学习的好习惯。我做木工时认识了一些工作在车间一线的交大前辈们，比如当年在热处理车间工作的潘健生老师（后当选为中国工程院院士）、姚征老师。如今，潘院士已经80多岁了，还亲自下车间解决实际问题，着实让人敬佩。在安徽凤阳的交大"五七干校"时，许多老一辈知识分子虽然身处艰苦的环境，但是仍然热爱生活，积极进取。除了平时主动参与劳动和锻炼体魄，还自发举办了互教互学外语学习班。作为一名青年工人，受前辈影响，我也加入了学习班，他们也非常愿意在学习上指导帮助我。现在，我偶尔还能在校园里看到这些老先生。

1977年，恢复高考给了我们一个公平竞争的机会，这是社会变革的一个标志性事件，给我们的国家带来了科学的春天。对我来说，高考的时候选择交大是很自然的一件事情。第一，我仰慕交大这所以工科见长的名校；第二，我与交大有渊源；第三，我被永不轻言放弃的交大老师所鼓舞。当时，进入铸造专业虽然是分配的，但是交大"基础厚，口径宽"的人才培养模式对我以后的发展非常有帮助。我们木工车间有一大半的人是在制备用于铸造的木模，先按图纸用木材做出模具，然后拿去翻砂铸造。当时一些好的工科学校都有铸造专业，但铸造的工作环境不是很好，一个人进车间时是干干净净的，出来就满身黑尘了。当时我们每个人想法都很简单，觉得只要坚持下去，什么专业都可以做好。

潜心学习，不负厚望

我们的班级里有各个年龄段的同学。有人已经工作满5年，可以带工资上学；有人是应届高中生，没有一点社会经验；也有人工作十多年，在单位里已是领导干部。同学们来自五湖四海，年龄最大相差有13岁。虽然文化背景差异很大，但大家都很包容。大家在珍惜学习机会方面保持高度一致。每个人争分夺秒地学习，学习氛围十分浓厚。每天早锻炼的时候，大家都很准时。有一些来得早的同学会先拿小本子背单词，上课时也会抢前排座位，笔记记得非常整齐全面。

我们当时的课本一开始并不系统规范，但是身为名校的交大在这方面不断提升，教材逐渐准备齐全，比如有比较权威的数学习题集和苏联课本。当时的习题集很厚，也不像现在这样会有答案。虽然大家上课都已经很累了，但是课后还会做《吉米多维奇数学分析习题集》。

同学们的竞争意识都很强，而且这种竞争意识在读研的时候也延续下去。我是王务献老师组里的学生，做定向凝固方向的课题。当时研究平台设备很有限，我们只有一台设备，两个研究生共用。我们之间相互协调，你做一个，我做一个。大家都充分利用时间，高效率地使用实验平台，从来没有空缺的时候。

我们每周有一天的休息时间，上海的同学大多回家过周末。周日回学校，我看到宿舍里、教室里灯火通明，大家都在紧张学习，顿时就有了紧迫感。我们当时要学的东西有很多，入学的英语摸底以后，我们这些稍微学过一些广播英语、掌握了一些英语语法的同学就到提高班去学英语，之后很快全员又转到日语班了。一方面要补习课程，另一方面又学日语和高级英语，时间确实不够用。而我们觉得只有努力才能不辜负学校培养，不辜负大好时光。

良师益友，如切如磋

交大很多优秀的老师不仅给我留下了深刻的印象，对我以后的人生也产生了很大的影响。

研究生时期，徐祖耀先生给我们上过热力学，他具有坚韧不拔的意志和坚定的信念。在那个经费、实验条件等都不如人意的环境中，他潜心进行理论研究，始终投身于材料学的世界前沿。徐先生提倡学科交叉，后来他已当选为院士了，还亲自带着他的团队到物理系去听课，这很有前瞻性。

我十分敬佩的另一位老师是潘健生院士。我做木工的时候就知道他了，认识他已经超过40年。他一直注重解决实际问题，具有十分敏锐的观察力，对一线工作的了解比工人还多，并能够完完全全和工人打成一片。

陈美怡老师以前是我们"七二一"大学的老师，大学时期教我们铸造课，也担任过铸造教研室副主任，经常和我们青年学生聊天谈心，指导我们的人生。

王务献老师潜心做学问，有很好的理科功底。记得当时学校数学老师不够，会从各个专业选调，他便是其中一个能够胜任大学数学课程教学的老师。他给我们上凝固理论，用的是美国MIT Flemings教授的课本。这门课比较难，但是他理论功底很深，一推导公式就写满一黑板。而且对这门课真正全面掌握了，亦是受益匪浅的。我到现在还留着40年前的教科书，告诉学生，我们做的超导体晶体生长和金属凝固很相近，这里面很多知识是经典的、相通的，有普适指导意义。我现在取得的许多世界先进水平的成果都是得益于这门课程的知识。

幸运的是，我们不仅有名师指引前进，朋辈也起到了非常积极的影响。我读书的时候，周边的同学都是一群怀有梦想的人。我们相互影响，彼此欣赏。那些有工作经历的同学善于自我管理，也乐于鼓励和帮助其他同学。当时我们班上只有两名党员，他们会主动关心周围同学，经常与同学们交流并及时提出指导性建议。另外，班上老三届的同学比较成熟，也会照顾年纪小的。他们读书很不容易，在完成学业的同时还要照顾家庭。我们班大概有三分之一的老三届，三分之一的应届生，还有三分之一像我们这样有三五年工作经历的学生，大家都会在学习中互相帮助，生活中互相关心，以正能量影响别人。

科研教育，各有所成

我做科研工作比较专注，硕士毕业时取得了一些初步成绩，毕业后留在王务献老师的组里继续做科研。机缘巧合,我被选拔去英国读博士。和我一起去利物浦的那批人也都非常优秀,大家都是 77、78 级的学生,又有五年留校工作经验,争分夺秒的读书氛围又延续了下去。

有人问我们实验室如何在这个领域达到世界领先水平,我想,除了我在交大学习打下的材料学、凝固理论功底,另一个很重要的原因是我们的工作具有创新性。除了指导研究生,我还经常带领材料学院和物理系的本科生做一些 PRP,在大创、挑战杯、钱学森杯之类的科创项目上获得了诸多奖项。

留学回来后,我在物理系给学生上课。我发现很多物理专业的研究组也在做材料,比如石墨烯、二维材料、纳米材料、光学材料、半导体材料、超导材料等。所以我就开了一门课,本科新生研讨课叫"功能氧化物材料制备及晶体生长科学",研究生的则是"材料制备及晶体生长"。有个物理系的学生毕业后在国外做新材料,他说我的课对他帮助很大。因为凝聚态物理发现新材料以后,导师就让研究生长晶体材料,然后开展物理性能表征研究。材料制备的知识积累给他奠定了基础。我是有材料专业学习背景的物理系老师,我希望我的学生都能从我这里学会一些材料制备科学和技术普适的知识。

作为交大校友,我有四点感悟想要与在校学子分享。

第一,要打牢理科基础,珍惜时间,用激情去学习和生活。一个人是否站得高、看得远,和理科基础有较大的关系。

第二,要学会抓住每次表现的机会,这是自我展现和自我提升的机会。

第三,养成良好的学习和工作习惯,提高科研效率。我觉得作为学生,要自我激励,自我挑战,养成良好的习惯,高效地工作,拿出有质量、有品位的成果。

第四,找到你的兴趣,并一直坚持。我是学铸造的,当时交大没有多少人愿意读这个专业。但是在研究生期间,学习凝固理论和技术,博士期间及长期的科研工作从事高温超导晶体生长。坚持下去,不断地接触新材料和科学知识,不断地通过思考做出有新意的工作,这样就能始终让自己保持在本领域的前列。

　　我做超导材料制备已近 30 年了，有相当多的研究组都陆续离开了。不管哪个领域都会有成功和失败，但是我们到现在都还在坚持，我们挖掘得越来越深，媒体还经常报道我们的学生取得的工作成果，在本领域取得重要影响。我认为我不只是做超导体制备，也不是单纯生长晶体材料，而是在做一些普适的、对所有材料制备领域都有影响的工作。

李箭

李箭，1961 年生，武汉人。1978 年考入上海交通大学材料科学及工程系，1982 年本科毕业，1985 年获硕士学位。1988 年在北京钢铁研究总院获金属材料博士学位。1990 至 1995 年，在美国伊利诺伊大学厄巴纳-香槟分校（University of Illinois at Urbana-Champaign）材料系获陶瓷工程博士学位并从事博士后研究。1995 至 1996 年，在美国 University of Minnesota at Twin Cities 航天与力学系从事博士后工作。1996 至 2004 年，在美国 FuelCell Energy Inc. 和加拿大 Versa Power Systems Inc. 担任高级工程师和高级科学家。现任华中科技大学二级教授（华中学者领军岗）、博士生导师，中国能源研究学会燃料电池专业委员会副主任委员，能源行业高温燃料电池标准化技术委员会副主任委员，中国可再生能源学会氢能专业委员会委员，中国材料研究学会理事。

"起点高、基础厚、要求严、重实践"，是交大对学子们的培养要求。得益于此，李箭打下了坚实的学习基础，为他的深造和发展奠定了根基。当李箭自己也站上了三尺讲台，成为教学者之后，他把交大给予他的培养经验付诸实践，让更多学子受益。在他看来，这是对恩师的最好追念，对母校学风的最佳传承。

敬爱吾师，追慕吾校

口述：李　箭

采访：蔡慧娟、肖思雨

时间：2018 年 6 月 8 日

地点：上海交通大学徐汇校区 MED‑X 研究院

记录：邓　恒、周义虎

整理：蔡慧娟

听从建议考交大

我是"文化大革命"结束后恢复高考的第二届大学生。1977 年，我高一时参加了第一次高考，那时候对高一考生的要求比社会考生要高，没考上。我们当时在高中一年级期间主要参加校办农场的劳动，或者在工厂学工，一个学年有三五个月在参加这些劳动，所以学习断断续续。后来高中二年级又参加了 1978 年的第二次高考，考进了上海交大，当时是 17 岁多。

为什么会报考交大呢？1977 年参加高考时年纪小，什么都不懂，就报考了个普通的医学院。第二次高考后，还是由于不懂，打算将位于武汉的华中工学院填在第一志愿，交大填在第三志愿，但是当时交大已经很有名气了，而我的成绩在高中班上算是很好的，老师觉得我去交大是更好的选择。所以我的物理老师就劝我把第一志愿改成交大。幸亏有这位老师的建议，不然我就会无缘交大了。

当时刚恢复高考，我们对专业的选择不太懂，我跟风报了自动控制，后来调剂到了金属材料专业，也就是 520 专业。进校时，我们的高考成绩不如上海的同学，上海同学比我们基础好一些。上半年补了一些高中的课程，比如三角函数、函数连续性等等。因为 1977 年和 1978 年招收的学生差距很大，有老三届学生，也有像我们这样应届的，学校就想让我们先把基础夯实。

海绵吸水一样学习

当时刚进交大的半年，大家互相之间不熟悉。我们宿舍当时 8 个人，有昆明的、武汉的、山西的、河北的、西宁的，唯一的上海同学是走读生。全班学生年龄差距也大，最小的才 15 岁，最大的是 32 岁。当时大家学习的热情非常高，埋头各自学习，你追我赶，相互之间的交流比较少。到后来，大家逐渐习惯了大学生活，同学之间的往来交流也多了起来。

那时，我们早上都起床很早，六七点就去操场上锻炼，跑步、双杠、单杠等，还有读英语，然后八点去上课。当时学校规定是晚上十点就关灯，只有几间教室 24 小时有灯。关灯之后就在寝室点蜡烛学习，甚至在蚊帐里点蜡烛，都没有安全意识，还好当时没引起火灾。大家都是憋着一股劲，要把成绩搞上去，就像海绵吸水一样如饥似渴地吸收知识。当时我们为了学好数学，早上四点去校门口的小书店排队买书，一本苏联数学家吉米多维奇的数学习题集，能做的我几乎全做了。那时候为了学习，真是做了无数道习题。

我们那个时候花很多时间学习，平时基本不出校门的，考试前一天晚上可能会去衡山电影院看场电影。用那时候的玩笑话说，就是"大考大玩，小考小玩，不考不玩"。我平时都在学校学习，学得很辛苦。如果头一天晚上还没准备好，就没法考了，所以考前轻松一下。

除了学习，我们都会参加体育运动，主要有打篮球、踢足球，乒乓球好像还没有开放的球台。我当时喜欢跳高，记录是 1.72 米，1.75 米擦杆没过，破了系里的记录,也曾获得过学校的第三名。

当时在学校有一个游泳池,我们班还拿了全校游泳接力赛的第二名。我因为是长江边长大的,所以游了最后一棒。虽然那个时候各种活动都少,器材更是奇缺,但是大家参与的热情都很高,留下的记忆也很深刻。

我与恩师徐祖耀先生

徐祖耀先生是对我影响最大的一位老师。当时有一门主课材料科学基础,是徐先生上的,上课的时候不仅100多个座位坐满,过道中甚至讲台边都坐满了人,除了77级和78级两个班,还有一些其他学校的老师当示范课一样来观摩听课。徐先生的课考试非常难,班上最高成绩也不超过90分。通过提问,徐先生认识了我。上课时徐先生提问,我们回答;下课时我们提问,徐先生回答。考研的时候我第一志愿报的是沈阳金属所的一位老师,但是后来系里劝我们留下来,于是我有幸留在交大做了徐先生的学生。

徐先生的上课方式是与时俱进的,也是独树一帜的。他是第一个用胶片和幻灯片上课的,常常只提要点,有详有略。当时有学生反映听不懂,徐先生就说"你要是个好学生,你以后会感谢我的"。徐先生的意思是说上课时没有听懂的内容,学生下课就要自己弄懂。这种上课方式培养了我们自主学习、独立思考的能力,为此我真的很感谢他。

研究生一毕业,徐先生就请我们吃饭,说这是国外教授的习惯,将我们当成晚辈看待。徐先生胃不好,只能吃素食,我们也跟着第一次在素食馆吃饭。徐先生的家人都熟悉我们,后来有了电话,在电话里都能听出我的声音。1988年,我在北京钢铁研究总院博士答辩,也是徐先生从上海去北京为我"保驾护航"的。每每想到徐先生,我都挺有感触的。回国后,多次去拜访过徐先生,尤其是他移居宁波以后,每年会去一次,陪他聊一两个小时。他去世的前一年,我和同事去宁波看他,事先电话告诉了我们到的时间。到了以后才发现他为我们准备了大碗的宁波汤圆和竹笋烧肉,都是宁波特产。实际上我们是刚吃完午饭的,我就悄悄笑着对同事说,即使今天撑死,我们也要吃完这些饭食。

现在我给本科生上材料科学基础这门课,是当年徐先生教的课,所用教材也是交大基于当年徐先生的讲稿编写的。我还给研究生上材料热力学课,也是徐先生当年教我的。我想,这是一种传承,也是一种缘分吧。

深造归来报效国家

硕士毕业后,徐先生推荐我去考北京钢铁研究总院孙珍宝先生的博士生。读博期间,我和一位师兄一起翻译了一本美国伊利诺伊大学厄巴纳—香槟分校的 Wayman 教授写的《马氏体相变晶体学导论》。初稿后来由徐先生校对。出版后,他写信对我说,让我写信给 Wayman 教授,要求前去做博士后。我接受了他的建议,很快就接到了 Wayman 教授的邀请信。于是,这本译著成了 90 年代我去美国深造的敲门砖,这才有了我在美国获得第二个博士学位、从事博士后研究以及在国外公司工作的经历。直到 2004 年,我回国到武汉的华中科技大学材料学院工作。

当时交大的口号是"起点高、基础厚、要求严",所以我们学得都很认真,打下了比较扎实的基础。因此,出国深造的同学很多,全班 42 个同学中几乎出去了一半。我们宿舍 8 个人,有 6 人后来出国留学了,至今还有 4 人在北美工作。年轻时,大家各自忙碌,联系较少。而现在年纪逐渐大了,怀旧了,聚会也频繁起来。

回想起来,现在的很多习惯也是在交大时养成的,包括每天看书。我现在教课也是按照当时老师们教我们的方式。我当过 5 年华中科技大学材料系的主任,在这期间加强了材料科学基础课的教学,课堂教学增加到了 96 个学时,实验课另算,就像当年在交大一样。"高山仰止,景行行止",我想这是对我的老师的一种追念,也是我作为人民教师应当给学生传授的好的知识。我们的老师都是相当敬业的,他们有才能,又认真负责。我一生都会怀念在交大学习的时光和老师们。

周浪

周浪，1962 年生，南昌人。1978 年考入上海交通大学材料科学及工程系，1982 年本科毕业，1985 获硕士学位。1988 年获北京科技大学博士学位。后在北京钢铁学院（现北京科技大学）任教，1996 年底到南昌大学工作，1997 年被聘为教授，历任南昌大学化学与材料科学学院院长、材料科学与工程学院院长。现兼任江西省太阳能光伏重点实验室主任、江西省锂离子电池负极材料工程技术研究中心主任、国家光伏技术工程研究中心技术委员会主任等职务。

少年周浪听别人说，我国工业还很落后，落后的原因在于材料问题。这深深地触动了他，让他觉得应该学习这方面的专业，为改变国家的贫困落后面貌贡献自己的力量。于是，他考入交大材料科学及工程系，并开始了与材料科学结缘的求索之路。

口述：周　浪

采访：邓　恒、肖思雨

时间：2018 年 6 月 8 日

地点：上海交通大学徐汇校区 Med‐X 实验室 337 室

记录：肖思雨、朱张淳

整理：蔡慧娟

少年立志，结缘材料

　　随着"文化大革命"结束和高考的恢复，我们这一代人突然有了上大学接受高等教育的机会，1978 年成为我人生永远的坐标。当时我在江西南昌上高二，仅经过半年的复习时间，我便参加了高考，并成功考进了上海交大金属热处理专业。1978 年 10 月正式入学。

　　为什么选择金属热处理专业呢？20 世纪 70 年代，我国工业还比较落后。我当时年纪小，听很多人说，我国的工业落后主要是材料问题，这使我触动很大；另一方面，从自身的兴趣来说，我也对材料研究领域兴趣比较浓厚。于是我坚定了报考材料专业的决心，专业的选择问题就这样解决了。当时，上海交通大学在全国的名气也很大。我想，要读书就要读个好学校，在良师的指引下深入学习，将来才能真正为国家的工业发展作出贡献。

敏而好学，难忘恩师

当时，我们都非常好学。同学之间的年龄差距挺大，我入学时才16岁，属于年纪比较小的，没有社会经验，也没有其他的杂念，只想着好好学习。当时我们学校的学风非常好，大家的热情很高。每次一到下课时间，大家就会蜂拥而上，围住老师，不停地问问题，老师也是有问必答，常常直到下一节课开始，老师还在解答，以至于班干部常站出来维持纪律，提议让老师休息一下。当时我也是属于"问题比较多的那类学生"，而且很敢问问题，有时候提出的问题也会让老师思索上一阵子，提出下周再来解答。老师也很重视与学生之间的约定，所以等到下周上课就会先找我，解答我的问题。所以现在，我常常鼓励我自己的学生多提问题，最好能"问倒"我。

还记得当时给我们上课的一批老教师，教风严谨，教学水平很高且认真负责。我还清晰地记得给我们上"金属学原理"的徐祖耀先生，"热处理原理"的俞德刚先生，"表面热处理"的潘健生先生。他们和蔼可亲，业务水平高，实践经验十分丰富，在我们的课业上给予我们莫大的帮助。

其中，徐先生上课的境界很高，不仅传授知识本身，而且总是站在更高的高度上，从自然界的现象中旁征博引，用类比的方法，以看得见的现象为我们比喻难以理解的微观现象。比如讲到微观结晶的方向性，徐先生就以雪花晶体的方向性给我们作类比。不仅如此，他还能在课堂上援引记载雪花形状的诗歌，这种文艺的氛围一下子缓和了枯燥的说理过程，使我们的理解更加深刻。徐先生的课开阔了我们的视野，常常让我们感到自然科学的海阔天空，让我们不自觉就沉浸其中。在讲"材料科学基础"这堂课的绪论部分时，他曾一连6节课侃侃而谈，流畅自然，深入浅出。他也能收放自如，在后面的课程知识中，直击要点，显得详略得当。

除了徐祖耀先生，我的研究生导师胡赓祥先生对我帮助也很大，他是一位上海的老知识分子，也是一位绅士。他性情温和，而又有着一身正气，遇到原则问题毫不退让。胡老师正直的品行让我印象非常深刻，也对我青年时期品格的形成产生了重要影响。在科研上，胡老师秉持严谨认真的态度，十分重视基础，注重培养我们的科研习惯，这也为我将来的科研工作打下了良好的基础。走出校门之后，我们一直保持着联系，我每年会给先生发贺卡，而先生也会给我寄一张他亲笔书写的明信片，明信片上的字迹工整漂亮，令人赏心悦目。

金色年华，意气风发

由于高考刚刚开放，同学们来自全国各地，五湖四海，年龄差距很大，年纪小的也不过才十六七岁，有些年长的都已年过三十，下过乡当过生产队长或者乡党委书记。我是属于年纪比较小的，大家都很照顾我。

当时我们学校的硬件设施还不太好，每次打乒乓球还要排队，虽然很累，但总觉得怎么都打不够。虽然羽毛球场上的设施非常简陋，球网也很破，但我们常常几个人就能打上一天。最羡慕的就是校队，能有固定的训练时间。在课堂之外，我也积极参加社团活动，其中包括团委组建的画画社团。

饮水思源，寄情交大

现在我也在教育领域工作多年，成为一名大学教师。回顾当年在交大的大学生活，我感到大学生一直是我们社会的一个先进团体，它有着蓬勃的朝气，代表着将来各行各业最年轻的血液，它的本质从未变过。当然，随着科技的发展，通信工具的普及，现在的大学生能更快更多地掌握社会资讯，也面临着更多的来自各界的诱惑。

我觉得年轻的大学生们，首先要脚踏实地，把书读好，把知识学扎实。要争取在自己的专业领域成为内行，多多利用现在的通信工具，比如关注科学微信公众号等,开阔自己的视野,让自己随时能接触到专业的前沿动态。在课堂或者课间的时候,能和老师讨论讨论这些前沿知识,我想大家会很有收获。

其次,要关心社会,心怀国家。把自己的专业知识、专业技能和祖国的发展联系起来。

最后,要趁年轻的时候,确定自己的人生理想和目标,也就是要确定自己将来想做的事,并为之艰苦奋斗。40岁才确定自己人生目标的人和20岁就确定自己人生目标的人取得的成就自然是不一样的,因为二十多岁的人还可以抓住青春的时光加紧奋斗。当然,在课余时间也要注重体育锻炼,发展自己的兴趣爱好。还要善于利用交大的实验室、图书馆以及其他的教学资源。四年的大学生活很快就会过去,希望大家能多多利用在交大的机会,珍惜在交大的机会。

李铮

李铮，1963 年生，上海人。1977 年考入上海交通大学计算机专业，1978 年转入应用数学系，1981 年本科毕业。上海交通大学数学科学学院教授。2003 年获上海交大思源优秀教师奖一等奖，2009 年获上海交大"师德标兵"称号，2008 年、2010 年两度获得"最受学生欢迎的教师"提名奖，2013 年作为主要成员获得上海市教学成果一等奖，2016 年获"唐立新"教学名师奖、"卓越教师奖"。曾主编并出版多部教材，其中《高等数学》(经济管理类)获上海交通大学 2001 年优秀教材一等奖。

伽利略说："数学是上帝用来书写宇宙的文字。"而李铮正是被这一文字所倾倒。他从小热爱数学，虽然报考大学时，家人不同意他报考数学系，最后来到了交大计算机系。一个偶然的机会，他得以转学到应用数学专业，美梦初圆。毕业之际，虽然全校只有十个留校名额，李铮不畏竞争，报名留校任教数学系，开始了数学名师的成就之路。他的故事，是"兴趣是最好的老师"的最佳诠释。

数学名师的成就之路

口述：李　铮
采访：梅自寒
时间：2018 年 5 月 7 日
地点：上海交大数学楼 3 - 319
记录：宋　佳
整理：梅自寒

钟爱数学，如愿以偿

　　我在中学的时候，就对数学有着浓厚的兴趣。我想报考数学专业，但是我的父母不太同意我选择数学。那么我为什么会选择了交大呢？1977 年，我是从江苏考进交大，是恢复高考后第一批录取的本科生。当时交大在江苏没有公布专业，属于保密单位性质。但我在我的第二志愿里填了一个计算机专业，我感觉计算机与数学有些关系，结果我直接被录取到交大计算机专业。

　　进交大以后，当时说要恢复应用数学系，1978 年交大的数学专业开始招生。学校要加强理科专业，就从 77 级的学生中挑了一些学生转到数学系。这个时候，我爸妈就管不了我了，出于对数学的执着，我就转到了数学系。总结一下，我是 77 级的学生，跟着 78 级的学生学习数学，最后一年变成拿着工资写论文。当时正好有这样一个机会，于是我就主动选择从 77 级计算机专业调到 78 级数学专业，其实那时候我就做出了今后要争取留校任教的决定。当时全校只有十个名额，在全校范围内进行筛选。

正是因为这个原因，我对 77、78 级两届的学生都有了解。77 级与 78 级的学生都很刻苦，而且同学之间年龄差距很大，甚至相差十二三岁。往往越是年纪大的学生，他们的学习就越发刻苦。他们更加珍惜学习机会，希望将失去的时间补回来。很多时候，同学们晚上熄灯前都不回寝室，全都在教室里自习。而且这些教室中偶尔有那么一两个是通宵教室，熄灯比较晚的，基本上都是要抢座位的，所以说，学生的学习干劲非常大。交大整体学习的氛围对于学生有很大的影响。别人都在很努力地学习，自然而然地，我们也会跟上去。就算你想玩也没人跟你玩，大家都在用功读书。

启思培智，授人以渔

对于我们长期从事高等数学教学的教师来讲，高等数学是重要的基础课，在交大，每个专业基本都要学习这门课程。进入交大的学生都是很优秀的学生，我们希望把他培养好，也希望他们能够在我们手上把基础打好。在授课过程中，我注重的是让学生适应大学的学习，或者说改原来的模仿与练习为现在的勤思考，这是推导的一个渐进过程。我上课的过程中经常会以提问的方式与学生互动，而我提问的方式不太像是问题导向型，而是根据以往学生经常犯的错误，再针对这些例子去提问学生。一方面，课堂效果提高了，老师与学生之间的互动增强了。另一方面，因为我知道这些问题是学生最容易犯的错误，所以很多学生的第一反应是错的。我简单举个例子，比如说 2 的无穷大是多少？学生脱口而出就是无穷大，那么我就说，你们回答太快了。因为我们刚才讲过无穷大指的是绝对值，是分为正无穷大和负无穷大的，而中学当中，我们主观就认为无穷大是正无穷大。一旦暴露出了问题，那么我就会引导同学们，给学生敲敲警钟，告诉他们特别需要注意的点。

提问环节在一定程度上吸引了同学,也鼓励了同学。随着这些年 PPT 在教学上的使用,我的课件会提前给学生,课件当中会直接有一些问题,问题的答案不会放在课件里面,这样学生在提前预习的时候就会了解到我的问题,希望他能够带着问题来听课。这样的话,在他已经进行思考过后我再提问,听课效果就会有所变化。

我认为培养学生,一是要让学生多思考;二是培养学生自学能力。我在讲课前会提问,讲完课也会留下一些问题,主要还是希望学生多思考。另一个方面,我要改变学生所谓"刷题"这样的练习,而是要多思考,或者说多问几个为什么。我对学生经常提的一个要求是,你如果遇到一道不会做的题目,要有几个反问。第一,我尽心尽力了吗? 我是不是想全了? 思考问题是不是完整了? 第二,有几种方法我是不是都尝试过了? 也就是说,第一个思考,第二个尝试。第三个,如果都不行,看了解答、听了老师上课以后,还有一个很重要的反思过程。对于学生来说,这种情况是常见的,做作业也好,考试也好,想了半天想不出来,然后一看答案,啊,恍然大悟。轻描淡写地就认为要来看解答了,那其实不是这样的,应该想到的是当时为什么没想到这种方式。这样反思的话就能鼓励学生,不要轻易地放弃。或者说,经常用尝试来代替放弃,哪怕去试试看,也不要轻易地放弃并简单地怪罪于粗心。

2005 年,上海交通大学和上海第二医科大学合并后,高等数学的教学压力突增。那时候,一个班有五百个学生,所以我们开展试点教学改革工作,"大班教学,小班辅导",当时给我配了很多助教,分了很多小班。原有的医科数学教材也用了几年,太简单了,不符合交大培养学生的要求。但是课时数又不太一样,一个是六节课,一个是四节课,进度上也有所差异,所以不能直接使用理工科的教材,应该有所调整。因此很多年一直在调整和摸索中,又要符合交大要求的课时数,同时难度比理工科降低一些,但又要比医科类难度高一些。我当时是这样鼓励学生的,由于交叉学科的发展越来越快,你们现在学习数学是这样的方式,不断会有后来者追赶你,所以现在就要好好学习。

程明

程明，1961 年生，上海人。1978 年考入上海交通大学应用数学系，1982 年本科毕业。后获得美国弗吉尼亚理工大学 MBA 学位和俄亥俄州立大学数学硕士学位，获得美国精算师协会准精算师职称。在保险科技（InsurTech）、大数据、健康医疗、房地产和互联网保险等领域有 20 多年的中美行业经验，并先后在全球 500 强金融公司、IT 公司、咨询公司和中国大型国有保险集团公司、中国大型民营企业集团任职。

和受到陈景润故事激励的同时代青年一样，程明怀有一个数学梦。这让他在报考大学时选择了交大应用数学系，并如愿以偿。他认为，数学的专业训练教会了他抽象地、量化地、系统地看待问题，有能力建立复杂量化模型和解决复杂问题，从而在职业生涯中走得更远、攀得更高。

陈景润的故事激励了我

口述：程　明

采访：寇名扬、董昭通

时间：2018 年 5 月 4 日

地点：上海交通大学数学科学学院会议室

记录：寇名扬

整理：寇名扬

机缘巧合学数学

我从小在上海长大，在上海读书。那时候升小学和中学是按照居住地划分的，所以很幸运，就读了当时上海最好的小学和中学——一师附小和市西中学，并且还幸运地遇到了全国特级语文老师和数学老师。当时恰逢"文化大革命"，我本来做好准备，中学毕业后上山下乡的，还不知道有考大学这回事。1976 年"文革"结束，1977 年恢复高考，由于学习成绩优异，我被选上跳级参加全国高考。我们这一代人就这样成为中国恢复高考后的第二批考大学的高中应届毕业生。

我为什么要选择交大应用数学系呢？主要有两个方面的原因：一方面是高中参加了区和市数学竞赛，同时，徐迟介绍数学家陈景润的报告文学《哥德巴赫猜想》对我选择学数学产生了很大影响。我当时感慨良多，于是就有了学习数学的打算。另一方面是因为社会环境。当时的情况是，无论你做什么工作，工资都是一样的，所以考虑专业的时候不会像现在的学生需要考虑诸如就业、薪资等因素。我们当时选择专业最重要的一点就是兴趣。而我很喜欢学习数学，想做自己真正喜欢的事情，想要成为一位科学家，于是就选择了上海交通大学应用数学系。

乐于读书兴趣广

对当年的我们来说，读书是非常开心的事情，不像现在的小学和中学有那么多升学考试，我们唯一的一次考试就是考大学。那时也没有物质的诱惑，没有考试的压力，没有就业的压力，所以学习对于我们来说是一种乐趣，是一种幸福，现在回想，那时候的学习环境是非常好的。

我从小就兴趣广泛。中小学的时候，文理科都非常喜欢，喜欢读中外文学名著、读历史书和哲学书。考入交大后，交大让我有了接触各种学科的机会，也没有因为选择了应用数学系就仅仅拘泥于应用数学系的课程，还选了很多其他系的课。这些课程对我后来的事业发展有很大的帮助。比如我选了应用物理系的四大力学课程，其中相对论的知识对我后来学习金融工程的思维模式有很大帮助；我还选了电子工程系的课程，其中的自动控制论对我以后从事 IT 行业，建立企业系统模型和制定企业信息化解决方案有很大帮助。我觉得大学生知识面广是非常重要的，因为当今我们处在终身学习的时代，我们面对许多不确定因素，大学所学的专业不一定能找到专业对口的工作。

我始终觉得我选数学专业是一个非常正确的选择。数学的专业训练教会了我抽象地看待问题、量化地看待问题、系统地看待问题，从而有能力建立复杂量化模型和解决复杂问题。在当今以移动互联网、区块链、云计算、人工智能和大数据为代表的信息化时代，这种能力是一个人在从事科研、或从政、或经商的工作中的核心竞争力。在 21 世纪人工智能和大数据时代，越来越多的领域量化了和智能化了。例如,医学开始量化了,心理学开始量化了,社会学开始量化了,很多传统的以定性化研究为主的学科都开始量化了,任何学科都在朝全面量化和智能化的趋势发展。另外,数学除了给你带来解决问题的超强技能外,也给你带来挖掘自己抽象潜能的快乐以及随之而来的内心的平静。

我还喜欢学习历史,关注人类发展史、经济发展史和学科发展史。历史是现实的一面镜子。比如我在制定一个商业模式或发现在中国的商业机会的时候,我会参考美国相应的商业发展历史,研究美国相关公司发展的历史及其发展规律。另外,在探讨如何制定打造交大数学系成为全球一流数学系的战略时,我们要研究数学发展史和全球著名大学建立一流数学系的历史以及数学大师发展数学的历史,从这些发展历程中发现规律,并找到交大建立全球一流数学系发展方向的突破点。历史无论是对个人找到创业方向、企业找到创新方向还是国家制定发展方向,都具有指导意义。

交大还教会了我和其他同学共同进步的做人方法。能进入交大的人都是很聪明、很优秀的,虽然会存在一些争强好胜的心理,但是最后你会发现,只有与别人交流,与别人合作才能真正感觉到幸福,而一味地好斗好强只会让人越来越不快乐。真正的聪明人,既要会竞争也要会合作。

现在回想起来,当时我念交大的时候,交大在师资和学科发展方面与全球著名大学相比,还是存在一些不足的。因为那时候"文化大革命"刚刚结束,可以说中国已经封闭了近三十年,几乎没有国际学术交流,去国外留学的学者回来的也不多,一流师资严重缺乏,许多现代数学课程开不出,所以在当时的中国大学中,是很难碰到大师给你上课或举办学术讲座的。当时在大学读书期间,我们对现代数学现状和发展趋势了解不多,眼界非常局限。

赴美留学理转商

大学毕业四年后,我去了美国攻读数学博士。当时在美国没有任何亲戚,考托福的钱也是留美的中学同学送给我的,然后在留美的大学同学的帮助下,我获得了全额奖学金,就直接出国了,这个经历在现在看来像天方夜谭一样。这也让我感觉到读名校和校友互相帮助在人生发展中非常重要。

到了美国以后,我一开始还是想继续学数学,那时候苏联还没有倒,美国正缺数学家,所以拿到数学博士后,在大学找个数学系教书的职业还是不难的。但是后来苏联垮台了,很多优秀的数学家都开始在美国找工作,那么新的数学博士当然是很难和这些优秀的数学家竞争的,所以当时数学博士毕业后很难在美国找到大学教书工作。

在完成博士资格考试后,我碰到了影响我人生职业生涯选择的美国朋友,他是一位美国保险经纪人,他建议我去做精算。从他那里我了解到做精算薪资非常丰厚,也可以在保险公司找到工作并申请绿卡。我想到继续读数学博士也未必能找得到工作,权衡之下似乎做精算也是不错的选择。而且我个人从小受到上海的经济环境影响,比较有金融天赋和经济头脑,于是我就离开学校,到一家保险咨询公司工作。这位美国保险经纪人给了我的第二个建议是读《华尔街报》,他说《华尔街报》是"商业圣经"。工作后,我每天读《华尔街报》,打开了我对美国高度发展的资本主义的眼界,激发起我去华尔街工作的激情。在 20 世纪 80 年代后期,有两个工作选择,一个是华尔街搞金融,一个是硅谷搞 IT,最后我选择从事金融,去华尔街工作。后来读MBA 的时候在甲骨文(Oracle)工作,搞大数据,又对 IT 有了兴趣。之后加入花旗集团投行纽约总部领导数据建模工作。虽然我没有继续读数学,但我还是喜欢数学,因为数学在很多领域都是做研究、做咨询项目以及做决策时的核心竞争力。数学系的人有可能不大喜欢和人打交道,但一般喜欢和数字打交道,而现代量化金融模型专家和计算机专家需要这种个性,所以许多读数学的人非常愿意选择金融量化工作。

我后来为什么从美国回来呢? 因为 90 年代末国家有一个"春晖计划",目标是吸引海外人才回国,为中国加入世界贸易组织(WTO)、开放中国金融市场做准备。作为中央金融工委和上海金融办引进的人才,在高层领导的鼓励下,我选择回国工作,并且收到许多大型国有金融公司的邀请,最后,我选择到中国太平洋保险(集团)公司担任集团公司信息技术总监。

回想起人生几十年的经历,我有幸赶上了中国改革开放、走向世界和经济崛起的年代,赶上了美国 IT 快速发展和华尔街金融创新的年代,在许多关键时刻,抓住了机会,作出了正确选择,丰富了人生。回顾人生走过的道路,从考入交大,获得全额奖学金去美国留学和在全球著名公司工作,到回国在国企、外企和民企担任高管,这都是邓小平领导的改革开放改变了我的人生。更重要的是,我非常幸运地生活在一个好的时代,能抓住这一时代的机会,这些都和我在交大的学习有密切的关系。交大教育给我打下了扎实的基础,这不仅是专业上的学习,更开阔了我的眼界,培养了领导力,建立了校友人脉,培养了我独立思考的能力和新领域的自学能力。交大的品牌在我赴美留学以及在中国和美国的职业发展过程中起到非常重要的作用。因此,我对母校始终怀着非常感恩的心情,随着职业生涯步入后期,这种感恩的心情越来越强烈。

胡继善

胡继善，1963 年生，江西南昌人。1978 年免试进入上海交通大学应用数学系，1982 年本科毕业。1985 年，获得上海交通大学应用数学系硕士学位，1991 年，获得美国普林斯顿大学应用与计算数学专业博士学位。1992 年至今，历任香港科技大学数学系助理教授、副教授、教授。

和其他通过高考进入交大的学子不一样，胡继善没有经过高考，而是以少年天才的身份从初中直升交大的。在他看来，数学就是逻辑，和刷题多少无关。从事多年数学教育之后，他把自己对数学的理解、对数学教育的理解通过教育平台分享给所有人，以期改善教育资源分配，降低教育成本，让更多的人更容易地学数学。

十五岁少年和他的数学梦

口述：胡继善

采访：薛　容

时间：2018 年 5 月 5 日

地点：线上采访

记录：薛　容

整理：薛　容

15 岁少年求学交大

我是江西南昌人，1978 年参加一次数学竞赛取得好成绩后，上海交大的三位老师到江西面试了我，决定免除我参加高考，从初中直升大学。那年我刚满 15 岁，还是懵懵懂懂的年龄，便进入交大。我是全校 78 级最小的学生，有幸和大哥哥大姐姐同班一起读书。由于那时"文革"刚结束不久，同学中有不少"老三届"的，同学之间年龄相差很大。

交大的老师非常照顾我。因为年纪比较小，到上海读书，那是我第一次出家门，连火车都是第一次乘。学校专门安排了一位老师带着我从江西来到上海。四年本科教育，是在上海徐家汇校园度过的。上海交大把我从一个在江西出生的少年，教育成为一个具有初步专业知识的青年。

沐定夷老师是去江西录取我的老师之一，也是我数学分析的任课老师。

朱有清老师教我们实变函数与泛函分析,章仰文老师当助教。上海交大的老师们教学都非常棒,逻辑清晰,循循善诱。在他们的教导下,我得到了比较系统的专业基础训练,之后便顺利地到美国继续学业。

　　四年的交大本科学习生活,是我专业学习初期最重要的四年,也是我人生过程中最重要的四年。大学四年,挺开心的。当时我们七个同学挤在一个寝室,上下铺,连电风扇都没有。夏天,每个人都是拿一把手摇扇子,男生在宿舍光着膀子读书。热了,最多冲一下凉水澡。夏天还有蚊子,还得吊蚊帐。但是同学都不觉得辛苦,因为所有人都这样。交大四年,年纪轻,没太多烦恼,每天生活都挺开心,什么也不用担心。现在年轻人压力挺大的,我们那时候生活简单,社会上大学生也不多,同学们读书的风气都很好。

自学数学,乐在其中

　　我的少年时期是在江西度过的,那段时间,新华书店基本上没有太多的书可买。在我十岁那年,有一天,父亲在江西南昌新华书店买了两本书,一本是英汉字典,一本是高中数学题解,放在家里的小书架上。那年我还在读小学,高中数学题解我当然看不懂。到了初中我才拿来看看,前后半年,手不离这本高中数学题解。我的初等数学学习只有这一本书。这本书最好的地方是书里的附录,约四十来页。附录列出了中学数学里所有的定义与定理,而且没有提供证明。

　　这本题解书对我来说,真是妙极了。因为有定义,所以我知道了初等数学所有的知识点;因为没有定理证明,我就必须想办法自己给出证明;因为四十来页的附录,让我有了机会自己去完成这些补余的工作;因为是题解书,使得我有机会验证我的思维。

　　现在的中学生读书压力大,数学要刷大量的题目。"刷题"这个词我还是近些年才听到、明白的。初等数学刷题,最后一定会让学生失去对数学学习的兴趣。数学是逻辑,和刷题多少无关。大家都知道,初等数学最重要的是代数与几何。欧氏几何是建立在公理的基础之上的理论，完全是逻辑的。中学代数则让学生学会逻辑地将复杂的问题简化，其核心是八个字，叫"恒等变换、因式分解"。例如三角函数部分，除了定义，最重要的是两个恒等式：$\cos^2\theta + \sin^2\theta = 1$ 和 $e^{i\theta} = \cos\theta + i\sin\theta$。前者等价于勾股定理，后者称为欧拉公式。宇宙里最简单最美的公式，是经典力学的牛顿第二定律 $F = ma$ 与现代物理里的爱因斯坦质能等价式 $E = mc^2$。而数学里可与之媲美的是欧拉公式：当取 θ 为 π 时，有 $e^{i\pi} + 1 = 0$，这将三个实数 1，π，e 与单位复数 i，用简单的等式联系在一起。事实上，中学所学三角函数，绝大部分问题都是利用勾股定理与欧拉公式进行"恒等变换、因式分解"。因为不用刷题，我便有充分时间来思考，所以高中数学很快就自学完成了，而且我也乐在其中。

普林斯顿遇到传奇导师

1985 年，我得到了去普林斯顿大学读博士的机会，并得以在马丁·克拉斯考教授（M. Kruskal）的指导下学习。克拉斯考作为应用数学大师，他最著名的工作是和扎巴斯基共同创立孤粒子理论。

师从克拉斯考教授，我收获巨大，特别是做学问的态度，让我终身受用。一个例子是，当时我做毕业论文，其中有一个公式是我从一本参考书里直接引用的。克拉斯考教授说你得自己推，而我当时认为这并没有什么可推的，都印在那了。他在书架上从两本书中间抽出一封信，说你看这是一个人做的统计，数学最著名的几本参考书里面有多少错误。正好那本书就是我用的那本书，每两页里面就有一个公式包含了错误。所用公式我必须完全用自己的方法推导一遍。由此便看出他做学问非常严谨、踏实、认真。

克拉斯考教授具有一颗普通人不具有的好奇心。在七八十岁的时候仍会对一些看来很简单的事情着迷，从而观察到旁人不注意的细节。他是个大数学家，却发明了一个用他的名字命名的扑克魔术，真是不可思议。他的扑克魔术令世界上的很多人着迷，但神奇的是他却从不打牌。导师做学问的态度，让我明白做一件有意义的事，哪怕要做很多年，也要老老实实、认认真真。这就是我们所说的工匠精神。中国人普遍缺乏这样的工匠精神，比较浮躁。也许因为发展太快，有很多机会要抓住，便不会慢慢做一件事，但事实上，事情需要慢慢地去做才能够获得成功。

书写材料五万页

当下，我们生活在网络时代，作为一个数学工作者，我觉得现在缺乏一个好的教育平台。如今的网络教育平台大多是慕课或小视频，这些只是学习的一方面。而学生最为迫切的需要是提高学习逻辑思维，增强解题能力。

近几年来，我将工作的重心放到网络教育上面。一方面，是为了帮助学生改善逻辑思维，增强解题能力。我试图把传统老师学生答疑互动的过程，进行电子化的改革。什么叫电子化？就是一个学生来问我，"老师这道题我不会做，你能不能教我？"那我作为老师是怎么教他的？我不会一二三四五就教你这样做，我一定说，"你做这道题，得要先学习书上与这道题有关的知识点"，如果他还不会，我再给他点提示。电子化就是把这个过程记录下来。所以我开始建立一个数据库，这个数据库按照我刚刚讲的过程，把老师与学生间的互动在网上呈现出来。这样，学生就不一定要向老师求助了，他只要上网，便可取得所需要的帮助，然后自己去领悟。按照我近三十年的教学经验，我会估计学生做到哪一步大概会遇到什么问题，我会写下来。这个工作量很大，需要有愚公移山的精神。经过近 6 年不停地工作，我写了近 5 万多页的学习材料，印出来应该有冰箱那么高了！

另一方面，我认为一个有用的教育平台对老师也应是有益的，特别是能够使老师对教学有一个全盘的掌控，同时也能极大减少老师的工作量。为此，我们从布置作业的功能入手建立数据库，让平台具有自动改作业的功能，同时记录做题时的各种行为，包括所花时间、预备知识的准备、学习过程等等,通过平台的大数据分析、人工智能算法,对每个学生提供个性化帮助。

再次,全世界理工科都面对一个共同的挑战,即课堂所授知识跟现代技术脱节的问题,特别是与工程脱节。比如我们高等数学的课程基本上几十年都没有变化,而其实近几十年的技术已经变化很大了,大量计算性的技巧,通过符号运算,都可以在电脑上很容易实现。而新的技术进步,例如大数据与人工智能,又呼吁我们数学教育工作者提供合适的解决方案。因此新的理工数学教材,特别是工程学科的数学教材,必须集数学基础、电脑实现、工程应用场景为一体。为此,我与香港科大的同事一起,试图对这一跨学科的挑战做出有益的尝试。

作为工业大国,每年全国需要培养几百万工程师,而全世界每年有一千万大学生学习高等数学,各国为此投入大量的资源。大学老师的科研、教学工作十分繁重。随着技术的进步,大学教育的自动化、智能化在近年成为可能。我的愿望是建立一个开放式智能共享教育平台。我希望这一教育平台能够帮助缺乏教育资源的地区,让经济欠发达地区的学生可以得到与发达地区相同的教育机会。相信我们的教育平台能够在改善教育资源分配,降低教育成本方面,做一些有意义的事情。

帮助学生改善逻辑思维,增强解题能力;给老师提供教学管理工具,实现自动改作业;开发集数学基础、电脑实现、工程应用场景为一体的新教材,每一方面都需要做大量的工作。在我任职的香港科技大学,他们对此项目在经费上大力相助,去年平台部分功能已上线试用,但还有大量工作要做。

学校要做的是鼓励创新

最近交大在开展教育思想大讨论,讨论有关人才培养的问题。可能有些学生比较功利,学完之后就想去就业,这很正常。有一些优秀的毕业生愿意深造做科研,然后再为这个知识领域添砖加瓦,这也很正常,总是有人想读博士的。比如说数学博士不够多,不够多有什么问题呢? 一百多年前学数学的没这么多,但那时候一样出了那么多伟大的数学家,比如黎曼、庞加莱,这些都是了不起的划时代的人物。在中国,有些人想做教育、做科研,就要读博士,但有些人想做实际应用,比如人工智能,当然也可以读人工智能博士,但做实际应用更多是跟工程直接相关的,做工程的人则更多是从做的过程中学会知识和技能。这两项也并不矛盾。在各个领域,不管他到底是在做科研,还是在做应用,只要是人才,他都可以作出贡献。最重要的是要老老实实做,要把标准定高一点,并做到最好。不管你是在业界也好,在大学也好,做科研也好,你都要超越自己,要把事做到最好。而学校应该做的便是鼓励创新,培养具有社会责任感、具有工匠精神的实干家。

借此机会,我也衷心感谢母校对我的培养。

李廷伟

李廷伟，1962年生，浙江宁波人。1978年考入上海交通大学应用物理系，1982年本科毕业，1988年获得中国科学院上海冶金研究所（现上海微系统所）理学硕士学位，1995年获得荷兰莱顿大学实验物理学博士学位。曾担任朗讯科技的技术代表，并在伊利诺伊州芝加哥美国阿贡国家实验室以及荷兰莱顿大学担任研究职务；后历任高通上海分公司主管以及业务开发高级总监、美国迈威（Marvell）公司全球副总裁兼中国区总经理、美国博通大中华区高级销售副总裁兼大中华区总裁、歌尔集团副总裁和北美及欧洲区总裁。现担任恩智浦（NXP）大中华区主席。

40年前，李廷伟被交大应用物理系录取，后来他跟随吴自良院士研究材料学，赴荷兰著名的实验室研究超导，到美国攻读博士后、去阿贡国家实验室做科研；随着移动通信行业兴起，任职朗讯科技、高通；随着人工智能时代的到来，任职歌尔集团……他的人生航向，随着科技的发展、时代的发展而灵活转舵。他寄语青年学子：思维不能僵化，要随着社会的发展而改变前进的步伐。

通时达变，不囿于物

口述：李廷伟

采访：刘　畅、夏人杰

时间：2018 年 6 月 10 日

地点：上海交通大学徐汇校区总办公厅

记录：刘　畅

整理：刘　畅

同时考上高中和大学

回想起来，我被交大录取已经过了 40 年了。现在回到母校交大，我感到很幸运，也非常感恩母校。1978 年，我正在上初中，考高中和考大学我是同时考的，结果同时被复旦附中和上海交大录取。因为刚粉碎"四人帮"，大家都没什么教材，资料比较匮乏，比我大一两级的同学也没机会学习深一些的知识，所以大家考试成绩差不多。

进入上海交大后，我在应用物理系应该是年龄最小的，当时是 16 岁。那一年交大开学比较晚，大概是 10 月份，所以我背着书包去复旦附中读了一个月不到的高中，才收到了交大的通知，就又背着书包来到了交大上大学。我从小家就在交大附近，深受交大的影响，交大的工程和技术专业很好，我也很想来学习。所以说我很幸运，十分年轻就有机会来到交大读书。当时父母还陪着我们,拿着行李、暖水瓶之类的。当时社会上流行"学好数理化,走遍天下都不怕"这类说法,再加上刚改革开放,应用物理系师资比较齐全,我就选择了交大应用物理系。那时候在交大的学习也非常勤奋,甚至能够把一本书抄一遍,老三届的学生也很用功,整体学风非常好。

从技术转型到管理

1982 年,我在交大本科毕业,很幸运,去了中国科学院上海冶金研究所(现上海微系统所)读研究生,师从"两弹一星"元勋吴自良院士研究材料科学,也包括超导。硕士毕业以后,我就去了荷兰卡默林·昂纳斯(Kamerlingh Onnes)实验室攻读博士。那里是超导最早的发源地,一百多年前 Kamerlingh Onnes 发现水银在低温时候出现了超导现象,所以我到这个实验室去做超导研究。当时超导研究非常热门,那时候正处于东欧剧变、苏联解体前后,欧共体用很多资金来支持东欧和苏联,我们实验室也得到了很多经费。我代表我的导师在欧洲各个国家跑,在各国实验室做实验,研究也很有意思,所以见了很多科学家。我受交大教育的影响,希望在科学上做出一点成绩,发一些好的学术论文。经过努力,我们先后在 *Nature*、*Physical Review Letters* 等著名杂志上发表了几十篇文章,特别还有一篇文章作为 *Nature* 的封面文章发表,那篇文章介绍了我们在非常纯净的单晶上加上一个磁场,然后增加磁场,或者增加温度,通过小角度中子衍射的手段观察,我们第一次看到了磁通格子从三维到二维的融化过程。

后来我去做了博士后,那时候我们跟美国的阿贡国家实验室以及 AT&T 贝尔实验室有很多合作,我就去了阿贡国家实验室,也遇到了很多过去的同事。恰逢周边有一个从 AT&T 贝尔实验室出来的、专门研究通讯科技的企业朗讯科技(Lucent Technologies)来我们这边招人,我也申请了一下,后来就去了朗讯科技工作。朗讯科技是做通讯的,最厉害就是固网通信的五号机,当时中国还没有这种技术。由于移动通信的兴起和发展,我去了朗讯,这是我第一次转型,从一个研究者变成了一个工程师,从事技术支持工作。通信领域软件和计算机软件不同,通信软件是 24 小时一直开机的,所以软件补丁更新升级的过程就非常麻烦,里面很多程序有相互依赖关系。因为我读过博士,他们认为我逻辑比较好,可以胜任这里面的分析工作,就这样,我在这个组做了一段时间。作为一个华人,我对亚洲市场,特别是中国市场比较感兴趣,于是我就换了一个组,负责亚洲市场。当时中国还没有开放 3G,朗讯还很大,高通还很小,高通有通讯专利和芯片,主要是通过朗讯、三星等企业帮他实现。当时整个高通在中国一共 16 个人,主要在北京。我在工作中经常和高通接触,后来我就加入了高通,并亲手建立了高通上海公司,成为高通上海的 001 号员工,并担任高通上海的负责人。而后,我又先后去了迈威(Marvell)和博通(Broadcom),担任中国区或亚太区负责人。

　　所以说,过去十几年,我见证了中国通信行业的快速发展。对于我个人来说,这也是一个自然的转型,从一个研究者到技术代表,再到一个外国公司在中国和亚洲的负责人,可以看出,我从技术转型到管理,这实际上也是利用我掌握的技术知识来协调企业的资源,来理解和把握一个个商业项目。包括我到高通去工作,也是我的技术背景受到了认可。因为我不仅是销售一个产品和方案,而是在销售和推广技术的过程中,需要我们更多地向客户介绍技术的特点,甚至是技术的发展历程,这是我当时主要的工作。这样的工作转型,我觉得也和交大对我的培养分不开,除了最初的基础知识积累之外,还因为这些外国企业找一个人担任中国或亚洲区的负责人,很看重这个人的品质,一定要正派、忠诚,而不仅仅要求这个人聪明、有能力。

　　到了 2016 年,我差不多完成了在欧美大企业的工作,也是机缘巧合,一个交大的同学跟我说,中国有一家声学方面的企业想来找你,这家企业就是歌尔股份。我觉得很感兴趣,因为物理最基本的领域就是电、磁、声、光,其中电、磁、光等方面都有大量研究和应用,但声学还没有真正兴起来,所以我就来到了歌尔股份。我觉得声学是一个很有前景的领域,以前的人机交互是从键盘鼠标发展到触摸,下一代人机交互的界面就是通过声音来实现的。

我们的生活将迈向高度的智能化，这将是一个完全不同的形态。为了适应快速发展的科技，我认为能把自己学到的技术利用好是非常重要的。

做对社会有用的人

我觉得现在的经济、社会条件都很好，学生发展选择也很多。我们当时社会没这么发达。有一件很有意思的事，我们大学学的方向是固体物理，社会上有人说，你们和混凝土厂专业对口，固体物理嘛！这让我们哭笑不得。现在不一样了，社会和科技都高度发展了，而且新事物层出不穷。青年学子的人生很长，机会很多，要敢于尝试，并且相信自己，需要多多锻炼，丰富自己的经历，提升自己的能力，做一个对社会有用的人。

同时，思维不能僵化，人生轨迹不一定能朝着预定的方向走，随着社会的发展，我们也要积极适应形势，要知道自己想要得到什么，树立目标。当然，现在由于社会的发展，物资供应非常充足，信息量也很大，所以有时候学会舍弃比学会获取更加重要，这样我们才能抓住重点，做出正确的判断。

我们这代人由于经历了各种各样的生活，条件也有限，当时我的父母把所有的钱拿出来，为我买了一张出国的机票，所以我们十分感恩。在校的青年学子也要学会感恩，这是一种美德，最终获得的人也是你自己。很多时候，机会总会留给与人为善、懂得感恩的人。实际上，我们交大人有很好的底蕴，然后就需要随时做好准备迎接机会的到来。我们每个人一定要有感恩的心，这样你就有很多正能量，人家也就愿意和你交流合作，想一些好的创意，做一些有意义的事情。这也提醒着我们每一个交大人，"饮水思源，爱国荣校"的校训不要忘记了。

徐忠德

徐忠德，1960 年生，上海人。1978 年考入上海交通大学应用物理系，1982 年本科毕业，1985 年获交大应用物理工学硕士学位并留校工作。1993 年获美国纽约市立大学（The City University of New York）物理博士学位，同年加入美国阿贡国家实验室工作，1997 年加入贝尔实验室（AT&T bell labs）做研发。2003 年回阿贡国家实验室工作，现任职于美国阿贡国家实验室现代光子源，负责磁性器件工作。

以实验物理为志业的徐忠德，经历一番尝试之后，发现自己更适合于实验物理方面的研究。他认为，研究物理会让人思考更深刻的问题、有关哲学的问题，这些思考就像与自我对话、与世界对话、与人类的过去与未来对话。

口述：徐忠德

采访：任晨阳、杨思远

时间：2018 年 6 月 10 日

地点：上海交通大学徐汇校区校友之家

记录：任晨阳

整理：任晨阳

三个月的时间准备高考

因为十年"文化大革命"，我们这代人基本没有上过小学和中学。中学"毕业"刚好遇上恢复高考，发现可以有机会上大学了，就开始复习。从开始复习到高考，仅三个月的时间。刚开始复习化学，连氢元素、氧元素都不知道的。物理也一样，老师说牛顿第二定律，我问牛顿的第一定律是什么，老师说："啊，还有三个月就要高考了，你连牛顿三定律都不知道，还考什么大学？"我说我们没有学过，怎么会知道？老师十分惊讶地说不可能。于是我把我们中学的《工业基础》课本翻给老师看，上面没有牛顿第一定律。那个时候我们的知识水平等于空白，就像一张白纸。三个月要复习数学、物理、化学、政治和语文。当时英语是不计分的，我那时的英语连 26 个字母都记不全，英语试卷前面 60％的题目是选择题，后面 40％是读材料写作文。对我来说，英语试卷就如天书，我英文考了 19 分。

那时候流行一句话"学好数理化，走遍天下都不怕"，所以我们专心复习数理化，政治主要是背书，语文也不行，那时的语文课除了背过毛主席语录，别的也不会，我的语文也是不及格，考了 59 分。至于化学，我到现在还能背出前面 32 个元素。那时候就像一块干海绵，放在水里，不断地吸收新东西。三个月的准备，我化学考了 97 分，物理 95 分。因为那个时候的题目简单，现在的考题比我们那个时候难得多。

我是上海人，当时我们大学班上 39 个人全是上海人。进大学以后，我们都觉得自己很了不起，认为中国未来的发展需要我们去承担，因此学习都很努力，立志要为国家作贡献。新学期开始，我们觉得工科教材太简单，找了学校领导要求修理科的课程。在我们的强烈要求下，学校从复旦和华师大请来理科的教授给我们上课。大学一年级的时候，我们就把吉米多维奇的习题全部做完了。记得当时规定，"机械制图""工业化学"之类的工科课程可以提前参加免修考试，如果能考到 80 分以上，可以免修。我和几个同学复习了两个星期，通过了考试，获准了这些课的免修资格。我们就利用多余的时间去数学系修代数、概论之类的课。同学们当时都很有抱负。三年级时，班长去美国学习，我担任班长。主要负责和辅导员交流，通知每个宿舍的同学打扫卫生、填表、收照片之类的事，那个时候班里还会组织出游活动，到无锡、上海郊区去玩，我就做一些出游的计划和安排。

在交大期间，还有一些趣事。那时冬天非常冷，没有暖气，窗户里面都有冰，物理系学生很聪明，搞一些电阻插在电源上，晚上睡觉，将电阻放在水盆里煮水，放在床底下取暖。但是后来用的人多了就不行了，电表上的保险丝经常烧坏，一片漆黑，后来就有同学用铜丝来替代保险丝，现在想想，其实是很危险的。记得四年级的时候，发生了地震，大家很恐慌。我们住在四楼，有一个同学平时睡觉是头对着窗户，当时担心有地震，为了方便逃生就改成脚对着窗户，结果半夜不知谁恶作剧喊了句："地震啦！"他一瞬间没有反应过来，想着从床上跳下来，结果方向反了，一头撞到了墙上。

在交大读研和工作

大学毕业后，我选择在交大就读光学方向的研究生，我的导师是方俊鑫教授，研究的方向是光通信，我的研究课题是光纤中孤子的形成和传输。两年前看到美国有一个实验很轰动，是在一个真空腔里面放入气体并使其达到激发态，然后把光脉冲打到里面形成光孤子，验证其传输速度可以超过光速。其实我在 1980 年代就得出这个结论，当时投稿到《物理评论快报》（*Physical Review Letters*，PRL）被拒，理由是不可超过光速。其实那只是相速，并不违背爱因斯坦的相对论。

方先生是我们的导师，我和他关系很好，我和蔡建华教授关系也很好。交大的老教授都非常不容易，方先生身体不好，有哮喘，那时上海的冬天没有暖气，他就在脚下垫一块木板，俯在桌子上写文案，让我很敬佩。当年的老师都很简朴，有的老师分不到房子，住在青年教师宿舍，老婆孩子都住在一间窄小的屋子里。老师们工作都很努力，备课、上课，还要搞科研。那个时候刚刚改革开放，大家都很有抱负，都在想着如何把国家搞好了。交大刚恢复应用物理系时，很多人报考大学都愿意上交大，那时候交大的分数线比复旦还高，比清华、北大在上海的录取分数线要高出三四十分。

读完研究生，我留在系里负责研究生的政治思想工作，同时和蔡建华教授一起负责一个少年班，我是政治辅导员，蔡先生是班主任。我还负责研究生的毕业分配工作，当时好多学生要求留在上海，要安排单位接收他们。那个时候还是统一分配，所以要到各个研究所和高校的人事部门去和他们商谈，询问和安排招人事宜。

在美国的职业生涯

在交大工作两年多以后，我选择了出国深造。1987 年我在美国纽约市立学院(The City College of New York)的物理系获得全额奖学金,两年后,我在该校修满学分,获取物理理学硕士学位,然后去布鲁克海文国家实验室做博士论文。

1993年,我到了阿贡国家实验室,从事同步辐射光源束线和实验站的建设。1997年,我到AT&T的贝尔实验室任设计工程师,从事数字交换机方面的研发工作,主要负责系统的固件软件工程设计。2001年,我自己创业开公司,研发红外激光和微波通讯系统产品。自己开公司最大的挑战是现金流,其实做公司不要为了钱去做,要发现公司的价值在什么地方,无论是开发产品还是提供服务,要明白公司给社会带来的增值在什么地方。如果产品和服务有特别的增值,资金就自然会来的,当然这跟机遇也很有关系,机遇往往又是由大环境决定的。

我做过很多事情,觉得在有机遇去做这些事情的前提下,还是需要知道自己真正的爱好在哪里。很多时候有些东西虽然自己喜欢,但也要试了之后才知道是否适合,是否能做好。经过很多尝试,我发现自己还是更适合在实验物理方面发挥自己的能力,因为在物理领域里可以让人去思考一些更深层的问题,像哲学方面的问题。这些问题实际上对人是很重要的,在学术界就有时间和氛围与很多人交流和探讨这些深层的问题。

杨立友

杨立友，1961 年生，上海人。1978 年考入上海交通大学应用物理系，1982 年本科毕业，同年通过"中美联合培养物理类研究生计划（CUSPEA）"赴美留学，1988 年获美国新泽西州立罗格斯大学固态物理学博士学位。曾任美国 BP 太阳能公司（BP Solar）研发部负责人，美国沙诺夫公司（Sarnoff Corporation）新材料研发部负责人。2006 年回国，先后创立正泰太阳能和晋能清洁能源科技股份公司，并任总裁兼 CEO。

经李政道教授组织的"CUSPEA"项目的选拔，杨立友得以远赴北美深造。深造期间，他认识了他的博士导师，一位具有爱因斯坦风格的科学家。他们每天有十个小时待在一起，杨立友由之深得熏陶。在工作后的八年多时间里，他发表了六十多篇论文，获得了一些专利，成为一名成熟的科学家，奠定了回国开创清洁能源事业的基础。

口述：杨立友

采访：任晨阳、赵翰之

时间：2018 年 6 月 9 日

地点：上海交通大学徐汇校区校友之家

记录：任晨阳

整理：任晨阳

孜孜不倦，深沉好学

"文化大革命"后，高考刚刚恢复，我们 1978 级和 1977 级学生入校时间只差了半年，1977 级和 1978 级是历史上唯一的在同一年被录取的两届学生，1977 级是春季入学，我们 1978 级是秋季入学。本来大家都是要去农村插队的，突然又可以重新开始上学，就感觉是完全不同的人生轨迹。有幸经历改革开放，并且参加高考被上海交通大学录取，我们感到非常兴奋，也觉得这个机会非常不容易。因为之前整个国家都不大重视和提倡学习，都是学工学农，所以我们的中小学都没能好好学习。刚刚进入大学，我们对学习非常渴望，当时的学习氛围跟现在可能不一样，我们没有其他课外活动，大家都如饥似渴地学习。物理系刚刚恢复起来，叫作"应用物理系"，在基础课上相对于复旦、北大的物理系要弱一点，比如《高等数学》都是工科的课本，其他学校的物理系用的更偏理科，我们当时觉得课本越难越好，所以大家去系里要求用更难一点的课本，可以看出我们当时多么想要学到更多的东西。

当时考进应用物理系的学生成绩都非常好，并且我们不愿意考清华北大，我们中学排名前面的同学都去了交大和复旦，去清华北大的反而是排在较后的学生，因为当时大家不太愿意离开上海。来了交大以后就想着要学得更好一些，当时也没想过以后要做什么，因为学校统一分配，不是自己找工作，只觉着有了上大学的机会，就应该好好努力学习。当时竞争很激烈，大家在中学的时候都是名列前茅的学生，现在都聚集到了一个班里，必须更努力学习，才能不掉队。举个例子，我们的宿舍是十一点熄灯，很多同学都是晚上熄灯后摸黑回来。隔壁宿舍有很多人基本是一个学期都见不到人，每天很早就去学习，晚上很晚才回来，大家都很珍惜来之不易的学习机会。

我们1978级分成一个本科班，一个大专班。大专班都是老三届，年纪要比我们大十多岁，也被称为"老头班"，他们中学的基础要比我们好，高考的成绩也比我们好，但由于他们年龄大，当时大专班就是为了给交大实验室培养一些实验课的老师，可以毕业后直接工作，到了三年级以后，他们向学校要求转为本科，因为他们高考的成绩很好，后来学校也同意他们转成本科。

当时物理系只有两个方向在全国排得上名，一个是光学，包括集成光学、激光等；一个就是凝聚态，以方俊鑫老师为代表，他在国内很权威。我们真正选专业是在第四年，大三选专业课的时候会注意一些自己将来要选的方向。

毕业后，很多同学分配到的单位也不太对口，我觉得我是比较幸运的，大学三年级的时候参加了李政道教授组织的"CUSPEA"项目，我是交大那一届中唯一被录取的学生。然后就准备出国深造，四年级的时候除了写毕业论文，就准备英文，因为刚改革开放，我们的英语都比较差，特别是口语。我是这个项目的第二届学生，那时候出国机会很少，这个项目基本上是唯一可以出去读研究生的机会，全国高校都在竞争。当时，交大师资相比中科大、北大要弱一些，有十来个学生去参加，只有我一个人考试成功。这个计划是李政道一个人发起、张罗,在全国每届大约有100个学生被录取,后来我们这批人都将李政道作为恩师。交大当时经验不太丰富,北大和中科大这些学校都会派专门的老师去辅导,我们都是自己准备,没有材料,也不知道考什么东西。第二届的时候我们才知道,光复习国内的题目没用,还得看一些国外的题目。记得有一套伯克利的普通物理教材,拿来一看我们很惊讶,竟然有这样的题。我们当时学习苏联,所以很注重推理演算、定理、公式之类,而美国的题目是从现象开始,先要理解是什么东西,用什么方式去算,不太强调怎么推导,更注重对现象和概念的理解。我后来去了美国才对这些有了更深的认识,才理解物理的根本是一门从现象到理论的科学,而不是反过来。第一次接触,感觉还有点不习惯,和我们中国学生的逻辑很不一样,有些题目没有精确结果,甚至有数量级估算就行,但概念必须要正确。至少对我而言,有了这样的理解,一切豁然开朗,也为我以后做独立研究奠定了基础。

负笈北美,幸遇良师

我后来去的学校是新泽西州立罗格斯大学,当时也不知道哪所学校好,听人说交大有一位老校友在这个学校,然后就去了。我的博士专业是凝聚态物理,导师是一位犹太人。我的父母亲都是学工程的,母亲还是交大电子工程系的老师,所以受本科应用物理专业以及家庭的影响,我更喜欢应用方向的物理。其实美国大学的物理系并不太适合我,都是基础研究为主,而半导体、激光这些和应用相关的专业都放在电子工程系、材料系。而我一开始就比较明确,不愿做非常基础的物理,我觉得应用能带来更多看得见摸得着的价值。新泽西是美国高新技术比较发达的地方,有好几个知名工业实验室,像贝尔实验室就在新泽西州。当时全球最大的石油公司埃克森美孚,也在新泽西建了一个很豪华的实验室,并且招募了一批全球最知名的科学家。当时有朋友介绍我去参观,我觉得太漂亮了,所有设备都是最先进的,相比学校实验室就是天壤之别。我当时就想,我一定要来这个实验室。其实也可以理解,做基础研究的话,仪器不一定要非常先进,而应用技术研究,特别是工业界的产业化研究,先进设备是必要条件。

一般学生不会想到在工业实验室里找导师、找课题,而我是机缘巧合碰到了我的导师。他看起来特别像爱因斯坦这种风格的科学家,当时已经60岁了,激动地和我谈他做的东西。他做的方向是太阳能电池,主要做一些基础的器件、材料之类的东西。石油公司在当时就看到了最终的能源是清洁能源,很早就预料到了风能、太阳能的发展,所以招募很多相关科学家。后来,我的导师在我所读的大学做了兼职教授,而我的奖学金则由埃克森美孚提供。我的课题研究在埃克森美孚实验室做,和学校物理系不一样,物理系一般有很多学生,一周只能和导师聊上几个小时,而我的导师只有我一个学生,我们一天有十个左右小时在一起,他也是一个很愿意讲授的人,我从他身上学到的东西太多了。我是近距离地看一位成熟的科学家的,他的一点一滴,我都可以看到,比如,他解决问题的能力。我的导师看论文的速度非常快,只看一个摘要,稍微想一想,然后去看结论,大部分的论文就扔了,觉得没意义。他的资源就是对专家网络的掌控,很快找到问题的答案,知道别人对这个问题的掌控程度,比如别人对这个问题已经有了很深的见解了,不需要再从头做,要赶快将别人做过的为自己所用,做别人还没有做过的东西。他做研究的方式让我感触很深,我跟着他做了三年多,我各方面都有很大的进步,再后来我们就变成了好朋友,我非常感谢他。在工业实验室里,有很多有名的科学家,很多时候我和他们之间也会有合作,学到了很多知识。

学以致用,拥抱祖国

毕业以后,由于我更加偏向工程,所以我没有去高校找教职,直接去工业界找工作。我去了当时全球最大的太阳能公司——BP Solar 的薄膜研发部工作,做一些新型太阳能器件和材料相关的研究。我在那里待了8年多,我从博士做毕业论文开始就做太阳能这个领域,后来在BP solar做的工作更偏向产业化方面技术的研发,其中参与领导了全球第一条规模化硅基薄膜太阳能电池生产线的建设。我在8年多时间内发了60多篇论文、多项专利。

离开BP以后,我去了美国无线电公司(RCA)实验室,全世界的第一台彩电、液晶电视、互补金属氧化物半导体(CMOS)都是这个实验室发明的,所以是非常厉害的工业实验室。我作为新材料研究部的主任,当时一半的课题是为美国军方做研发,一半是为工业界的,所以做的领域非常广,太阳能是它的一部分,还有LED、燃料电池、集成光学、显示器等其他方面。我们有一些好的想法,军方或工业界有支持就可以做研发,在那里,我学到了怎么把一个概念和想法转化成一个产品,最后商业化。我在那里做了九年多。从2006年回国,到现在已经十几年了,正好赶上了中国光伏产业的发展。我非常自豪,能在这个黄金发展期为这个行业做出比较显著的贡献。光伏产业是全世界发展迅速的战略新兴产业,我们把中国的这个产业做成全世界的老大,并且成为中国高新产业的一张名片。在中国,这样异军突起的产业并不多,我刚回国的时候,中国的光伏产业非常小,所以我称它是半导体速度,光伏产业的发展和应用前景越来越好,进步非常快,成本下降也很快,有成为一个主流能源的趋势。我回国后创立了几家公司,先是浙江正泰太阳能,后来是晋能清洁能源科技,两家公司现有近万名员工,我感觉很有成就感。我当时是单枪匹马回来的,自己组建团队,在2006年招收的第一批员工,现在还和我一起工作。

山西相对来说,是一个比较落后的地方,主要是煤炭产业。现在面临能源转型,煤炭和火电都是夕阳产业,并且为了生态文明,青山绿水,政府会主动地限制煤炭的发展。这种局面下,山西的经济面临一个非常大的问题,晋能迫切需要转型,所以将我引进去了。山西的先进制造业相对薄弱,我们对当地的经济发展还是有很大影响的,除了做好一个企业,我们对山西的发展观念和营商环境的改变都能起到一些积极的作用,这也是对社会的另一种贡献。

当时在一片玉米地里面,从开工到出产品花了六个月的时间,这在当地是前所未有的。当年开工,当年投产,当年盈利,能够做到这些,主要还是归功于我有一个能征善战的团队。在一个产业链相对来说不是很完善的地区,我们的技术是行业中公认最领先、最好的,在经营各方面也都很强。晋能作为一个国有大型能源企业,通过转型往新能源的方向发展,这是一件很有意义的事情。

一个企业好不好,跟它的企业文化有很大的关系。我们公司以技术领先和技术驱动在行业里著称,我们公司不允许搞政治斗争,大家都非常务实。核心团队带来良好的企业文化,整个公司都在这种基础上成长起来,所以我们工作的效率比较高,大家习惯从根本上解决问题,剖析问题,向着一个方向去努力。我对员工的要求很高,首先是人品好,人品好是基础,其次是聪明能干,结合起来就会把优秀的人凝聚在一起,一起去碰撞交流,会形成很多的成果。对于在校学子,我有几点建议:交大培养出来的学生,能力都是够的,一是希望大家能够踏实起来,不要投机取巧;二是要经得起时间的考验,从长远来看,一个人的能力肯定能被人欣赏;三是要注重情商的培养;四是要锻炼在团队中协调组织团队成员、聚集大家共同力量的领导能力。

唐德明

唐德明，1960 年生，上海人。1978 年考入上海交通大学电气绝缘材料专业（次年上海交大在此基础上恢复建立应用化学系），1980 年自费留美，1984 年获美国比洛特学院（Beloit College）学士学位，1990 年获美国爱荷华州立大学博士学位。1990—2002 年就职于波士顿先进公司、BOC 以及英特尔公司，2002 年回国加盟中芯国际，后又就职于英特尔中国和美国应用材料公司。2010—2016 年投身创业，曾创办两家初创高科技企业。现作为合伙人与交大校友共同创办文治资本投资管理有限公司，注重于集成电路产业链及其他高科技信息电子产业的股权投资。

唐家与交大的渊源，说来话长：唐德明的曾祖父唐文治是执掌交大 14 年的老校长，唐德明的祖父唐庆诒是交大外文系的创办人，唐庆诒的两兄弟唐庆增和唐庆永都曾执教交大……因此，18 岁那年，唐德明考入交大，他说自己永远是交大人。

四十载创业中国"芯"

口述：唐德明

采访：姚又华、姜子禺

时间：2018 年 5 月 10 日

地点：上海交通大学徐汇校区

记录：姜子禺

整理：姜子禺

我与交大，世代渊源

我的曾祖父是交通大学的唐文治老校长，从 1907 年到 1920 年共任校长长达 14 年之久，对交大的工科教育和教师教风的塑造起到了重要作用。祖父是唐庆诒，从 20 世纪 20 年代起就在交大的外国文学系任教，曾担任过系主任，可以说是交大外文系的创办者之一。

我出生于 1960 年，那时我的父母已经从上海到河北支援内地建设，在石家庄建设华北制药厂。因为那边条件太过艰苦，他们不愿意让我跟过去，所以我小时候就随祖父住在交大新村，就在徐汇交大校园的旁边。1965 年，我去了石家庄，期间跟着我母亲在农村待过两年，少年时期的经历的确非常坎坷。

1977 年，我中学毕业后参加了高考，但那一次没有考好，后来又努力了半年，1978年再次高考，才考进了上海交大。我们这一代人生活在很特殊的一个时期，因此对我们来说能够考上大学，特别是进入像交大这样一所中国知名的高等学府，是十分了不得的事情。交大又与我们家有很深的历史渊源，我的心里可以说是非常激动。我在交大待的时间并不长，1978年进入学校，1979年离校。后来在1980年，我去了美国，是国家第一批自费留学去美国的学生。在交大这短短的一年里，我经常会下了课走出交大后门，穿过一片棚户区去交大新村，到我祖父家蹭饭吃。那些记忆还停留在我的脑海，体会是很深的。

我们班上的同学都十分珍惜考进交大的机会。同期进校的同学里，有老三届的学生，也有我们1977、1978年高中毕业的一代。我们那时候基本上都是拼命读书，晚上十点你还可以看到很多同学在教室里面温习功课；早上五六点钟的操场上，已经有同学开始背英语单词。同时，我们在读好书之外，也参加了很多社会活动。我凭借自己的特长，在系团总支里担任宣传委员。那时候还有跳交谊舞之类的娱乐活动，我还参加了学校乐队，在里面担任小提琴手，但是拉得不好，加入了一段时间，发现自己底子实在太差，所以就主动退出了。当时的校园生活是很丰富的。我虽然在学校只待了一年，但这么多年来，我和同学们经常聚在一起，还是会谈到我们当年的校园生活，记忆还很清晰。我自己很珍惜这段经历，这是我人生当中很重要的一部分。

想来也很有意思，已经这么多年过去了，从我们当初进学校到现在已经40年了。40年当中，我有22年在美国。2002年，我回国后在上海张江高科技园，加入中芯国际并参与在中国芯片领域的创业。2009年起在西安工作过两年，后来又回到上海，此后我与母校还是来往挺多的。我能做的一件事情，就是对学生的人生规划、职业发展提出建议与帮助，因为我自己的人生已经走了很长一段路，而且是很坎坷的一段路：我经历"文革"到考上交大，到出国留学，包括后来我进入像英特尔这样全球知名的公司，再回国创业，做各种各样不同类型的工作，我觉得自己的人生积累了很多经验。帮助母校的学生是我的一种责任，我想我能够把自己的一些人生经历，尤其是职业上的经历，像讲故事一样说给他们听，让他们在人生路上走得更顺一些。

我从小就成长于交大这个环境中，也在交大读过书，所以交大培养第一等人才的理念深深印在我的脑海里。我们唐家人也都把交大作为自己的家，尽管我在这里真正念书只有一年时间，但我一直认为我就是交大人，而且我去到西安、新竹等每一个地方的交大，我都说我是交大人。

铭记祖训，回归故土

应家中的要求，1980 年我自费去美国留学。刚出国的时候，我的口袋里只有 100 美金，去了那边后基本就没有人管了，父母也没有再给我钱。尽管我当时拿了全额奖学金，但依然要自己打工挣钱，否则生活费就没有来源。后来我一路完成了本科到博士的学业，并留在美国工作。2000 年我在英特尔有了一份很好的工作，夫人也有很好的收入，家里住着 350 平方米的房子，还有两辆车、有游泳池，但最终我还是选择将它们放弃，以工资降到原来 1/3 的代价回国工作。

留洋求学是我们家的一种传承。我的祖父三兄弟、祖母、父亲、姑姑都曾留学海外，但他们无一例外都回到了国内，这是我们家的祖训，曾祖父唐文治要求后人学成后一定要报效祖国。我的祖父唐庆诒，赴美留学后回到交大，执教终生。祖父唐庆诒的两兄弟唐庆增和唐庆永，均为庚子赔款留学生，回国后均在交大教书。祖母俞庆棠也是我国比较有名的一个教育家，从美国留学归来后，是民国时期妇女运动和社会教育的先锋。1948 年她应邀去美国考察一段时间，1949 年受周恩来总理之邀，回国担任新中国的第一任社会教育司司长。可惜她的任期很短，1949 年 12 月就因脑出血而去世，周总理出席了她的葬礼。

我的父亲唐孝萱也在美国留学过，是 1950 年归国的，当时他乘坐的是当时被称为最后一班由美国开往中国的船，叫"威尔逊总统号"，同船有一百多名中国留学生都毅然回来投入新中国的建设。作为一位药物化学方向的研究者，他在上海没待几年，就与我母亲去石家庄支援内地，建设华北制药厂，生产中国最早的青霉素等一些抗生素。当时我国的这块产业完全没有基础，抗生素只能靠进口，非常稀缺，抗美援朝时，我军团级以上干部才能使用青霉素，很多时候只能眼睁睁地看着普通战士们感染不治而去世。我的父亲一直在河北工作，以省医药管理局局长的身份离休后，才回到上海。还有我的叔叔唐孝威，也就是唐文治先生最小的孙子，他现在是中科院的资深院士。他没有去美国留学，是清华培养出来的本土物理学家，他年轻时是做军工方向核物理的，主攻原子弹的点火部分，是"两弹一星"的参与者。我父辈这一批人相当于是为国家创业，其间吃过的苦，难以言说。中国没有核弹的话，列强永远可以威胁我们，但我们研制出了有效的核武器，别国就不敢轻举妄动。我叔叔身上也体现了这种誓要把自己祖国建设好的民族情结。

"学成归国，报效祖国"，这条祖训贯穿我们家族，这种民族情结也一直印在我的脑海里。现在一些农村打工族在大城市里挣了钱，还会回到自己的村里面做些建设，因为毕竟那是他们的家乡。同样的道理，我待在美国那段时间也时刻记住自己是个中国人，就算当时中国的发展状况再不好，那也是我们炎黄子孙的家。这里我没有一点唱高调的意思，就是很淳朴、很简单的一种民族情结在驱动。我回国追求的并不是想让自己人生更舒服，而是追求更丰富多彩的人生，希望自己能够做一番事业，就像曾祖父唐文治一样，不管是为了自己的后辈还是为了整个社会，多少做出一点贡献，去证明自己的价值，去拥有一段光辉的人生经历。我没有追求青史留名，但是我追求能到了80岁时，再回头看看自己的人生，发现没有虚度。我经常对学弟学妹们说，你要把人生看成是漫漫历史长河当中很短的一个故事，你如果追求锦衣玉食、物质享受，人生也就过掉了，可能会积累一点个人的财富，但是在历史当中几乎一点影子都找不到，这就没有什么意义。但如果说，我能够想做一件事情，把这个事情做大做好，人生走到八九十岁的时候能感觉过得很有意义、丰富多彩，已经发挥了自身独有的能力和价值，我就觉得满足了。

不甘确幸，锐意创业

现在社会上一直在热议，有很多人去追求一种"小确幸"的生活。但是我有着这样一个家庭背景、成长于这样一个社会环境，想法跟现在的年轻人确实不太一样。我经常会掰着手指头算自己还有多久活到 80 岁，因为我希望在 80 岁回溯自己一生经历的时候，能做到我所过的人生就是我想要过的人生。所以我 50 岁的时候，在当时的公司拿着大概 100 万年薪，决定辞了工作，自己出来创业。有些人说我三十几岁做这个还能理解，50 岁创业感觉有点过于疯狂了；但是我的想法是，再不做我就没有机会了。所以我为什么不试一次呢？

2010 年，我离开西安的一家做太阳能的应用材料公司。后来跟朋友一起创办了第一家公司：上海丽恒光微电子科技有限公司，主要做传感器的芯片设计。这家公司现在还在，但我只是一个小股东了，而且不参与公司管理。后来我又去张家港创办了一家公司，专门做芯片测试，这家公司也还在，也由我的合伙人在管理。直到去年我与几个交大的师弟，办了一个私募股权投资基金，可以把它理解成风投，也就是说，我们一个管理团队募到资金以后，去投入到一些科技类的项目。这个公司名称是文治资本，用了唐文治老校长的这两个字，也体现了我们几位创办人的交大背景。几位合伙人大都是交大电院的校友，对半导体行业、包括电子信息产业有着比较专业的理解，所以我们特别想依托自己的专业背景去做相对比较实在的一个实业投资基金。

有一次在学校校友会开会，有人发言说，不少校友现在都喜欢做资本、不做实业。但是实际上，做资本跟创业差不多是一个意思，说白了，我们公司就是用社会的资本，想办法去投入到像半导体这样的电子信息产业里面，帮助这个产业尽快地发展。从一个企业的发展来看，它缺少不了资本，更缺少不了一个非常懂这个行业的资本。用它来帮助这个企业去迅速发展的话,企业成功概率就大多了。从我自己角度来说,我给别人打过工,也做过企业高管,我也创过业,也为企业的生存去募集过资金,这些经验都能帮助我们公司在投资过程当中寻找更好的标的,能够帮助优质企业更好地去发展。从宏观角度来讲,半导体、芯片在中国相对是个新兴产业,中国80%的芯片都是进口的。所以美国人想在这个行业里打贸易战的话,他们轻而易举地就对中国形成了扼制,这次中兴事件就是一个例子。我们没法自己做出东西来,就会受制于人,所以一定要发展自己的产业。这跟我们交大在唐文治老校长任上的时候,想建立一个工科大学,为中国的民族工业独立发展培养人才,道理上是一样的。我们那时候就是因为没有自己的产业,所以受制于人,现在高科技领域也是这样的形势。所以通过做资本的方式,我们也希望能推动国内这个行业的发展,为社会尽到一份责任。

情系母校,寄语学子

因为我是学化学的,即使后来在做半导体,很多材料都和化学有关,所以我还是希望自己能帮到母校化工学院一些忙,尤其是一些比较前瞻性的项目,去帮助它们实现产业化。譬如我们交大化工学院的肖文德老师,他主攻的一种硅烷材料就在半导体当中有广泛应用,现在与平顶山的平煤神马集团已经有了合作。如果有进一步产业化的需求,我或许能够提供一些帮助。或者说,如何把一个科技成果做转化、成立一个创业公司,通过资本运作再把它一点点做起来,这些地方都是我现在能够起到作用的,去帮助老师们把握一些机会。如今半导体这个圈子里有很多交大人,只是我们来往不多。举一个例子,我们平时家里用的路由器的常见品牌TP-Link,创始人赵建军就是交大校友。酷派手机的创始人郭德英也是从交大毕业的。关键就要看我们怎么把交大人的资源利用好,譬如TP-Link这么大体量的一个公司,它的上游肯定需要各式各样的芯片,那么我们就要去想办法取得一些合作,用自己的芯片去替换一些进口产品。我们去想办法把这些资源整合在一起,团结起来就是一股强大的力量。我家族几代人跟交大有这么深的渊源,以这个身份,我觉得自己有责任去把交大的办学理念和精神传承下去,要通过自己的努力替学校做一些事情,并不是说大话或一定要起到多么大的作用,但多多少少在力所能及的范围里能帮点忙。简单一句心里话,就是希望母校能够越办越好,能够真正成为世界一流大学。

最后谈一些对学弟学妹们的建议,就是把自己学业发展好的同时,做好人生的规划。人生就这么多年,你对未来有没有一个实质性的打算?我觉得结婚生子,买房买车,这都是会自然发生的一些事情,但是你有没有想过计划一个远大的理想,怎么有出息,去做好自己最想做的事情?人总是要有梦的,而且多一点梦比少一点梦要好。2002年我放弃美国的生活回国,是从稳定状态变到一个非常不稳定的状态;到了2010年有了稳定的年薪,再次辞掉工作创业,又到了一个不稳定状态。我觉得只有这么去做,才能把自己的能力充分发挥出来,才能去做可以被称为是一个梦的事情。你不去把自己的后路切断掉,就拼不出来。

我不是鼓励所有人都去创业,创业是一种"知识＋能力＋条件"的综合体,这就预示着整个过程有一定的风险,并非任何人随随便便可以尝试。创业与就业的区别在于创业者的目标、内容、方式都由自己掌控,其责任也必须由自己全部承担。所以,创业不仅要知识,还需要有敢作敢为的精神和不怕挫折的气魄,而这种精神和气魄不是每个人都具备的。而我传达的这种理念,不在于具体要干什么,而在于自己对人生要有想法,要引领自己去做到能力范围内非常精彩的事情,就很到位了。回溯我的经历,我们这代人所经历的坎坷太多了,到了现在这个年龄就格外珍惜时间,希望在有限的时间里把人生走好、把事情做好。但你们还有的是时间,如果你在很早就开始布局这件事情,开始考虑人生怎么过,就不会走我们这样的弯路了,也许会走得相对顺畅一点,不是吗?

王军安

　　王军安，1946 年生，上海人。1978 年考入上海农学院（现上海交通大学农业与生物学院）兽医专业，1982 年本科毕业。被分配到上海市农场局（今光明食品集团）东海农场奶牛场，从技术员做到场长；1996 年调任东海农场畜禽公司经理；1998 年畜禽公司国有的东海农场蛋鸡场转制，成为民营的上海军安特种蛋鸡场负责人。

　　王军安麾下的蛋鸡场是目前浦东新区唯一的养鸡场，这里出产的鸡蛋堪称"三无产品"：无重金属离子、无抗生素、无激素。在近二十年来多达一百多次的检测中全部合格，成为上海养殖业的排头兵。而这荣耀的背后，是多年寂寞之中的挣扎与坚守。

我最看重知识和诚信

口述：王军安

采访：于　力、王诗熠、周淑婕

时间：2018 年 5 月 13 日

地点：上海军安特种蛋鸡场

记录：王诗熠、于　力

整理：王诗熠

住着草棚念大学

　　听到恢复高考的消息，我特别开心，因为我们要上学的时候没机会，现在是国家给我们机会了。我是 1966 年高中毕业的，正当我们填好高考志愿的时候，"文革"爆发，没机会上大学了。在高考被停的这段时间里，我都在家里种田，做一名农民。之后两三年我还做了代课老师，因为农村老师资源很缺乏，学生想学习但老师不够，所以让我们这些高中毕业生去做代课老师。后来恢复高考的时候，我已经 31 岁了，小孩子也 7 岁了。在这种情况下，我还是有点矛盾的，一方面我走了以后，家里缺了顶梁柱，生活有很多不方便；另一方面，上大学这个机会是非常难得的。经过多方考虑，家里最后还是选择支持我，妻子在家里一边带孩子一边种田，我十分感谢我的妻子。之所以年纪大了还选择去参加高考、上大学，也是出于对知识的追求。我们国家的发展需要知识，改革开放后，做事情也需要有专业的知识，这是肯定的，国家的发展、人类的发展都是如此。

我记得第一年恢复高考时，参加的人很多，因为十年都没有高考，被滞留的人很多，那一年，录取率大概在5%，我很担心考不上，所以没有报名，但我很多同学去考，都考上了，所以我选择第二年参加高考。第二年的录取率基本是7%，我们整个中学考试的人只录取了两个人，所以我也很幸运。记得那年小的应届生才17岁，年龄大的到36岁，应届生、历届生、社会人士、老三届等，年龄跨度很大。

在选择专业的时候，有的同学选了外贸，有的选了金融，而我第一志愿选的是兽医这个比较冷门的专业，因为我来自农村，而且"民以食为天"，这个真理永远不变，所以我选了兽医专业。我对教解剖的杨东明老师印象十分深刻，他上课很认真，从来不用看课件，还讲得头头是道，我们也听得津津有味。他讲动物的各个系统器官很清晰，并且很专业，给我留下了很深的印象，在后面的学习过程中，我始终以杨老师为榜样，努力把每个知识点学透彻，并且做到像老师那样融会贯通。

在我的同学中也有一位我特别佩服的人，她叫唐晨，是我们公认的学霸。她每天晚上都去教室学习，特别刻苦，也许她智商不一定是最高的，但她一定是最勤奋努力的。虽然那时候我们大家都很珍惜学习的机会，但是都没有她那么刻苦。唐晨在我们专业永远都是第一名，并且拿一等奖学金，考试的时候基本都是满分，很少有考到96分以下的，我很佩服她学习的劲头。毕业后，她曾经做过金山区食品药品监督管理局副局长，这个职位是人医才能做的，兽医是不行的，可是她去考的时候，一下子就考上了，而且别人考两次都考不上，她一次就行。我们毕业后十几年没见了，后来偶然碰到，便了解到了她的一些经历，觉得她很了不起。不论是当初上大学的时候，还是在毕业后工作中，我时常想起这位优秀的同学，在佩服她的同时，我也向她学习，力争最好，让自己变得更优秀。

我们刚去上大学的时候是住在草棚里的，生活很简陋，设备也很少，跟现在完全没办法比。我们一个宿舍有八个人，上下铺，没有空调。学习的教室也是草棚，实验室的仪器设备更是少得可怜。甚至有些老师比我们年龄还小，但老师在各个方面都给予了我们足够的关心。同学之间也很亲密，大学生活十分融洽。毕业后大家再次碰面，都特别亲密，完全没有妒忌排斥，比亲兄弟还亲。有些同学可能毕业后我们再也没有见过面，但是只要再次碰到就会亲切地打招呼。

在工作后我常常想起我的大学时光，想念我亲如兄弟的同学。特别是我们同学见面之时最容易回想起大学时光，经常聊起大学时发生的趣事，也会聊到彼此的近况，聊聊家长里短，小孩读书之类的事情，感情甚好。

创业不易也要坚守品质

大学毕业后，我被分到了东海农场，做给奶牛看病的兽医。工作是国家分配的，不可以拒绝，如果你拒绝的话就只有回家去，所以我们自然是很珍惜这份工作的。家里的爸爸妈妈爷爷奶奶都为我感到自豪，国家公认让这份工作变得崇高，更是别人几辈子都梦寐以求的。记得当时我工作是骑自行车去的，早上离家晚上才回去，工作都是兢兢业业，一年到头没有休息，大年夜的时候还在值班。我工作闲下来的时候，就去牛棚里看看奶牛的情况，奶牛头低着，不想吃东西的时候就需要找原因：它为什么不想吃，消化系统有没有毛病，呼吸系统有没有毛病，详细地为它们检查。在这里的工作不仅仅需要大学里的文化知识，还要向长期在这里工作的农民学习实践经验。比如母牛生了小牛，但是胎衣没有下来，有两个办法可以解决，一是注射化学药品促进母子胎盘的分离或溶解，另一个就是人工手术剥离，这种方法需要技巧，稍不注意就会失败导致母牛死亡。我们当时工作很敬业，对工作也很热爱，对待工作的态度很虔诚。

在奶牛场工作一段时间后，我开始管理一个牛棚，做小队长了，慢慢地又做了组长，后来又做了奶牛场的副场长、场长。再后来，我们奶牛场成立了一个公司，刚开始只有三百头奶牛，发展到两千多头奶牛，并成立乳品厂，那个时候吃乳品还是需要凭证的，否则是吃不到的。后来成立了乳品公司，我是乳品公司的经理，手里有两千多头奶牛、一个乳品厂，还有两千五百亩土地。

1996 年底，我被调到上海市东海畜禽公司工作，那里有两个养猪场、一个养鸡场，当时公司亏损了 102 万元，我是被派过去转亏为盈的。但是我过去后，第一年仍然亏损了 80 多万。一开始全上海的鸡蛋都是卖给上海禽蛋公司的，每家每户吃的鸡蛋都由他们分配。随着国家经济的发展，大家对鸡蛋的需求量没那么大了，所以畜禽公司亏损较重，再加上国家经济开放，从计划经济转为市场经济，想要把鸡蛋卖出去就更困难了。在转亏为盈的过程中遇到很多困难，我们也想了很多办法，最终决定把亏损严重的养猪场和养鸡场承包给了别人，我只承担管理责任，但因为亏损实在严重，承包的人也干不下去，又把它还给我们了。我们就给上海市东海农场招标，打算把它卖掉了，因为我也没办法继续接手了，结果招标的时候竟出现没有一个人竞标的局面。这种情况下，我们领导就给我下命令，给了我两条路，一条是去做农业公司的副经理，跟着工人一起上班下班，付我经理的工资，并把这三个养殖场关掉，让我去应付那些讨债的人；第二条路就是把养殖场交给我去做，剥离原有的债权债务，养殖场盈亏自负，条件是工人不能流向社会。我决定放手一搏，接手这个养殖场。因为我没办法做那么多的养殖场，就把养猪场的猪卖给了专业养猪的人——傅相群，自己留下了没人要的养鸡场。1998 年的时候改制，国有企业变成民营企业，我出钱把固定资产买下来，把这块地租下来，公司就独立出来了，转制的时候，我们的蛋鸡量就有五万。我接手后还是亏损，连续三年亏损。直到 2003 年，我们公司才真正发展起来，那个时候政府计划在我们养鸡场搞上海市鲜花港建设，给了我 120 万元迁址费用，我就到了现在这个地方，并拥有了这里除土地外的所有资产。

虽然亏损的道路有诸多艰难，我们还是在 2001 年得到"上海市卫生安全优质产品"的称号，我们的产品里没有致病菌，没有重金属离子，也没有抗生素。这种品质是如何达到的:第一是抗生素的使用重在把控,从供应商购进鸡饲料抓起,不收添加青霉素等抗生素的饲料;第二点,对于重金属离子,其来源也主要是来自饲料,例如在选饲料时注意避开在化工厂旁边建址的饲料加工厂;至于致病菌,我们不随便给鸡喂药,以求提高鸡的抵抗力,保证鸡强健的机体,这样鸡也就不会轻易感染致病菌。当然这些把控关会提高成本,但是我们坚持推出优质优价的策略,在提升产品品质的同时尽量降低价格,打开市场。我当时就在想,未来中国是一定要出台标准的,不可能让市场自由散漫下去。

到2008年,公司终于迎来转机。奥运会需要大批高品质、无重金属离子、无抗生素、无激素的鸡蛋。当年有4家上海市的检测机构对多家产品的五十余项指标进行检测,我们的鸡蛋是全上海唯一一家达标的,所以最终选定我们做鸡蛋供应商,上海市和当时浦东新区的公安局都派人前来,安装监控,把控质量,这次的订单也让公司一炮打响,在这之后,上海一旦有重要活动、体育赛事的时候,比如世博会、世界游泳锦标赛、亚信峰会等都由我们供应鸡蛋。甚至不通过竞标,而是由举办方和政府直接指定,这也直接体现了对我们产品的充分信任。虽然在2008年前,我们为了追求高品质,一直是亏损的,但在当时我就坚信高品质一定会被消费者所需要,一定要具有前瞻性的眼光,从2001年到现在,我们的产品已经受检一百多次,从未检测出不合格产品。所以说,任何一个企业想要搞出些名堂,质量必须是第一位的。另外,在质量控制上也一定要具有前瞻性,不能只局限在现有的质量体系下,要多考虑这个行业的未来发展和质量要求会是什么。

寄语向往创业的青年学子

母校给予我的最重要的东西就是知识,让我提高了文化素养。其次,让我树立人要诚信的意识,无论做什么产品,都要有高质量,要讲诚信。在我事业发展的过程中,我最看重的东西就是知识和诚信。随着经济发展,大家的要求肯定是越来越高的,从过去没吃的到有吃的,再从有吃的到吃好的,那肯定是人往高处走、水往低处流,总的社会趋向都是如此。所以我们需要不断更新知识,去适应日新月异的社会需求。当你的产品取得一定成就之后,千万不可骄傲,要始终保持诚信,永远给顾客最佳品质的产品。

现在很多大学生向往创业,作为过来人,我认为最重要的有两点。第一个是要"选对",目标要明确,像过去的老故事里讲的狗熊掰玉米,掰一个扔一个,是要不得的,一定要在选中目标之后坚持走下去,不管艰难困苦,不要轻易放弃。行业有很多很多,只要你选定一个目标,就要走下去。第二个就是要做就一定要做更好的,对自己有更高的要求,随波逐流是不行的,也就要求具有前瞻性,要有高要求。就拿我养鸡来说,大家养鸡,我也养鸡,搞不出什么名堂的,最后只能是人家关门,你也关门。

现在农业行业,特别是在上海,确实是很难的,因为对环保的要求高了,上海养殖行业在慢慢凋零,我的养鸡场也是浦东新区唯一一家养鸡场了,每每想到这个我都会感慨,现在学习这个专业的人很少有人毕业后会从事相关职业。有些大学每年会有同学来我这里实习两三个月,但他们大都不想在这个行业做下去。他们在我这里的表现真的很不错,如果要在我这里工作的话,我是十分欢迎的,可惜他们都志不在此。吃这碗饭是越来越难,但是总是要有人来做这些事情的。热爱这个行业就总能有一番作为,毕竟现在这个行业机械化程度是越来越高了,可能不需要太多工人,而是需要更多的技术人才。所以是否选择走这条路,关键还是看是否热爱,希望已经在进入这个行业门口学习试探的学弟学妹们能够培养并保持着对这个行业的热爱,真正为这个行业做出些贡献。

创业的路途必定是充满艰辛的,成功者背后是无数个失败者。就我自己来说,像我这个行业是以吃为主的,"民以食为天",只要是人,就离不开吃,这是我成功的一个很重要的因素。第二个就是要时常自省,"吾日三省吾身"对个人的帮助非常大,"你现在为什么亏?你的路有没有走对?"时常问问自己,必定有所收获。话说回来,选定目标就要坚持,但是选定一个正确的目标是很难的。人要正确地认识自己，认清自己适合走的道路，如果一直失败也要反省，是不是自己不适合走这条路，要看看自己是不是应该换一个人生目标。获得成功的企业毕竟还是少数，因此，在这个创业的大背景下也不能随波逐流，真正创业就要做好准备，做好失败的准备，调整好自己的心态。要具有前瞻性的眼光，经过你的深思熟虑并且认为能成功的路就一定要坚持下去。创业不但需要智商，还需要情商。这就是现在社会的要求，你必须要适应社会，不能让社会去适应你。

有的人适合做发明创造，有的人适合做公务员与人打交道，三百六十行，你只要努力了都能做出成绩。现在有的年轻人跟我们那一代的理念有所不同。他们求学的欲望也很强，但他们总觉得这个社会存在很多不尽人意的地方，同时又拿不出实际的奋斗目标和解决办法，多少有些好高骛远。这很多都源于他们自身的惰性，很多事情都靠父母解决，加之上海经济发达，许多家庭已经很富足了，年轻一代不再需要自己白手奋斗，就缺少了奋斗精神和创造性，他们不再专注于自身所学专业，而是想要轻松毕业、轻松工作，而真正执着于专业上的研究却很少了。我们当初读大学时，条件很艰苦，学习相对比较勤奋，而且我们当时的目标也很明确，就是要学习知识，增强自身力量，我们想要适应这个飞速发展的社会，没有知识是万万不行的。

母校给了我知识，给了我力量，没有母校的教育我不会走到今天。在这个行业里我坚持下来了，并且取得了一定的成就，现在我的蛋鸡产量是上海历史上最多的，也是上海历史上品质最好的。只要你在一个行业里兢兢业业地做下去，就一定会取得成就，不要好高骛远，不然最后一事无成。

张引芳

张引芳，1963 年生，上海人。1978 年考入上海农学院（现上海交通大学农业与生物学院）蔬菜班，1983 年本科毕业。1988 年获华中农业大学农业微生物专业硕士学位。20 世纪 90 年代从美国学成回国，期间以访问学者身份在 ATCC 从事科研工作。在国内率先主持开展食用菌工厂化生产工艺技术研发及产业化生产。被授予上海市高新技术成果创新人才奖、奉贤区专业技术拔尖人才、"全国食用菌行业先进工作者"等称号。

张引芳有着南方女子的温婉和柔和，但在性格中却有着一股坚定和持之以恒的韧劲。她将对农业科技研究的热爱融入进了整个求学生涯，并且运用所学在行业领域发光发热。基于对专业的热爱，张引芳在填报就业单位时，三个选择全部填报了与农业科技相关的单位。在多年的研究和工作中，张引芳致力于我国食用菌的工业化发展，践行着对农业科技研究热爱的初心。

幸运只留给有准备的人

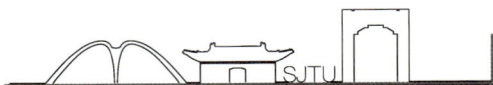

口述：张引芳

采访：于　力、王诗熠、周淑婕

时间：2018 年 5 月 6 日

地点：上海市浦东新区万邦都市花园

记录：王诗熠

整理：周淑婕

珍惜上大学的机会

我还上小学的时候，家里大人都要出去做工，没人照顾我，所以堂姐们去上学的时候，我就跟着坐在边上听课。当时的考试也没有现在这么规范，我觉得是件很好玩的事，就在堂姐们考试的时候也要了一份考卷，没想到得分竟然不错，于是就跳了两级。

当时高考报考是没有限制的，只要想报名就可以参加考试。1978 年，我参加高考的时候才 15 岁，算是同批参加高考中年龄最小的了。因为是刚刚恢复高考后的第二年，终于有机会参加高考上大学了，心情十分激动和兴奋。在踏入考场的时候非常紧张，因为我们都把能考上大学当成改变自己命运的机会。那个时候的录取率也是很低的，竞争很大，所以高考给我留下的印象非常深刻，也对我以后的人生起到了很大的引导作用。

　　填志愿时，我对名校充满了向往，于是我填的都是有名气的学校，可是天有不测风云，我在高考的时候感冒发烧，我记得很清楚，烧到了 39.9℃，再加上高考前的紧张复习导致疲劳过度，没有发挥好，所以最终接受调剂进入农学院。

　　因为入学时的年纪很小，对所有的东西都十分新奇，其中印象最深刻的是报到的那天，进了宿舍之后看到一个三十多岁的人，第一反应她是某个老师，我就对她说"老师好，这么早就帮我们收拾宿舍"，出乎意料的是，她竟然也是新生，还是我的室友。

　　现在是知识爆炸的年代，看得多学得多，用的时间也很多，而我们那个时候的信息很少，诱惑也很少，我们可以心无旁骛地学习。加之我们十分珍惜上大学的机会，非常渴望知识，我印象最深的就是当时我们所有的同学吃好晚饭后，背上书包就去自习室抢座位、看书、学习。不论是应届的、往届的，还是老三届的，对知识都十分渴望。我宿舍下铺那个同学都有两个小孩了，一边给小孩织毛衣，一边看书，平时还要纳鞋底，在农忙季节还要赶回家干农活。在大学的四年，对我们来说，最重要的就是学到了知识。

　　另外我也学到了很多看待事物的方式方法。我大学一毕业就到研究所工作了，科研的方法都是在大学里老师传授给我们的，我们农学院很多老师也是从科研单位来当老师的，教了我们很多方法，让我们受益匪浅。

　　大学还激发了我们探索知识的热情和兴趣，对我帮助很大，像我对食用菌一开始是一无所知，通过大学专业和兴趣班的学习从而喜欢上食用菌，并一直从事着自己喜欢的事业。

在兴趣班找到一生所爱

　　我大学是在农学系，专业是土壤化学，后来学校把这个专业的名字改成了蔬菜班，可能是因为蔬菜更符合上海这个城市的需求。虽然我上大学前的志愿不是农学方向，但我还是抱着"既来之，则安之"的心态，决定认真学习现在的专业。心态的转变是在大三的时候,学校有一个兴趣班,教学模式类似于现在的实验室团队。当时我就报了食用菌的兴趣班,遇到了我一生都不能忘的一位老师——殷绒一老师。在这个由殷老师带领的兴趣小组中,我开始对食用菌产生浓厚了兴趣,大学毕业的时候,可以填三个志愿,我填的都是"农科院食用菌研究所"。之所以选择研究所,是觉得既然已经确定了要学这个专业,那么就要进一个专业的科研单位。当时我们系主任还找我谈话,说我不该三个志愿都填得一样,应该要有一定梯度,保险一点。老师在肯定我的热爱和勇气的同时,也提醒我不应该这么自负,毕竟进科研单位也是很困难的,大多数人都是去市县的事业单位工作,而我最终很幸运地被录取了。后来我到了食用菌研究所,进入了科研单位,成为一名研究员。工作两年后,开始有了研究生制度,我也觉得自己的知识不够,所以就去考了华中农大的研究生,继续深造,学习了三年食用菌专业。

所以说,在大学时期给我留下最深刻印象的就是殷绒一老师了,是她将我引入食用菌这个行业。最初进兴趣班的时候,我们对食用菌真的是一无所知,我们那个年代连蘑菇都没怎么见过,因此我们的认知和知识都是从零开始的。老师也耐心地从零开始启蒙我们,通过实验让我们了解到蘑菇是怎么种的、怎么长出来的、怎样做得更好。对于食用菌,我们从不认识到了解再到研究,这个过程激发了我们内心的兴趣和爱好,所以殷老师是我进入这个专业的引路人,她启蒙了我对食用菌的认知,同时也激发了我对食用菌的热爱,让我决定了以后的道路。我们当时假期都不回家,待在学校做食用菌的学习和研究。

放弃了金饭碗

我大学毕业后,在科研所待了 14 年,后来又出国做合作研究。在工作中,我觉得自己以前所学的专业知识终于有了用武之处,把所学应用到实验中,获得科学成果,让科技变成生产力,这种有所收获的感觉是难以用语言表达的。

我在研究所主要做的是育种和栽培,取得过一些成果奖,也获得了上海市科技进步奖,申请了一些专利,发表了一些文章。这些成果对于食用菌的生产技术起到了一定的推动作用。我们的技术主要是培育新的品种,发明新的技术,提高产量和品质。

出国做合作研究的时候,一次经历又让我的人生再一次发生了转折。我去参加一个食用菌会议,食用菌会议一般都是农业方向的,但是他们的名字叫 mushroom industry,就是蘑菇工业会议,后来我又去参观了他们的工厂。那个时候国内的食用菌都是家庭作坊式生产的,靠手工操作,而国外都是工业化的生产,这对我触动非常大。我后来就想,怎么样能够把食用菌的工业化技术在国内进行推广。1999 年,我回国后,就到孙桥现代农业开发区工作,有机会实现国内第一个食用菌工业化生产。当时我已经是农科院食用菌研究所的副所长,但是仍然很坚定地选择了辞职,很多人都不理解我为什么要放弃一个金饭碗,选择到企业工作。

那时,农科院的党委书记跟我讲:"张引芳啊,你走我舍不得,农科院的大门永远为你敞开。"我的想法是,虽然我离开了研究所,但我做的还是食用菌的研究,并且是对先进技术的研究,当我做成功了之后,农科院会更加欢迎我回去的。我先去企业把技术成果建立起来,然后我再回来,但没想到后来我会一直留在企业。

食用菌这个项目是很困难的,做起来很艰苦。对我来讲,我只是一个研究人员,看到了一个好的产业方向,但要把研究变成真正的产品是有一定难度的。我要做的事情很多,比如工厂的设计,但这是我完全不熟悉的领域,遇到了很多困难。通过以前在研究所结识的人脉,我请到了一些专家给我们做技术指导,亲自画了一个工艺布局。厂房是需要设计人员设计的,但是工艺布局需要我们自己设计。当时我们带设计院的人去日本的厂房参观学习,请专家来指导,慢慢地把厂房建起来。之后技术体系、原材料、菌种、使用技术等等都是我们一边摸索学习一边发展的,我们这个企业最终一炮打响,建成后一经投产,产品非常顺利地达到了预期效果,一到市场马上就供不应求。但是研发过程真的十分辛苦,那段时间我办公室的抽屉里全是治胃病的药。功夫不负有心人,我们投产的时候是 2000 年,正值改革开放后,一部分人先富起来了,人们生活品质日益提高,让我们幸运地有了广大的市场。

我实现了人生的价值

因为太热爱了,我的职业生涯一直在食用菌这个领域,并且孜孜不倦地工作。我们国家的食用菌历史是很久远的,但是由于经济和生产模式等限制,一直都是家庭作坊式的小规模生产。我在国外工作学习,把食用菌工业化引进中国,在这方面我认为我是一位开拓者。上大学是国家给我机会、培养了我,我去研究所工作,研究所也培养了我,给了我很多机会。我能够把学到的知识变成生产力为社会服务,为社会作出贡献,我觉得我实现了人生的价值。这个价值不在于我有多成功,而是我真的为社会作出了贡献,并且是在自己所热爱的领域,所以,我觉得我的工作本身就是我最骄傲、最快乐的事情。

如果用关键词来总结我的事业发展过程,第一个关键词是幸运,因为我在人生的每个转折点或者说发展点都碰上了好的机会。国家发展的每个节点我都赶上了,我高中一毕业就恢复了高考;大学毕业,按照自己内心所爱很冒险地填了三个相同的志愿,很幸运地进入研究所工作;工作两年后又遇到研究生制度,我又去读研,继续深造;后来又正逢开放,我可以到国外学习更先进的技术;当我想要在国内做食用菌工业化的时候又遇到认同我、支持我的人;技术投产后,很幸运地将产品打入市场;后来国家发展了,我们的产业得以升级换代,我也可以投身产业中,实现了我从农业到工业的产业梦。我很幸运地跟上了时代的步伐,与之共同进步。

第二个就是"机会永远是给有准备的人",我也时常用这句话来勉励我自己。其实机会对大家来说都是同等的，比如恢复高考了，你自己不努力就考不上大学。假如你想去研究所工作，你得有资格、有实力，没有一定的实力和成绩是无法实现你的理想的。

创业中的难题与思考

当然，在事业发展的过程中，肯定会遇到很多困难。我觉得在我们创业的时候，从一个学者变成一个企业家，这个转变对我来说很不习惯。从象牙塔走出来，走进了一个繁杂的社会，很多事情不懂、也不理解，免不了碰到很多挫折。不过我觉得生活本就充满磨难，经历磨炼是一种财富。人生就是要与时俱进、不断学习。另外，还要学会适应社会，不能让社会去适应你。为此我不断地调整着自己，与时俱进，以一名研究人员的身份走入企业，并坚持了下来。

如何才能坚持创业，我觉得首先要确立一个具有可行性的目标，我们讲梦想不能空想。第二，要认清自己是否具备创业的能力，因为创业不是喊口号，需要真正地付诸行动。假如你不了解这个领域，肯定是不行的，必须要有一定的基础，否则无法作出正确的判断。技术可以引进，但作出判断的基础知识不可或缺。第三，要学会调整自己的心态，创业不可能百分百成功，甚至说是万里挑一的概率也不为过，要作好失败的心理准备，失败了可以重新来过，不能因为一次不成功就把自己的人生否定了。最后一个就是激情，创业真的是需要激情的，创业真的太辛苦了，而且创业很多时候都是峰回路转、柳暗花明的，没有激情支持自己继续下去，很可能就半途而废了。

"民以食为天，食以安为先。"时代是在变化的，现在这个时代，我们做的不是传统的农业，我们做的是安全农业、健康农业，这也为我们提供了更广阔的天地。国家和社会越来越重视这方面，对农业的要求越来越高。农业工业化、品种优良化、食品安全性等都需要技术，不再是传统意义的在地里种植，所以要求具备专业的农业、信息技术以及工业化生产知识的专业人才。所以对大学生来讲，做农业是很光荣且有用武之地的。就像现在的专业有很多是交叉学科，精准农业、农业信息化等领域不只是我们学农的学生在做，很多其他专业的学生也涉及农业。随着人工智能的发展，在未来，很多行业会被替代，但是我们需要食物，这些健康的东西是无法替代的，这正依赖着我们的知识技术，所以我们的前景很广阔，我们的责任也很重大。

马国华

马国华，1961 年生，上海人。1978 年考入上海农学院（现上海交通大学农业与生物学院）育种专业，1983 年 1 月本科毕业。1983 年 2 月参加工作，1998 年 12 月加入中国农工民主党。现任奉贤区人大农业与农村工委副主任，农工党奉贤区委副主委，奉贤区人大常委和上海市统一战线建言献策特聘专家。

马国华 17 岁那年考上农学院，家里长辈想不通，他一个城镇户口的孩子怎么去学农。而在 45 岁之时，从事多年农业农村管理工作的他又考回交大农学院攻读研究生。在他眼里，农业是最稳当又最幸福的行业，从事农业的人活得开心。

农业永远是朝阳产业

口述：马国华

采访：陆小凡、姚宣竹、李　烨

时间：2018 年 5 月 4 日

地点：上海交通大学农业与生物学院 0 - 103 会议室

记录：姚宣竹、李　烨

整理：姚宣竹、李　烨

结缘农学之幸

我是 1978 年参加的高考，那是全国统一考的第一年。1977 年冬天的那一场考试是各个省市自己出的卷子。我当时报考的是上海农学院，我们这一届，总共填五个志愿，只要你分数到，你填农学院了，全部进。

农学院是 1978 年 10 月重新建立的，我相当于是学院重建之后的第一批学生。因为老的农学院在"三年自然灾害"以后解散了。最后是以原来上海农学院的老师为主，招了一部分老师；还有复旦农学院一部分没有去沈阳的老师，也都到农学院来了。

我是 1961 年出生的，参加高考时 17 岁。在恢复高考之前，我们初中和高中总共就四年的时间，小学五年半。在中学时也没有正正规规地上过课。高考前，学校组织了一些学习比较好的同学，分了一个文科班，一个理科班。

我们学习了三个月,然后就参加高考了。我们这一届没有上山下乡了,高中毕业我原本打算进工厂,或者是考个技校或中专,然后留在上海,有个稳定的工作。后来恢复高考,就直接参加了,也是个机遇。

虽然我没有参加过上山下乡,但上了大学之后,发现班里面有三分之一的老三届学生。我们是应届生,基本上也是三分之一。我们中年龄最小的是16周岁,年龄大的要差十几岁。甚至我们那一届,爸爸和儿子在一个班级的都有,这是真实故事。其他大学也有这样的现象,当时的老师有年纪大的也有年轻的,有的老师比学生还年轻。

我在志愿中填的是遗传育种班,当时都是进自己填的专业,比较开明。农学院的农业专业分了四个班,农学班、遗传育种班、蔬菜班和植保班。还有就是兽医、养殖业、农机等专业,我们那一届还有一个农业经济管理。当时的观念认为跳出农门是挺好的,我是城镇户口却倒过来去学农的,当时好多长辈想不通。

我现在想,当时很幸运选了农学院。我当时的学习算不上最认真努力的,但对数理化,却很认真、很用功地去弄懂它。虽然我不是最认真的学生,但我毕业鉴定还是得了"成绩优良"的评语。很多老三届的同学都是上有老下有小,都已经做爸爸了或者做丈夫了,还是鼓着劲学习,多不容易。当时只周日一天放假,有的同学在星期天晚上就赶回来了,而且好多都是骑自行车来回奔波。当时夜自修都是很自觉的,不是强制的。早上的自习课,更是人人都在读书,特别是考试前,寝室里面基本是没人的,都是为了学好知识,工作当中能够应用。

校园生活之趣

我印象深刻的老师是教植物生理的费雪南,她是当时院长的夫人,原来是复旦大学农学院的,到沈阳后再回来的。还有一个教有机化学的老师我印象最深,因为我曾经因脑膜炎住院休息了一段时间,回来后,他就一对一地给我补课。当年的这种学风师风,现在很难再感受。

因为当时是扩大招生,很多硬件软件都没准备好,很多课程缺老师,所以我们这一届推迟一个月才开始上课。数学、物理、英语,这些公共基础课都是跟着中央电视大学来学的。我们学农科的,不需要学那么深奥的基础功课。因为老师不够,跟着中央电视大学,学的高等数学反而比农科的高等数学要求高。

那时还有一个特殊的情况,因为教室不够,我们就三个班级一起上课,甚至有时候是四个班级一起。当时没有这么大的教室,就弄了一个草屋,但就一个老师,要有扩音器。当时有一个很有意思的现象:扩音器是一个无线的喇叭,我们七宝刚好和虹桥机场很近,飞机飞过时,可能频率正好重复,有时候扩音器就会出来空中管制在指挥飞机的声音,有时候我们上课也会收到。所以当时条件还是比较特殊的,在这种条件下,很多同学还是很认真地学习。

我还加入了一些社团。因为我比较喜欢运动,我参加了学校体操队,一直到现在,我觉得我的身材还行。以前的体操有单双杠、跳马、自由体操,我们都练的。学校就有这样的场地,又做食堂,又做大礼堂。我因为喜欢,所以很早就起来训练。还参加了学校桥牌队,当时是上海市桥牌队的主力队员来给我们上课。我还参加了学校的文工团。体操对身体要求比较高,体育老师挑选的时候,对柔韧性和协调性是有要求的。桥牌要喜欢动脑筋的,记忆力好的。文工团就是负责学校里面的文艺演出。当年还排过话剧,都是我们自己写、自己演。那时还有夏令营,三好学生和文工团一起,暑假去青岛,也是很有意思的一次经历。船上有全国劳模,我们就跟着学雷锋,做志愿者。因为没有舱位,我们都是通铺,在货仓里面,睡下挺好的,但睡醒就乱七八糟了,不知道睡到哪儿去了。

农学院的伙食饭菜还行,我们自己种,有一个农场,每个星期都要劳动的。劳动成果我们还享受了,鸡蛋啊,西红柿啊,会分一点给我们,蛮有意思的。有时畜牧兽医专业搞动物实验了,解剖牛,解剖后的牛废物利用就进了食堂,大家就有牛肉吃了,也是改善一下。

环境保护之本

当时毕业之后都是分配工作。我先是到农业推广部门、农业科学研究所工作，工作了几年后，到城里农业技术推广中心。八年后又到奉贤的农业局，搞农业生产管理、农业行政管理，后来到生产科，负责整个奉贤县的农业生产管理。

1992年，我有了一个大的变化，实现了人生的新跨越。当时的建设局成立八大公司，筹建了奉贤县的园林绿化公司，让我过去当老总，我干了三年多一点。

传统的观念认为从政才能体现能力价值，我后来又做过邬桥副镇长，就是在黄浦江上游，闵行和松江交界的地方。干了四年半，又回到农业，重回奉贤县的农委工作。2016年，担任奉贤区的人大常委会农业与农村工委副主任。因为我是个民主党派，奉贤的农工民主党组织是从我开始筹备起来的，我是第一任的支部主委。那段时间还兼任奉贤区社会主义学院的副院长，实际是民主党派的党校。

我于1998年，还在当副镇长的时候加入了农工党。那也是种缘分，当时农工党上海市委有一个品牌——文艺巴司下乡活动。当地百姓没看过这种名演员的现场演出，而且他们又是免费下乡服务，所以一知道这个消息，我就把他们引到邬桥镇来演出。演出之后认识了他们，他们一看，我又是副镇长又是无党派的，还是奉贤县的政协常委，刚好农工党各个地方都要成立组织，就跟奉贤县委统战部联系、沟通。这么一个机遇，我参加了农工组织。

我在大学里学到的很重要的一点，也是对我启发很大的，就是人和环境和谐的理念。我在上大学的时候，选修课我就选了环境保护学。因为我们七宝校区当时已经被污染了，学校前面的自来水厂，那个水已经一塌糊涂。

因为我在上学时就理解了环境保护的重要性，树立了命运共同体的观念，就把它运用在工作中。当副镇长以后，在著名园林专家程绪珂的指导下，我在奉贤搞了一个园林生态园区。在20世纪90年代搞生态园林很不容易，老百姓要致富，又要有机生产，不破坏水资源，这个矛盾怎么解决？那就通过发展园林，绿化产业，既能涵养黄浦江水源保护，又能使老百姓致富。奉贤又正好在上海的南面，杭州湾的北面。南面是大海，上海的季风以东南风为主，吹过来最干净的风，使空气质量相对好些。当然现在对环保很重视，所以奉贤的空气、水、生态环境等方面确实大有改善。

刚好我在政协，环境保护这一块，我能发声去提一些建议。我提出一个很重要的观点，环境保护一定要从娃娃抓起。从孩子抓起，实际是一个环境道德问题，从小就树立这种理念、这种道德的话，能够真正做到治本。环境保护真正治本是要治人，因为破坏环境的是人，治理环境的也是人。人的素质的提高，人的观念的形成，才是真正的治本。

现在农学院并入交大了，交大是一流名校，交大现在倡导的教育理念也是希望学生毕业后能成为行业的精英、治国的英才，往更高、更远大的方向走。2005年，我在45岁的时候，又考回交大农学院了，攻读研究生。为什么？很简单的原因，就是"民以食为天"。我们这个行业永远是朝阳行业，它是基础中的基础，缺了农业，国家是要崩溃的。从事农业还有什么好处？我认为从事这个行业的人，活得开心、心情好、少生病。一定不要只看眼前，这都是不稳定的，是阶段性的。从长远看，我们这个行业是最稳当的，又是最幸福的行业，这是我肤浅的想法和体会。

陆文玉

　　陆文玉，1962 年生，上海人。1978 年考入上海农学院（现上海交通大学农业与生物学院）植保专业，1982 年本科毕业。现任上海市闵行区农技中心主任。主要从事大田作物病虫害防治技术推广。

　　陆文玉，人如其名，"文"质彬彬，温润如"玉"。他学的是农业，但却是一个多面手，擅长学习，还画得一手好画。他建议年轻学子努力拓宽知识面，寻找自己的兴趣点，追求丰富的精神生活，这会让自己一生受用。

口述：陆文玉

采访：姚宣竹、吴哲群

时间：2018 年 5 月 11 日

地点：上海市闵行区农业技术服务中心

记录：姚宣竹

整理：姚宣竹、李　烨

师生一心向学

恢复高考以后，大家随着洪流加入高考的大军，千军万马过独木桥。

那时候，我还在学校，即将高中毕业，学校得到这个消息后就开始为我们准备复习。教科书、复习的资料就三本书——数理化，但是十分厚。老师给我们讲课，然后学生没日没夜地去做题，去适应高考，考不考得上，当时心里也没底的。

1978 年，我还是比较幸运地考上了大学。那个时候，办学条件比较差，有许多学校都没有住宿的。我们在填志愿时，因为学校大都在郊区，没有走读条件，所以都是选有住宿条件的学校。所以有好多同学，他们分数可以上其他学校，但就是由于没办法住宿，所以选择了农学院，成了我的同学。

当时大学里的教学是怎样一种情况呢？上海农学院成立的时候开了一

个成立大会，当时上海生物科学、植物病理科学领域的"掌门"级人物都来了，还来了许多新闻媒体。高考刚刚恢复，农学院也在 1978 年恢复了招生，我们是第一届，办学条件与现在相比是较为艰苦的。刚刚进去的时候要学数理化基础课，我们都是在电视上看讲学，然后学习的。但是教学，特别是那个时候的教师，很敬业、很关心学生，就像园丁一样。我明显感觉到，那时所有的老师都在为学生着想，尽量地让学生多掌握些知识，无论是理论知识，还是实践操作。因为我们农学是实践的科学，都要动手的。

那个时候，教授也很少，当时农学院好像副教授也没几个。有一位教师是育种的权威，还是中国植物病理学的创始人之一，以及中国蓖麻学的学术权威，就在我们的学院，这些师资力量都是很强的。我感觉那个时候老师很淳朴，没有什么私心杂念，就是一心扑在教学上，一心为学生。

我印象深刻的，觉得比较有趣的课程有昆虫分类学。学了昆虫分类学这门学科，对整个昆虫的谱系脉络梳理了一遍，更清楚了。当时会有昆虫标本，因为我们学植保的主要是植物病理这一方面，还有昆虫害虫、化学防治之类课程。生态学课程也让我印象深刻，当时老师会组织同学们实地去考察，到郊区环境好的地方去学环境保护。还有污水厂的治理，因为植物保护里面有环保的内容。另外还包括环境毒理学等。就是现在，国家对农业、农业环境、农业生态这一块也特别重视。

学校也正常放寒假和暑假，我们就做一些跟专业相关的勤工俭学。我记得我参加过两个：一个是跟随马教授采集制作蝴蝶标本；另一个是参加农科院土壤肥料研究所绘图工作。当时正好在做上海市第一次菜田土壤质量的普查，要进行土壤成分的微量分析。在学校里，有关微量分析的锻炼机会比较少。我们几个同学一起参加土肥所微量分析工作，还有一点小钱，可以拿来贴补一下生活。当然，更重要的是在勤工俭学期间学到了知识，把微量分析的整个过程，包括称量、碳化、测定蒸馏等环节，都跟着农科院的老师过了一遍，这个学习机会真的很难得，学到了课堂以外的内容和知识。质量普查最后的结果我不太清楚，我们主要是做测定的过程。那时候接触了一些现在看来比较普通，当时还很高级的原子吸收、原子发射等知识。那时候也有气相色谱了，不过和现在的色谱不一样。那时没有电脑，就在称量室里宁心静气地称量，因为如果称不准的话，出来的结果肯定不一样，后面的工作就全都白做了，还浪费国家钱财。

小天地里打深井

毕业的时候，由学校分配工作岗位。我们几个人就被分到了闵行区。当时闵行区跟上海县合并成新闵行区，没什么农业发展。我们几个同学过来后，有些留在县里工作，有些年长的同学就到乡镇去工作。其中一个同学当时去了上海县一个镇，工作几年后就在那边主持农业工作，那个单位现在叫街镇农机服务农业服务中心，当时叫农业公司。

我从事的是本专业工作。读过四年书以后，我看问题、分析问题的思路方法都不一样了，因为在校期间获得的是系统的、科学的训练。所以，我觉得工作的方方面面都离不开在农学院那四年的专业学习。不知道现在的农学有什么专业，但是感觉各个专业和以往都不太一样。我们当初是小天地里面打深井，而现在是面向汪洋大海。现在的农业发展，我认为最重要的是节能减排、生态环保这些理念，还有农产品安全、生态安全等，这些都是正在做的事情。减排就是化学农药的减量。还要进行土壤保育，耕地质量的恢复，土壤地力的提升，这些都要用技术把肥力藏在土地里面。

毕业后的"修行"

我觉得人的潜力还是在于自己感兴趣的东西。假如你对绘画有兴趣的话，无论是中国画还是西洋画，你不要放弃。绘画会使人更加脱离庸俗和低级趣味，我觉得画画还是蛮不错的，很文艺。我之前有学过中国的山水画，上过一些课。中国画学习过程当中，第一步要临摹。跟学书法一样，你就是选一家，然后去临摹。首先要临摹得跟他一模一样，掌握这种技法。然后在这种技法掌握的基础上再去创作。你要画得跟古代的那些名画一模一样，才知道他的构图和色彩是怎么出来的。即使是纯水墨的，也是如此。

我的绘画技法是在校期间学习的，也学了其他的项目。后来，我又学过计算机专业，做过几年程序员，写过代码；因工作需要，又去学经济类的知识，考了经济师。到了社会以后，每个人都会面临各种各样的工作。我曾做过六年的财务工作。最开始，财务会计可能认为核算的东西都是很专业的，农业专业的人不一定懂会计。可我干了六年，也做得很好。

所以，如果要我对在校的学弟学妹提些建议的话，那就是，四年的大学时光是很美好的，在这段时间里面，学习是一种积累，但玩也是很开心的事情，希望大家把握当下，做出最好的选择。我觉得如果喜欢学习的话，就应该多学各种各样的、感兴趣的知识，它会让你终身受用。

姜格宁

姜格宁，1959 年生，上海人。1977 年考入上海第二医学院（现上海交通大学医学院）医疗系，1982 年本科毕业。1999—2000 年赴美国梅奥医学中心（Mayo Clinic）等医疗机构进修学习。任同济大学附属上海市肺科医院胸外科首席专家、同济大学医学院外科学系副主任，卫生部有突出贡献中青年专家，享国务院特殊津贴，获上海医学发展杰出贡献奖，上海市领导人才，美国胸外科学会（AATS）member，英国皇家外科学院院士（FRCS）。现任中华医学胸心血管外科学会常委，肺癌学组组长，上海市医学会胸外科专科分会主任委员等职务。曾获国家科技进步奖二等奖，中华医学科技奖二等奖（3 次）、教育部科技进步奖二等奖、上海医学科技二等奖（2 次）等各级奖项 13 次。

1977 年 12 月，可能是读书人心中最温暖的冬天，恢复高考的消息传遍了农场和工厂，给差不多快要屈从于命运的青年几许希望。对于 18 岁的插队青年姜格宁来说，他也迎来了人生中最重要的转折点。

世界名刀的妙手雄心

口述：姜格宁

采访：刘晶晶、刘　琦、张旦昕

时间：2018 年 5 月 10 日

地点：上海市肺科医院外科办公室

记录：刘晶晶、刘　琦

整理：刘晶晶、刘　琦

深居简出迎高考

1966 年，我刚读完小学一年级，"文化大革命"就开始了。刚开始几年，几乎没怎么好好上过课，学校都"停课闹革命"，老师还会被斗、被打。后来，随着大环境的变化，学校才慢慢恢复了正常秩序。1975 年，我从同济中学高中毕业，作为知识青年，分到宝山刘行插队落户。

1977 年，恢复高考的消息刚传出来时，我正在乡下，公社不让我们回家复习，只能在村里边干活边复习。在参加高考前，我们公社还组织了一场初试，通过了才能获准去参加高考。我还算幸运，顺利过了公社这一关。后来政策出来之后，公社才允许知青回家复习。

我父母都是在第二军医大学（现中国人民解放军海军军医大学）工作，母亲是中学数学老师，所以家里有几本理科的书，便翻出来给我复习用。我家住在部队大院,学校专门为我们这些要参加高考的部队子弟组织了一个补习班。为了提高复习效率,我自己也制定了备考计划,在仅有的两个多月复习时间里,除了去上补习班之外,我基本闭门不出,全身心投入复习。复习到后期,周围的同学遇到难题来问我,我几乎都能解答出来,这让我逐渐对高考有了信心。所以参加考试时,我的心态很平静,并不觉得很紧张。

当年我是在大场的行知中学考试的。由于考场离我家比较远,开考前一天,我特意骑自行车去考场走了一遍路线,从五角场骑到大场。当时路况很差,骑了两个多小时。由于担心爆胎,父亲在考前一天还特意为我更换了自行车的轮胎。第二天早晨5点多,我简单收拾了文具,便骑车赶考去了。

高考结束后,我自我感觉还不错。两个月后,录取通知书终于来了,我拿到了跨入上海第二医学院校门的通知书。

勤奋刻苦学医路

我之所以选择医学专业,很大程度上是受父母职业的影响。起初,医学不是我心仪的专业,我希望学的是工科,因为我觉得工科很有创造性,既有趣也有价值。但年轻的我最后还是遵从了父母的建议。

谈起大学,我至今都记得老师们的满腔热情,在教学工作上体现得淋漓尽致。我和我爱人的指导员都是郑红老师。郑老师带我们这一届时,比有的同学的年纪还小,和我们的关系特别融洽。当然,作为学生的我们也都很自觉,积极要求上进,学习态度也十分端正,从不让老师操太多的心。

与现在相比,当时的教学条件相当简陋,没有电脑、没有投影仪。课堂上,老师深入浅出地讲解,时不时地在黑板上奋笔疾书,我们则目不转睛,快速抄录,唯恐遗漏重点知识。课后同学们非常珍惜时间,抓紧复习。大家深知:能进入大学是很幸运的,必须倍加努力,刻苦用功。特别是年纪大的同学,他们的用功程度尤其值得钦佩。

当年我们是8至12人住一间宿舍,每天晚上十点多熄灯之后,大龄同学便钻进被窝,亮起手电筒复习。他们这种秉烛夜读的精神感染了我们这些年纪轻的人。虽说我是往届生,但在班上,我的年纪还算比较小的。不久以后,一到熄灯时间,同学们全部钻进被窝,亮起手电,埋头苦读,这一幕感人的场景至今仍时常浮现在我的眼前。

几十年来,母校优良严谨的学风,培育出我国医学界和科研界的无数精英。我觉得能在这所名校里接受 5 年教育,是我人生最大的财富。

暗中发奋爱国心

1982 年大学毕业之后,根据户口所在地我被分配回郊县的江湾医院。工作几年后,我于 1988 年转入上海市肺科医院工作。

到了肺科医院后,我得到了院领导的支持和科室同道的辅助,为我提升临床技能、发挥个人专长创造了良好的环境和宝贵的机遇。这些年我取得了一些成果,我的学科在国内外也拥有了一定的知名度。我自己通过不懈努力为祖国医学在国际医学舞台上打响了中国品牌,觉得很开心,也感到蛮自豪的。

我国的医学研究模式 1949 年后是沿袭苏联的体制,改革开放后转向欧美的方式,尽管暂时转变得还不彻底。1999 年我出国考察时,欧美同行问我的几个问题,我至今印象深刻。他们当时问我:"你们医院有没有 CT(电子计算机 X 射线断层扫描技术)?""你们中国人的肺癌是什么癌,鳞癌还是腺癌?"(鳞癌和腺癌的占比不同,代表着一个社会的文明程度不同)。原来在欧美同行的眼中,我们中国还是如此落后。我的内心充满了不服气,我想该如何奋起直追呢? 回国后,我首先将我们的学科与国外同行先进的专业学科相比,看看我们还有哪些短板要补;研究国外有什么先进的技术是我们还不会做的,再寻找自己的突破点去创新。我暗暗下定决心,有朝一日,我也能做出一些创新性手术,让外国同行也来我们这里学习。

近年来,我完成了很多临床上的技术突破,其中不少是创新性的,从目前看，没有一个失败的。如今，肺科医院的胸外科微创手术蜚声海内外，我们科室也已经成为全球胸外科医生的一个培训进修基地。几年来，我们举办的进修班的规模越来越大，最近已发展到每年组织 6—7 期进修班，每期15 人左右的规模。2013 年到现在，我们已接受了 500 多名外国学员，其中不乏外国专家。有些国家的医生在常规培训结束后，还申请继续进修，时间最长的竟然达一年半之久。现在欧洲很多国家都争着选派优秀的医生来我们这里学习。他们回国后，口口相传，为我们做了很好的宣传。

现在我们科室的手术已在全球学术年会上进行了现场演示，并经常被转播到国外各大医院供其他国家医生观摩。有人曾建议我，转播手术可考虑收费。我的想法挺简单，经济利益不重要，重要的是展示我们中国医生的风采，唱响中国胸外科手术水平在世界的知名度。

不遗余力带团队

我常常教导学生和青年医生：我们在设计一个手术方案时，必须提前在脑海中想到所有可能发生的问题，然后形成一个完整的应对方案，并不断加以讨论、修改和完善。做一名医生，自始至终都要开动脑筋。我特别喜欢爱提问、肯动脑的年轻人。遇到这样的好苗子，我愿意不惜一切代价去培养他们。我认为一名好医生一定是要基础理论过硬，临床技能一流，事业心强，并有一股闯劲儿。35—45 岁是医生的黄金年龄段，是最能够做出成绩的时候，因此年轻人千万不要浪费这最宝贵的 10 年。

一个学科的强大，不仅在于学科带头人个人的优秀，更在于他身后是否拥有一个结构合理的梯队，是否培育出一拨科研思路清晰、临床技术精湛的人才。近年来，我把团队建设作为自己的首要任务，连续多年培养了一批优秀人才。我的团队很融洽，大家的感情亲密无间。我希望这样的模式能让我们心胸外科长盛不衰。

作为年长资深的科主任，我认为带教学生、带领团队一定要有包容的心态,允许年轻医生萌发不同的思路,发挥个人想象力,施展自己的才能。这样才能让年轻人得到锻炼,快速地成长,而整个团队也会越来越有活力。

离校36年了,我对母校依然怀着深深的眷恋。作为一名从二医走出来的毕业生,从我入学那一天起,我的一举一动都代表着母校。愿我在有生之年,能继续在学术领域里做出新的成绩,为母校争光。

毛建平

毛建平，1953 年生于上海，祖籍云南。1977 年考入上海第二医学院（现上海交通大学医学院）医疗系，1982 年本科毕业。毕业后工作于上海市瑞金医院妇产科，长期工作在妇产科第一线，对专业基础知识和业务知识有扎实的功底，从 1992 年起兼职开展妇产科超声诊断，从 1997 年开始专职从事妇产科超声诊断工作，现为瑞金医院妇产科主任医师。

初中毕业后，毛建平插队到江西老区。那些日子里，他曾在许多个夜晚眺望故乡的方向，迷茫又惆怅。一天一天过去，看过了许多个夜晚的星月，他决心向下扎根，走一条踏实的道路。走这条路不是向现实的妥协，而是在艰难中追求生命的意义；走这条路不是对生活的苟且，而是在沉潜中磨砺自己的心性。八年之中，他从未忘记念大学的梦想，直至等来高考恢复的消息……回望人生，毛建平说：只有坚守内心的人，才能脱颖而出。

从"赤脚医生"到医学专家

口述：毛建平

采访：刘　琦、张旦昕

时间：2018 年 4 月 24 日

地点：瑞金医院放射科

记录：刘　琦

整理：刘　琦

下乡八年，不忘念想

我是 1969 年毕业的初中生，严格来说，自己仅仅是一名小学毕业生而已。

1966 年小学毕业前夕，"文化大革命"爆发。当时我不过是一个 13 岁懵懂无知的少年，面对突如其来的一切，唯一感受到的就是街上铺天盖地的大字报、此起彼伏的大批斗，学校已不再是学校，老师也不再教书了。在停课的这段时间里，我们这些小学生似乎就成了社会上的"闲散人员"，之后按照"就近入学"的原则进了中学。但在当时的社会大环境下，中学里也没有好好学习文化知识。随着 1968 年 12 月 22 日毛泽东发表"知识青年到农村去，接受贫下中农再教育，很有必要"的指示后，全国掀起了知青"上山下乡"运动的高潮。上海 1969 届初中生的分配政策为"一片红"，也就是全部被送到农村去。我被分配去了江西省高安县灰埠公社均山大队。

到农村插队落户，这一待就是 8 年的时光。从最初的懵懂无知、事事新鲜到青涩慢慢褪去并逐渐成熟，期间充满了艰辛与欢乐。在知青中，我们 1969 届是年龄最小的一批，因此相对而言，生活自理能力最差，体格也十分瘦弱，但依然与当地农民一样，每天要出工干重活，时间长了，累得不行。

好在自己出生于医学世家，父母分别是第二军医大学（现中国人民解放军海军军医大学）解剖教研室和上海中医学院（现上海中医药大学）组胚教研室的老师，我从小耳濡目染，也懂点医学基础知识。此项"专长"被公社领导看中，下乡第四年被"委以重任"，做起了"赤脚医生"。当然那也是经过了考核和培训的。

在当"赤脚医生"的那些年里，国家已推行"选拔工农兵学员上大学"的政策，然而能获得推荐的人毕竟还是凤毛麟角。自己并不算优秀，此等好事难以轮到我的头上。

在月朗星稀的夜晚，我曾多次苦思冥想：何时才能返回故乡？后来终于明白，与其空等推荐机会，还不如实际一点，认真钻研一点农村常见病的诊治技术，脚踏实地为村民们看好病。在之后的四年中，我一直为农民提供医疗服务，慢慢赢得了大家的尊重，很有愉悦感和获得感。当然，"上大学"这个念想我始终没有放弃。

因祸得福，自学备战

1977 年 8 月，刚刚复出的邓小平同志主持召开科学和教育工作座谈会，作出当年恢复高考的英明决策。同年 10 月 12 日，国务院正式宣布了此项重大决定。闻此喜讯，我们众多下乡插队知青兴奋不已，看到了改变命运的曙光，于是我立刻抓紧时间备战高考。早在下乡插队的第一年即 1970 年，由于营养缺乏、体力透支，我不幸患了肝炎，返沪静养一年多。也正是趁着这段时间，我找出自己原来的中学教材自学，打下了数理化的基础，这也许是因祸得福吧。

毋庸置疑，与"1966、1967、1968"这三届高中毕业学生相比，我们69届在中学的求学时间最短、文化程度最低，上学期间没有像样的教材，因此各门文化课程的基础极为薄弱。恢复高考这一政策出台后，我所在的公社比较重视，组织了摸底考试，从中筛选出一些底子不错的青年，把大家组织起来集中补习。很荣幸，我也名列其中。得知这个消息，我父母亲十分欣喜并全力支持，帮我准备了一些政治考试的提纲，并设法买到上海人民出版社出版的《青年自学丛书》。那可是一套非常紧俏的参考书，大概有20多本吧。就这样，我白天在公社卫生院为村民看病，晚上则挑灯苦读，突击复习了两个来月，便上了高考"战场"。

回想当年的试卷，觉得还是非常有难度的。譬如化学考试，由于之前根本没有上过实验课，面对考卷上那些陌生的实验仪器，深感"丈二和尚摸不着头脑"，无论如何也写不出它们的名称。还有语文考试，有一篇文言文需要翻译，看似不难，但题目要求的"直译"两字让许多考生不明就里，甚至有考生把答案竖着写。可见当时一些考生的文化水平和理解能力十分低下，由此闹出了不少笑话。

子承父业，如愿以偿

填报医学志愿主要是听了父母的建议，毕竟他们都是医学院老师，对医学情有独钟，我也算是"子承父业"吧。当年国家的招生政策是，优先保证重点院校、医学院校、师范院校和农业院校。上海第二医学院（现上海交通大学医学院）在招生时优先考虑考生的两个条件，一是"上海知青"，另一个是"赤脚医生"。比较幸运，这两个条件我都符合。

3个月后，我终于如愿以偿进入了二医，兴奋之情难以言表。大学五年，我和同学们都尤为珍惜这来之不易的机会。学习上，我们非常刻苦，每节课前都会认真仔细地预习，课后抓紧对老师讲的几十页内容进行复习，生怕漏了哪些知识点。"皇天不负有心人",大学5年,我门门课都考到80分以上。因为家里经济条件还不错,也不好意思去申请助学金,学习与生活费用全靠父母的支持。缘于此故,我更是不敢偷懒懈怠,否则太对不起父母了。

回味那些在附属医院实习的日子,既紧张,也有趣。记得有一节课,我们小组的几个女生先去了教室,并在黑板上写下了很多题目。等我跟其他几个男生到了后,只听一个女生一本正经地说,接到老师的通知,今天是专业小测试。于是几名女生佯装课堂测试的样子开始做题。见此情景,我和另外几个男生自然也不敢怠慢,即刻认真答题。岂料做了大半题目后,才发觉是被这几个女同学捉弄了。此时男生们并未恼怒,一阵大笑后,依然探讨如何解题。现在回想起来,那时我们的求知欲望是多么强烈。这件趣事也从一个侧面反映了当年的同学关系是那么和谐融洽、单纯真挚。

对我来说,解剖课、生物与化学课都不陌生,因为做"知青"每年回家探亲的那些日子,经常去二军大解剖室,跟着父亲的学生一起动手学习。久而久之,重复的次数多了,对人体解剖的重要部位几乎了然于胸,偶尔还能对那些新来的实习生指导一二。

不过唯一感到遗憾的是,我在英语这门课上始终"瘸腿儿"。当年参加高考的时候是不计英语成绩的,所以复习备考时,我没有把提高英语能力太放在心上。入学后与大多数同学相比,我的英语水平差了一大截,跟那些有语言天赋的同学相比,更是天壤之别。于是,自己暗下决心,从最简单的ABC开始学起,努力迎头赶上。然而事与愿违,尽管意念坚定,但实际情况是一接触英语就深感头疼,苦读多年,进步不大,后来英语的"短板"成为我迈出国门的一大障碍,最终只能断了出国攻读硕士、博士学位的想法了。

妙手仁心,守护生命

5年校园生活转瞬即逝,毕业后我留在了附属瑞金医院妇产科。从1982年参加工作至今,我始终在这个科室工作,可谓是从一而终。从1992年起,我兼职开展妇产科超声诊断,1997 年开始专职从事超声工作。几十年来,虽然身边很多同事同学跳槽、改行、移民,而我则始终坚守妇产科的岗位。三十多年来,我经历了条件艰苦的贫困年代,体验了医患矛盾的尖锐时期,也目睹了医院飞跃式发展的景象。

妇产科医生素有"孕妇生命的保护神"之称,必须拥有扎实的专业知识与迅速的应变能力。尤其面对急诊病人,容不得半点马虎和迟缓,若有丝毫疏忽,就将愧对美誉。

记得有一次,我做住院总值班的时候,一位产妇宫口开全,突然发生脐带脱垂、胎心消失的状况,母婴生命岌岌可危。这种情况下,我们无法将产妇送到手术室,只能在产房里,一个医生在下面托住胎头,我和另一个医生在局麻下行剖宫术,数分钟内,产妇终于顺利娩出胎儿,母子平安。

还有一次,我在急诊室坐诊,前后 5 分钟收到两位重度休克的妇女,诊视病人后,我高度怀疑她们是宫外孕,于是果断将她们送入手术室,两台手术同时火速进行,我带一个住院医师做了其中一台,结果证实两人都是宫外孕,且出血都在 2 500 毫升左右——人体的一半血液流掉了! 幸亏我们处置及时,否则这两名妇女可能就命赴黄泉了。

多年来,我始终对自己严格要求,也喜欢钻研业务技能,譬如孕妇顺产,我会在全面评估后,选择尽量少做会阴切开。这样分娩小孩时,产妇虽然疼痛多一些,但产后恢复快。同时我也努力琢磨开展一些新方法,譬如剖宫产的时间原先需要 2～3 小时,我和同事们经过改良,设计出新方案,手术缩短到半小时就可完成。我始终认为,业务能力的提高是没有捷径可走的,唯有刻苦钻研理论知识,在临床上多操作、多实践,才能打下坚实的基础,练就过硬的技能。当然,做医生的我们也应该兴趣广泛,在全面掌握医科知识的同时,要尽可能多地涉猎其他学科知识。

医患关系一直是社会关注的焦点问题,作为妇产科的男医生,我个人的体会,是对病人的关爱要把握好一个度,言语态度要严肃,检查和操作要认真、仔细、精巧和轻柔,事事为她们着想,但不能过分密切,否则容易引起误会。

多年的妇产科工作经历给我的感受是,每一名产妇的分娩情况都是不同的,有的产程长且又有并发症,风险也随之增大,这对我们医生是极大的挑战,肩膀上的压力不言而喻。但无论是在寒冷的冬夜,还是在炎热的夏日,妇产科医生始终会密切关注,耐心照顾,倾己所能,确保母婴平安。每一个新生儿的诞生,都会带给我们巨大的成就感和幸福感。

关注前沿,坚守岗位

20 世纪 80 年代,我国医疗设备普遍短缺,即使在三甲医院也没有先进的超声设备,因此仪器的诊断精准度也较低。90 年代初,瑞金医院为了提高妇产科诊断水平,建立了妇产科超声室,并派我外出学习。于是我一边从事妇产科的临床工作,一边兼职开展专科超声诊断。到 1997 年后,我开始全职从事妇产科超声诊断。那些年,我如饥似渴地学习超声知识,关注学科前沿,努力提升专业技能。在我和同事们的共同努力下,瑞金医院的妇产科 B 超水平在上海颇有名声。

从 1992 年到现在,我从事妇产科超声工作已有 20 多年,做了数以万计的超声检查,检出了不少畸形的胎儿并给予孕妇指导意见,为无数家庭排忧解难。我回想起这些年的从业经历,一路走来,自己可谓是瑞金医院妇产科超声事业发展与壮大的见证者、践行者与推动者。

对如何成长为一名合格的妇产科超声医生,我感触颇深。一名合格的医生,必须要有扎实的医学基础和丰富的临床经验;一名超声工作者,则要掌握先进的影像学知识和诊断技能。而妇产科超声医生就是要将这两者结合起来,既要有临床医学背景,掌握妇产科专业技能,包括解剖学、内分泌学、诊断学等知识,又要熟练掌握超声专业理论知识和操作技能。无疑,这是很高的要求。常言道:没有付出,哪来收获? 所以,只有坚守内心的人,才能在这个行业里脱颖而出。

与临床医生相比,超声医生还得承担另一种风险。产妇分娩了一个正常宝宝,那是临床医生的功劳,分娩后一旦发现孩子有异常,往往会认定是超声医生的失责。这种事后追责的医患纠纷,给不少超声医生带来巨大的心理压力,加之超声医生的收入比临床医生少得多,两种客观现状,使得不少医生对妇科超声这一领域望而却步。

不少同学很惊讶,你居然能在超声岗位上坚持20多年?这种质疑我很理解,我的想法很简单:超声检查在医学上不可或缺,总得有人来做。而且做了超声医生后,我还是挺有兴趣的,疑难杂症以及胎儿畸形被诊断出来,病人或孕妇能得到准确及时的治疗或风险提示,自己挺有成就感。多年来,自己的专业技能得到病人及孕妇的交口称赞、医生同行的高度认可,我认为这是对我最大的褒奖,也是我坚守岗位的动力。

学科的进步、技术的发展需要代代相传。今年我已65岁了,总有一天我要卸下重担。因此,带教学生是我的重要工作。平心而论,带教是劳心劳神的,带学生检查一个病人要花上更多的时间,影响我们的绩效,同时还担心出错。但显然,不带学生或者敷衍搪塞是万万不可的,否则后继乏人或贻害病人,做老师的该当何罪?日常教学中,深入浅出地讲解,将成功与失败的经验与教训悉数相告,是我对学生常用的教学方式。期待着学生们快快成长,带教过程中的详细讲解必不可少。理论上,要讲深、讲透;技术上,严格把关;操作中,认真仔细;态度和手势上,要求学生耐心轻柔。

倘若没有恢复高考制度,今天的我可能依然是江西的一个农民或"赤脚医生"——此话丝毫没有贬低"农民"和"赤脚医生"的用意。我认为自己是幸运的,回到了上海,进入了二医,得到了母校和国家的精心培养。如今我学有所成,理应回报社会、坚守在钟爱的岗位上,用一技之长,为保障母婴健康、提高我国人口质量、营造千百户家庭的幸福,尽我一份绵薄之力。

郑捷

郑捷，1954 年生，上海人。1977 年考入上海第二医学院（现上海交通大学医学院）医疗系，1982 年本科毕业，1988 年获皮肤病学（免疫）硕士学位，1996 年获内科学（风湿）博士学位。2000—2018 年担任上海交通大学医学院附属瑞金医院皮肤科主任；2015—2018 年，担任中华医学院皮肤性病学分会第十四届委员会主任委员；现任瑞金医院皮肤科教授、主任医师（二级），博士生导师，上海交通大学皮肤病学重点学科带头人。入选上海市教育委员会"曙光学者""曙光跟踪"和"上海市卫生系统百人计划"（优秀学科带头人）。主持多项国家自然科学基金和多项市、部级课题。荣获上海市医学三等奖，上海市科技进步二等奖和教育部科技进步一等奖各一项。

从高考后准备再战一次的自我评估，到入学后"知耻而后勇"的奋进，从对医者首先要做一名好工匠的定位，到对年轻学子"多审视自己、多反省自己"的建议，我们可以看到郑捷的内敛与谦逊。早已蜚声医学界的他，谈到人生的历练与际遇时说："任何一块美玉，都是从璞玉打磨而来的。"

打造医学前沿的"工匠"

口述：郑　捷

采访：刘晶晶、刘　琦、张旦昕

时间：2018 年 5 月 9 日

地点：瑞金医院皮肤科

记录：刘晶晶、刘　琦

整理：刘晶晶、刘　琦

原本打算再考一次

1967 年我小学毕业，1970 年初中毕业，之后就进入工厂。中学时期，我们每天喊着"毛主席万岁"的口号，学习毛主席语录，并且进行军训。整个中学阶段，数学只学了初中代数、很简单的几何；物理学了一点皮毛，化学几乎从未接触过。尽管学习内容有限，却锻炼了我的体魄，让我度过了一个轻松的童年和少年时代。

因为自己的求知欲望一直很强烈，总觉得年轻人应该系统学习一些文化知识，将来总会有用武之地。所以在 1976 年至 1977 年工作期间，我报了"七二一"工人大学，学了英语、机电数学、电子学基础。在得知恢复高考的消息后，我便开始复习功课了。当年高考的考试科目为数学、政治、语文和理化四门。考完之后，自我感觉不是很好。于是，我立刻买了一套自学丛书，准备冲刺第二次（1978年）的高考。

高考前，我们有一次预填志愿，是油印的表格。我第一志愿填的是华东化工学院，第二志愿是上海第二医学院，第三志愿是上海工学院。考试结束后，没想到让我们又填了第二次志愿，这次是铅印的表格。由于当时感觉考得不理想，加之化学一科特别弱，所以我听从了父母的建议，调整了志愿，把二医作为第一志愿。出乎意料，最终梦圆二医，从此我翻开了人生精彩的一页。

知耻而后勇

我认为，20世纪80年代是中国社会的黄金十年，百废待兴，人心向上，风气淳朴。老师们兢兢业业，身正为范；学生们专心致志，潜心苦读。师生皆心无旁骛，教师以讲课好为荣，学生以学习好为傲。所以，我们很有幸在这般良好的教风和学风下快速成长。

进入二医后，学校氛围让我感到温暖、感动。因为我们是恢复高考后的第一届大学生，学校对我们极为重视，每个教研室都派了最强的师资为我们授课。老师们作风严谨、一丝不苟。大概因为十年浩劫后终于迎来了科学的春天，老师们压抑许久的激情，终于在见到我们后迸发出来。课堂授课不仅仅是知识的传递，而且怀着一种巨大的热情和真情，迫切地想要把他们的毕生所学全部传授给我们。

也许是化学与医学联系紧密的关系，我印象最深刻的是教化学的方友娣、高仰之，教生物学的陈仁彪，教检验学的王鸿利等几位老师。他们个个尽心尽责、倾囊相授，要把一生的建树都教给我们。值得一提的是，方友娣老师平时非常随和，对我们就像妈妈一样关心爱护。然而到了课堂上，她就像爆发的小宇宙，讲课内容精彩绝伦，同学对其交口称赞。她的授课令我终生难忘！遇到这样一大批爱岗敬业的老师，帮我们把基础打得扎实牢固，实乃三生有幸。几十年过来了，1982、1983届毕业生大多取得了优秀的成绩，为社会作出了不小的贡献，这与基础部老师当年的精心培育有着密切的关系。

我的文化底子比较差,入学之后的压力是不言而喻的。化学和高等数学这些科目,犹如两道高高的山梁横亘在我面前。记得刚入校的化学摸底考试,我甚至是不及格的。世上没有翻不过去的山。或许是"知耻而后勇"吧,我发奋努力,在化学上投入了大量时间,通过一个学期的学习,最后期末考试竟然得了93分!

在二医求学的几年中,我们还被安排下乡劳动,这真的是一件开心的事情。农民朴实善良,很照顾我们这批大学生,让我们做些摘棉花之类的轻体力劳动。正是那个时候,班里的很多同学才开始有语言交流,很快熟悉起来,建立了深厚的友情。

实习期间,我去了松江县人民医院,那里的临床工作量不是很大,为我啃读专业经典书籍提供了较充裕的时间。就是在那里,我把《内科学》《外科学》等通读了三遍。在后来几十年的临床工作上,我遇到的许多困惑都是在这几部经典书籍中找到解决方法的。

1982年我毕业后,先留在瑞金医院做指导员,两年之后考上了研究生,攻读免疫学。免疫学分感染免疫、肿瘤免疫、移植免疫、自身免疫,我主要从事自身免疫这一块研究。我一向钟爱免疫学,平时在图书馆查阅了大量免疫学书籍,而且研究生期间通读了各个版本的免疫学教材。这一时期的大量阅读对我日后的临床工作起到了重要的指导作用。

研究生毕业后,我继续留在瑞金医院工作,对"如何成为一名优秀的医生"有了些自己的感悟:除了掌握基础知识之外,还应拥有扎实的临床技术,此外还应掌握一门前沿学科。具体说来,想要在研究上出成果,必须紧跟时代步伐,对接患者需求,把临床工作做好;同时,若要在临床上有所作为、有所建树,务必学好免疫学和病理学。

首先当一位好工匠

我一直秉承从患者的需求出发、基于临床问题开展临床管理和临床研究的思想，带领我的团队以解决"难治、危重、复发"的皮肤疾病为攻坚重点。以皮肤 T 细胞淋巴瘤的治疗为例，我们发现临床上化疗会导致患者"好得快、复发快、死得快"；若不化疗，患者"好得慢、复发慢、死得慢"。两者权衡取其轻。经过论证，我们大胆摒弃了传统的化疗方案，采用靶向治疗，取得了非常满意的疗效。2003 年，全国皮肤病学术会议对我们在这一疾病治疗方面的做法，给予了高度评价，并向全国推广了该治疗方法。

另外，我的团队在银屑病以及器官特异性自身免疫性疾病等方面取得的成绩，不时见诸媒体报道，得到国内学界的公认。当然，我们的目标是用我们的智慧和学科优势，在本专业的某些领域，孵育出一两个国际前沿创新成果，弥补世界皮肤病领域的某些空白，在国际学术界发出我们中国人的声音，确立我们中国人的话语权。

国家强调的"工匠精神"，其实就是倡导踏实务实、摒弃浮躁、精致精细、执着专一。尽管我们在医学上有着坚定不移的目标，并为之努力奋斗，但是确实并非人人都能成为科学家。因此，一个医生首先能成为一名好"工匠"，就非常了不起了。这些年，我就是怀着"工匠"之心，努力做好自己的工作。能把别人临床上解决不了的问题解决了，获得患者和同行的认可，我觉得已经非常心满意足了。

美玉来自打磨

临床工作中，我也负责博士研究生的指导工作。身为博士生导师，我希望为学生营造一个良好的学习氛围，以身作则、言传身教；另一方面，我认为为师者，应识才、爱才、惜才。我愿为学生搭建施展个人才华的舞台，让年轻人才脱颖而出。通过自己的努力，为祖国培养出年轻的优秀皮肤科医生。为师者，责任重大也。

作为过来人，我也有几点求学的心得体会与年轻的学弟学妹们共勉。尽管我国医学教育制度的顶层设计还不完善，然而对每个学生个体而言，我们必须首先明确自己的学习目标，其次要对自己有一个清晰的认识，多审视自己，多反省自己。任何一块美玉，都是从璞玉打磨而来的。

最后我希望今天的上海交通大学医学院继续发扬历史优良传统，明确办学目标，为祖国、为人民培养更多、更优秀的医学人才。

周梁

周梁，1959 年生，上海人。1977 年考入上海第二医学院（现上海交通大学医学院）医疗系，1982 年本科毕业。1989 年获法国波尔多第二大学医学院耳鼻喉科临床博士学位。曾任上海第二医科大学附属仁济医院（现上海交通大学医学院附属仁济医院）副院长，复旦大学附属眼耳鼻喉科医院副院长、耳鼻喉科主任、中华耳鼻咽喉头颈外科学会副主任委员，上海医学会耳鼻咽喉头颈外科学会主任委员，中国抗癌学会头颈肿瘤专业委员会副主任委员。现任复旦大学附属眼耳鼻喉科医院头颈外科主任，复旦大学上海医学院耳鼻喉科系主任。主持并完成国家级和省部级课题 20 余项；获中国青年科技奖 1 项，教育部提名国家科技进步奖二等奖 1 项，中华医学科技奖三等奖 1 项；上海市科技进步三等奖 2 项以及上海医学奖三等奖 2 项。

周梁回顾自己的求学经历与职业生涯，对生命中的过往充满了感激：谈到老师，他说他们知识渊博、富有魅力，还能背得下老师当年的金句；谈到实习，他回忆起当年科室前辈的悉心指导，深感幸运；谈到留学，他对单位领导的举荐与帮助，对世界级名师的教学方法记忆尤深；谈到工作，他感念仁济医院的栽培与支持……似乎，他的生命中充满了美好的遇见。而我们看来，也许正是因为他对所遇所得的感恩之心、谦卑之心，这些美好的遇见才会到来。

我的心在中国

口述：周　梁

采访：刘晶晶、刘　琦、张旦昕

时间：2018 年 4 月 18 日

地点：复旦大学附属眼耳鼻喉科医院

记录：刘晶晶、刘　琦

整理：刘晶晶、刘　琦

师长父母鼓励我去考大学

1976 年，我中学毕业了。按当年的分配原则，我得去外地上山下乡。但由于父亲在外地工作、母亲身体欠佳的缘故，我得到了学校的照顾，被送到了技校学习。

上了技校一年之后，恢复高考的政策出台了，听到这一消息之后，我中学的班主任老师对我寄予厚望，鼓励我说"你应该去考大学"。我父母也大力支持，鼓励我去参加高考，于是我就随着同学一起作为应届毕业生报名了。

说实在的，读中学那几年，我们并没有接受到系统的数理化基础教育，底子薄弱。当时的课堂学习是将物理、化学、生物三门课拆分成《工业基础》和《农业基础》两门课，只讲与工业、农业相关的一些实际操作。非常幸运的是，我参加了一个专门组织的补习班，主要补习数理化方面的知识。其实，学过的内容才称之为"复习"，而我们备考"复习"的许多内容都是现学的。

就这样，大概准备了三四个月的时间，便懵懵懂懂地进了考场。至今依稀记得，考试答卷的时候非常紧张，究竟考得怎么样，也没什么印象了。最终能够进入大学殿堂，只觉得是一种好运。

对"医生"这个行业，我还算比较熟悉。做医生的亲戚穿着白大褂，为病人诊断时的威严气场，想起就会让我肃然起敬。此外，1976年我患了阑尾炎，在医院接受过手术治疗，因此住了一段时间的医院，那个时候我就对医院、对医生很有亲切感和敬畏感。于是在填高考志愿时，就把"医学"作为自己的第一志愿了。考好之后，等待结果的那段时间既憧憬又煎熬。一方面充满了期待，幻想着进入大学后的景象；另一方面，又有些担忧，毕竟自己知识功底弱，不知能否金榜题名？终于，2个月后，邮递员送来了录取通知书。拿到通知书的那一刻，我几乎不敢相信：这是真的？打开一看：上海第二医学院！顿时喜悦涌上心头。

特意把校徽戴在胸前

进入二医，发现同学的年龄相差悬殊，大小差距竟达十六七岁，我几乎是班上年龄最小的一个。与那些接受过完整高中教育的"老三届"相比，深感压力很大。记得当时有一位老三届的同学，入校时居然就能看英语原版书！不过，无论每位同学之前做什么工作、来自哪里、什么年龄，进了校园的身份都只有一个，那就是"学生"。所以，每个人都很珍惜这来之不易的机会，抓紧时间，奋发图强。

学校对于恢复高考后的第一批学生特别重视，配备了全校最好的师资。印象最深的老师有组胚的王一飞、生理的徐有秋、药理的金正均等。他们知识渊博、语言生动，很有人格魅力。尤其是王一飞老师，他教授的读书方法我至今不忘："善于学习的人，能把一本厚厚的书读成薄薄的书，然后再把一本薄薄的书读成厚厚的书。"引申开来,王老师就是要求我们学习时,要善于提炼和归纳,在凝练与浓缩的基础上融会贯通,进而把那些凝练的精华与自己掌握的内容再结合起来,构成一个新的知识体系。在良好的教学环境中,同学们的学习热情十分高涨。在二医学习的几年中,我打下了扎实的医学基础。

当时能够做一名大学生是一件令人骄傲的事情,特别是进入"二医"这样的好学校。每个周末回家的时候,我都会特意把校徽戴在胸前,昂首挺胸地走在路上,自豪感油然而生。

慢慢喜欢上耳鼻喉专业

在医学院本部完成两年半的基础学习之后,我开始了在仁济医院的实习。仁济医院教办和各业务科室都高度重视医学教学,果不其然,在那里我们享受了优质师资授课的待遇,老师中有著名的邝耀麟教授、施维锦教授等。

当时上解剖课时,老师演示动物解剖,那是我第一次亲眼看解剖,看到了小动物的骨骼、细胞,很是震撼。其实,现在想想这些科目并不算难,但当时像神经、解剖还有药理等课程都不容易学,为了学好这些课程,自己花了很多功夫。特别是每到考前复习的那一个月,几个同学凑在一起背书,交流复习心得,然后再互相检查背诵内容。回想起那段日子,既艰苦又充满了乐趣。

实习期结束后,仁济医院一下子留下了 20 多个学生作为新鲜血液补充到各个科室,我有幸成为其中一个,留院做了耳鼻喉科医生。起初我最想去外科的,但去哪个科室是由医院决定的。当时仁济耳鼻喉科考虑科室的长远发展和学术梯队的合理构成,想招一名年轻的医生,于是钦点了我。说实话,当初我是最不愿意去耳鼻喉科的。不过,我是个很容易知足的人,感到能留在仁济医院已实属幸运,于是服从了医院的安排,很快调整好心态,专心致志地钻研起业务来,后来慢慢地真的喜欢上耳鼻咽喉专业,并把它作为自己毕生的事业。

仁济医院非常重视培养我们这一批大学生，为我们制定了周密的3年住院医生培养计划。医院的住宿条件比较艰苦，大都是七八个人挤在一间小房间里，只有星期天才可以回家。那个时候，我很珍惜这样的学习机会，白天都在科里上班，晚上在医生办公室里看书，如果有手术的话，随时参加，哪怕不是我值班，也自告奋勇，抓住锻炼的机会，譬如做气管切开、食道异物取出等。那时自己年轻，连续上班丝毫没有感到疲劳和辛苦，只想多实践、多学点本领。

在规范化培养计划中，医院又为我们拟定了严密的"3+3+3"的培养方案。就是我们先观摩老师做3台手术，再给老师当3台手术的助手，最后老师给我们当助手，由我们主刀做3台手术。事实上，在3年住院医生的培养中，我们亲历的手术远远超过9台，经过这漫长而又严格的规培，我们才算是"出师"了。

不得不承认，我们是幸运的一代，得到了所在科室最好老师的带教，那些大牌主任都亲自坐镇。耳鼻咽喉科多年没进过大学毕业生，科主任对我的到来格外重视，举全科之力栽培我。科室所有的长辈都对我十分热情，愿意将临床技能和专业知识倾心相授。

当年的医疗水平、仪器设备都不够先进，那时我们只有单人双目显微镜，因此我做显微手术时，老师只能坐在边上，我做一会儿把显微镜让给老师，就这样，师生轮流观看。一台手术通常持续四五个小时。尽管手术持续时间如此长，金西铭、皇甫慕三、李学敏等一批老教授均全程坐在我边上悉心指导。他们以百倍的耐心，细致入微地指导我手术入路、分离组织、切割缝合等技能。就这样，在1982—1986年间，我做了大量的手术，得到了多位老师的"武艺"真传，奠定了自己耳科显微手术的扎实基础。

今非昔比，医院里双人四目手术示教显微镜比比皆是，耳科手术时间也已缩短至一两个小时，但能够全程指导学生手术的老师却少之又少。回想起来，我太幸运了。

做人要讲信用和良心

在国内，虽然当年我们科室的耳科手术以及中耳手术水平已经比较先进了，但却极少开展国际上已经相对成熟的内耳和颅底疾病的研究和诊疗，在这方面，法国波尔多第二大学的米歇尔教授（M. Portmann）居领先水平。恰巧，那时候二医获得一个去米歇尔教授处留学的名额。得知这个消息，我的老师——仁济耳鼻喉科主任金西铭教授向学校大力推荐了我，我如愿以偿。

临行前，当时二医的校长王振义教授专门找我谈话，叮嘱一番，希望我好好学习，努力抓住这次机会，不仅多学西方的先进技术，同时尽可能地帮母校与波尔多第二大学建立校际友好交流关系。当时二医与巴黎、里昂等地的大学已建立了合作关系，但在波尔多还是一个空白。波尔多第二大学校长对中国非常友好，听说我是二医派遣的，十分高兴，请我去他家吃饭，还问我有什么要求，当我提出期待建立校际关系后，他十分爽快地答应了。在这之后，波尔多第二大学每年都会给二医提供学生留学、进修和交流学习的机会，同时还为他们提供一些生活费。

赴法国前，为了让我克服语言关，金主任专门帮我找了两个法语老师，一个负责教口语，另一个负责教语法，就这样突击了 3 个月后，我去了法国。到了波尔多第二大学后，感觉那边的学术氛围十分浓厚，让我受益匪浅，快速成长。

我的导师米歇尔是世界上非常著名的耳鼻咽喉与颅底疾病专家，在学术上有很高的造诣，教学方式也非常生动。他既是位好医生，也是一位好老师。那年，他同时带教来自世界各地的 20 多名学生，米歇尔的教学意识特别强，但显微镜下的手术不容易学，因此他经常在手术室，通过闭路电视，将他的手术路径与方法全程转播。示教时，他会把自己的经验传授给大家，并让学员分析判断，比如发现了一个病灶，有几种手术方法，为什么这样剥离等等,都讲得非常透彻明了。他还擅长双手同时对称画耳朵、听骨、鼻子的解剖结构图,细致入微、精准无误。

米歇尔教授每周在科室举办学术讲座,每次我都参加,尽管当时语言尚未完全过关,但凭借浏览图片,能理解百分之七八十。好在当时只有二十七八岁,学习能力强,很快就融入了法语语境并在以后的专业技能学习中大有收获。

1990年,我圆满完成了学业并获得了法国医学博士学位,我谢绝了导师的挽留,回到了祖国。当年有人问我,怎么不留在法国。我说,第一,做人要讲信用和良心,母校给我学习机会,科主任大力推荐并期待我回来做一点事;第二,在法国学了专业技术,我们国内有这么多病人,理应回来施展技术,为我的同胞服务,解决他们的疾病痛苦。

我很明了:我的心在中国,我的事业在中国!回国之后,仁济医院对我非常重视,为我提供了诸多方便条件,支持我事业的发展,我对此心存感激。

是他们让我变成对社会有用的人

恢复高考制度,改变了我们这一代人的命运。尽管现在社会上对于高考制度有种种的不满,但不得不承认,高考制度不失为一个相对公平的方式,给所有人提供公平公正的机会。通过这样的机会,优秀的人能脱颖而出,凭借自己的能力来改变人生、服务社会。

对于目前的医学教育制度,我也有一些看法。我曾经担任过三届上海市政协委员、一届全国政协委员,参政议政中曾提交过一些医学教育内容的议案。目前国内的医学教育学制不够完善,还分临床型、科研型等不同类型,而且还有规培三年可以获取硕士学位,四证合一可以获取博士学位等等。我觉得这样的分类有一定的弊端。平心而论,8年制的生源原本是素质最高的一批,但8年的课程设置与培养模式并未优于其他学制,导致这批学生的潜能没有得到最有效的开发,临床动手能力和科研创新能力不见得比硕士生高,这无疑是人才的浪费,需要我们去反思。

上海作为一个国际化大都市,具有很强的包容性。就拿我现在的科室来说,全科130多位医生,大部分是从全国各地考来的优秀学生,后来成长起来的优秀青年医生。所以在优秀的人群中,我们更应拥有一颗接纳多种文化与知识的心,从容地面对社会的选拔。

作为一名"二医人",我感到无比的骄傲。对母校,我充满了感恩。母校为我打下了良好的基础,这是我的职业生涯乃至人生的一块基石。站在牢固基石之上,才可能站稳人生,从而获得更大成绩。同时我也要感谢培养了我18年的仁济医院,感谢所有老师,是他们让我变成了一个对社会有用的人。

朱铭

朱铭，1949 年生，浙江嘉兴人。1977 年考入上海第二医学院（现上海交通大学医学院）医疗系，1982 年本科毕业，1988 年获医学专业硕士学位。上海交通大学医学院附属上海儿童医学中心影像诊断中心前主任、主任医师，教授，博士生导师，中华放射学会儿科学组前组长。在国内统计源期刊发表第一作者论著 40 余篇，主编和参编学术专著 20 余本。2006 年作为研究课题第一负责人获上海市科技进步奖三等奖、第四届上海医学科技奖三等奖。2017 年荣获中华放射学会首届"金睛奖"。

他曾挥汗于偏远的乡间地头，担子压弯了少年人的腰；也曾在街道工厂做木工，锯子锯开了木材，也锯碎了青春的骄傲；还曾是钢铁厂的炉前工，锅炉的熊熊火焰灼热着年轻的心……幸运的是，他从来没有迷失方向，一心想要改变自己的命运，直到等来了那属于他的机会。

潜心影像卅六载，坚守平凡亦非凡

口述：朱　铭

采访：刘　琦、张旦昕

时间：2018 年 5 月 4 日

地点：儿童医学中心放射科

记录：刘　琦

整理：刘　琦

阴差阳错，结缘医学

高考前，我是上海第三钢铁厂的炉前工。工作环境十分辛苦，不仅要三班倒，还异常危险。在计划经济时代，每个月都会发粮票。我每月领 50 多斤粮票，后来上了大学和身边的同学一比才知道，他们每月才能领 20 多斤粮票，我竟然比他们多出一倍还多，可想而知，我在钢铁厂的工作强度有多大。

1977 年，国家将要恢复高考的消息传来，群情振奋。但若要参加高考，必须有单位批准才行。我们厂害怕大家都去高考，没人用心工作，多日后才松口允许我们报考，但规定必须申报与工作内容相关的专业——机械学院的冶金专业。当时全厂上百个人去考冶金系，而这个专业只招五六个人，竞争激烈程度可以预料。

一心想要改变命运的我，也报名参加高考。高考复习时，第一个困难就是没有时间。工厂上班的劳动强度特别大,工作时间长,很难坐下来看书。为了挤出时间看书,多年不请假的我们在那段时间三天两头请病假,能请出来一次是一次。换得一天半天的休息时间,赶紧用来复习。

我的文化底子还算可以。我在市西中学完整地读完了三年初中和一年高中,学到了一些基础知识。进厂前我做过木匠,木工的经历让我学会了一些立体几何。那时,我主要通过李瑞环编写的《木工简易计算法》来计算木料,对立体几何的公式相对熟悉。复习备考时,我又翻阅《新华词典》学到一些公式。为了抢到一套自学丛书,我连续多日起个大早,在淮海路上的新华书店排了长队购买,最后买到了这套书,我把它奉为备考"宝典"。

高考一个多月后,我收到了录取通知书:上海第二医学院!其实,我的志愿是"机械学院的冶金系",但怎么会阴差阳错,让我与"医学"结缘呢?那一刻,我的心情与其说是意外,还不如说是惊喜。我在心中默默地念叨:"好好学习,来日做名良医。"事后我才了解到,当年为了保证医学院校的招生,国家对招生计划作了调整。

其实那个时候,我对医学院非常陌生。对"医院"的认识很大程度上来源于邱财康的讲解。我去上钢三厂上班的第一天,就是他给我们进行的安全教育。他讲了瑞金医院在抢救他的时候的种种故事。我们当时听了,就对瑞金医院产生了无限的崇拜和巨大的好奇,心想着什么时候自己身体不舒服了,也可以去那里看病。但是,当年的医疗体制是,没有厂医的转诊证明,是不能够外出看病的。在上钢三厂的那几年,我从来没有被转诊去瑞金医院看病的"福分"。

你追我赶,良性竞争

进入大学之后,我开始了正常的学生生活。同学们都心无旁骛,发奋图强。上大课的时候,由于教室座位不够充足,每节课都提前去占座位。爱学习的同学,总是喜欢坐在教室的前几排,期待把老师的课堂讲解百分之百收入脑中。晚上,同学们也都想方设法去寻找不熄灯的教室。毕竟是恢复高考第一年,大家都很珍惜时间,当然也十分在乎成绩,都想把基础学得扎实一点,成绩考得好一点,日后为人们服务的本领强一点。

在我们之前的几届大学生都是工农兵学员,由于他们文化程度参差不齐,老师的教学内容相对浅显。我们刚入校时,学校按工农兵学员的方式授课,结果发现那些题目对我们来说太容易了。于是老师们逐渐增加了难度。年龄大的老高中生毕竟有文化底子,一开始他们的成绩拔尖。随着后面新内容的增多,年轻同学的优势慢慢体现了出来。总之,在学习上,同学们你追我赶,保持着"友谊第一,比赛第二"的良性竞争。

不忘初心,执着坚守

白驹过隙,五年一瞬。毕业之后,我和一名女同学被同时分配去了新华医院。考虑到放射科有辐射,为了照顾那个女生,我二话不说,服从医院安排,去了放射科,在那里工作了16年。后来随着上海儿童医学中心的成立,我又被新华医院党组织调到了儿医中心的放射科,一干又是20年。可能在外人眼中,我属于完全听从组织安排的"革命的一块砖"吧。

大千世界,诱惑很多。我认为,要做好自己的事业,必须有一颗任时代变化、世事变迁,我自"岿然不动"的"初心"。只有内心安宁,才能抵御外界的诱惑和浮躁的风气。大学毕业36年来,我没有改行,始终与X光、CT相伴。每天按部就班地检查病患,分析影像资料,以明察秋毫的眼睛为临床医生的诊断和病人术前的评估提供专业意见。虽然,放射科在医院属于一个辅助科室,没有临床科室那么轰轰烈烈。但毫无疑问,它确是一个极为重要的科室。几十年来,我在这里"安营扎寨",不亦乐乎。我感觉自己就是一颗螺丝钉,组织把我拧在哪里,我就在哪里安身立命,执着坚守。在这波澜不惊的领域里,自己也算小有成就,前不久,我还获得了2017年中华放射学会首届"金睛奖"。

告诫后生，珍惜年华

我觉得恢复高考的意义深远重大。对于国家来说，恢复高考是改革开放一个重要的起始点，如果没有重新确定高考制度，我国发展肯定也没有这般迅速。虽然现在社会上一直有人在诟病高考制度，尽管它也确实存在一些弊病，但我觉得高考仍旧是目前最公平、最有效的选拔人才的方式。

40 年前，我们这一代人奋力拼搏，最终如愿以偿进入了大学。当年的录取比例大约只有 5％，所以我们尤为珍惜来之不易的大学生活。现在，我国国力大增，物质条件好了，大学招生比例也不断扩大，但我感觉现在有些年轻人进入大学校园后就变得不那么努力了。

大学是人生成长、成才的一块重要基石。毫无疑问，与其他学科相比，医学的课业负担更为繁重。医学是一门实践性非常强的学科，服务的对象是人，因此对医学生的要求高也是顺理成章的。医学院的在校生们，既然你们选择了医学，就请务必珍惜大好年华，潜心苦读，用扎实的基础武装自己；毕业后，也请加倍努力，熟练掌握专业技能，不好高骛远，不随波逐流，不频繁换岗，脚踏实地，拒绝浮躁，真正担负起治病救人的重任。为了个人的事业发展，为了人民的健康保障，请大家在医学这个神圣的田地里辛勤耕耘，你们一定会有骄人的收获！

黄淇敏

黄淇敏，1947 年生，江苏无锡人。1977 年考入上海第二医学院（现上海交通大学医学院）儿科系，1982 年本科毕业。历任上海第二医科大学人事处处长，上海第二医科大学附属宝钢医院党委书记，上海交通大学医学院附属第三人民医院党委书记等职。

从高中生到打铁匠，仅是一纸通知、一步之遥，而从锻工车间到大学课堂，黄淇敏却走了十年。这十年之中，哪怕是穿着脏兮兮的衣服，日复一日抡起大锤打铁，他也还是坚信要多学一点东西。正是这样一种求知的力量，推动着他向前，没有错失改变命运的良机。

机会垂青于有准备的人

口述：黄淇敏

采访：刘晶晶、刘　琦、张旦昕

时间：2018 年 4 月 17 日

地点：校友会办公室

记录：刘晶晶、刘　琦

整理：刘晶晶、刘　琦

高中毕业变"打铁匠"

1966 年的夏天，我正在卢湾中学念高三，紧张地复习功课，准备最后冲刺高考。忽然有一天，学校的广播响起来了，说了很多，只有"暂停高考"这四个字尤为刺耳。这个消息，犹如晴天霹雳击碎了我们每个高三学生的梦想。十年寒窗苦读，为的就是有朝一日在考场上大显身手，脱颖而出。

随着时间的流逝，我们不得不逐渐接受这个残酷的现实。经历了两年的荒废后，1968 年，我们这一批人陆续被分配到了工厂、农村。当时我家里兄弟姐妹五个，大姐跟三弟都去了农村，所以我就分配到了机电一局下属的上海化工机械厂当工人。当时厂里为了让我们这批中学生接受工人阶级的再教育，特意把我们安排到比较艰苦的岗位，我被分配到锻工车间，成了名副其实的"打铁匠"。每天在熊熊烈火燃烧着的锻铁炉前，抡着沉重的铁锤，跟着师傅打铁。即使在寒冷的冬天,我们也都是赤膊着穿件脏兮兮的棉袄,其劳动强度与艰苦程度今天的青年学子已很难想象。但每个月 17 元的工资和 37 斤的粮票配给,与农村、边疆等条件更艰苦的地方比,我已经很满足了。就这样,在工厂一干就是 10 年。在这期间,除了向师傅们学习技术外,我也结合工作学些专业知识。我有一种理念,即使没能进大学,也应多学点东西,日后在工厂里也可以有所作为。在党团组织的培养下,在师傅们的言传身教下,我得到了锻炼,先从车间学徒被提拔为车间团支部书记,后又被提拔为党支部副书记,最后还去了厂宣传科主持工作。

然而,我的内心深处始终憧憬着读大学。后来,国家实行推荐工农兵学员读大学的政策,每每看到有人去读大学,我都特别羡慕。虽仰头期盼,却始终没有机会。因此在业余时间里,我憋着一口气,自学文化知识。

不懈努力终入大学

1977 年,国家决定恢复高考的政策一出来,我便摩拳擦掌,准备一试身手。毕竟我接受过完整的中学六年制教育,基础知识打得比较扎实,所以对即将到来的高考,我还是有一定信心的。

尽管那个时候,我已经结婚生女,好在双方家庭支持,我与爱人便一起备考。那时最大的困难是,书本在十年中都已经卖掉或丢弃,手头上没有复习资料。于是工作之余,我就跑去书店和图书馆,竭力寻觅可用的复习资料。当时很多想报考的学子都在找书,真的很难淘到需要的复习资料。后来,我总算在福州路旧书店淘到一本小开本的数理化公式汇编资料,如获至宝,最后就是凭借这本旧书,我走上了高考的考场。

参加高考时,我并不觉得压力太大,毕竟我当时的工作和收入也不算差,所以没后顾之忧。大概就是因为心态平和,我反而发挥得不错。填报志愿的时候,考虑到在机械厂里工作了这么久,已经具备了一些理工科方面的经验,我就报了华东化工学院、上海机械学院这两个工科院校。当时志愿可以填3个,有同事建议我报考上海第二医学院的儿科专业,说二医儿科专业在上海很有名气。我采纳了同事的建议,把二医填进了志愿表里,没想到最后我真的接到了二医儿科系的录取通知书。后来我才得知,当时国家医疗人才奇缺,只要专业填报了医学方向的,都会优先录取。就这样,我如愿以偿进入大学。

1978年入校后,学校一下子迎接这么多的新生,校园的资源突然变得捉襟见肘,师资、教室、宿舍都出现了不够用的情况。上课的时候需要大家提前去抢座位,不然就只能站在教室后排听课。

至今记忆犹新的一件事是,当时学校里的骨骼标本比较少,无奈学生太多,上课的时候站得里三层外三层,很多同学根本看不到标本。于是有的同学就偷偷把这些标本带回宿舍去研究。后来学校发现标本一下子少了许多,几经调查发现是同学带走了,只能专门做学生工作,让大家尽快把标本归还原处。由此可见,当年学生求知欲望是多么强烈,当然,将公共教具占为己有那是不对的。

我还记得,当年上解剖课,大家都是第一次看到尸体,很多人难以接受,有的看着看着就晕倒了。但适应期一过,同学们都争先恐后地看老师解剖,或自告奋勇地自己动手操作,大家深知,不熟练掌握人体构造,很难成为一名好医生。

回想在基础部的两年多时间里,老师要求极其严格,同学学习认真刻苦,而同学间的感情也很真挚纯朴。

接受考验,不断成长

毕业之后,我有幸留校工作。从辅导员做起,逐渐走向教学工作,后来做了总支书记。1986年学校成立了卫管系,当时在整个上海市的医学院校中首开先河,我被分到卫管系工作。浦东开发开放之际,中美合建上海儿童医学中心时,我又被派去做前期的筹建工作,一干就是8年,亲眼见证了儿医中心的规划设计、雏形初显和诞生发展。

当年，美国有一个"汉弗莱项目"，主要为全球发展中国家培养中层干部，在中国每年招生三四人。因为与美国合作筹建儿医中心，美方为儿医中心提供了一个名额。在王一飞校长的推荐下，我通过学校的选拔考试得到了去美国交流学习的资格，并经过美方的层层筛选、书面考试与面试，最终顺利过关，赴美国进修。

因为在学生时代我就是学生干部，做过班长、学生会主席乃至市学联副主席，和外国留学生经常打交道，所以我在美国的学习生活适应得较快。初到美国先要接受几个月的英语培训，然后再被分去各专业学习。我的专业是卫生事业管理与医院管理。尽管该项目要求学员抓紧时间尽可能在美国各地多走多看，并不提倡学员听课，但不少学员还是更偏爱听课。我也参加了学校里的研究生课堂，还修完了 24 个学分。这趟美国之行提升了我的知识储备和实践能力。

1998 年，我被学校调回本部，担任了人事处处长。在这之后三年时间里，在校领导的支持下，在高校人事制度改革中，我和人事处同仁开展了一些探索工作，其中我校率先实行的"破格晋升"人才培养机制，在全国范围内属于一项新突破。当时，在二医系统里，有不少类似的情况：如附属九院整形外科某位医生，只有中专学历，但临床动手能力极强，其施行的阴茎再造术居国际领先水平，只是因为学历和论文的原因，一直难以获得晋升高级职称的机会。经过讨论调研，我们觉得职称评聘应该将科研与临床分类管理，可以打破学历、资历的壁垒，只要成绩特别优异，业务能力尤为突出，这种人就应该成为优秀典型。当时我们组织了全市几十位行业专家进行公开评审，让这种类型的医生汇报答辩，最终由专家打分，决定是否晋升。其实，"破格"是要解决一些有本事、有能力的医生或技术员，因"文革"影响而造成的学历、年龄、论文等条件欠缺，在职业发展道路上受到限制的问题。后来，这种破格晋升的机制在全国医疗体系内产生较大影响。在人才工作上，为了加快高水平人才队伍建设，我们提出"不求为我所有，但求为我所用"的理念,创新使用"哑铃式/候鸟式"等用人方法,从国外大力引进杰出科研人才,为提升学校的科研水平起到积极的推动作用。

2001 年,我按照学校领导的安排,调任附属宝钢医院党委书记。上任之时,宝钢医院的整体状况比较困难。履职之后,我与新任院长及领导班子成员一起听取职工意见,调研分析现状,研究制订对策,决定从转变观念开始,从基础抓起。通过整顿院纪院风,组织全院员工加强学习,开展业务培训,促使职工把"在夹缝中求生存"的思想转换成"在竞争中求发展"的理念。然后院领导班子率领全院职工大刀阔斧进行改革,破格晋升、引进人才、外语培训、鼓励读研、课题申报、对外交流等一系列措施同时并举。紧接着筹集经费,建造传染病病房大楼、改建门急诊大楼等,并且贷款购置先进的 CT(电子计算机断层扫描)、DSI(胃肠造影)等设备,改善医院的硬件设施。通过全院职工的努力,宝钢医院在短期内取得了明显的变化:医务员工意气风发,人心向上;刻苦钻研医疗技术蔚然成风;专业人员出国访学机会剧增;医院科研课题数量与质量齐齐飙升。

时刻准备抓住机会

当下的医学生或年轻的医务工作者,既然选择了这一行,就应坦然面对今后碰到的情况。医生这个行业比较辛苦,也比较特殊,既受到社会的尊重,也要承受来自社会的压力。相信随着医改的日益深入与完善,这种情况会逐步改观。

改革开放以来,我国取得了巨大的进步,世人有目共睹。现在,年轻人成长进步的空间相当大,创业发展的氛围相当好,希望学弟学妹们抓住每一个人生机遇,通过不懈的努力,创造辉煌的人生。都说机会是给有准备的人的,我坚信这一点。就像李白诗中写的"天生我材必有用"。但什么时候用我,这就要靠准备与抓机遇。其实我自认并不聪明,但是比较热爱学习,有那么一点知识的储备,所以在机会到来之时,便有可能去尝试抓住。比如,

40 年前我抓住了高考,改变了人生。

　　作为一个老学长,我衷心希望学弟学妹们充分利用现在在校的学习时光,让自己成为一个有丰富知识储备的人、有能力抓住机会的人。都说"机不可失",只有在学业上做到"机不可失",方有可能在事业上实现"时来运转"!

易 静

易静，1957 年生，上海人。1977 年考入上海第二医学院（现上海交通大学医学院）儿科系，1982 年本科毕业；1987—1993 年在上海第二医科大学接受研究生培养，获得生物物理专业硕士学位和人体组织胚胎学专业博士学位。历任上海第二医科大学基础医学院细胞生物学教研室主任、生化与分子细胞生物学系副主任、基础医学院副院长等职。曾任上海交通大学基础医学院"分子细胞与组织"教学团队首席教师。曾获上海市先进工作者、"育才奖"、"三八红旗手"、高校优秀青年教师、上海交通大学教书育人一等奖、"上海市最美教师"等荣誉称号。

漂染厂的挡车女工易静坚持跟着广播学英语，尽管学了似乎也用不上。待到恢复高考的消息传来，她又软磨硬泡坚持报考，最后她真的拿到了录取通知书。大学向易静敞开了大门，为她展现了一个丰富的世界：小说百花齐放，文学备受推崇，思想冰河解冻，女排成为英雄……那也正是八零年代的缩影。回望 30 年来走过的路，易静说，最是不曾辜负青春的踏实感令她满足。

我不曾辜负青春

口述：易　静

采访：刘晶晶、刘　琦、张旦昕

时间：2018 年 4 月 28 日

地点：上海交通大学基础医学院西 7 楼

记录：刘晶晶、刘　琦

整理：刘晶晶、刘　琦

软磨硬泡去高考

　　1975 年的春天，我中学毕业了。因为姐姐已远赴黑龙江务农，按规定我可以留在上海工矿企业，于是，我被分配进了上海纺织局下属的一家漂染厂做挡车工。虽然，在当时的环境下，中小学教育都不正规，但我一直算是爱学习的学生，进工厂后还坚持了一阵广播英语的学习。1977 年夏秋时节，听闻国家可能要恢复高考，我就决心要上大学。当时工厂里的师傅还劝我，"你能在国有工厂上班就是最好的工作了，考上大学的话，毕业之后还有可能分配去外地呢。"当然这不会动摇我报考的决心，但是，当时能否参加高考需要单位批准，我差点没能走进考场。厂部专门出了一张数学卷子让我预考，并明言通不过就不能参加高考。不争气的我还真没考好，一想到就这样连走进高考考场的机会也没有，我不禁又委屈又焦急，经几番软磨硬缠，厂领导终于允许我参加高考。

20世纪70年代，我们在中学里并没有接受过正规的数理化学习。当年，从开始复习到考试只有不到半年的时间，然而十年来没有高考考试，考题的难度和范围更是完全无从揣测，因此我觉得十分茫然。我专门去求教隔壁做中学老师的邻居，为自己讲授高中数学的一些内容，又找来《青年自学丛书》自学。在1977年的夏秋数月里，我在工厂"三班倒"的一切空余时间里苦读苦练，但心里始终没底。在为期两天的考试中，还因自感发挥不好而差点中途放弃，可想而知，最后收到录取通知书时，真的是喜出望外。

对大学和专业的选择，我一开始并无明确的想法，学医于我也算是冥冥中注定的缘分。我的祖父早年毕业于北京高等医学专科学校，姑妈也从医，所以我在父亲"继承祖业"的建议下，把上海第二医学院儿科学作为了第一志愿。

八零年代激情飞扬

我们这一级学生进大学之后，重新系统地学习了数理化知识，很多人刚刚开始学习英语。我和大家一样，可以说是如饥似渴地读书，慢慢生出对医学课程的兴趣，并逐步学会用归纳总结的方法梳理和记忆知识。老师们都热情高涨地教课，金正均、陈仁彪、王一飞等很多老师的课堂风采给我们留下了深刻的印象。

我们1977级和晚半年入学的1978级学生，据说被称为史上空前绝后用功的大学生。同学们清晨在操场朗读或默念英语，深夜在走廊或蚊帐里用手电看书，是那时校园里的寻常景象。入学不久，中央发布的《关于若干历史问题的决议》及其后的思想解放大潮，剧烈地冲击了我以往的观念，在同学中也引起了对于国家发展道路的讨论，启发了我们对刚刚经历过的那段历史的思考。大学生因国家排球队获胜而激动喊出的"团结起来，振兴中华"口号，是我们这几届大学生的流行口号。对很多人，也包括我自己来说，

"振兴中华，从我做起"成为终生践行的信条。

当时恰逢改革开放初期，迎来了文艺的春天，《收获》《当代》《十月》等新老文学杂志让人目不暇接，课后一头钻进图书馆的我们，常常放下课本而沉溺于小说，被刘心武的《班主任》、张辛欣的《在同一地平线上》、张洁的《沉重的翅膀》之类的书迷得废寝忘食。有一段时间，我用夜自习的时间，"偷偷"阅读了当时刚有的美国版世界历史译本。

我还参加了学生舞蹈队，经常在排练场"浪费"时间。当时学校里以1977级和1978级学生为主体成立了舞蹈队、话剧队、乐队等，那些优雅演奏钢琴和提琴的乐队同学们令我佩服至极，到现在我还依稀记得几次一起外出同台演出的经历。当时，我们舞蹈队在一位校友的编导下，演出过一个科幻小舞剧，表演内容是随着科技发展，有朝一日，机器人将取代护士巡查病房。而那一日就是剧中我们举着一块牌子上的"2000"，也就是"本世纪末实现四个现代化"的时间节点。没想到那个当时看似无比遥远的时间很快就来到了。

科研之路柳暗花明

大学毕业后，我回到了纺织局，成为职工医院的医生。后来又考回母校，攻读硕士和博士学位。我很庆幸当初走上了学医这条道路，而后又从事细胞生物学的研究和教学。有了多年工作经历后，我逐渐意识到，相比临床医生职业，自己更适合从事基础研究和教学。

20世纪80年代末到90年代初，我师从汤雪明教授从事溶酶体研究。当时我们尝试解释内分泌细胞中存在诸多自体吞噬的原因，但限于知识概念和技术手段，在1993年博士毕业答辩中，我无法回答自体吞噬如何受到调控这一问题。之后，我的研究转向了活性氧相关的蛋白质修饰和信号转导方向。在此过程中，最让我激动的是窥视自然奥秘的一段经历，我们用5年多时间弄清楚一个蛋白质SUMO（类泛素蛋白修饰分子）修饰的酶如何受细胞氧化应激调控改变自身修饰和与其他蛋白相互作用而发生量的改变，又进而通过多个底物影响信号转导和基因表达，从而介导氧化应激应答反应并对肿瘤进展发生影响的机制。在这个领域，我以通讯作者名义，在包括 *Cancer Research*、*The EMBO Journal*、*Nature Communications* 等杂志发表数十篇研究论文和综述，连续获得多项国家自然基金项目资助。

就在我当年带着对自体吞噬调控机制认识的缺憾离开这一领域后不久，1995 年，日本科学家克隆了自体吞噬基因，发现自体吞噬是在发育中受到调控的一个过程，与肿瘤等许多疾病有关。从那以后，有关自体吞噬的研究越来越普遍和深入。仿佛经历一个轮回，我科研生涯之初的"未解之谜"重新成为当今最热的细胞生物学问题之一，这让我近年生出一个强烈的愿望——在继续已有研究的同时，在结束职业生涯之前，回到"自体吞噬"领域，把活性氧相关的蛋白质修饰和信号转导与自体吞噬联系起来，争取回答自己当时做研究生时没能回答的问题！现在我们这方面探索的结果已成论文，也即将投稿。科研就是这样峰回路转、柳暗花明，因而令人欲罢不能。

教师应该科教兼能

我认为研究型大学的教师应该科研、教学兼能。在完成繁重科研工作的同时，我常年参加医学本科生和研究生多门课程的课堂教学以及课程建设和改革，年均上课时数逾百。我作为首席教师，负责跨越四个学科整合的《分子细胞与组织》的课程建设，运用自己在医学和生物学两方面的知识储备，对教学内容、授课形式、讨论课和考试题目组织做了精心设计，凝练跨学科整合知识点，组织大量集体备课和交互听课，从而形成团队对整合知识点的共识和授课侧重点的把握。该课程入选上海市教委重点建设课程并在2016 年验收中获得优秀。我负责的"医学细胞生物学"被列入 2017 年度上海市全英语示范课程。此外，我还主导了上交—渥太华联合医学院中外合作的"Cell Biology（细胞生物学）"课程建设。我还担任《医学细胞生物学》

《医学细胞生物学常用技术》的主编,以及卫生部规划研究生教材《医学细胞生物学》的副主编。

我曾担任基础医学院分管科研的副院长职务。任职期间,在营造学术氛围、组织基金申报等方面做了一些制度建设的努力。2004年在学院领导的支持下,我带领科研办公室创建了"21创新论坛"学术报告会制度,特邀国内外著名学者或领域新锐担任报告人,14年来,听众达两万余人次。我还主导推出了研究生科研活动日,命名为"新羽杯",象征着雏鹰展翅待飞翔。这两项活动都成为基础医学院的特色品牌,对学术交流和研究水平的提高起到了推动作用。

踏实感让我满足

要说高考对我的意义,首先是让我从一个从事简单重复劳动的青年工人,变成一个具有一技之长的专业人员,能够利用专业知识为人类健康事业做出贡献。但是大学不单教给我知识,也培养了我的理性思维,开拓了我的眼界,激励我不断设立更高远的人生目标和职业追求。特别值得珍惜的是,大学让我结识了有趣的同学和老师,其中有些师友成为志同道合的终生益友。

中国在这40年间发生了翻天覆地的变化,我们享受着令人赞叹的高速发展和经济繁荣的同时,也被喧嚣浮躁的社会风气侵扰与裹挟。我欣慰,为自己听从内心的召唤,踏踏实实走在追求更完美自我的道路上;为自己投入了建设更好的大学和更好的社会的宏大事业中;为自己始终坚守80年代"振兴中华,从我做起"的理想,跨越时间、经历世事而不曾改变。我自豪,改革开放40年来中国发展的伟大进程,我是亲历者和获益者,更是参与者和推动者。我也庆幸,在时代大潮的挣扎中没有失去自我,保有宁静的心境,恪守着自己珍视的原则。

我也感恩遇到了诸多良师益友。在学习上,我的研究生导师汤雪明教授是我科研之路的启蒙者,在我成长中不断给予我鼓励和支持。他对学院做出很大贡献却始终低调谦逊,既有宏观视野,又有实践能力;既力创事业佳绩,又追求品行美德,是我成长道路上的榜样。他志存高远又随和淡泊的人生态度是我永远心向往之的境界。在生活中,每每我与多时不遇或相隔遥远的同学交流起来,就仿佛从未分开似的投机,远在海外的同行兼老同学也曾为我提供进修机会。在工作中,我遇到无数友善合作的同事和上进奋斗的学生,我们一起推进了事业的发展。

我感恩母校,是母校奠定了我安身立命的根基,更提供了我实现人生价值的舞台。近30年来,只顾耕耘,不问收成,回望来路却收获良多,最是不曾辜负青春的踏实感令我满足。

冯希平

冯希平，1959 年生，上海人。1977 年考入上海第二医学院（现上海交通大学医学院）口腔系，1982 年本科毕业。口腔预防学科带头人，曾任上海交通大学口腔医学院常务副院长、上海市口腔医学研究所副所长、上海交通大学医学院附属第九人民医院口腔预防科主任。

在冯希平的人生之路上，我们可以看到师者给予学生的正能量是如何代代相传的：班主任对冯希平的鼓励与指导，让他轻松应战高考；大学时代辅导员的歌声至今犹在他的耳畔回响；前辈专家手把手的指导，成就了他的精湛医术……而他，自己带教学生的时候，心心念念的就是当年老师如何手把手指导自己，他也用相同的态度去对待年轻人，不厌其烦地为他们探讨课题、修改论文。他说：前辈的优良品行在潜移默化中影响了我的一生。

唯有薪火相传，方成燎原之势

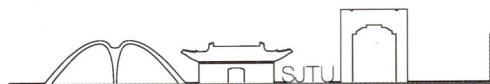

口述：冯希平

采访：刘晶晶、刘　琦、张旦昕

时间：2018 年 5 月 2 日

地点：上海第九人民医院浦东分院教学会议室

记录：刘晶晶、刘　琦

整理：刘晶晶、刘　琦

才上考场，便下农场

1966 年，"文化大革命"开始，这年 9 月我进入小学读一年级。在十年浩劫中，我念完了小学和中学。这十年的中国，经历着前所未有的动荡与不安。社会环境如此，教育环境亦如此。学校的教学管理大都比较松散，经常会"停课闹革命"，学生自然也不能接受完整系统的教育。

当年按照"就近入学"的原则，我被分到卢湾区新华中学。1976 年中学毕业后，按照国家的分配政策，我被分到崇明县长征农场工作。农场报到有 3 个时间点可供选择，就在报到前夕，国家恢复高考的消息传来，我就选了最后的截止时间前去报到，这样就有了一段可以安心复习的时间。

说是复习，其实并无头绪，中学时期并未打好基础，几乎所有课程都要从头学习。幸运的是，"家有一老，如有一宝"，我的外公是中学教师，负责数理化的教学，有丰富的经验。为了支持我参加高考，外公翻箱倒柜找来"文革"前多个省市的高考习题汇编集。外公从最基础的知识开始，一点一点教我。印象中，福建、浙江、安徽、江苏等省份的高考复习资料，都被我一本一本啃下来了。那个夏天，每天我都要学习到深夜。我的语文功底较好，得益于中学时代遇到的那位知识渊博、幽默风趣的语文老师。当年的这位班主任兼语文老师教书方法别具一格，能根据每个同学不同的性格特点，因材施教，激发其求知欲望与兴趣。高考结果公布后，我们中学共有 4 人考上大学，其中 3 个是我们班的同学。由此可见，班主任老师厥功至伟。

深受当时社会大环境的影响，我们都十分崇拜工人阶级，每个人都以学工为荣。于是填报志愿的时候，我就首选了上海科技大学精密仪器专业，期待以后能成为一名工程师。担心考不上科技大学，便将上海第二医学院口腔系作为第二个志愿填报。

在外公和语文老师的大力相助下，我走进高考考场。而高考结束后的第二天，我便打包行李奔赴农场报到去了。家人把我送到吴淞码头，和许多同学一起乘船去崇明。当时长征农场管理十分严格，近乎军事化。刚去的时候，我就赶上了"开河"，在田地里挖灌溉渠道。每天都在泥地里摸爬滚打，体力极度透支是每个参加"开河"新职工的共同感受。有一天，我正在埋头干活，突然旁边有人喊："冯希平，你爸爸来了！"回头一看，真看到不远处的父亲。原来父亲是来送大学录取通知给我的。闻此喜讯，我自然欣喜万分。考上大学的消息很快在队友间传开，当晚同事们特意在宿舍里给我小小庆祝了一番。第二天一大早，我们父子两人便坐着拖拉机赶往码头，清晰地记得，我离开连队的时候，那些在地里干活的知青都仰起头羡慕地看向我，那一刻我的内心充满自豪感。

就这样，我结束了农场生活。尽管只有短短的 3 个月，但回想起来，那段艰苦的生活刻骨铭心，对于我以后的人生来说，无疑是一笔宝贵的财富。

焚膏继晷，潜心苦读

　　刚刚进入大学校园，一切都那么新奇。

　　在农场工作时，我每个月能领到19.5元的工资。上学之后没了工资，就要靠家人的支持了。当时，我的外公每个月资助我15元生活费，后来学校有了助学金政策，我就申请了每个月13.5元的乙等助学金。在那个物价低廉的年代里，这些钱足够一个月的开支了。当时班里有很多从农村考来的同学，生活格外勤俭节约，即使有助学金，每餐也只买米饭不买菜，拿碗免费汤而已，省下的钱贴补家用。有些同学家庭负担比较重，平时在学校上课，周末还要赶回家去干农活，毕竟当时一个青年小伙子可是一个家庭少不了的壮劳力。那时，班里甚至还有很多怀着孕或已有孩子来读书的同学。

　　第一届考生生源情况复杂，虽然每个同学经历不同，但却有一个共同点，那就是基本上都受过艰苦磨炼。大学二年级我们去学农，当地村干部还以为我们都是些娇生惯养的学生，做不了农活，随便给我们派了一小块稻田地意思。谁知道，我们这帮学生三下五除二就割完了稻子，这让村干部和村民相当吃惊，对我们刮目相看。

　　记得当时我们的第一任辅导员是陈章达老师。在首次见面会上，他就向同学们提出了好好学习的殷切希望，并当场唱起了《听话要听党的话》。这首歌现在的年轻人已不太熟悉，但在当年是非常有时代意义的。"戴花要戴大红花，骑马要骑千里马，唱歌要唱跃进歌，听话要听党的话"的歌词至今萦绕在我的脑海。我想，陈老师唱这首歌的用意就是期待我们珍惜机会，努力奋进，永远跟党走！

　　在学习上，我们这一届学生的自觉性很高，特别是年纪大一些的同学自控力更强，学习更加认真刻苦，他们带动了班上的学习氛围。当时我只有19岁，还是贪玩的年纪。不过每天看到宿舍里年纪大的同学起早贪黑地学习，我也深受感染，一到晚上就和很多同学到学校的"拼命楼"（2舍2楼）的通宵教室，看书、学习，如饥似渴，挑灯夜战。看到那些年长同学坚持学习到深夜，即使感到困乏，自己也不甘心提前离去，打起精神再接再厉。临近期末考试的时段里，同学们都要早早去占座，倘若慢了一拍就没你的份了。只见"拼命楼"里一派盛况，通宵教室座无虚席，满眼全是孜孜不倦、潜心苦读的同学。

优良的学风不仅在校园内盛行，连出了校园、到了乡下，同学们依然保持旺盛的学习欲望和持之以恒的学习状态。那年去青浦下乡锻炼，我们白天干农活，晚上也不忘抓紧时间学习。乡下条件简陋，寝室内没有像样的桌子，我们就跟生产队队长商量，借个小学教室来看书学习。队长说，教室可以借用，但是晚上是停电的。于是每个同学都买了根蜡烛，整个教室里每张桌子上都支起一根蜡烛用来照明，大家就着微弱的烛光看书。这种刻苦学习的态度深深地感动了当地的村民。

在二医学习生活的几年，我学习了完整的、系统的专业知识，直到现在，我在工作中依然应用这些基础知识。这么多年，我从来没有离开临床、没有停止学习。而每当回想在校读书的 5 年里，老师们循循善诱和润物无声的教诲，对我人生的成长有着里程碑的意义。

此外，大学期间，我还接触到了来自五湖四海、背景各异的同学，他们身上的种种优点和宝贵的人生经验，都十分值得学习与借鉴。这些知识与经验的积累，使我从一个稚嫩的学生蜕变成一个具有独立人格和思想的成年人。相信对每一个同学来说，在学校学习的这段经历都是人生中最重要的基石。所以，大家情谊也十分深厚，我们经常返校相聚，每次聚会都会特意去当年上课的 305 教室，复制学生时代的情景，由班长点名，同学们逐一应答，重温那段美好的时光。

为人师表，薪火相传

当自己做了老师，也要开始培养学生的时候，我就会想起我自己的老师,他们是我终身学习的榜样。在我的学生时代,十分幸运地遇到了多位好老师,比如邬爱菊、邱蔚六、刘正、曹宏康和邵家钰等教授,他们都是我国口腔医学领域的权威,这些老师在培养学生方面,可谓是呕心沥血、尽心尽责,对每一个学生都非常耐心。无论自己的工作多忙,他们从来不挑剔学生,始终手把手教,在他们眼里"没有学不好的学生,只有不会教的老师"。

到了研究生阶段,无论在学习、生活还是思想方面,老师对我都很关心,并给予细心的引导,还会根据我的特点调整课题研究方向。时代的原因造成我们这一代学生英语水平普遍不高。为了让同学们尽快了解国际先进技术与专业前沿知识,老师们更是亲自把一大摞英文文献翻译成中文供我们学习。我的导师带了4个学生,研究的方向不尽相同,为了培养我们,老师翻译了不知多少万字。除了"研究生导师"一职外,这些老师还是科主任、教研室主任,可想而知,他们的工作有多忙,但为了学生,他们甘愿牺牲自己大量的时间。我常常想,这些老师之所以后来成为医学大家,就是因为"认真负责"。他们拥有严谨的治学态度和甘为人梯的敬业精神,他们对待自己的工作、学生都尽职尽责,这种优良的品行令我们敬仰,在潜移默化中也影响了我的一生。

时代发展了,现在的学生已完全不同于我们那个时代的学生,但作为老师,我依旧觉得责任重大。在培养方式上必须紧跟时代步伐。学生来自不同的家庭,性格与特长肯定也是各不相同,老师在培养学生时,如果采取刻板的模式,自然是行不通的。而且如果把教学工作仅仅当作一种任务来完成,肯定不会有耐心。每次带教学生时,我自然而然就会想起自己的老师当年是如何手把手教我的。所以,我也会按照当年我的老师的方式尽可能亲力亲为。作为导师,我会不厌其烦地帮学生讨论课题、修改论文,直到他真正到达硕士、博士的水准。我觉得这是一个老师的责任,是我的老师言传身教给我的,我理应将这种师德精神传承下去。

中国这几十年正在高速发展,转眼进入大数据时代,"人工智能"已不再是陌生的概念了。如果医学教育还是按照原来守旧的模式来培养学生,学生学得再好,充其量也只是一名合格的医生。要想成为一名优秀的医生,只学习书本上的知识远远不够,还要能跟得上时代的步伐、科技的发展。这需要学校、老师来培养学生的好奇心,不断给予引导,激发学生去创造、去创新的冲动。在教学形式上要将学生从死记硬背、照本宣科中解放出来,让他们能够更多地自己设计、自己操作。另外,还要具备国际化视野,不能局限于自己的一方天地,我们不仅要知道自己的技术水平,还要了解他人的先进成果。

最后,祝愿上海交通大学医学院越办越好,特别是在科研和教学方面,越来越强大,希望我们这一代用自己的"星星之火"燃出一片"燎原之势"!

李定国

李定国，1946 年生，上海人。1978 年考入上海第二医学院（现上海交通大学医学院），攻读硕士研究生，1981 年和 1989 年分获医学硕士和医学博士学位，1991 年赴日本札幌医科大学任访问学者。曾任上海第二医科大学附属新华医院内科主任兼消化内科主任，市政协委员、全国人大代表、全国政协委员、市政协副秘书长、九三学社中央委员及九三学社上海市委副主委等职。现任上海交通大学医学院附属新华医院荣誉教授，兼任上海市医师协会副会长、上海市罕见病防治基金会理事长、上海市医学会罕见病专科分会主任委员及国家罕见病诊治与保障专家委员会副主任。

李定国从小就矢志学医，有着清晰、坚定的人生方向。无论是当兵期间，还是基层工作时，他都坚持自学医学知识。就在恢复研究生招考的第一年，他顺利金榜题名——无论身处何地都不忘梦想的人，那梦想终会把他带向远方……

口述：李定国

采访：刘晶晶、刘　琦、张旦昕

时间：2018 年 5 月 8 日

地点：新华医院

记录：刘晶晶、刘　琦

整理：刘晶晶、刘　琦

孜孜以求"医生梦"

"当医生"是我儿时的一个梦想。为了这个梦想，我长期坚持自学医学基础知识与文化知识。无论是入伍当兵，还是在基层工作，我从未放弃自学。20 世纪六七十年代，受多种条件的约束，我只能去旧书店里买二手教科书自学，遇到不懂的就请教他人。

1963 年，我高中毕业后参军，在海军部队当卫生员。1969 年退伍后，我进入了一家工厂做厂医，从事一些基础的医疗工作。1973 年，我转入上海电业职工医院（现更名为上海电力医院）做内科医生。尽管医院不大，但很正规，门诊、病房以及辅助科室一应俱全。最令我激动的是，当年医院还送我去外院参加系统培训，使我的业务能力得到较大提升。如果当时国家没有推出恢复研究生考试制度的话，我肯定安于现状，心满意足地在上海电业职工医院当一名内科医生了。

1978年国家恢复研究生招生制度，一向对没有接受过正规医学教育而抱憾的我，内心起了不小的涟漪。不甘落后的心告诉自己："去试试看！哪怕是检验一下自己的自学水平也好！"

当时我们医院也有位正规医科大学毕业的同事报名，并拥有扎实的理论基础与临床技能。当周围的同事得知我也报名之后，有点诧异，都担心我可能考不上。医院领导为此还专程来做我的思想工作，提前安抚我，做好落榜的心理准备。有时候，现实往往制造一些出人意料的结果，没有本科学历的我竟然榜上有名！此事在我们医院挺轰动的。为了挽留人才，医院领导特地找到我，希望我毕业后仍能回院工作。这件事让我对自己的能力有了自信，也让我认识到，只要执着地追求自己的梦想，就一定能有所收获！

说起当年参加恢复高考后第一届研究生考试，真是一件终生难忘的经历。从消息发布到考试举行，只有三四个月的时间准备，全靠自学，而且自学的过程和条件也相当艰苦。当年家里居住条件不好，比较拥挤，每天我看书到深夜，总是影响家人休息。太太最初不能理解，曾经和我发生激烈的争执。但后来她看到我那么坚持，慢慢也就理解我了。

初试和复试两场研究生考试的场景，我至今仍记忆犹新。我的初试考场是在原长宁区卫校，也许因为是"文革"后的第一次研究生考试，主办方相当重视，在考生入场和结束时，甚至组织群众夹道鼓掌并敲锣打鼓，让我们这些考生倍感自豪。而复试的时候，我们考生在考场内应试，考场外则围观者有几层，都想亲眼看一看研究生面试是怎样一个流程，老师会问一些什么问题。

开学典礼的情形现在想来，恐怕也是几十年后再难一见。新生开学典礼在二医大礼堂举行，礼堂的前半区域坐的是本科生，后半区域则坐的是研究生，大家济济一堂。礼堂外面的众多围观者看到前后区域的人相貌年岁差距很大，纷纷议论："前面坐的是学生，后面坐的是家长吧？"确实，当年我们第一届研究生的岁数普遍偏大。同学中既有20世纪60年代的老大学生，也有刚刚大学毕业的大专生。我印象中,当时年龄最大的是 1962 届大学毕业生,40 岁左右,和当年二医的一位硕士生导师同龄。同学中结婚生子者甚多。入学后,大家最关心的事情不是找食堂、宿舍,而是忙着打听学校里有没有幼儿园、托儿所,白天上课时,孩子有没有地方可以照看。我当时 32 岁,已算偏年轻者,但也已育有一子。

硕士期间,我师从新华医院的陆汉明教授,主攻消化内科。1981 年,我完成了硕士论文《200 例胃癌患者 T 细胞亚群研究》,获得了硕士学位。1986 年,我再次拜入陆汉明教授师门,攻读博士学位。1989 年,我完成了《钙通道阻滞剂在门脉高压患者中的应用》的博士论文。毕业后,我留在新华医院消化科工作。我博士期间的研究课题属于较超前的,为此,我竟意外地荣获国家教委授予的"做出突出贡献的中国博士"荣誉称号和"第一届全国中青年论文比赛"一等奖。颁奖仪式是在北京举行的,从北京领奖回来后,我才得知,中央电视台还实况转播了颁奖仪式。之后的几年,我在临床工作的同时还致力于相关领域的科研课题研究工作。天道酬勤,有幸连续获得一些荣誉。我想,大概是儿时那个强烈的"医生梦"支撑着自己多年坚持不懈地奋斗吧。

关注民生再启航

我认为自己是幸运的,儿时的"当医生"的梦想顺利实现了,我真的成为一名医生了。然而随着临床和科研工作的推进,我深感靠一人之力解除病患疾苦,可谓杯水车薪。因此,我加入了民主党派——九三学社,有幸成为全国人大代表、全国政协委员后,我密切关注和民生紧密结合的医疗工作,多次在"两会"期间提出医疗卫生方面的议案,特别是罕见病防治和保障的一些建议,得到政府的重视。

关注罕见病是社会文明的进步,是医疗水平提高的表现。因此,近些年我一直致力于罕见病防治和保障的推动工作,在国内率先成立了"上海市医学会罕见病专科分会"。这件事得到了全国其他省份的积极响应,继上海之后,北京、广东、浙江及山东等地也陆续建立了相应的组织。目前,经上海市卫计委批准,"上海市罕见病防治中心""上海市儿童罕见病防治中心"已在新华医院和上海市儿科医学研究所挂牌成立。

在行医之余,用另一种形式为老百姓的健康问题出谋划策、贡献力量,并且还得到了相关单位的认可和重视,我认为这是对自己的一种肯定,也是自己人生价值更大的实现。

感悟高考,感恩母校

我是恢复高考后的第一届研究生,在后来的职业生涯中,曾有幸担任过一段时间学校研究生处处长。无论是对做一名研究生,还是对如何培养研究生,我都有一些体会。根据我个人的经历来看,从事研究生学习之前,先积累几年临床工作经验,未尝不是一件好事。有一定的临床工作经验积累,将临床上发现的问题,有针对性地带入到课题中,这种研究方向明确、目标清晰,有助于研究生在探索的过程中始终保持一颗清醒的头脑。

当代年轻人学医,一定要注重内外兼修。首先在德行上"修炼"自我,尊重他人,严于律己;其次是要在浮躁的社会环境中学会淡泊名利,唯宁静方能致远。做一名好医生,临床手艺务求精良,要对得起病人;做学术研究,一定要实事求是,容不得半点"虚""伪"。

今天的"医学生"是明天的"医生"。这是一个崇高的职业,既要有职业精神,更要有职业操守。期待学弟学妹早日成为我国医疗科研事业的顶梁柱。

40年前国家恢复的高考制度,意义深远重大。毋庸置疑,它对我国社会进步和经济发展起到了巨大的推进作用。我国重新塑造了尊重知识、尊重人才的良好社会风气,为中国现代化建设聚集了一大批优秀人才,可以毫不夸张地说,它改变了我们国家的命运。

就个体而言，参加恢复高考后的研究生考试也改变了我的个人命运。它是我人生最重要的转折点，也是我走向新里程的起始点，它给了我圆梦的契机。

改革开放成就了我的人生。没有改革开放，就没有我的今天。我所享受到的改革开放红利都是母校给予我的，我的人生舞台也是母校帮我搭建的。真心感恩母校，衷心祝愿母校——如今的上海交通大学医学院蒸蒸日上、越办越好！

钱关祥

钱关祥，1948 年生，上海人。1972 年入学上海第二医学院（现上海交通大学医学院）医疗系，1978 年考取研究生，1981 年获免疫生化专业硕士学位。1981—1984 年赴美国西奈山医学院（Mount Sinai）和俄克拉荷马医学研究基金会做访问学者。曾任上海第二医科大学副校长、上海交通大学医学院副院长，博士生导师，生物化学与分子生物学教授。

尽管钱关祥笑称今年正好 70 岁，已届古稀之年，事实上，我们眼中的他身体硬朗、精神抖擞，依然是十几年前第一次见到他时的那个"年轻"的钱校长。他依然关注着医学的前沿发展，依然关注着学校的未来规划，对母校和学子们有着殷殷的期盼。

我和二医的一生情缘

口述：钱关祥

采访：刘晶晶、刘　琦、张旦昕

时间：2018 年 4 月 19 日

地点：校友会办公室

记录：刘晶晶、刘　琦

整理：刘晶晶、刘　琦

推荐上学，缘定二医

1968 年我高中毕业时，"文化大革命"已经开始两年了，那个时候，各类学校全部停课，整个社会都弥漫着"读书无用"的思潮。国家废除了考试制度，我们自然也就没了继续读书的机会。1969 年，在"上山下乡"滚滚的洪流中，我去了江西贵溪插队落户。1972 年，国家实行"群众推荐、领导批准、学校复审"相结合的办法，在全国招收工农兵学员上大学，我竟获得了推荐资格，迎来了踏进大学校门的机会。

那年我们县有两个推荐上大学的名额，一个是中国科技大学的工程物理系，另一个就是上海第二医学院的医疗系。在社会大环境的影响下，当时我并不喜欢学医，而是钟情理工科的机械类专业，自然很想去科技大学读物理专业，但当时县招办把这个机会给了一位老红军的女儿，而我则被推荐进二医。得知消息后,我赶紧跑去找那个女生商量,看看能不能互换一下。那女生喜欢医学,很爽快地答应了,县招生办也同意给我俩调换,但偏偏负责二医招生的老师不同意。他说,二医招生是优先考虑上海知青的,如果调换的话,不能保证那女生一定被二医录取。在这种情况下,女生自然也就不同意换了。

当时,我甚至想放弃这个机会,再等一年,说不定会有其他的选择。但公社干部都劝我:"赶紧抓住机会走吧,万一政策有变,你可能就没有机会回上海了。"我认真考虑了一下,感觉的确有这样的风险,于是接受了进入二医的推荐名额。现在回想起来,这或许就是冥冥之中的造化吧,我和二医这所学校应该是有着不解之缘的。

进入二医之后,我慢慢地爱上了医学,因此愈发珍惜上大学读书的机会,刻苦努力,学习成绩被评为"优异"。在校期间,我还担任了学生干部,把学生活动组织得有声有色,得到老师与同学的好评。在为大家服务的过程中,自己也提高了协调、沟通和组织能力。这些能力在我日后的管理工作中得到了广泛的应用。

报考硕士,再进二医

20 世纪 70 年代末,随着工农兵大学生走上工作岗位,社会对工农兵大学生的反响参差不齐。我自己也是工农兵推荐上大学的,听到一些说法后,觉得既不爽又不服。我认为我一定可以用实力证明自己的。1978 年,国家恢复了研究生招生考试。我立刻决定报考研究生,一方面,我想用研究生入学的标准检验一下自己的真实水平,另一方面,研究生学习是一个提升自我、挑战自我的好机会。根据自己的工作性质,我只能报考"基础医学",而当时医学院本部的招生专业很少,只有两个专业可选,分别是免疫学和组织胚胎学。两者权衡,我选择报考自己比较喜欢的免疫学。

当时,我国基础医学的发展迅猛,我原先掌握的专业知识已十分滞后。

报名以后,我抓紧一切时间学习,将免疫学所有知识从头至尾复习了一遍,其他基础医学学科的理论知识也再次突击。备考的时间只有短短几十天,那段时间我真的蛮拼的,没日没夜地学习,为了备考瘦了将近 20 斤。

最终苍天不负有心人,我再次顺利地被二医录取。我们这批研究生的特点是"文革"前的老大学生居多,占总数的 80％以上;小部分是老三届学生,因此班里同学年龄落差很大,我在班里属于比较小的。

我的研究生导师是余㵦教授,他是免疫学界的鼻祖。当年余教授对免疫学科的发展大方向已了如指掌,在他的指导下,我确定把"免疫酶标测定小分子"作为自己的研究方向。由于我主攻免疫生化,我的具体指导老师——生化教研室主任张慧珠教授,对我的辅导可谓是细致入微、尽心尽责。在那个刚刚恢复研究生招生的年代,导师和学生人数都很少,张慧珠老师只带 2 个研究生,我便是其中之一,所以她全身心扑在对我们的学业指导上,对我们的学业要求非常严格。每个实验都要学生自己思考,深思熟虑后设计实验流程,然后导师提出修改意见,学生反复修改,最终完成实验设计。这种反复的打磨式训练帮我们打下了坚实的基础。

读研期间,虽然我们的年纪都不小了,有的还拖家带口,但是大家都心无旁骛,刻苦钻研。当时物资相对匮乏,科研经费少,实验仪器设备比较简陋,像试管这种需求量比较大的实验器皿都是要反复利用的。实验一天下来,往往要洗涤 100 多根试管。尽管条件艰苦、学业繁重,但好在我们大多数人拥有上山下乡或老少边区工作的体验,艰苦的岁月早已磨炼出坚韧的性格,加上被压抑 10 年之久的求知欲望突然得到满足,对知识的极度渴求燃烧起我们刻苦钻研的全部激情。每天的挑灯夜战、学术讲座的座无虚席便是我们这一届研究生最典型的写照。

赴美深造,情牵二医

研究生毕业之后,我获得了赴美国进修的机会,先后在纽约西奈山医学院和俄克拉荷马医学研究基金会进行了两年半的访学,主攻免疫生化。我是基础部第一个走出国门的青年老师,我深知这是母校馈赠于我的无限荣誉。进修快结束的时候,美国导师三番五次要挽留我,但我毅然决定回国。不说自己有多爱国,当初心中的想法非常朴实,就是要回来好好干,把学到的知识应用到自己的工作中去,为母校的发展做一点自己的贡献。值得一提的是,在学成归国前,在我的努力下,二医同西奈山医学院建立了友好关系,在之后的连续多年中,西奈山医学院接受二医选派的进修生,并为进修生提供经济资助。

自己在美国进修时,曾在不经意间,与一位美国教授聊起音乐。交谈中,我如数家珍地说起了贝多芬、莫扎特、鲁西尼,还有勃拉姆斯、拉赫玛尼诺夫等一大批世界著名音乐家,并把他们的代表作也描述得一清二楚。这位美国教授问我:"你也懂音乐?"语气中既有惊讶又有蔑视,我回答:"你可不能小看中国人,我不仅了解他们的代表作,还知晓他们的艺术风格。我们上海二医大出来的人都是多才多艺的!"后来这位美国教授对我刮目相看,并邀我去了他家做客,那天我还演奏了一段门德尔松的小提琴曲调,得到了他们全家的赞赏。从此,美国的教授对中国的上海第二医学院有了深刻的印象。

学成归国,服务二医

我的大学时代和研究生时代都是在二医校园里度过的,可以说,我是一个"土生土长""根正苗红"的二医人! 二医培养了我、成就了我,是我一生的舞台。我热爱二医,愿意奉献自己毕生智慧和力量把二医建设得更加美好。

从美国回到学校后,我积极投身教研室的建设。在领导的支持下,在全国的医科院校中,二医是较早开展分子生物学研究并第一个取得分子生物学博士点的医学院。我们当时还专门成立了分子生物学实验室,为整个二医系统(包括各附属医院)开展分子生物学实验提供了良好的条件。

1991年，我担任基础医学院党委副书记；1995年担任基础医学院党委书记兼常务副院长；1997年起担任二医副校长。在我任职期间，经历了医学院的困难时期——人才短缺！从20世纪90年代开始，基础部越来越留不住人才了：优秀的学生大都选择到临床岗位去，愿意留下来做基础医学研究的人数量骤减。在这种情况下，我和当时领导班子的其他成员经过讨论，制定了一些人才政策，推出了破格晋升、海外招募等系列措施，挽留了一些青年才俊，也吸纳了一批海外杰出人才。这些人后来都迅速成长为医学院的领军人物，甚至走上重要的领导岗位。这项工作为医学院后来的人才引进工作营造了良好的开端，也为教师队伍的成长铺垫了良好的基础，为医学院的持续发展储备了宝贵的人才力量。

与40年前相比，我国现在的科研工作，无论在体制机制上，还是在学术水平上，都有了飞跃式的发展。就拿我们医学院来说，科研工作的管理机制、评审制度、导师水平、课题深度、出国交流的人数，还有师资质量与学生素质也都有了极大的提升和发展，这些让人感到尤为兴奋。作为一个老"二医人"，我希望我的母校人才济济、蒸蒸日上。对于青年一代，我想提一些希望：做医学研究，必须脚踏实地、反复求证，失败是正常事，平静面对，不必闹心，最重要的是克服浮躁心态，以严谨、扎实的态度治学。另外，我们在做学问、做科研的同时，一定要好好做人，处处体现协作精神，这两点是非常重要的。

我非常幸运，遇到了改革开放的新时代。在我还是一棵小草的时候，我得到了母校的培养，使我拔节长高；如果今天我算长成一棵大树的话，那完全是母校栽培的结果。医学院是我的根，我的心以前会，现在会，以后永远都会牵系着二医、牵系着交大医学院！

高文

高文，1960 年生，上海人。1978 年考入上海第二医学院（现上海交通大学医学院）医疗系，1983 年本科毕业。主任医师，教授，博士生导师，享受国务院特殊津贴。历任上海市肺科医院院长、上海市胸科医院院长，现任复旦大学附属华东医院党委书记、院长。荣获教育部科技进步二等奖、上海市科技进步二等奖等多种奖项。出任中国医师协会胸外科医师分会副会长、同济大学高级专业技术职务任职资格评审委员会专家等。

相比同龄人，高文的经历似乎可以说顺风顺水：应届高中毕业赶上恢复高考后的第二次考试，顺利考上大学；求学期间深得前辈的指点与熏陶；工作单位对他大力栽培，40 岁出任副院长，意气风发……而细读他的求学经验、管理经验，我们就会明白，没有人可以随随便便成功，只有潜心奉献、脚踏实地的人，才能收获生命的甘甜。

有幸与改革同行

口述：高　文

采访：刘晶晶、刘　琦、张旦昕

时间：2018 年 5 月 10 日

地点：华东医院党委办公室

记录：刘晶晶、刘　琦

整理：刘晶晶、刘　琦

海派校园，学习惬意

　　1978 年，我作为应届生参加了恢复高考后的第二次考试。我的性格比较内向，平时喜欢读书，家庭的学习氛围也比较浓厚，所以我的学习成绩一直不错。得知要恢复高考，学校立刻通过摸底考试，挑出几十个成绩相对好的学生，组成了一个提高班，专门请来教学经验比较丰富的老师辅导。那个时候，大家虽然基础普遍不太好，但是通过抓紧复习，还是可以赶上来。我的数学、化学比较好，语文、物理一般，英语比较差，因为之前我学的是俄语。复习阶段，我经常和 6 个小伙伴相约一起复习讨论，没想到最后我们这 7 个人都考上了大学。这件事让我感受到集体的力量和智慧总是大于个人的，通力合作定能办成大事！

　　选择医学专业，是一种机缘巧合。在第二类志愿中，我第一个就填了上海第二医学院。医学是个令我向往的专业，而且二医作为地方院校，毕业可以留在上海。幸运的是，我顺利地被二医录取了。那年我 18 岁。

进入大学那年，国家刚刚实行改革开放政策，各种文化都涌了进来。应该说，我生逢其时，阅读了大量的书籍，学到了很多医学以外的知识。大学期间的大量阅读，让我拓宽了视野，提高了综合素质，增强了适应社会的能力。

大学里，英语是最难学的。自己之前毫无基础，我学英语的方法就是全靠记忆，尽管有些单词既不会念，也不懂意思，但靠记住字母的顺序，我也算能正确默写。我记得，当时学校还办了一个英语速成试验班，英语老师还专门为我们汇编了一本《英语 500 句》的学习手册，可谓用心良苦。

后期进入临床，我在瑞金医院实习。很幸运，我遇到了一大批国内著名的大师，印象最深刻的是消化科的徐家裕和唐振铎两位教授。他们分别精通英语和法语。在带教我们查房时，只见他们俩经常用英语对法语，互相调侃，比试谁的外语好。我们在一旁听了，觉得很有意思，也受益匪浅。他们这种善意的较量，带动了我们学习外语的积极性。还有傅培彬、董方中和陈家伦夫妇等老师都给我留下了极其深刻的印象。

我觉得二医的文化就是海派文化，相对于其他学校的刻板，二医是走在时代潮流前端的。学校里许多老师具有留洋背景，谈吐、见识很不一般，整个学校都能被他们感染到，学校的学习氛围既严肃紧张，又舒适惬意。至今，我都很怀念当年二医读书时的学习气氛。

初出茅庐，风华正茂

大学毕业后，国家统一分配工作。我家在杨浦区，我被分到了位于杨浦区的上海市肺科医院工作。我是肺科医院收到的恢复高考后医科大学毕业的第一个大学生，因此很受医院重视。科主任非常欣赏我，在业务上努力培养我。当时的院长也很器重我，认为我有管理的才能，提拔我做院长助理。

于是我走上了医院管理之路：40 岁不到，担任副院长，44 岁升任正院长。

在担任领导岗位之后，我觉得，既然做了管理岗位，就要勇于担当，锐意改革，带领医院做出点成绩。在班子成员的共同努力下，我们推出了一系列改革措施，其中一线医生的"岗位津贴制度"成效显著，在上海市产生了较大的影响。

在我掌舵肺科医院期间，正是医院飞速发展的岁月。卫生局领导看到肺科医院的可喜成绩后，决定调我去上海市胸科医院担任院长。说实话，我很舍不得肺科医院，她看着我成长，我为她的发展殚精竭虑，付出所有感情。尽管如此，我还是选择了服从组织命令，到新的岗位上迎接新的担当。

潜心管理，追求奉献

2012 年，我就职于胸科医院，这里为我施展管理才能再一次提供了舞台。在胸科医院任职的两年半时间里，我和班子里的其他领导成员一起，整顿风气、完善制度、理顺流程。随着管理的到位，职工收入也随之增长了。2014 年，组织部又派我来华东医院做党委书记，主要负责医院的党务工作。我觉得这种轮岗很锻炼一个人，经过多个岗位的锤炼，可以拓宽思维、加深认识；在开展工作时，领导班子成员之间易于沟通，形成合力。

通过几个管理岗位的锻炼，我对现代医院管理制度有了比较深刻的体会。在国际化、信息化的全球背景下，医院管理工作需要抓住两个重点工作：人才和信息技术。第一是人才培养。医院要持续发展，梯队人才培养极为重要。这些年，由于国内学术氛围非常好，许多临床技术也比较先进，因此很多年轻人已不愿意出国。为了医院的持续发展和学科建设，我建议医院推行鼓励年轻医生积极出国学习的职称晋升制度，并在国家补贴之外，提供一定的扶持或倾斜政策，如出国期间保留工资奖金等基本收入。第二是信息技术。管理工作的高效与规范，体现在信息化建设工作上。目前每家单位基本上都有办公自动化（OA）系统，我在开展工作时倡议将办公流程彻底 OA 化,实现各项事务的无纸化操作。以医院科室里的报修、维修为例,由于 OA 实现了公开化、透明化,每个人都履行好自己的职责,因此整体工作效率得到了极大的提高。

做管理工作不容易,做医院(尤其是三甲综合性大医院)的管理工作更加不易。我个人认为,管理层的工作想要出成效,必须稳扎稳打"三步走":一是宏观布局,顶层设计;二是制定标准,全面平衡;三是戒骄戒躁,沉稳推行。当然,管理者的素养也很重要。优秀的管理者,必须全身心投入,发自肺腑地热爱管理工作。做医院管理工作,尤其需要奉献精神,特别是那些临床专业出身的优秀医务人员担任管理岗位,就必须有牺牲精神。鱼和熊掌无法兼得,有取必有舍。另外,优秀的管理者须心胸宽广,处事公平,任人唯贤;须兼容并包,擅长协调;须务实、求是,工作实在。

作为一名医院的领导干部,我非常重视医务人员的医德医风建设,在这方面,我认为领导干部应该起到带头作用。多年前,我本人去过新疆,给当地先天性心脏病患者免费做手术。后来再次赴疆,我带了一支医疗队开车到维吾尔族聚集区,深入到维民的家里探访病人,让当地老百姓享受到优质的医疗资源,感受到国家的温暖,我们也受到他们的热情欢迎。为了援疆、援藏等工作的长期有效开展,我在医院倡导专门为援疆、援藏干部设立相应的组织制度,若想获得医院的培养,就要先奉献爱心,吃苦在前,取得成绩,回来才有晋升的机会。其实援疆、援藏的经历和制度,无论对个人还是对组织来说,都是发展必备的,大有裨益。

回望 1977 年国家恢复高考制度,其影响肯定是巨大且深远的。没有高考制度的恢复,中国不会有今天国力昌盛、欣欣向荣的局面。作为恢复高考后选拔出来的第一批人,我有幸全程目睹了改革开放、参与了改革开放、也推动了改革开放,我由衷地感到骄傲和自豪!

谭江平

谭江平，1960 年生，籍贯江西莲花。1978 年考入上海第二医学院（现上海交通大学医学院）医疗系，1983 年本科毕业。1983 年 8 月起工作于同济大学附属第十人民医院（原上海铁路局中心医院）普外科，历任普外科副主任、主任。2000 年任同济大学附属第十人民医院副院长。2015 年任上海市皮肤病医院常务副院长。兼任上海市肿瘤外科及跨学科治疗专业组专家委员、上海市医院协会理事会理事、上海市医疗事故鉴定中心专家、上海市政府采购中心专家、全国麻风防治协会副会长。从事普外科临床和科研工作近 30 年，尤擅长消化道肿瘤、乳腺肿瘤、甲状腺疾病的外科手术及微创治疗。参与国家级课题 3 项，参编著书 4 本，发表各类论文 20 余篇。

以外科医生为职业梦想的谭江平，虽然觉得从医之路非常艰辛，但始终认为医生是一个神圣的职业。在他眼里，一名优秀的医生不仅要有精湛的医术，更要有丰富的人文素养、深切的同理心、社会活动家的情商。

翩翩柳叶，寄我专情

口述：谭江平

采访：刘晶晶、刘　琦、张旦昕

时间：2018 年 4 月 17 日

地点：上海市皮肤病医院

记录：刘晶晶、刘　琦

整理：刘晶晶、刘　琦

恢复高考，跃跃欲试

作为 1978 届高中生，我赶上了恢复高考后的第二次考试，跟第一批参加高考的考生相比，我们这一批考生主要以应届生为主，年龄段也相对集中，比较年轻，自然也就活跃很多。

当年知识青年"上山下乡"运动仍在开展，高中毕业的知识青年都是要到农村去，接受贫下中农的再教育。除非家中已有兄姐去了农村，那才有可能留在上海的工矿单位，我作为家中的老大，无疑是要去"上山下乡"的。因此，高中毕业后便等着被分配到农村去。

邓小平在 1977 年作出了恢复高考这一英明决策后，在临近毕业的 1978 届高中生中一下子炸开了锅，此时距离高考只有半年多的时间了，我原先的计划一下子被打乱了，整个人也不知所措地跟着大家准备高考。

　　作为应届生参加高考,各所中学都很重视,于是一夜间,所有学校的老师、学生都进入紧张的备考状态。可是,面临的难题也很多,首要的就是怎么复习、复习什么内容、考试大纲是什么。当然,大部分学校的做法就是对应届生进行一次摸底考试,考考他们的数理化水平,然后按照不同层次分班,把成绩最好的尖子生集中起来组成重点班,作为备战高考的主力队员,以此来提高学校的升学率。

　　那年我在铁路二中读书,当时铁路系统有两所学校——铁路一中和铁路二中,一中是全国铁路系统的重点学校,师资质量比铁路二中要好一些。然而那年我们二中重点班共有 13 人,最终有 10 人考上了大学,升学率比铁路一中还高。

　　参加高考的决定是我自己做出的,其实在那个时候,年纪轻轻的我并未深刻地意识到高考是改变命运的唯一选择,只是知道考上了大学,或许可以不用"上山下乡",否则一生就会被困在小小的一方天地里,日复一日地从事着枯燥无趣的劳动。周围的同学也都想要考大学,老师的鼓励、家长的支持更加坚定了我高考的决心。

战略复习,助我登榜

　　复习的过程还是很辛苦的,有些功底差的同学最初就弃考了。我的基础不怎么好,特别是化学非常薄弱。当时高考只考语文、政治和数理化,外语只是作为参考,不计入最后的总成绩。所以在复习的时候,我选择放弃了外语,专心复习数理化,尤其是把化学作为重点目标,花的时间比别的学科都要多。

　　在复习过程中的这一战略安排让我如愿以偿地进入大学校门。其实,每一个人都不可能擅长所有的学科,都有优势与劣势,在复习的过程中也不可能一帆风顺,总会遇到瓶颈与困难。这个时候靠的不只是天分,更要靠个体的努力与智慧。天资聪颖的人未必成功,而脚踏实地、勤勤恳恳的人更可能成功。

我有个弟弟，我们兄弟两人都是在恢复高考后考上大学，弟弟被华东化工学院录取。我们俩都是铁路二中的学生，因此成了我们学校的骄傲，当年我家所居住的铁路新村只出了我们两个大学生。于是，"一个工人家庭竟然培养出了两名大学生"，成为街坊邻居的美谈。

我的父亲是一位普通的铁路工人，虽然在物质生活上保障了我跟弟弟衣食无忧，但在学习上能够提供的帮助很有限。不过父亲对我唯一的要求就是要练就一手好字，因为父亲觉得"字"是一个人的门面，字写得好坏意味着这个人的学识与见识的多少。

我想，父亲的这种纯朴的理念和对我的严格要求应该源自世代读书人出身的祖辈所营造的家庭文化氛围。

初入大学，如禾汲水

在高考前，我对医院的印象比较模糊，自己没怎么生过病，自然也没有机会去医院。而且那个年代的人，要么做工人，要么做农民，根本不会去想有朝一日做科学家、医学家。在填报志愿的时候，我也是信马由缰地报了几个毫无关联的专业，从建筑学到烹饪学。最后，阴差阳错学了医学。

1978年秋天，我迈入了二医的校门。因为恢复高考后，学校连续招收两届学生，学生人数扩大了好多倍，原来的学生宿舍不够用，因此，那些家庭住址离校较近的同学就成了"走读生"，我也是其中一个。于是，我每天骑着自行车往返于学校和家。经历了紧张的高考，入学初期我的心情着实放松了一下。而且，全新的校园环境也引起了我们的好奇心，什么都想去看看，去体验一下。当时的文艺活动很多，譬如海外电影周，还有一些中外的艺术展览，大家都饶有兴趣地去观看。当年学校经常组织校内外的足球比赛，在上海市的高校中，二医的足球队绝对称得上一支强劲的队伍。

当然，学业是万万不能放松的。我感觉当年的我们就像是一株旱地的禾苗，不断吸收着水分和养料，充实着自己。由于没有经历过正规系统的高中学习，很多基础知识还是比较薄弱，于是同学们都在老红楼通宵学习，那个拼命劲儿一点都不输于备战高考的时候。

钟情外科，痴心不改

读大学时，我们有幸遇到了一批大师级的老师，我对这些老师充满了尊重与敬仰。前期是医学基础课，王一飞老师在课堂上，口才出色，教案倒背如流、上课节奏紧凑，让学生没有一点走神的余地。后期在瑞金医院实习，我们跟着唐振铎教授查房时，里三层外三层围得水泄不通，生怕漏听了老师的一句话。还有王鸿利、许曼英等老师都是我们非常崇拜的老师。

从那个时候起，我就明确了自己学医的志向——"做一名外科医生"。这个想法犹如一颗种子，深深地埋在了我的心里。作为瑞金班的学生，毕业后留在瑞金医院是理所当然的事。然而，在毕业的时候，一个小插曲最终却让我跟瑞金医院失之交臂。

快毕业的时候，二医与南京医学院、浙江医学院三所学校共同组织了一场联考，同学们只觉得这是一次校际的交流考试，没太放在心上。谁知道，最后考下来，二医的总体成绩不太理想，学校领导很是重视。为了让同学们重视这次考试，学校决定把这次考试成绩作为毕业分配的依据，没有考到82分的同学不可以留院做外科医生了，但可以考虑其他科室，这一下打乱了许多同学的计划，包括我。考虑再三，为了我的外科医生的梦想，我只得遗憾地离开了瑞金医院。

妙手仁心，缺一不可

作为恢复高考后选择学医的学子，我深感从医之路的艰辛。"医生"确实是一个神圣的职业，但这份"神圣"的背后却是大量的汗水和泪水，还要耐得住寂寞。

对于选择学医的学弟学妹们,我有几点肺腑之言,希望与大家共勉。在学习期间,一定要拓宽自己的视野,不要只专注于自己专业范围内的知识,拘泥于书本上,困顿在实验室里,还要广泛地接触各种知识,如文学、艺术、科学知识。从这些知识里培养出自己更大的格局、更宽的视野和更强的思辨能力。虽然我们是学西医的,但对中医不能一无所知。我对博大精深的中医学可以说是顶礼膜拜,毕竟中医承载了几千年的中国传统文化。尽管有些方面中西医是有对立的,但彼此也可以相辅相成、互为补充。掌握中医的哲学思想,对学医也是大有裨益的。取得辉煌成就的陈竺院士是学西医的,但他常常应用中医的思维方式,从辩证的角度,提出医治疾病应具备的整体施治的概念。

在临床工作中,医生每天处于一个社会交流的状态中,医生不仅仅是一个"医生",还要扮演一个社会活动家的角色,不光看"病",还要看"人"。具体说来,医生不仅仅要关注单个器官、单个病症,还必须养成整体思维的习惯,全面了解病人的思想以及心理活动,进而达到医治病人的最佳效果。直言不讳地说,不是所有智商高的人都可以当好医生的,对医生这一职业而言,情商可能比智商更为重要。因此,做医生的必须拥有同理心,能够站在患者的角度去思考问题,这也是一名优秀医生必须具备的品质。

母校恩惠,受用终生

对母校的感恩之情,我无法用语言表达。母校传授的基础知识、临床技能以及做人之道让我受用一生。在二医的学习生活彻底改变了我的人生轨迹。如果没有上大学,我可能是一个精通于某种技术的工匠。但现在,我可以通过自己的双手和智慧,去实现救死扶伤、促进人类健康的伟大梦想。从二医毕业后,我一直从事临床工作,至今仍在坚守和奋斗。母校的教育为我打造了一条令人骄傲的成长轨迹,35岁时做外科主任,40岁时成为上海最年轻的医院副院长之一。

在二医学习期间，同学们间建立了深厚的感情。人生中如何交朋友、交什么样的朋友都是自己选择的，唯独同学是不可选择的，那是命运的安排。朋友总是将自己阳光下的那一面展现给你，而同学却是与你共同生活学习多年的人，彼此知根知底，犹如家人。所以我格外重视与大学同学间的同窗情、兄弟谊。

如今，在全国医学类院校排名中，上海交通大学医学院学科综合实力稳居全国前列，我感到无比骄傲，衷心祝愿医学院百尺竿头、更进一步！

陈其民

陈其民，四川人。1978 年考入上海第二医学院（现上海交通大学医学院）儿科系，1983 年本科毕业。现任上海交通大学医学院附属上海儿童医学中心大外科主任，博士研究生导师组成员。

出身医学世家的陈其民，对手术与医者的内涵有着独到的理解：手术就像一门人体雕刻艺术，要想精通，一定要静下心来细细揣摩、慢慢品味；医生就像工匠，要有一种追求完美的境界，对自己的作品精雕细琢、精益求精。正因为有这样的认识，他喜欢研究和改善自己的"手艺"，追求技艺的精进，成为儿童外科的"名刀"，也成为几十项医学发明的专利拥有者。

深耕儿外，匠心为医

口述：陈其民

采访：刘晶晶、刘　琦

时间：2018 年 4 月 20 日

地点：儿童医学中心

记录：刘晶晶、刘　琦

整理：刘晶晶、刘　琦

都市移民，经历曲折

20 世纪 60 年代初，我国几所军医大学合并调整，我的父母所在的第六军医大学也有变动。于是，8 岁的我跟着家人来到了上海，第一次看到鳞次栉比的高楼大厦、车水马龙的道路、川流不息的人群。置身于繁华的大街上，望望自己脚上穿着的塑料凉鞋，看着已经开始穿真皮凉鞋的上海本地人，感觉自己就是一个"土包子"。那时候，我常常站在国际饭店、上海大厦外面，抬头仰望这些壮观的建筑，心中情不自禁地想"哪天能进去吃顿饭"就好了。从小城市来到大都市，无一不让我感到新鲜与好奇。

做了几年"新上海人"，1975 年高中毕业时，我也面临着"上山下乡"的问题。因为父亲很早就过世了，母亲一个人把我们兄弟几人拉扯大。我的中学非常人性化，为了照顾我，就把我分去了宝山的农场。我在农场还算高学历,普通话也讲得比较标准,因此除了做农活之外,在农闲的时候就去农场广播站,给大家广播时事新闻、中央两报一刊社论等。

后来随着几所军医大学再次调整,我的家人都回了四川老家。当时的我已经插队落户,只身一人留在了上海。那个时候,已经有了推荐工农兵学员读大学的政策,陆陆续续看到有人上了大学,自己也很羡慕。在那个时代,这种机会毕竟还是少数。后来,机缘巧合之下,我得到了推荐读中专的机会,当时已经很满足了。读中专的时候,每个月我能拿13.8元的助学金,虽然比大学生少一点,但仅仅用于生活的话,还是绰绰有余的。我中专学的是机械制造专业,先学习了一年的基础知识,然后再去宝山县五金厂实习、工作。中专阶段学到的基础知识为我后来参加高考奠定了理科基础,而当年学的工科本领,我直至今日都会在工作和生活中广泛应用。

全能选手,儿科工匠

1977年,国家恢复高考的政策出台了,我明白要在上海这样的大城市打拼,没有大学学历是寸步难行的,所以我决定要考大学。

因为家里世代从医,爷爷就是曾经留法的西医,父亲是皮肤科医生,母亲是妇产科医生,在这种背景下,我自然想到继承祖业学医。当时医学类院校不多,而上海第二医学院的儿科系声名远扬,于是我毫不犹豫地报了二医儿科专业。

二医毕业后,我就留在了新华医院。新华医院的儿科之所以出名,是因为它集中了一大批全国著名的儿科专家,同时也是儿科教学的重要实习培养基地。在新华医院儿外科工作了15年之后,恰逢要筹建上海市儿童医学中心,院领导点兵遣将,派我去做儿外科主任。其实当时自己紧张得不行,毕竟自己的专业技能有限,儿外科范围又很广泛,除了心脏手术外,其他各种烧伤烫伤、车祸颅内出血、小孩喉咙卡了骨头、肚子里长了一颗瘤等等都属于外科,因此非常担忧,缺乏自信。

领导的信任不能辜负，我心想"车到山前必有路"，于是自己咬着牙坚持不懈地自我"充电"。那段时间，我几乎天天在病房里值班，遇到不太有把握的，就去请教前辈，闲下来就看书，实践出真知，艰苦的环境淬炼了自己，逐渐积累了很多经验。

多年的外科医生经历让我感悟到："手术"就像一门人体雕刻艺术，要想精通，一定要静下心来细细揣摩、慢慢品味。我们现在常说要具有"工匠精神"，就是要有追求完美的境界，对自己的作品精雕细琢、精益求精。工匠们喜欢不断雕琢自己的作品，不断研究和改善自己的手艺，享受着作品在双手劳作中升华的愉悦。工匠精神的目标是打造本行业最优质的艺术品，催生出同行无法匹敌的卓越艺术品。我认为，病患其实就是医生手中的艺术品，医生一定要经过反复的练习，才能够达到熟能生巧的境界。打个比方，切口的精准、伤口缝合的好坏，都是十分有学问的。

然而，当今社会心浮气躁的比较多，追求"短、平、快"带来的即时利益，因而忽略了品质与灵魂。坚持"工匠精神"对于一个医生来说，不仅是在技术水平上的不断进步，更是精神世界的一种享受，也要具有人文关怀的品质提升。

激流勇进，拓荒浦东

儿童医学中心选址在浦东，那时候浦东的居民非常少，交通也不方便。医学圈内很多人都不知道有这样一家医院，更何况普通老百姓了。作为从新华医院去儿童医学中心的先遣部队，我们就暗暗发誓，一定要把儿中心的口碑做好，名气打响，做出点成绩来。

刚到浦东工作之际，医院大楼还没有完全竣工。大楼内空空荡荡，我们就化身为室内设计师，跟施工方一起设计整栋大楼的布局。因为是面向儿童的专科医院，细小到在医院什么地方摆洗手台，哪里设置插座，门是往左开还是往右开，种种细节都需要我们儿科医生考虑周到。我参与了很多诊区的设计,早年中专学的工科技术派上了用场。

后来大楼竣工了,我又变身为采购员,跟着陈树宝院长跑商场,去挑选窗帘、凳子等各种软装。当时我们既要考虑软装的材料、质地、花样及安全性,又要看性价比、结实度,做到经济实惠。最重要的任务是购置儿科手术器械,真是不干不知道,一干吓一跳,做医生只会使用手术刀、止血钳这类器械,现在购买时才知道,一个止血钳就有各种不同规格型号,怎样挑选,大有讲究。于是,我一边看说明,一边学习,终于把上万件手术器材都备齐了,保障了接下来的开诊运行。

刚开业的时候,为了给医院做宣传,让更多的市民知道儿医中心是一家什么样的医院。我们几个医生趁休息时间,跑去八佰伴商场门口派发医院宣传册。一转眼,儿童医学中心已发展成享誉全国的知名儿科医院,看着自己为之洒下辛勤汗水的地方,从一株"小树苗"快速成长为一棵"参天大树",我有一种"老怀甚慰"的成就感。现在回想起来,觉得真是一场有趣的经历。

紧跟时代,不断创新

很多知道我的人都称我为一个"怪人",不安分守己地等着退休,脑子里天天瞎转,总跳出一些怪想法。其实,那是别人不理解我。我认为既然赶上了"互联网+"的时代,就应该抓住自己"青春"的尾巴,再做一些过去想做却没能做到的事情,这样才对得起自己。

我很喜欢搞发明创造,动手能力也较强。近年来,我主要负责儿童肝移植,每年都会做上几百例手术。我常常思忖,如果我们提前科普并进行早期干预治疗的话,岂不可以拯救万千户患儿家庭于水火之中吗?但是,仅靠我单枪匹马、一副口舌,到处宣讲也是杯水车薪。在大数据时代,借用互联网,必会事半功倍。于是,我就开始研究关于黄疸的App,每个用户都可以通过手机来实现儿童大小便采样,样品数字化之后,再进行智能分析,就可以判断黄疸是生理性还是病理性的,是否需要进一步去医院检查。这样将极大地方便家长，他们不用请假带孩子去医院排队，也可以避免小孩到医院交叉感染，更可以起到一个早发现、早治疗的作用。目前，这个 App 还在调试，相信不久之后就会面世。

这种医学与科技相结合的应用型尝试，我想我会一直进行下去，因为我觉得这比单纯做几台成功手术的意义更加深远。发明创造，让我感觉充满活力，永葆青春。

朱光华

朱光华，1960年生，上海人。1978年考入上海第二医学院（现上海交通大学医学院）儿科系，1983年本科毕业。现为上海交通大学附属儿童医院肾脏科行政副主任、主任医生。担任中国医师学会儿科分会肾脏学组委员、中国妇幼保健学会儿童肾脏病学组委员、亚太生物免疫学会儿童肾脏免疫学会委员、中华医学会医疗事故鉴定专家库成员，上海市医学会医疗事故鉴定专家库成员。同时担任《中国实用儿科杂志》《临床儿科杂志》《中华实用儿科临床杂志》《中国小儿急救医学杂志》《中国临床实用医学杂志》编委。主持或参与编著儿科专著8部，发表论文150余篇，承担上海市卫生局和上海交通大学等多项课题。

朱光华原本的梦想和那个时代很多年轻人的梦想一样，当一位作家。命运的阴差阳错，他进了医学院。初做儿科医生时，还有过"一个大男人，怎么来做小儿科医生"的情绪，而在前辈们的言传身教下，他爱上了自己的岗位，成为一名拥有爱心、细心、耐心的大夫，每次遇到哭闹的小孩，先逗一逗、哄一哄，再做检查。他说：发自内心喜欢儿童的人才能做儿科医生。

"三心"情怀，守护儿童健康

口述：朱光华

采访：刘晶晶、刘　琦、张旦昕

时间：2018 年 4 月 19 日

地点：上海儿童医院肾脏内科会议室

记录：刘晶晶、刘　琦

整理：刘晶晶、刘　琦

原本想当作家

　　1974 年小学毕业后，我就按部就班地进入了中学，当时中学不分初中、高中，都是统一的四年制。整个社会还充斥着"读书无用论"的思想，大多数中学生浑浑噩噩，胸无志向。直到"文革"结束后，1977 年邓小平同志复出后作出了恢复高考这一重大决策，举国一片欢腾。那年正在普陀区一所中学读三年级的我，立刻意识到这是转变命运的机遇，早早立下了参加高考的志向。

　　我作为应届生，参加了 1978 年夏天的高考。幸运的是，我所在的中学极为重视应届生的高考，提前近一年的时间，选拔平时成绩不错的学生，组成数个备考提高班，为我们配备了全校最好的师资，让我们全力以赴备战高考。与上一届考生相比，我有了更多的复习时间。因为我一直没有离开学校的环境,或多或少都在念书学习,所以,尽管备考期间很辛苦,我还是适应了这样的快节奏。

一分耕耘,一分收获。在寒窗苦读数月后,终于等来了录取通知书:我被上海第二医学院儿科系录取了,非常地喜出望外!要知道,1978年夏天高考竞争十分激烈,610万人报考最终只录取了40.2万人,录取率仅为6.6%!

其实走上"学医"这条路也是无心插柳。我当时爱好文学,钟情写作,梦想成为一个作家。而且我的文科成绩好,理科相对薄弱一些,考前填报志愿的时候可以填一类院校、二类院校多个志愿,师范类、铁道类的院校属于比较吃香的,想要报考的人也特别多,毕竟当时是刚刚恢复高考,很多学校还没有恢复招生,对自己而言,能够选择的学校本来就不多。学医毕业之后做医生,社会地位比较高,想想确实是一件非常自豪的事情,而且二医作为地方的医学高校,也有不小的名气和吸引力,于是我就填报了二医。

至于专业的选择,我当时觉得做外科医生可以走上手术台,银幕上也常常看见医生拿着手术刀的样子威风又帅气,因此就首选医疗系。而儿科系作为二医的特色学科,我就把儿科作了第二志愿填报。岂料最终被儿科系录取。后来才知道,当时我国儿科医学人才比较紧缺,所以只要填了儿科志愿的人都被该专业录取了。从此,我就与儿科学结缘,三十多年不离不弃。

我们十分幸运,进入校园,就遇到了一批医学界的泰斗级人物,像余㵑、高镜朗、金正均、王一飞等名师。当时学生很多,经常上150多人的大课。这些老师都亲自走上讲台,他们授课风趣幽默,引人入胜,听他们讲课无疑是一种享受。尽管时过境迁,但如今细想起来,依然回味无穷。当年授课的老师中,大多是功绩卓著的名教授,他们著作等身、成果累累,这些大师在学术上拥有的巨大成就,我真的是既羡慕又崇拜。特别是我小时候有一个当作家的梦,感觉能写书的人很伟大。而如今这些教科书的主编就在眼前,我从内心里觉得他们很了不起。从那一刻起,我就把这些教授作为自己学习的榜样、前进的目标,在学习上合理规划并不断严格要求自己。

读书的时候,学校的补助加上家里给的生活费就足够吃饱穿暖了。当然,那时大家也没有太高的要求和奢望,最期待的就是周末可以去学校附近淮海路上"淮国旧",淘一些二手货。碰到运气好的时候,还能以低价买到新品。这便是学生时代少有的乐趣了。

见证儿童医院三次迁址

在二医校本部完成了两年半的基础学习之后,我就开始了临床实习。尽管是儿科系专业学生,但依然要到各个科室轮转,内科、外科、妇产科、儿科的知识都要学习。根据学校安排,我先后去了新华医院、儿童医院、虹口区中心医院、崇明县人民医院实习,临床带教老师先是把理论知识讲一遍,再带我们去临床见实际病例,那个时候打下的基础受用至今。

临床实习如同"实战演习"。面对面地接触患者,见到了实际病例,我当时很兴奋、很好奇。那个年代,医院周边也没有什么娱乐休闲场所,下班之后,我也不回寝室休息,依然在科室里帮忙,或在老师的指导下,去急诊科参与洗胃、插胃管等。只要能上手的活儿,我都很乐意去做。那时因为年轻,即使连续多日每天工作十几小时也不觉得累,唯一的期盼就是多学一点技能,早日掌握治病救人的本领。

几十年来,我国的儿科专业发展经历了起起落落的波折,受到多种因素的制约,儿科医生队伍不太稳定,跳槽改行屡见不鲜,因此人才流失现象十分普遍。我的很多同学都转行了,但我始终坚守在儿科岗位,在上海市儿童医院(2003 年,上海市儿童医院成为上海交通大学附属儿童医院)一待就是三十几年。从 1983 年毕业起在泰兴路的老院址工作,到后来 1993 年搬去北京西路,再到现在迁到泸定路的新院,算是经历了儿童医院三迁院址的"老人家"了。应该说,医院见证了我从一名青涩的书生转变为一位有医术的儿科医生,而我则目睹了儿童医院从弹丸之地的"弄堂医院"发展到占地 40 多亩的大型专科医院。

如何成为优秀的儿科医生

作为儿科医生,我还清晰地记得当初正式上班的心情与场景,在门急诊以及查房时,面对接二连三大哭小叫的患儿,我觉得头昏脑胀,心情也不免烦躁起来,患儿的体检和诊断准确度也因此受到影响,实习期的兴奋与新鲜感似乎已经消退。当时我还有"一个大男人,怎么来做小儿科医生"的负面情绪,后来在上级医生与老教授们的言传身教下,我的职业情愫才逐步培养起来。还有一件事令我终生难忘,刚做医生的第3个月,因为年轻没经验,大大咧咧、毛毛躁躁的,有一次给初生婴儿称体重,我直接将婴儿从被窝里抱起放在秤上,当时只想着快点得到体重数据,根本没考虑体质娇嫩的婴儿会着凉,需要包裹毯子保暖,也因此被年长医生狠狠地批评并教育了许久。随着年龄与医龄的增长,尤其是在佘亚雄、郭迪、吴守义等老前辈的教诲下,内心情感与职业素养有了显著提升,乃至有了巨大的变化。现在,爱孩之情与专业技能也日益增强,几十年来,医德和医技也得到了患者的肯定。

对于"如何成为一名优秀的儿科医生"这个命题,我觉得一定要具备"三心":爱心、细心、耐心,三者缺一不可。俗话说"爱一行才能干好一行",喜欢小孩子的人才能做儿科医生,这种喜欢一定是发自内心的。哭闹是小孩子的天性,特别是身体不适时,更加需要通过啼哭来释放情绪,作为儿科医生一定要有耐心,如果遇到小孩一哭就烦躁的话,很容易影响情绪,诊断也会出现偏差。工作几十年里,我在诊视患儿时,通常都会逗一逗、哄一哄小孩,等他们平静下来后再做检查。毕竟,儿童大都不会表述自己的症状,多数情况下要靠医生观察,这就需要我们足够细心。当然,年轻的医生一开始可能不完全具备这种素质,但一定要慢慢去体会、去琢磨,才能够在心态上理解并在态度上转变。

做一名儿科医生与成人科医生还是有很大的不同,儿童的成长发育是一个动态而迅速的过程,它不像成年人的各项指标基本都固定了。所以,儿科医生一定要熟悉儿童生理、心理的发育规律,对于不同年龄段的各项指标也都要了然于胸。许多儿科诊治方案都是根据儿童的体重来制定的,比成人的诊治要复杂很多、也辛苦很多。因此,一名儿科医生一定要具备"三心"。毕竟儿童是一个特殊的人群,也是一个家庭的希望,更是我们国家的未来。一个好的医生可以造福患儿的一生,但一个粗枝大叶的医生稍不留神,就会毁了孩子的一生,甚至毁了一个家庭的希望和幸福。所以作为一名儿科医生,身上的担子很重,一定要"三心"兼备,行医时慎之又慎,并处处留神。当然,"三心"不可能是一朝一夕形成的,而是经年累月慢慢养成的。

高考制度的恢复,对于一个国家而言,意义极其重大。如果没有高考,没有这样的人才选拔制度,中国难以发展到现在这般富强。至于我个人,没有高考的话,我的命运与现在肯定截然不同:当年,我们中学毕业生的去向是根据家中兄弟姐妹的就业情况而定的,我是家里的老三,两个姐姐分别去了农场和工厂,轮到我就是去技校读书,毕业后做个技术工人。但是通过高考,我的命运就改变了。如今,我成为一名高级知识分子和儿童健康的促进者,我要衷心感谢党和国家,感谢母校的培养!

后 记

2018 年,值新中国改革开放 40 周年,上海交通大学 1977、78 级校友入学 40 周年之际,校友们决定成立"1977、78 级校友入学 40 周年返校活动"校友筹备委员会(以下简称"校友筹备委员会"),由张世民担任主任,张伟、陈进、王维理担任副主任,张伟同时兼任秘书长,由朱红国、许建文、钟建国担任后勤组组长,由高捷、顾一众担任联络组组长,由陈进、杨扬担任宣传组组长,由王维理、张伟、朱小燕担任活动组组长。在学校的大力支持和统筹领导下,"校友筹备委员会"与学校相关部门一起联合发起了"1977、78 级校友入学 40 周年返校系列活动"。作为系列活动的一部分,我们决定访谈 1977、78 级校友,留下口述记录,成为永远的记忆。2020 年,《见证·77/78》正式出版。本书鲜活细腻地展示了改革开放后交大第一批毕业校友的求学往事、精神特质和社会成就,凸显了交通大学与国家崛起、民族复兴同呼吸、共命运的使命意识和责任担当。

在学校的指导要求与统一部署下,校友总会办公室联合校党委宣传部(文明办)、档案馆(今档案文博管理中心)、各院系、"1977、78 级校友入学 40 周年返校活动"校友筹备委员会,共同酝酿制定访谈方案,通过班级推荐采访人选,学院老师、学生、校友共同组成口述采访组。采访组依据每位受访校友的现场录音,如实、细致地记录,之后以此为基础编写成口述初稿,再经集体修改、校友本人审阅,最终汇编成书。

本书共收录 68 位上海交通大学 1977、78 级校友的口述回忆,以第一人称为叙述口吻,并按就读时期的班级号排序。内容侧重校友入读交大经历、求学记忆、事业拼搏、社会贡献,以及对祖国、母校的情怀与寄语,当年生活的很多细节首次披露,这些资料既是展现 1977、78 级学子人生历程的鲜活资源,也是那个时代交大精神内核的有力彰显。此外,每篇口述力求做到完整呈现、保留细节,可读性强,以求更加贴近广大读者。

本书的编撰出版得到了学校相关部门的精心指导和校友们的大力支持。校友总会办公室、档案文博管理中心承担全书的编辑工作,陈方玺、孙萍负责体例安排与统稿工作,文字整理者有欧七斤、胡端、漆姚敏、朱恺、章玲苓、贾彦兴、徐骞、周晴云、魏燕、邓柳、黄晓红、蔡慧娟、顾盼、叶丹、尹近近、陆小凡、刘晶晶、薛婧贤、陈玉、张青、尚建辉、谢婧等。校党委宣传部(文明办)、船舶海洋与建筑工程学院、机械与动力工程学院、电子信息与电气工程学院、材料科学与工程学院、数学科学学院、物理与天文学院、化学化工学院、农业与生物学院、医学院等单位鼎力支持,“1977、78 级校友入学 40 周年返校活动”校友筹备委员会、上海交通大学出版社为本书的顺利出版付出了辛勤劳动。我们在此致以诚挚的谢意!

编撰时间有限,书中内容难免挂一漏万,若有不当不妥之处,衷心期盼读者不吝指正。

主编　张安胜

2020 年 9 月